李 楠／主编

世界通史

一部文明与蒙昧相交织，苦难与幸福并存的发展史

辽海出版社

肆

萨拉热窝事件

1914 年 6 月 28 日，是个阳光灿烂的夏日的星期天。这天早上 9 点刚过，奥匈帝国王储弗兰茨·斐迪南大公和他的妻子索菲女公爵就到了萨拉热窝市，准备参加一个军事演习。傍晚时分，一个年轻人在参观人群中慢慢向前面靠近，突然，他一个箭步冲上前去，不等旁边的警察和军官缓过神来，年轻人就对准斐迪南夫妇扣动了扳机。两声枪响后，一颗子弹射进斐迪南的脖子，第二颗洞穿索菲的腹部，两个人当场死亡。这两响震惊世界的枪声，成为第一次世界大战的导火索。不久，第一次世界大战全面爆发。

枪击手普林西普被捕的情景

19 世纪末到 20 世纪初，欧洲各个资本主义强国、美国以及亚洲的日本相继进入了帝国主义时代。但是，由于历史的原因，这些国家之间经济和政治发展的程度是不平衡的。这时候，英国、法国等老牌资本主义国家发展速度相对较慢，而美国、德国和日本的经济则迅速赶上并超过了英法等国。

1870 年的时候，英国的工业产量还占了世界总产量的 1/3，工业产品出口量占 2/5；到 80 年代的时候，美国的钢铁产量就超过了英国，不久美国在生铁制造等行业也超过了英国；10 年后，德国的钢铁产量超过了英国，位居世界第三；到 1913 年的时候，英国煤炭产量占世界比例从 1900 年的 29.7% 下降到了 21.8%。因此，英国在 19 世纪末的时候，已经结束了其独霸世界的时代；相反，美国经济则迅速赶超，到 1913 年，美国钢铁产量超过了英国和德国的总和。

此外，德国的经济也迅速发展。在 1900 年后的 14 年中，德国生铁产量增加了 1 倍多；到 1914 年，德国开采和消费的铁矿石、生铁产量和钢产量，已经超过英国达 70%；德国和奥匈帝国机器制造行业的产量已经超过了英国、法国、俄国总和的 50%；德国西门子和一些工业巨头的电机厂已经闻名世界。

费迪南德大公和妻子访问萨拉热窝

以经济背景为基础，这些资本主义国家加紧了对世界殖民地的瓜分。到 20 世纪初，世界已经基本被美国、英国、法国、德国、俄国和日本所瓜分。虽然中国、波斯和土耳其等国家虽然还保留中立的姿态，但是实际上也已经成为半殖民地或者帝国主义的势力范围。

虽然英国的工业生产水平居世界第三，但由于它从 15 世纪开始就有"日不落帝国"的称号，其殖民地遍布整个地球，在大战发生之前，英国殖民地面积达到了 3350 万平方公里，殖民地人口达到 39350 万人。而经济居世界第一的美国，其所占的殖民地面积才 30 万平方公里，殖民地人口为 970 万；世界第二大经济国德国的殖民地为 290 万平方公里，人口也只有 1230 万。总而言之，英国、法国和俄国的殖民地范围极为广大，而美国、德国和日本这 3 个"后起之秀"却只有可怜的一小块殖民地。因此，帝国主义之间重新划分殖民地领土，成为历史发展的必然，各国之间的斗争也日趋激烈。

普法战争之后，法国战败，德国取得了欧洲霸主的地位。但是法国不甘心《法兰克福和约》带来的屈辱，决议要夺回阿尔萨斯和洛林地区。因此，法、德之间的矛盾成为当时欧洲的主要矛盾。

第一次世界大战的导火线

德国为了改善和法国的关系，决意改善同俄国的关系。虽然奥匈帝国和俄国在争夺巴尔干地区方面存在矛盾，但是在德国的压制下，不得不妥协。1873 年，德国、俄国和奥匈帝国缔结协定，成立"三皇同盟"。但是这个同盟不久因为"东方危机"而产生了分化。

1875 年，土耳其统治下的黑塞哥维纳和波斯尼亚等国发动起义，争取民族独立。不久，俄国打着"援助斯拉夫同胞"的旗号，插手巴尔干事务。由于塞尔维亚军队很快就被土耳其军队击败，俄国出兵干涉。1877 年，俄国对土耳其宣战，并很快进逼土耳其首都君士坦丁堡。

英国、奥匈帝国此时害怕俄国独占巴尔干地区，因此立即向俄国提出警告，俄军被迫停止军事行动。1878 年 3 月，俄国和土耳其签订了和约，规定：保加利亚等国家独立，土耳其割让喀斯、巴统以及阿达罕给俄国。

俄国在巴尔干地区势力的加强，引起了英国、德国和奥匈帝国的强烈不满。同年 6 月，俄国、英国等国在德国柏林召开

波斯尼亚萨拉热窝市

会议。该会议结果使俄国原先已经取得的利益大为减少，而英国、德国等国则从该会议中得到了好处。俄国对此非常恼怒，俄国和德国、奥匈帝国之间的关系迅速恶化，"三皇同盟"不再续订。

德国和奥匈帝国为了对抗俄国在巴尔干地区的力量，在 1879 年缔结了秘密军事同盟。条约规定：在缔约任何一方受到俄国进攻时，另一方就要以自己的全部武装力量予以援助；如果一方受到除俄国之外的国家的攻击，另一方保持中立；但是如果攻击的国家受到俄国的援助，则未被攻击的一方应该全力援助另一方。

1881 年，意大利和法国在争夺突尼斯的战争中失利，两国关系恶化。意大利感到自己力量弱小，需要依靠外援支持战争。因此在 1882 年 5 月，德国、奥匈帝国和意大利 3 国在维也纳签订了"三国同盟条约"，规定：意大利如果被法国攻击，德、奥需要全力支援；德国如果遭受法国攻击，意大利同样予以帮助；奥匈帝国则全力阻止俄国援助法国。

三国同盟建立之后，俄国和法国感到受到了很大的威胁，双方开始合作。1891 年，法国除了向俄国提供财政支持之外，还和俄国缔结协定，规定当法国受到德国或者意大利攻击、俄国遭到德国或者奥匈帝国攻击时，另外一方应该全力支援。

在三国同盟和法俄集团对立的同时，双方都争取英国加入自己一方，但是英国由于和法、俄、德国都有矛盾，仍然奉行"光荣孤立"的政策。但是到了 20 世纪初，德国经济的追赶，使大英帝国在欧洲的地位受到挑战，因此全力对付德国。随后，英国和它的宿敌法国接近，试图调整双方的关系。在这种情况下，英国和法国签订合作协约。

英法关系的改善，促进了英、俄关系的改善，加上日俄战争后，俄国在远东对英国造成

一幅描绘弗郎兹·费迪南大公在萨拉热窝被两间的情景的作品

的威胁大为减少，英国和俄国在共同反德的斗争中日益接近起来。1907 年，英、俄也签订了合作协议。英、俄协议的签订，标志着英、俄、法的"三国协约"最终形成。

"三国同盟"和"三国协约"这两大军事集团的形成，给世界和平造成了很大阴影。此后，两大集团进行疯狂的军备竞赛。从 1883 年到 1908 年的 25 年中，各国的军事开支增加了 81.3％，从 1913 年到 1918 年又增加了 49.6％，到大战之前，军费开支总额已经增加了两倍以上。

同时，随着欧洲技术革命的开始，一些突破性成果被应用于军事。例如，重机枪成为杀伤力很强的武器，大炮的射程也提高了 3 倍以上，潜水艇开始大量装备在各国海军，飞机也开始被引入战争。

战争爆发前，两大军事集团都加紧扩充军备。从双方总的经济军事力量来看，协约国占有一定的优势：英、法、俄三国包含殖民地人口在内的总人口达到了 7.045 亿，陆军兵力总额达到了 977.7 万人，三国总共有飞机 700 来架，海军编制内有各种水面舰艇 762 艘和潜艇 74 艘；而德国和奥匈帝国包含殖民地在内的总人口只有 1.3 亿，陆军总兵力为 634 万人，德国仅有 232 架军用飞机，德国和奥匈帝国有水面舰艇 403 艘和潜艇 35 艘。

1908 年，奥匈帝国用武力吞并了波斯尼亚。奥匈帝国的皇储斐迪南大公是个贪得无厌的极端军国主义分子，他对塞尔维亚垂涎已久，梦想着有一天也把它列入自己的版图。

1914 年 6 月 28 日早上，一列豪华的专车驶进萨拉热窝车站。一会儿，从车厢走出的斐迪南大公傲慢地环视了一下四周的人群，洋洋得意地偕妻子钻进了一队敞篷汽车内。随后，这一队敞篷车队缓缓地驶离火车站，向萨拉热窝市政厅驶去。奥

匈帝国皇储斐迪南夫妇前往波斯尼亚检阅以塞尔维亚为假想敌人的军事演习。此举激起了塞尔维亚人民的极大愤恨。以加夫里洛·普林齐普为首的一个爱国军人团体，组成一个 7 人暗杀小组，准备暗杀斐迪南夫妇。

下车后，斐迪南夫妇乘坐敞篷汽车进入萨拉热窝城内。这时，埋伏在路旁的一个暗杀小组成员向车队投掷了一枚炸弹，但是此炸弹只炸坏了跟随在斐迪南夫妇座车后面的一辆汽车，导致一个军官受伤。投弹者旋即跳入河中，但是还是被捕。

这声爆炸，把斐迪南大公着实吓了一大跳，他虽未受伤，可脸上那最初的得意神情一扫而光，索菲夫人更是面色蜡黄，惊恐不已。受惊的车队继续驶到了市政厅，浑身发抖、不知所措的萨拉热窝市市长正站在那里迎接。在听完市长的欢迎词后，大公决定改变原定去博物馆的行程，先去医院探望受伤者。

车队司机并没有预先得到已经改变行程的通知，因此当车队到达拉丁桥时，司机被命令停下来，准备向左转开往医院。就在这时，19 岁的塞尔维亚青年普林齐普，在距离大公两米的地方向静止坐在车上的斐迪南大公射击，导致斐迪南大公夫妇死亡。

对于对塞尔维亚觊觎已久的奥匈帝国而言，萨拉热窝事件是个难得的机会。奥匈帝国决定利用这一事件，挑起摧毁塞尔维亚的战争，但是又害怕遭到俄国的军事干涉。因此，就在斐迪南夫妇遇刺后的第二天，奥匈帝国以备忘录的形式向德国征询意见。威廉二世得知此消息后，叫道："这是个千载难逢的机会"，并认为自己已做好战争的准备。

7 月 5 日，威廉二世亲自接见了奥匈大使，表示德国希望奥匈帝国对塞尔维亚采取军事行动，德国将全力支持奥匈作战。此时，俄国和法国公开宣布支持塞尔维亚。

英国则做出一付置若罔闻的样子，玩弄狡猾的外交手腕：英国外交大臣一边对德国驻英国大使说"将尽一切可能防止在大国之间发生战争"，一边又和俄国大使说"德国认为俄国是自己的主要敌人"，因此极力怂恿俄国对德国作战。应该说，英国的态度，给战争准备不足的俄国壮了胆，同时又给德国造成了错觉，使德国认为自己不愿意卷入战争。

1914 年 7 月 23 日下午 6 时左右，奥匈帝国趁法国总统和总理坐船去俄国进行国事访问时，向塞尔维亚政府提出最后通牒，并要求在 48 小时内答复，排除了进行谈判的任何可能性。通牒要求取缔一切反奥组织，清除军队和政府中的反奥官员，奥匈帝国派人审判刺杀案件等。应该说，这是对塞尔维亚主权的严重干涉。尽管如此，塞尔维亚政府还是委曲求全，除了通牒中有关奥方派人审判刺杀案件外，其余条文都接受了。

最后通牒引起了俄国、法国、英国的惊慌。当天，俄国就召开大臣会议以商讨对策，法国进而宣称支持俄国。而英国则建议俄国、法国、德国、意大利开会，以解决奥、塞争端。但是，由于奥匈帝国发动战争的决心已定，以塞尔维亚没有全部接受通牒条件为由，于 7 月 28 日宣布对塞尔维亚作战，开始炮击贝尔格莱德。

奥、塞战争爆发后，俄、法等国家纷纷宣布国内总动员。就在俄国宣布总动员的第二天，德国宣布对俄作战。同日，德国向法国提出最后通牒，要求法国在 18 个小时给予答复：对于德、俄战争，法国是否保持中立。法国拒绝了德国的最后通牒。8 月 3 日，德国对法宣战。

德国为了取道比利时而进攻法国，便捏造说法国飞机越界轰炸德国铁路，需要借道比利时。由于比利时保持中立原则而拒绝了德国的要求，德国在 8 月 4 日越过边界袭击比利时，进而攻击法国。英国以德国破坏比利时的中立为借口，于 4 日晚上 11 点对德国宣战。6 日，奥匈帝国对俄国宣战。至此，第一次世界大战全面爆发。

萨拉热窝事件，是一个必然的偶然事件，即反抗是必然的，反抗的具体形式和内容则是偶然的，成为第一次世界大战爆发的导火索，而帝国主义之间发展不平衡则是爆发第一次世界大战的根本原因。当时伦敦的《日监报》评论说："对欧洲来说，这件暗杀事件犹如一声惊雷。"此后，奥匈帝国和德国就以此为借口向"协约国"宣战，第一次世界大战爆发。

第一次世界大战

概况

萨拉热窝事件之后，第一次世界大战迅速爆发，这是一次以欧洲为主战场的战争。

早在战争爆发之前，德国等"同盟国"和法国等"协约国"就做好了战争准备，因此各国都分别制定了作战计划。

1905 年，德国军事总参谋长施利芬伯爵就给德国制定了速决战计划。为避免东西两线同时作战，德国政府采用了施利芬计划，准备在 6—8 周内迅速征服法国。然后挥师东进，在较短的时间内打败俄国。为了避开法国在法德边境的防御阵地，施利芬认为可以通过瑞士或者比利时进攻法国，考虑到瑞士地形比较复杂，难以进攻，而比利时则地势平坦，易于进攻和大兵团作战。因此

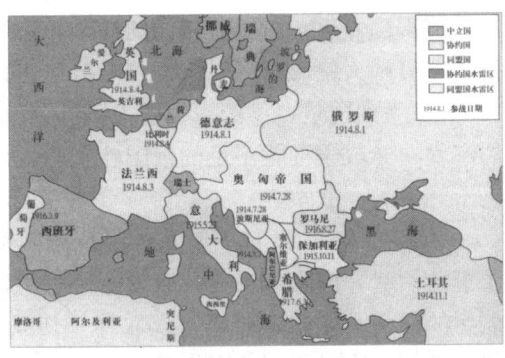

第一次世界大战形势图

德国最后的作战计划是：德军小部分左翼部队部署在德法边境以牵制和吸引法军主力，同时德军右翼部队以强大的主攻集团突然通过比利时，从背后打击法军主力。

英军打算把战争中陆上作战的重任交给法国和俄国，自己只派遣为数不多的远征军配合法军行动。它的作战中心在海上，希望在北海对德国海军基地和港口实行封锁，用于保障英国及协约国交通线的安全，然后破坏德国的海上交通线，伺机与敌军舰队进行争夺制海权的总决战。

法国采用著名的"第17号计划"：法国总参谋部认为德国不敢贸然破坏比利时中立而带来的政治风险，因此法军的作战重点在法德边境，在战争开始时把68个师的大部分兵力部署在了这里，而忽视了左翼的防御。法国海军的主要任务是保障地中海的海上交通，并封锁奥匈帝国海军于亚得里亚海。

俄军将战场分为西北战线和西南战线：西北战线的目的在于粉碎德军主力，然后占领东普鲁士，然后控制维斯瓦河地带；西南战线的目的在于粉碎奥匈帝国的军队，计划占领喀尔巴阡山隘口，防止奥匈军队撤退。

1914年8月初，德国和奥匈军队按照原先的作战计划，以重大兵力首先发起进攻。在欧洲大陆首先点燃的战火，迅速蔓延到中近东、远东和非洲一些国家，但是欧洲仍然是战争的中心。从整个战局来看，形成了3个主要战线：西线从比利时、德法边境到北海，德军和英国、法国和比利时军队在此激战；东线从波罗的海到罗马尼亚，德奥军队和俄军对抗；南线就是巴尔干战场，奥匈军队和塞尔维亚军队、俄国军队对抗。

8月2日，德军突然占领了卢森堡，并突袭比利时。由于比利时仓促应战，德军迅速向比利时首都布鲁塞尔挺进。21日，德军在夏尔勒瓦尔击败了匆忙调来的英法军队，并且越过法、比边境，直逼巴黎。9月初，德军和英法联军在巴黎近郊的马恩河展开首次大会战。

9月5日，德军总参谋长小毛奇率领75个师约68万人和79个师约84万人会战于马恩河。在此战役中，德军犯了一个错误，致使英军和法军对德军形成左右威胁，迫使贸然南进的德军撤退，瓦解了德军的速决战略。这一战是1914年的关键性战役，战斗刚一结束，小毛奇就向德国皇帝威廉二世报告说："陛下，我们已经输掉了战争。"在这一战役中，英法联军和德军分别损失了22.7万人和25.6万人。

此时，日本在远东地区趁火打劫，于1914年8月23日宣布对德宣战，出兵占领了德国在中国山东的租借地和太平洋的殖民地岛屿，出现了远东战场。土耳其根据早先和德国签订的《德土同盟条约》，土军炮轰俄国城市，次日向俄军宣战，在近东开辟了新战场。这使得战局更加趋于复杂。

东线战场上，俄军经过努力进入了东普鲁士。但是不久，德军就集中大量兵力进行反攻。1915年1月开始，俄军对德奥联军发动了两次大规模的冬季攻势，但均遭惨败。德国抓住战机，集中优势兵力于5月初对俄军发动了著名的戈尔采战役。俄军在德军的连续进攻下，失去了大片土地，并被迫退守至涅曼河和鲍勃尔河一带。德军乘胜深入俄境，企图迫使俄国退出战争。

俄军一败涂地，伤亡和被俘人数达到175万左右。但是即使如此，俄军最终还是顶住了德军的迅速进攻，使德军希望迫使俄军投降、解除东线之忧的目的没能达到。不仅如此，德国对东线战争规模的扩大，使自己陷入了两线同时作战的不利境地。

随着战争的进行，交战双方都加紧对中立国的争夺。意大利由于和奥匈边界的争端和利益冲突，于1914年8月3日宣布保持中立，希望借此能够迫使同盟国令人满意的报偿作为改变其中立态度的条件。但是奥匈帝国并没有向意大利让步。这时，协约国则答应了意大利的要求：协约国同意在战后将奥地利境内意大利人居住的地区和斯拉夫人居住的地区割让给意大利。

1915 年 5 月 23 日，意大利向奥匈帝国宣战。意大利向战场投入了 39 个师的兵力，拖住了奥匈帝国 50 个左右的师，减轻了其他战线的作战压力。这是战争爆发后的第二年，以英法为首的协约国最值得庆贺的事情，而对德、奥来说，却是当头一棒。

1915 年，德国虽然取得了东线和俄国作战的暂时胜利，但是却未能消灭俄军主力。东线形成僵持的局面。德、奥军事会议认为，英国是德国的主要敌人，法国只是英国大陆政策的工具，此时法国的军事能力已经到了极限，如果在西线发动大规模的战役来粉碎法军的有生力量，将迫使法国退出战争。

因此，德军在 1916 年将主力转向西线，准备集中力量打击法国。德军新任总参谋长法尔根汉把这次行动称为"处决地"，并且公开叫嚣"要让法国把血流尽"！不久，德国参谋部选定了法国东北部的凡尔登作为决战地点。

凡尔登距离巴黎仅 220 公里，是前线最大的交通枢纽，地处马斯河水路交通要道，另外还有 16 条铁路和公路网经过此地。应该说，凡尔登要塞异常坚固，它筑垒地域正面宽达 112 公里，并且由四道防御阵地组成，第四道防御阵地由凡尔登要塞的永备工事和两个堡垒地带构成。当时法国的驻军有 4 个师 10 万多人。德军为了在军队的数量和力量上压倒对方，把俄国、巴尔干半岛前线以及克虏伯兵工厂的大炮全部集中到进攻现场周围，进攻的兵力达到 10 个师 27 万人，是法国守军的 3 倍。

1916 年 2 月 21 日早晨，德军第 5 集团军开始向凡尔登的正面发起猛烈进攻。在第一场战斗中，德军就使用了毒瓦斯和喷火器，并且出动了大量飞机进行阵地轰炸。经过 12 个小时的激战，德军攻破了法军的第一道防线，并且向第二道防线发起进攻。

法军在凡尔登失利的消息很快就传到了法军总司令部。法军总司令命令参谋总长立即赶到凡尔登，要不惜一切代价死守阵地，同时集结兵力，准备增援。

法军的形势仍然非常严峻。这时战场上的一个小插曲，让法军稍微有了一些喘息的机会。当时一个法军炮兵射出的一发炮弹偏离了预定的方向，竟然击中了德军掩蔽在森林中的一个秘密弹药库，引爆了弹药库中的几十万发炮弹。德军的炮弹一下子变成了一堆废铁。利用德军补给炮弹的时间，法军发起了一些小进攻，夺回了一小部分失去的阵地。

法军靠着凡尔登易守难攻的地势拼死守护，使得德军一直难以攻下凡尔登要塞。同时，19 万法国援军和 2 万多吨军火物资运到凡尔登要塞。法国援军的到来，给法军的形势改变起到了根本的作用。德军的无数次进攻，都被法军击退。到 4 月份，德军仍未突破法军防线。

6 月 7 日，德军 20 个师向凡尔登发起再次进攻。德军向法军发射了十几万发毒气炮弹，但是法军仍然拼死抵抗，双方死伤惨重。到 7 月份，由于双方来回拉锯，德军仅向前行进了 5 公里。

此时，俄国在东线开始反击德军，英国也在索姆河发起了对德国的打击，德军不得不抽调凡尔登的兵力去对付英、俄的进攻。因此，凡尔登战役的控制权，逐步转入法军的手中。10月24日，法军在大炮和飞机的掩护下，向德军发起反攻，收复了原来丢失的阵地。历时10个多月的凡尔登战役结束。

凡尔登战役是第一次世界大战的转折点，其规模和残酷性都是空前的。在这场战役中，法军先后投入了70个师中的66个师，德军也投入了44个师。在整个战役中，德军伤亡60万人，法军伤亡35.8万人，因此凡尔登战役也被称为"凡尔登绞肉机"。

毛泽东曾经这样评价凡尔登战役："当时的战斗是带有决战性的。德军猛攻不克，整个德、奥、土、保阵线再也找不到出路，从此日益困难，众叛亲离，土崩瓦解，走到了最后的崩溃。"

在凡尔登战役期间，为了减轻凡尔登所受的压力，英法联军于1916年6月下旬对索姆河上德军坚固防线发动猛烈进攻，史称"索姆河战役"。在这次战役中，联军除了使用了大炮、飞机等武器之外，还首次使用了英军的秘密武器——坦克。这场战役的激烈程度和凡尔登战役相比有过之而无不及，英法联军和德军投入兵力分别达到了75个师和95个师，损失兵力分别达到62万和65万。

经过凡尔登战役和索姆河战役之后，东线和西线战场的交战双方都进入了僵持的局面。

1916年除了上述两个比较大的战役之外，在海上战场，英德海军主力在日德兰半岛以西，进行了整个大战期间最大的一次海战。

英国海军当时有"海上霸王"之称，其实力居世界第一位，德军海军的实力居世界第二位。在战争之初，英军就按照原来的作战计划封锁了北海，不让德军出海作战。

德军大洋舰队司令下决心打破英国的封锁，并引诱英国海军进入包围圈，然后给予打击。不料，德军的电报让英军截获，英军海军总司令决定将计就计，让一支较弱的舰队迎战德舰，主力舰队跟在其后面，等到前面舰队接触敌舰后，佯装败退，诱敌深入，然后一举歼灭德国舰队。

5月31日下午，英德海军在日德兰半岛附近相遇，战斗打响。在整个日德兰战斗中，英方被击沉14艘战舰，死伤6000多人，德方损失11艘战舰，伤亡2500多人。虽然英军在此战斗中失利，但是德军也并没有打破英军的封锁，实际上英军在海上的实力还超过德军。

从1914年到1917年，交战各国的国内经济因为战争而几乎破坏殆尽。德国规定国内17岁到60岁的男子都要应征入伍，法国动员了国内一半以上的青壮年；1916年，德国人民只能依靠萝卜过日子，彼得格勒也只留下只够10天食用的面粉和3天食用的油脂，人民陷入难以为生的境地。

1917年4月，在战争中一直保持中立，利用战争大发横财的美国借口德国宣布恢复"无限制潜艇战"和德国密电墨西哥企图结成德墨反美联盟，向德国宣战，在一定程度上成为英法在财政和军需方面的支柱。随着战火的蔓延，葡萄牙、巴西、印度、加拿大、新西兰等国家也都加入了战争。

1917 年 10 月，俄国人民在列宁为首的布尔什维克党的领导下发动了武装起义，建立了世界上第一个无产阶级专政的国家。十月革命胜利之后，俄国在 12 月开始和德国和谈，并于 1918 年 3 月份签订了和约，双方宣布停战。

此后，德国将兵力集中于西线，从 1918 年 3 月份开始，先后向巴黎、瓦兹河右岸等发起强大攻势。但是此时德国的进攻根本起不了什么作用，协约国很快打退了德国的进攻。协约国的军事力量也在战争中得到了很大的加强，光在法国，就有 3000 辆坦克和 3000 多架飞机。

从 3 月到 8 月，德军在西线遭到了重大损失，兵力损失了近 80 万。9 月 29 日，保加利亚签署停战协议。10 月，德军退守比法边境。此时，德军兵力已经锐减，而且士兵士气极其低落。10 月 30 日，土耳其投降。

1918 年，奥匈帝国国内经济更加困难，前线士兵有时候三四天才吃上一顿面包。因此，前线士兵开始大量逃离，有的甚至暴动，使得德国和奥匈帝国的兵力更加减少。国内则出现了多次革命高潮，宣布脱离奥匈统治。例如，捷克宣布独立，加里西亚宣布和波兰合并，克罗地亚也宣布脱离奥匈统治。奥匈帝国分崩离析，被迫于 11 月 3 日签订了停战协议。

随着保加利亚、土耳其和奥匈帝国的投降，德国只能孤军作战。11 月 4 日，德国爆发了十一月革命，基尔、慕尼黑、柏林等地纷纷建立了苏维埃政权。11 月 11 日，德国在无奈之下和协约国签订了停战协议，延续了 4 年的第一次世界大战结束。

第一次世界大战共有 33 个国家参战，涉及人口 15 亿。战争期间，协约国和同盟国总计动员军队 7500 万人，伤亡和失踪士兵达到 3800 万，其中死亡 900 万人。战争期间，法国 20 到 30 岁的年轻人损失了 58%。各国平民伤亡达到 1500 万以上。交战双方直接投入经费约为 1863 亿美元。直到 1925 年，主要交战国的人口和生产才达到 1914 年交战之前的水平。

第一次世界大战是人类历史上第一次全世界范围内的战争。战争动摇了帝国主义的统治，摧毁了最为强大的 4 个帝国。俄国十月革命，产生了人类第一个社会主义国家，在此后的历史中成为世界对抗的主要国家。此外，德国、奥地利爆发了资产阶级民主革命。在战争的废墟上，出现了捷克、南斯拉夫、波兰、罗马尼亚、匈牙利、奥地利等独立国家，以崭新的面貌出现在国际政治舞台上。此外，中国也因此产生了"五四革命"，朝鲜爆发了独立战争。

作战计划和力量对比

两个帝国主义集团早已蓄意用武力来重新分割世界，因此双方在战争爆发以前就制定了自己的作战计划。早在 1905 年，德奥集团的军事战略计划就由当时德军参谋总长施利芬基本上拟订好了，因而这个计划被称为"施利芬计划"。施利芬以他的两个前任老毛奇和瓦德西（曾任镇压中国义和团运动的八国联军侵略军总司令）先后拟订的计划为基础，经长期精心修改，制定了自己的计划。

施利芬计划假设战争爆发以后，德军在西线将要面对英、法两国军队，在东线将要面对俄军。根据德国参谋总部的估计，由于俄国经济落后，政治腐败，军事机构臃肿不灵，动员工作必然十分缓慢（实际上后来俄军的动员比德国统帅部的估计要快得多），因此战争初期，德国可以大部分兵力来对付法国，并采用闪击战的方法，用四至六个星期的时间迫使法国投降，然后把主力转移到东线，再用三至四个月时间击败俄国，结束战争。

根据施利芬计划，战争初期，德军在西线配置的兵力将为七十八个师，在东线将为九个师。西线的德军又将分成两翼：左翼八个师，固守德、法之间二百七十五公里长的设防坚固的国界，其任务是抗击法军右翼的进攻；右翼七十个师，构成强大的突击包抄部队，担负包围歼灭法军主力的任务，并割断英国与欧洲大陆的联系。

可是，当1914年战争爆发时，具体执行这个计划的德军统帅小毛奇（老毛奇的侄子）因受到两方面的压力，就改变了军队力量的配备。由于俄军出乎德军参谋总部的意料，动员迅速、并攻入东普鲁士，普鲁士的容克地主阶级叫喊要保护他们的地产，防止俄国的进攻；洛林、威斯特法里亚和萨尔的工业垄断资产阶级则要求保护他们的矿山和工厂，防止法军的侵犯。毛奇向双方都作了让步，一方面加强了东线德军的力量，一方面又减少了西线右翼的突击部队、加强了左翼。因此，右翼只有五十三个步兵师和七个骑兵师，比施利芬计划规定的七十个师减少了十一个师，左翼则增加了七个师，共十五个师。按照施利芬计划，德军右翼和左翼力量的对比，应是九比一；而毛奇已把它改为四比一了。

法军先后制定了十六个作战计划，1914年又制定了一个新的计划，叫做"第十七号计划"。这个计划的主要战略思想是把军队主力集中在洛林一带，用全力进攻德军的莱茵河防线。但是"第十七号计划"是建立在两个错误估计的基础上的，第一，错误地认为德军将集结在设防巩固的德、法边境上；第二，认为战争开始时，德国能用于西线的兵力总共不过六十八个师（事实上，德国用于西线的部队比这个数字要多），法国参谋总部曾预料到德国可能会侵犯比利时和卢森堡，但在法、比国界上，法国竟未建立防御工事，而且没有布置兵力。战争开始后，德国恰恰就是从比利时攻入法国的。

俄军的作战计划则把广阔的东部战线分为两个作战区：西北战区，任务是击破德国军队，占领东普鲁士，进攻柏林；西南战区，任务是击败奥匈军队，占领喀尔巴阡山隘口，切断奥匈军队的退路。

两个帝国主义集团为了准备打仗，都进行了长期周密的备战工作。德国很早就有计划、有目的地修建了一个完整的战略铁路网，战时可以把军队迅速集中到前线，或从西线调到东线，或从东线调到西线。因此，从军事准备方面来说，德国比协约国要充分，而且军队的技术装备也比较好，并拥有较多的受过专门训练的军官。但是，协约国在人力、粮食和军工原料等资源方面则比德奥集团要多。就狭义的军事力量来说，德国的陆军比较强；海军方面，英国舰队同法国舰队加在一起，则占有绝对优势。战争开始不久，1914年8月28日，在北海赫耳果兰附近的海战中，德国海军遭受失败，从此德国的舰队就被封锁在自己的海军基地里；同时，德国和奥匈帝国的海岸也都被封锁了。德奥集团与外界隔绝了。这样，德奥集团所能支配的只有本国的经济资源，以及战争开始不久所占领的比利时、卢森堡、法国北部地区和稍后占领的俄属波兰的工业和经济资源。英、法由于掌握了制海权，它们不仅能支配本国的以及两国的殖民地和自治领的经济资源，还能利用美国、拉丁美洲、日本的工业、农业和其他军事资源。

德军战略计划的破产

大战爆发后，在欧洲战场上形成了三条战线：比利时、法国北部和德、法边境构成了西线，那里主要是英、法、比三国军队对德军作战；从波罗的海南岸直到罗马尼亚构成了东线，那里是俄国军队对德、奥军队作战；沿多瑙河和萨瓦河构成了巴尔干战线，那里是奥匈军队对塞尔维亚军队作战。此外，在亚洲的南高加索，有俄、土军队交战；在两河流域和巴勒斯坦，有英、土军队交战。但第一次世界大战主要是在欧洲进行的。

欧洲之所以成为这次大战的主要战场，因为欧洲是资本主义最发达、集中的地区，各帝国主义列强在欧洲也都有自己的经济利益。欧洲又是罪恶的殖民主义的策源地。经过二百多年的资本主义的发展和殖民扩张，全世界的陆地和海洋差不多都成了欧洲几个大国的殖民地和势力范围，欧洲就成了强国敌手的集中地。此外，两大军事集团的头目也都在欧洲。

坦克首次在战争中使用

后起的德国要重新瓜分世界，首先就要打败拥有殖民地最多的英国，其次是法、俄等老牌殖民强国。由于欧洲对帝国主义列强有着生命攸关的利害关系，所以，帝国主义列强都把夺取欧洲霸权作为自己的首要目标。在它们看来，谁击败了欧洲的敌手，夺取了欧洲的霸权，那么，战败国的殖民地和势力范围自然地就转到了战胜国手中了。于是，欧洲就成了帝国主义两大军事集团火并的主要战场。

德军在马恩河又一次遭受重大失败

1914 年 8 月 4 日，德军右翼首先发动突然袭击，侵入中立的比利时。德军统帅部原来以为攻占比利时是轻而易举的事，只要一个星期就可以通过比利时攻入法国。不料遇到比军的坚决抵抗，德军在列日要塞被阻三天，到 8 月 20 日才占领布鲁塞尔。在此期间，英国远征军迅速赶到了法国，22 日进入了阵地。德军在占领布鲁塞尔后，分五路向法国北部挺进。22—24 日，德军在沙勒罗瓦和蒙斯战役中击败英、法军队，法军全线溃退，德军继续向巴黎推进。9 月 3 日，德军前锋距法国首都仅十五公里，巴黎人心惶惶，法国政府迁往波尔多。德国军国主义者气焰嚣张，以为施利芬计划即将实现，胜利已成定局。

法军虽然遭到重大挫折，但主力并没有削弱。法军主力部队仍按原计划那样，集中在法、德边境。法军统帅霞飞发现了德军从比利时方向进攻、法军左翼有被包

德野战炮兵部队

围的危险等情况以后，就立即重新调配兵力，从右翼抽调兵力加强左翼——法、比前线。德军虽一再迂回，企图包围法军左翼，但由于法军比较机动、顽强，德军未能成功。于是德军改变了军队运动的方向，最初折向南方，以后又折向东南。这样，巴黎从西北面受围的威胁消除了，反而成了德军右翼的一个威胁。德军统帅部看到德军没有达到包围法军的战略目的，而自己的右翼又处于不利地位，便放弃了把法军主力赶往东南的企图，命令中路和左翼德军全线转入进攻，来包抄法军的右翼。这样，毛奇就把解决整个战役的重点，从右翼移到了左翼，这和施利芬原来的想法是完全不同的。

9月5日到10日，法、德两国军队在马恩河进行大战，双方投入兵力共达一百五十二万人，战斗十分激烈，法军伤亡十四万余人，德军伤亡近二十万人。10日，德军被迫撤退，据守艾讷河，两军形成对峙的局面。

由于毛奇指挥不力，9月16日，法尔根汉代替了毛奇任德军统帅。9月下半月，德、法两军的战斗又重新开始，在以后两个半月当中，双方都企图从侧翼包抄对方，但都未达到目的。到12月，整个西线形成胶着状态，战争变成了持久的阵地战。这对德国来说，施利芬计划已彻底破产。就整个战局而言，马恩河之战和施利芬计划的破产，预示着德国军事冒险主义最后将失败。因为战争变成了持久的阵地战和消耗战，在这样的战争中，哪一方面有更多的潜在的人力、物力资源，哪一方面胜利的可能性就多一些。在这方面，协约国远比德奥集团占优势，时间的因素对协约国有利。

在东线方面，俄军为了配合协约国军作战，牵制德军，于8月中旬派莱宁堪普和萨松诺夫两个集团军向东普鲁士发动进攻。东普鲁士的德军约有30万人，而俄军的数量几乎两倍于德军。最初，俄国的两个集团军都取得了一些胜利，但由于指挥官的无能和参谋工作的缺陷，两个集团军没有密切地配合，中间留有一百一十公里的空隙。俄军和德军都使用无线电进行联络，德军从截获的俄军电报中，得知俄军的调动情况，迅速进行反击。8月末，在马祖里湖地区，萨松诺夫集团军首先被兴登堡和鲁登道夫指挥的德军包围、击溃（西欧军事史称之为坦能堡战役），近3万士兵被打死和淹死于湖泊中，9万人被俘，萨松诺夫自杀。德军转过头来又包围了莱宁堪普集团军，这个集团军损失也达14.5万人。俄军被迫退守涅曼河，德军侵入俄国领土。

在东线的西南战场上，俄军击败了奥匈军队；德军从西线抽调部队支援奥匈，亦被俄军击退。俄

德国飞速发展的工业

军包围普热密斯耳要塞，进抵喀尔巴阡山麓。从 9 月下旬到 12 月中旬，双方军队曾多次发动进攻，但彼此进展不大。到 12 月底，在东线也呈现出近似阵地战的状态。

正在建造的德国级战舰

在巴尔干战线上，装备很差但士气昂扬的塞尔维亚军队英勇抗击奥匈军队。从 8 月到 12 月，奥匈军队曾三次侵入塞尔维亚，两度占领贝尔格莱德，但均被塞尔维亚军队击退。到 12 月，奥匈军队已被全部逐出塞尔维亚。

除上述欧洲大陆上的三条战线外，战争也在西亚、非洲和远东地区进行。土耳其于 1914 年 11 月 14 日正式向协约国宣战后，英国乘机于 11 月 18 日宣布埃及脱离土耳其，成为自己的"保护国"。以后几年内，英国又攻入美索不达米亚，占领巴格达，进军巴勒斯坦、叙利亚等地。在非洲，英军乘机攻占了德国的非洲殖民地：多哥、喀麦隆、德属西南非和德属东南非等地。在远东，日本帝国主义在英军的协助下，占领中国山东，于 11 月攻占了青岛。在这个期间，日军还相继占领了太平洋上的马绍尔、马里亚纳和加罗林等德属诸群岛。

同盟国在东线和南线的进攻

经过 1914 年几个月的激战，交战双方的人力、物力损耗都很大，西部战线形成胶着状态。当时，许多人认为，要突破西线已不可能。于是在协约国方面有人主张：派英、法军队到巴尔干半岛去开辟新战场，与自己的盟国俄国联系起来，持这种见解的被叫做"东线派"；反对这种主张，仍坚持在西线进攻以求突破的，被叫做"西线派"。另外，当时英国海军大臣丘吉尔则主张派海军去进攻达达尼尔海峡和加利波利半岛，威逼君士坦丁堡，以阻止土耳其夺取苏伊士运河和进攻埃及。

德国因西线作战不利，也改变了战略，把战争重心移向东线。德军计划在东线进行两个连续的战役，以达到下列战略目标：第一，突破俄军防线，迫使俄国单独媾和；第二，控制巴尔干半岛，打开直接通往土耳其的道路，割断俄国与其盟国的联系，把俄国孤立起来，第三，把小亚细亚变成进攻埃及和印度的跳板及作战基地，控制地中海的海上交通线。

俄国的军事计划则准备命令其西北战线部队占领东普鲁士和维斯瓦河下游；西南战线部队从喀尔巴阡山攻入奥匈帝国，突入西里西亚，打开通向柏林、维也纳和布达佩斯的道路。

1915 年 1 月至 3 月，在东线发生了几次大规模的战

准备乘火车开往前线的俄部队

斗。俄军占领了喀尔巴阡山隘口，驻守普热密斯尔要塞的 12 万奥匈军队向俄军投降，但俄军再次进攻东普鲁士时却被德军击败。

5 月，德奥集中了 18 个师和 2000 门大炮的强大兵力，由德国将军麦根逊指挥，在俄军西南战线长达 30 公里的地方发动进攻，突破俄军战线。俄军被迫全线退却，到 9 月中，俄军阵线才稳定下来。五个月当中，俄国丧失了波兰、立陶宛、波罗的海沿岸的部分地区，俄军伤亡达 85 万人，被俘达 90 万人。沙皇尼古拉二世撤了尼古拉耶维奇大公最高统帅的职务，自任最高统帅。德、奥军队不敢贸然深入俄国境内，故德军迫使俄国投降和单独媾和的战略目标没有达到。到 9 月底，东线又趋沉寂，以后进入了阵地战。

同年 4 月间，英、法还派遣一支 8 万人的远征军在达达尼尔海峡的最南端登陆，占领了加利玻利半岛的南端，但在德国将领指挥下的土耳其军队阻止了英法军队的前进。8 月，英国又派了 10 万军队登陆，在占领了 17 公里宽、4 公里深的狭长地带后，进路又为土耳其军队所阻。1915 年底，英军不得不放弃占领达达尼尔海峡的计划，将部队撤走。

意大利于 1915 年 5 月底参加协约国方面作战。它原是同盟国的成员之一，但在战争爆发后宣布中立。意大利统治阶级狡猾地向交战双方讨价还价，看谁能满足它的领土要求，就参加到哪一方作战。经过谈判，协约国答应了意大利的领土要求。1915 年 4 月 26 日，英、法、俄、意四国在伦敦签订了秘密协定。根据这个协定，战后，意大利可以得到蒂罗尔南部、特伦的诺、的里雅斯特、伊斯特里亚、达尔马提亚和小亚细亚的部分领土。5 月 23 日，意大利向奥匈宣战。

1914 年英国大舰队装备上先进的电子产品

意大利参战，对整个战局并没有发生重大影响。从 6 月 6 日到 12 月 23 日，意大利出动了 39 个师，在依崇佐河畔举行了四次进攻，损失了几十万人，但未取得什么成就。

1915 年，交战国双方都在继续进行争取保加利亚的斗争。保加利亚统治阶级也乘机向双方讨价还价，它要求得到马其顿和多布鲁查；同盟国同意了它的领土要求。保加利亚看到同盟国在东线的胜利，以为德、奥必胜，于是在 1915 年 9 月 3 日，同德、奥、土签订了军事协定，决定参加同盟国方面与协约国作战。

保加利亚参战后，9 月底，同盟国在奥、塞边境集中了 35 万德、奥军队，在保、塞边境集中了 30 万保加利亚军队，准备给塞尔维亚以致命的打击。塞尔维亚只有 25 万军队在抵抗德、奥、保三国军队。10 月 5 日，德、奥军队在麦根逊将军的指挥下，从北面进攻，占领了贝尔格莱德，把塞军压向南方。12 日，保军从东面进攻，切断塞军退往希腊的道路。塞军被迫从阿尔巴尼亚和门的内哥罗之间的山间小道退往亚得里亚海；有十万名士兵和平民，因饥饿、寒冷和敌军飞机的轰炸死在道路上，另外 10 万人克服了重重困难才到达了海岸，以后又转移到希腊的科孚岛，继续组织抗战。在第一次世界大战中，只有塞尔维亚的斗争具有民族解放的性质，是正义的；但是，塞尔维亚却被同盟国军队占领，一直到大战结束。

结成同盟的三国君主画像

在西线，交战双方为配合东线战场，也展开了多次恶战。1915年初，英、法联军按照法军总司令霞飞的计划，进行了若干次进攻，企图突破德军阵线，迫使德军退到马斯河对岸来结束战争；结果，损失了几10万士兵的生命，却一无进展。在4月间的伊普尔战役中，德军第一次使用了毒气，英、法军队骤不及防，遭到巨大损失。在这之后，英、法也使用了化学武器。这一年，德国齐伯林飞艇开始轰炸英国，这是历史上远距离对敌人大后方的第一次轰炸。战争初期，双方已把飞机用在军事上，但主要是用于侦察和指挥炮兵射击，以后才较大规模地用在战争中。

西线血战

鉴于1915年的作战经验，协约国决定来年春季同时在东、西、南线发动攻势，使敌人难以应付；同盟国则决定采取战略进攻，打败协约国的联合攻势，并在西线给法国以致命性的打击。德国参谋总部认为，开战以来，塞尔维亚已被击溃，俄国已处于瘫痪状态，意大利作用有限，法国力量也濒临枯竭，只有英国仍握有实力，并对胜利充满信心；德国要取得战争的胜利，必须击败英国。由于德国海军力量的限制，不可能直接进攻英国本土，只有从打击大陆上的英国同盟者着手，首先要摧毁法国，打掉法尔根汉所谓的"英国手中的最好剑支"。

德舰队司令施佩将军

德国统帅部决定选择凡尔登为进攻对象。因为凡尔登是协约国西线的凸出部分，如像一支矛头指向德军阵地，对深入法国和比利时的德军是很大的威胁。同时，凡尔登又是法国的著名要塞、法军阵线的枢纽、通往巴黎大道的一个强固据点。法尔根汉估计，为了保卫凡尔登，"法军指挥部将被迫把它所有的全部力量投入"。因此，他的结论是：这一次进攻，从军事方面来说，将成为"碾碎法军的磨盘"；从心理方面来说，凡尔登如果失陷，将给法国军队的士气以沉重打击。这二者加起来，会促成法国全面崩溃，从而使英国失去有力的同盟者。

德国为了进攻凡尔登，从各个战场调了17个师27万人的兵力和一千四百多门大炮。法国在凡尔登只有十万名守军和六百多门大炮。1916年2月21日，战斗开始。德军以空前强大的火力向凡尔登附近的狭窄的三角地带猛烈攻击，整整一天，密集的炮弹和燃烧弹不停地轰击，还施放了毒气。据当时的记载说："历史上从来没有见过这样强烈的炮火，法军第一道防线全被浓烟烈火笼罩，交通壕完全被摧毁，附近森林被炸光，山头完全改变了面貌。"德军炮击以后，21日黄昏和22日，步兵主力就向法军冲击，两军展开肉搏战。法军进行殊死抵抗，伤亡惨重，但第一道防线还是失守了。25 日，德军占领了控制凡尔登要塞和整个地区的都蒙高地。法军阵地被切成数段，与后方的交通线也全被断绝。凡尔登和整个法国战线的防御体系均处于千钧一发之际。

戴着防毒面具进行观察的法军

在这个紧急关头，法国政府命令贝当负责保卫凡尔登的任务。贝当认识到，要保卫凡尔登，首先必须打通凡尔登与后方的交通线。他立即组织道路抢修队，修复了原有的公路，又增辟了新的公路，并调集 3900 百辆汽车，在一个星期内，赶运来 19 万生力军和 2.5 万吨军火；平均每天有 6000 辆汽车到达凡尔登，即每十四秒钟通过一辆。法军提出的口号是"他们（德军）不得通过"，而德军则决心要攻占凡尔登。双方反复冲杀，形成了伤亡惨重的拉锯战。6 月中，德军已进逼到距凡尔登只有 6 公里的地方，法军不惜伤亡，拼死抵抗，战斗一直持续到年底。法国全国军队 70 个师当中有 66 个师先后参加过这次战斗；德国则投入了 46 个师。由于法军的坚持抵抗，以及其他战线的配合，减轻了法军的压力，

日德兰海战中，随着德海军首先开火，英国舰队迅速投入战斗

德军始终未能攻占凡尔登。这场大规模的流血厮杀，双方伤亡总数达百万余人。凡尔登战役是第一次世界大战中带决战性的战役，也是第一次世界大战的转折点，它标志着德国的军事进攻能力已从顶峰走向下坡路。

当凡尔登战役正进行的时候，为了牵制德军，减轻凡尔登的压力，协约国于 7 月 1 日在索姆河畔发动大规模攻势，由英军担任主攻。这是一场巨大的消耗战，双方伤亡达 120 万人。这次战役中，英国研制的新式武器——坦克首次投入战斗。

凡尔登和索姆河两个战役一直持续到 1916 年底，双方伤亡已近 200 万人。德国迅速取胜的企望成了泡影，形势的发展日益有利于协约国。

大战以来，英国依靠它的海军优势，对德国实行严密的海上封锁，使德国海军一直不能出海。德军物资日益匮乏，决心冲破封锁，从英国手中夺取制海权。

当凡尔登战役还在激烈进行的时候，德军指挥部命令海军出击，于 5 月 31 日至 6 月 1 日，英、德海军在北欧日德兰半岛的斯卡格拉克海峡展开了一场恶战，这就是日德兰海战。英国出动了 151 艘

国王威廉一世与参谋长冯毛奇在观看军事演习

军舰，德国出动了 101 艘，激战结束，英舰损失 14 艘，德舰损失 11 十一艘。英国的损失虽大于德国，但英国海军实力雄厚，仍然牢牢地掌握着制海权。德国海军未能打破被动局面，只得退回海军基地，从此再也不敢贸然出海了。

在南部战线上，奥匈军队于 5 月 15 日开始向意大利军队进攻。意军不堪一击，损失惨重；奥匈军突入威尼斯平原，从后方威胁着依崇佐河意军的防线。意大利向俄国紧急求助，俄国统帅部命令布鲁西诺夫指挥俄军从 6 月 4 日起在西南战线展开全面进攻。俄军突破奥匈战线，占领布柯维纳和加里西亚的一部分，并重新占领了喀尔巴阡山山隘，俘虏了奥匈军 40 余万人。俄军的胜利，减轻了德军对凡尔登和奥匈军对意军的压力。

1915 年，英国海军"大力神"舰

德军统帅法尔根汉因战争失利被撤职，兴登堡担任了德军总参谋长，鲁登道夫为副总参谋长。

俄军在西南战线的胜利，吸引了罗马尼亚参加协约国方面作战。8 月 17 日，英、汉、俄、意和罗马尼亚签订秘密条约，承认罗马尼亚战后合并特兰西瓦尼亚和巴纳特。8 月 28 日，罗马尼亚正式对同盟国宣战。9 月，保加利亚军队和德军分别攻入罗马尼亚；12 月，德军占领了布加勒斯特，罗马尼亚被击溃。德奥集团占领罗马尼亚后，夺取了它们所急需的粮食和石油。罗马尼亚的溃败，使协约国东部战线又延长了 500 公里。

1914 年的战况

第一次世界大战主要在欧洲大陆进行，欧洲战场有四条战线。西线：英、法、比军队与德军对抗；东线：俄国军队与奥匈、德国军队作战；巴尔干战线：主要是塞尔维亚、门的内哥罗以及后来的罗马尼亚、希腊的军队与奥匈、保加利亚的军队作战；意大利战线：意大利军队在英、法军队支持下对抗奥匈军队。此外还有近东战线（主要是英国军队与土耳其军队作战）和高加索战线（俄国对土耳其）。其中西线和东线是主要战线，西线具有决定性作用。

德军按所谓"施里芬计划"首先在西线发起进攻。"施里芬计划"是德国陆军元帅施里芬（1833—1913）在其担任总参谋长期间所制定的德国东西两线作战的战争计划。其要点是：德国在不可避免的两线作战中，集中优势兵力在西线，只用少数兵力监视和牵制俄国军队。西线分左右两翼，左翼少数兵力仅仅守住德国洛林一带防线，强大的右翼越过比利时和卢森堡，冲入法国北部，然后南下绕过巴黎西方和南方，压逼法军主力到巴黎以东一带加以歼灭，对法军取得决定性胜利后全力转入东线打败俄国。"施里芬计划"是个速决战计划，计划六个星期内取得西线胜利，三—四个月的时间结束整个战争。"施里芬计划"低估了俄军和法军的动员与作战能力，也未估计到比利时军队的顽强抵抗和英国远征军能很快参战，因而注定要失败。后任总参谋长小毛奇对这个计划作了修改，在一定程度上加强了西线左翼和东线对付俄国的兵力，这样便削弱了西线，特别是西线右翼的兵力。

8 月 3 日夜德军侵入比利时，但立即遭到比利时军民的顽强抵抗，5 日受阻于列日炮台，以 4 万士兵的生命为代价夺取了这座城市，直到 8 月 20 日才前进到法比边界。从 8 月 20 日起，近百万德军分 5 路挺进法国北部，21 日至 24 日，双方在沙罗瓦会战，法军失败而退。英国远征早在法国登陆以后于8月23日在蒙斯和德军交锋，也被德军击败。此后德军迅速推进。8月25日占领那慕尔，27日占领隆维，9月1日占领苏瓦松，2日占领拉昂，3日欲兰斯，前锋距巴黎仅15英里。法国政府匆忙迁往波尔多，巴黎危在旦夕。

英分舰队司令大卫·贝蒂

德右纵队第五集团军继续向东南追击法第五集团军，结果远远超过了第二集团军。9月3日晚，德第一集团军到达马恩河左岸的提埃里堡。这时，小毛奇让第一集团军作第二集团军的第2梯队，并保卫德军右翼。但第一集团军没有执行这个命令，指挥军队渡过马恩河，继续向南追击，只留下1个军在马恩河北岸，防备巴黎法军的威胁。这时，法军调动和重新部署的情报频频传来，小毛奇认定法军在准备大反攻。他意识到德军第一、二集团军力量单薄，受到巴黎地区法军的严重威胁。9月4日，小毛奇决定，由一、二集团军挡住巴黎方面的法军，第三、四、五集团军对付法国其他各军。9月5日，克鲁克虽接到小毛奇的命令，但他仍不执行，继续孤军南下，给法军反攻造成了有利态势。

法军面临有利战机，但统帅霞飞开始有些犹豫，后在部下催促下决定反攻，发出第6号命令。部署是：法第六集团军北出巴黎兵营，沿马恩河向东进发，于6日跨过乌尔克河，攻击德军侧翼；英、法军其他部队同时在各自战线展开反攻。法第六集团军按计划向乌尔克河进发，5日同德第一集团军留在马恩河北的部队在乌尔克河西岸遭遇。开始，双

1918年英军在圣昆丁突破兴登堡防线

方指挥部对这个战斗都没有重视。但是仗越打越大。到8日，克鲁克不得不将整个集团军带回马恩河北，投入战斗。加里尼也从巴黎驰援法第六集团军。法第五集团军按计划从6日开始反击，掉过头来同一直追赶它的德第一集团军厮杀，其右翼同德第二集团军的部队交火。克鲁克的德第一集团军8日被迫撤回到马恩河北，使德第一、二集团军中间出现了一个约50公里宽的大空隙。这样，德军第二集团军的右翼失去保护，面临被法第五集团军包抄的危险。

英军于9月6日开始反击，前进方向正好对着德第一、二集团军之间的空隙。虽然英军司令弗朗奇胆怯，进军缓慢，但到8日也前出到接近马恩河的地方，使德第一集团军的背后受到威胁。福煦指挥的第九集团军又将德第二集团军的左翼和德第三集团军截开，从而使德第一、二集团军处于孤立无援的危险境地。从9月5日到9月9日，马恩河一带长达200公里的战线上，硝烟弥漫，战火纷飞。

9月7日，小毛奇得知战场上的不利情况，立即于第二天派情报头目里夏德·亨茨巡视右纵队，授权他可以命令各军协同撤退，消除彼此间的空隙。9日，亨茨

命令第二集团军撤退到马恩河，第 1 集团军停止进攻，实行后撤。小毛奇又于 10 日亲自命令右纵队的第一、二、三集团军撤退，其他各军停止进攻。第二天，小毛奇再次命令德军撤至努瓦茶——凡尔登一线。马恩河地区的战斗，由于德第一、二集团军的撤退告一段落。

法军增援凡尔登前线

在马恩河主要战场以东直到凡尔登附近，德第四、五集团军同法第三、四集团军对峙的地区也于 10 日停战。在东部法德边界，德军一直在进攻，法军的第一、二集团军处于守势。10 日，德军在这里的进攻也停止下来，并将第七集团军调到埃纳河加强右纵队，把第六集团军撤回边界。马恩河战后，德军撤至埃纳河，在距河北岸 3 公里的高地上据守一个坚固阵地。

英法联军由于连续艰苦的行军和战斗，疲惫不堪，加上指挥谨小慎微，没有紧追撤退的德军，丧失不少战机。9 月 13 日，联军渡过埃纳河，并在第二天发起强大攻势，但收效甚微，被迫于 18 日停止进攻，这就是第一次埃纳河战役。德军由于战前受到较好的防御战术训练，使用机枪、手榴弹，借助野战工事保住了阵地。联军调兵从努瓦茶以北对德军侧翼迂回包围，而德军反过来也向北奔袭包抄联军的侧翼。于是两军互相包抄的紧张战斗，把战线逐步推向北方，直到海岸，结果谁也没有得逞。海岸对英军极为重要，英军从埃纳河战线转移到靠海的伊普尔附近。

德军总参谋长法尔根汉（小毛奇因马恩河战败被撤职）乘联军没有站稳的时机，于 10 月 12 日向伊普尔发动强大攻势，其目的是突破联军防线，占领法国北海岸，切断英国同其远征军和法国联系的通道。联军方面兵力单薄，形势紧张。此时，霞飞派福煦指挥协调了法、英、比军队的作战，顶住了德军的进攻，守住了联军的阵线。经过一个月的激烈战斗，到 11 月 11 日，战斗因气候恶劣停止。这次战斗史称第一次伊普尔战役。

战前的凡尔登镇，图中可见梅斯河和大教堂

此后，双方之间形成了一条稳定的战线：从凡尔登向两边延伸，西至努瓦茶，然后转向北进到海岸；从凡尔登向南绕过圣米耶尔突出部，大致沿当时的法德边界到瑞士边境。这条战线在以后几年间没有大的移动，战斗进入僵局，双方相持不下，各自挖掘堑壕，于是阵地战开始了。

1914 年在德奥与俄国之间的从波罗的海沿岸到罗马尼亚边境的东线战场有两次大的战役，即俄、德之间的东普鲁士战役和俄、奥之间的加里西亚战役。

东普鲁士战场即俄国的西北战线，德国在此部署了约 30 万人的兵力，以防止俄国的进攻；俄国兵力约等于德国的两倍。为了配合西线作战，俄国在未完成动员的情况下，于 8 月中旬便向东普鲁士的德军发起了进攻。17 日越过边界，20 日在冈比宁战役中获胜，德军被迫撤退，伤亡达 1/3。俄第二集团军于 23 日越过边界，蜂拥而来。德军新任东线总司令兴登堡及参谋长鲁登道夫采取集中优势兵力，各个击破的战术，于 26 日至 28 日包围了俄第二集团军，俄军统帅于 29 日夜自杀，部队全部被歼。接着，9 月 11 日，德军又攻下俄军第一集团军司令部所在地。13 日，俄军退出东普鲁士，虽然避免了被围歼，但损失了 11 万人，德军乘胜渡过尼门河，进入俄属波兰领土。东普鲁士战役以俄国失败而告结束。东

索姆河战役中一次突袭中，英军正准备越过顶点

普鲁士战役中，俄军总计损失兵力 25 万人左右。处于兵力数量绝对优势的俄军兵败东普鲁士，主要是指挥失误所致。德国有人将第八集团军在东普鲁士的战斗说成是"战争史上无与伦比"的胜利。

俄军在东普鲁士失败的时候，在西南的加里西亚战场却取得了胜利。俄军集中了四个集团军的兵力，在 300 多公里的战线上向奥匈军队发动进攻，奥军抵挡不住，接连败退。到 9 月底，俄军占领全部东加里西亚及布科维纳，到达喀尔巴阡山麓。以后进行的华沙—伊凡哥罗德之战、罗兹之战，俄军连连取胜。到 12 月中旬，双方都停止了进攻。于是东线同西线一样，也呈现了近于阵地战的状态。

1914 年的东线双方互有胜负，德军虽然取得了东普鲁士战役的胜利，但这个胜利迫使它从西线调来援军，从而扩大了东线的战争规模，越来越深地陷入两线同时作战的境地。

南线是塞尔维亚对奥匈的战场，这是第一次世界大战初期唯一的正义战争。8 月 13 日，奥匈军队越过德里纳河，开始侵入塞尔维亚。塞尔维亚人口不多，经过战争动员，兵员达 40 万人，但只有 10 万支步枪，其他战备物资也极为缺乏，但塞尔维亚人民士气高涨，抗战英勇。仅经过四天的战斗，奥匈军队便被逐回德里纳河对岸。虽然以后奥匈军队又发动两次进攻，甚至在 11 月 17 日占领贝尔格莱德，但不过一个月，塞军便收复了贝尔格莱德。奥军在巴尔

索姆河战役中，英军第十七军团穿越沼泽地跋涉前进

干战场损失了 28 万多人，塞军损失 1 万余人。塞军这场胜利的战役是重病在身、年近古稀的普特尼克在卧室病榻之上指挥的。

奥匈帝国前次进攻塞尔维亚失败之后，收拾残部，调整部署，又集结了 5 个军，于 9 月 7 日发动了新的进攻。

奥匈军统帅部用 2 个军的兵力在木特洛维察方向上佯攻，而以主力从兹沃尔尼克、留博维亚一线向伐利沃方向突击，以从西南迂回塞军。奥匈军开始时取得进展，

但很快受到塞军阻遏。塞军坚守阵地，寸步不退，2 个月中未让奥匈军前进一步。

奥匈军久攻不下，便一方面继续向塞军防线正面施加压力，一方面左翼迂回，开始形成夹击之势。此时塞军消耗殆尽，几乎弹尽粮绝，已无法再坚持下去，加上面临两面夹击的险境，只好撤退。奥匈军全力追击。塞军一路后退，11 月 7 日放弃贝尔格莱德，随即撤向东部斯梅德雷沃、拉左罗瓦茨一线，最后往南沿鲁德尼克高原西面斜坡撤至波热利。

奥匈军紧追不舍，但补给线遭到破坏，粮食和弹药告罄，无法再追下去，于 12 月 2 日停止了追击。

遭到毒气袭击的联军

此时塞尔维亚军已获得俄、法两国武器、弹药和粮食援助，恢复了战斗力，见奥匈军停止进攻，立即转退为进。12 月 3 日，塞军转入反攻。已被拖垮的奥匈军在塞军的猛烈冲击下，开始溃败。塞军全线推进，12 月 15 日收复贝尔格莱德，到 19 日，已肃清境内残敌，俘敌 46000 人，缴获火炮 126 门，机枪 70 挺，军马 2000 匹，以及许多军用储备品。但是塞尔维亚军队也已疲惫不堪，在萨瓦河和德里纳河一带停止了进军。塞尔维亚军再次粉碎奥匈军的进犯，将敌人驱逐出境。

奥匈军在两次进攻塞尔维亚的战役中共损失 7600 名军官和 274000 名士兵。而更大的损失是奥匈军被塞尔维亚军摧垮了自信心。德国陆军总参谋长鲁登道夫在其回忆录中说，在塞尔维亚，"奥匈军队被打垮了"，它已"不是有充分价值的战斗工具"了。

两次失败使奥匈军统帅部暂时放弃了对塞尔维亚的进攻，只留下了两个军驻守塞尔维亚边境一带，其余兵力陆续调往俄国战线。

塞尔维亚军为胜利付出了沉重代价，在两次战役中共损失 132000 人，所余兵力已不超过 10 万人。

英国远征军开往马恩河阵地

从此直到 1915 年 10 月近一年的时间里，巴尔干基本上保持着静寂的状态。

除欧洲三条战线外，战争也扩展到了世界其他地区。10 月 29 日，德、土舰队炮轰俄国黑海港口，袭击俄国船只。31 日，俄军自高加索侵入土耳其国境，土耳其第九军被围投降，第十军全部被歼。随后，俄国进兵占领伊朗的阿塞拜疆。虽然伊朗政府已发表了中立的声明，但交战国集团对这个声明没有理睬，依然在伊朗采取军事行动。英国也派兵到波斯湾，向美索不达米亚推进。12 月，英国宣布埃及脱离土耳其统治，把它变成自己的保护国。

法元帅霞飞

8 月 23 日，日本对德国宣战后，不派一兵一卒到欧洲作战，却在远东地区趁火打劫。9月初，占领了德国在太平洋上的殖民地，包括马绍尔群岛、加罗林群岛和马利亚那群岛。同时侵入中国领土山东半岛，占领德国租借地青岛。

1914年海上作战的规模不大。12月8日，英国海军在福克兰群岛水域击溃了德国的巡洋舰队。在北海，8月28日，英国海军袭击赫尔戈兰港，取得成功，战斗中英国只有一艘巡洋舰受伤，而德国有三艘巡洋舰和一艘驱逐舰被击沉。俄国舰队在黑海也取得了对德国海军的胜利。

1915年的战况

1915年1月底通过的德奥年度战局计划规定，在西线，从新港到瑞士边境长700公里的陆地上进行积极防御；在东线，德奥军队合同作战，旨在击溃俄军的猛烈进攻，迫使俄国投降，然后把军队调往西线，歼灭英法军队。所以从1915年初起，德军就从西线抽调大量部队增援东线。在1—3月的战役中，双方互有胜负。俄军在马祖尔湖被德军击败，从东普鲁士撤了出来，但俄军也击溃了装备较差的奥匈军队，巩固了在加里西亚的地位，占领了喀尔巴阡山上的几条通道，威胁到匈牙利。

德国力图要实现其战略意图，继续在东线增兵。到4月末，德军已在维斯瓦河上游和喀尔巴阡山之间集中了雄厚的兵力，包括16个步兵师、2个骑兵师、1410门野战炮和1000门重炮。

5月2日，德军以优势兵力，用强大炮火开路，在西加里西亚的果尔利策镇西发起楔形攻击。俄第三集团军正面防御当日即被突破。德军坚持在同一方向突击，拼命扩大突破口。俄大本营给伊凡诺夫将军派去大量增援部队，企图阻止住德、奥军。但是增援部队零散投入战斗，杯水车薪，很快被优势德奥军各个歼灭。

俄军不断撤退，5月14日撤至桑河和德涅斯特河一线。德奥军重兵压来，同俄军展开激战。17日，德军攻占雅罗斯瓦夫，大举渡河东进。23日，意大利对奥匈宣战，奥匈被迫分兵拒敌，德奥联军进攻势头暂时削弱。6

德皇与德陆军参谋长小毛奇于战前视察

月15日，德奥联军恢复进攻，22日攻下莱姆堡（利沃夫）。持续五十二天的果尔利策战役遂告结束。

总计东线五个月的战争结果，俄国放弃了布科维纳、加里西亚、波兰、立陶宛以及拉脱维亚的一部分。从此，东线又转为阵地战。德奥军所防守的战线，北起里加湾，南到布科维纳。俄军的节节败退，使战线大幅度东移。但是德军没有获得决定性的胜利，它没有摧毁俄军，也没能使德军统帅部抽调其东线的全部兵力转移到西线去。

在西线，英法军队多次发动进攻。由于这些战斗都是在极其狭窄的战线上进行的，目标很小，所以收效甚微。2月16日至3月17日，英法军发动了香槟战役，但未能突破德军防御阵地。

沙皇俄国哥萨克骑兵

德军为了反击英法军的进攻，并掩护军队向东线调动，于4月22日发动了伊普尔战役。在战役中，德军公然违反海牙国际公约，首次使用毒气，但没有收到太大效果。

德军选择伊普尔以北联军阵地英国第三集团军和法国第二十军的接合部作为化学毒气攻击点。这里是战线弯曲部，地势平坦，正好是下风口。

在发动进攻的前几天，德军特种化学分队利用黑夜悄悄地在6公里宽的正面安放了150组共6000个毒气罐。

4月22日下午5时，德军施放5分钟的毒气。2米高的黄绿色雾团趁着风势，滚滚扑向法、英军的阵地。德第二十六军的突击部队戴着防毒纱罩，以密集队形尾随前进。

守军突然发现滚滚黄烟扑面而来，不知何物，正在诧异，毒气已钻进他们的眼睛、鼻子和喉咙，像烈火在烧灼。有的人还未喊出声已窒息而死，一些人疼得狂叫。士兵们一哄而散争相逃命。一个目击者谈到当时情景时说："当第一阵浓烟笼罩整个地面，人们喘不过气，拼命挣扎时，最初的感觉是惊异，随之而来的便是恐惧，最后军中一片慌乱。还能行动的人拔腿便跑，试图跑在扑来的毒气前面，但多数人是徒劳的。"

德军在5分钟内施放了18万公斤氯气。英法军1.5万人中毒，其中5000人丧生。伊普雷以北一个宽10公里、纵深7公里的地带立时成为无人防守区。英第五集团军和法第二十军之间出现一个宽3.5公里的缺口。

但是德军突击队未敢乘虚而入。前面毒气尚未飘散，后面没有后续部队。法、英军匆忙用汽车调运来4个步兵师和一些炮兵部队，将缺口堵住。德军没能将这一战术胜利发展为战役胜利。为了减轻东线俄军的压力，9月，英法联军在阿土瓦和香槟再次发动进攻。这一次英军也使用了毒气，但几次进攻，前进的步幅不大，被迫停止了攻势。从11月开始，西部战线逐渐沉寂下来，再一次转入阵地对峙。在1915年的战役中，双方虽然都损失惨重，但阵地没有太大的变化。

意大利虽是同盟国的成员，但在战争爆发后却宣布中立，实际上是与交战国双方进行讨价还价。最后还是协约国满足了意大利的欲望，于1915年4月26日在伦敦签订了英、法、俄、意协定，按照这个秘密协定，意大利将得到蒂罗尔南部，特伦的诺、的里雅斯特、伊斯特里亚、达尔马提亚及小亚细亚的部分领土。协约还规定了意大利应于一个月内参战。5月4日，意大利宣布废除同奥匈帝国的同盟条约，5月23日向奥匈帝国宣战。这样一来，欧洲就形成了第四条战线，即意大利对奥匈的战线。意大利动员了39个步兵师对奥匈作战，从6月29日到12月10日，在依崇佐河畔发起四次进攻，损失了近30万人，但只取得局部胜利，把战线最多推进了20公里，因此，没有达到协约国要意大利吸引德奥军队的预期要求。年底，意奥战线也转入阵地战。

战争初期，保加利亚宣布"严守中立"，其实是在坐山观虎斗。到1915年下半年，保加利亚政府认为同盟国必胜无疑，遂于9月3日和德、奥、土签订了四国同盟条约，6日又和德、奥签订了军事协定。保加利亚撕去了中立的假面具参战，对塞尔维亚来说是一个致命的打击。塞尔维亚只有20万军队，而在奥塞边界和波斯尼亚却集中了35万德奥军队，在保加利亚和塞尔维亚边界有30万保加利亚军队。虽然在战役开始后，有12.8万英法援军在萨洛尼卡登陆，但他们只以此地为桥头堡，准备将来的战斗，不能直接援助塞尔维亚，力量如此悬殊，胜败可以预料。10月5日，德奥大军开始进攻，9日占领贝尔格莱德，同时奥军从波。保加利亚于斯尼亚进攻10月14日正式宣战，于11月5日占领尼什，截断塞军退往萨洛尼卡的道路。塞尔维亚军队虽英勇血战，但很快就被完全击溃，其残余的12万人退守希腊的科孚岛。塞尔维亚被打败以后，德国和土耳其之间的交通畅通无阻，同盟国之间的联系更加密切。

1915年两大联盟的海军行动并未发生战略性的变化，双方在海上都没有展开决战。规模最大的海战是英、德两国巡洋舰队在北海的一次战斗，英国获胜；另一次是协约国舰队在达达尼尔海峡的战斗，协约国失败。英国海军继续对德国进行海上封锁，德国企图借助潜艇打破封锁，虽未成功，但对协约国的海上交通线构成了很大威胁。

1916 年的战况

1916年是大战关键性的一年，交战双方最大限度地调动了本国的人力物力投入战争。这一年，德国又把战争重点放到了西线，所以在西线发生几次大战。俄国为配合西线，也在东线发动了攻势。

这一年西线第一次重大战役是凡尔登大战。

凡尔登战役是第一次世界大战中规模最大、时间最长的一次决定性战役，是德国从战略进攻向战略防御的转折点。

德国1915年在俄国战线上取得重大胜利。但是由于俄国幅员广大，交通不便，又时逢寒冬，德军担心重蹈拿破仑覆辙，未敢驱军深入，而将战略重点重新转到西线。

德军统帅部早就认定英国是主要敌人，但因隔着大海，鞭长莫及，暂时对它奈何不得。而法国是英国大陆政策的工具，又是西线主力，如将其击垮，即可使英国孤掌难鸣。法国经一年半的战争，军事力量的使用已达极限，正可给它以致命一击，震溃全军。

德军统帅部基于以上认识，决定在西线选择一决战战场，全力打击法军，毕其功于一役。德军总参谋长法尔根汉将军选择了凡尔登作为消灭法军的决战战场。

凡尔登是具有重要战略地位的著名要塞。它地处马斯河水路交通要道，又有16条铁路和公路通过，是法军前线最大的交通枢纽，也是巴黎的西北入口。法尔根汉断定，无论从实际战略价值出发，还是从稳定军心的心理价值出发，法军无论如何也不能丢掉凡尔登，必定倾全力保卫。这样德军就可以凭借强大力量将法军消灭于此。从战场态势上看，德军处于极为有利的地位，法军在凡尔登的设防阵地突出到德军阵地之间，德军可以从东、西、北三面进攻。一旦开战，凡尔登法军的交通线只有城南一条地方铁路可用。法尔根汉决心使凡尔登成为"碾碎法军的磨盘"。

法军在凡尔登要塞筑垒地域构筑了全新防御体系，有4个防御阵地。第一阵地通过森林地，距要塞筑垒外防御地带6至7公里，第二阵地距第一阵地2至3公里，第三阵地距第二阵地也是2至3公里，第四阵地是两条炮台带和中间永备筑垒带。

凡尔登要塞的外径为45公里，整个筑垒地域的防御正面达112公里。筑垒地域被马斯河分成两个地段——右岸东段和左岸西段。所有4个阵地都适当地安排在满是深沟与高地的极为起伏不平的森林地。要塞防御体系是永备筑城工事与野战筑垒相结合，纵深梯次配置，防御重心转向野战部队。凡尔登的防御体系是相当牢固的。

凡尔登筑垒地域由法国3个军防守。右岸是第二军和第三十军，有330门火炮；左岸是第七军，有294门火炮。东段每一公里防御正面的密度平均达1.5个营和15门火炮，西段达2个营和21门火炮。在凡尔登以南，筑垒地域指挥官埃尔将军的总预备队是3个步兵师。此外，法军还可调用最高统帅部的预备队3个军。

德军进攻凡尔登的主要部队是德国皇太子威廉指挥的第五集团军，有18个师。集团军指挥部遵照德军总参谋长法尔根汉的计划，将在孔桑武阿到奥恩地段实施突破。第一梯队突击群作如下展开：预备队第七军（2个师）占8公里正面，第十八军（2个师）占2公里正面，第三军（2个师）占4公里正面。突击群的第一任务是：攻占前两道野战阵地，向第四阵地的杜奥蒙炮台和沃炮台进攻。辅助突击由第十五军（2个师）在6公里宽的正面上实施。预备队第六军和第五军实施牵制行动。

德军从1915年12月底开始对战役进行细致而秘密的准备。部队和炮兵的集中和展开，构筑出发地域的工程作业，准备供给基地、通信枢纽和积聚弹药等等，都隐蔽进行。德军最高统帅部打算用强大炮火摧毁凡尔登工事，所以对炮兵的展开特别经心。德军在马朗库至埃坦的正面上共展开10204门火炮和202门迫击炮。其中绝大部分在主要突击方向上展开。每一公里的突破正面上平均有62门火饱和15门迫击炮。第十八军地带内每公里突破正面上的炮火密度达140门。德军在主要突击方向上对法军所占优势为：有生力量多3个师，火炮多4倍以上。

德军进攻凡尔登的战役代号为"处决地"，预定于2月12日开始。由于天气不好而一再推迟。这使得法军察觉了德军的意图。法国和俄国情报部门都分析出德军将对凡尔登发动进攻。但是直到德军进攻的当天，法军总司令霞飞将军还认为德军的主攻方向不会是凡尔登。

2月21日8时12分，德军的大炮奏响了进攻凡尔登战役的序幕。炮火准备一直持续了9个小时。为了隐蔽主攻方向，炮火准备是在阿沃库尔至埃坦40公里宽的正面上全线进行的。法军筑垒地域的整个防御纵深遭到1500多门火炮和迫击炮的严重杀伤。工事被摧毁，森林被烧光，山头被削平，整个法军防线笼罩在浓烟烈火之中。有记载说："历史上从来未见过如此猛烈的炮火。"同时，德国的飞机也对铁路车站进行了狂轰滥炸。

德军炮火准备过后，凡尔登第一阵地全部地段和第二阵地个别地段的防御配系遭到破坏，部队指挥系统陷于瘫痪。16时45分，德军步兵发起进攻。当日所剩时间不多，德军仅占领了第一阵地的第一线堑壕。次日德突击集团发起强大进攻，但进展依然缓慢，全天共推进1.5至2公里。2月23日，德第十八军攻下第一阵地。2月24日，德军经炮火准备，开始夺取第二阵地。法军死守，伤亡惨重。野战部队同炮兵和炮台筑垒联系中断，预备队消耗殆尽。2月25日，德军行进间攻占杜奥蒙炮台。法中央集团军群司令被迫将第二军各师从韦夫尔各地撤到马斯高地。德第五集团军的预备队第五军、第十五军和施特兰茨集群投入进攻，于2月27日占领韦夫尔谷地。

法军统帅部自德军发动进攻时起，便决心守住凡尔登。2月24日，法军总司令霞飞将军派总参谋长前往凡尔登，下达了死命令，"必须不惜任何代价将敌人拦阻"在马斯河右岸。霞飞将军任命第二集团军司令贝当将军为凡尔登地区司令，并立即调兵增援。法预备队第二十军、贝当将军的第二集团军军部、第一军、第十三军、第二十一军，相继于2月26日之前赶到凡尔登。

贝当将军的指挥部极其出色地组织了运输线，为法军守卫凡尔登做出决定性贡献。由于经奥伯维耶通往凡尔登的铁路处于德军大炮射程之内，而通过圣米耶尔的道路早就被德军切断，所以全部军队都是用汽车从巴勒杜克—凡尔登公路上运到的。法军调集了3900辆汽车，靠着这条长65公里的省级公路，从2月27日起在一周内赶运了19万援军和2.5万吨军火和军用物资。公路的通过能力达到每昼夜6000辆汽车，即每15秒通过1辆汽车。法军将这条公路称为"圣路"。

由于运送援兵及时，到3月2日，凡尔登法军兵力增加了1倍，而德军兵力仅增加了十分之一。

德军自进攻之日起，连续五天作战，已疲惫不堪，成为强弩之末。这五天当中，德军只推进了5至8公里。到2月28日，德军的进攻高潮平息下来。

从3月5日起，德军再次发动大规模的进攻，突击正面转移到马斯河左岸。这是德军指挥部的失算，因为在这一带防守的正是法国最精锐的生力军第七军。德军指挥部集中主要力量，试图夺取至关重要的莫尔特—奥姆高地和304高地，切断凡尔登的补给线，消除法军炮兵对德各突击军翼侧的威胁。攻守双方强攻坚守，炮击反炮击，突击反突击，占领反占领，血战了三个月。最后德军总算在5月7日和5月30日分别攻下304高地和莫尔特—奥姆高地。

贝当于5月初被调去指挥中央集团军群，尼韦尔将军接替他指挥凡尔登战役。他向士兵提出："不能让他们通过。"这句话成为法军响亮的战斗口号。

德军指挥部急于在英、法军发动索姆战役之前拿下凡尔登。德皇诏令第五集团军务于 6 月 15 日前占领凡尔登。德军发起更为猛烈的进攻。洛霍夫将军的东面集群用 6 个师在 79 个重炮连和几个空军支队的支援下，在 4 公里宽的正面实施攻击，向法军阵地发射窒息性毒气和催泪性毒气炮弹达 11 万发。但洛霍夫将军始终未能攻破法军阵地。无论是 6 月中旬，还是 7 月初，德军都未能执行德皇圣旨摧毁法军防御。

7 月 1 日，英、法军在索姆河发起进攻。德军统帅部不得不从凡尔登抽出兵力。德军在凡尔登城下的攻势开始减弱。战役主动权转移到法军手中。8 月，法军夺回杜奥蒙、弗勒里筑垒和 304 高地等失守据点，修复了防线。德军再也无力组织强大进攻。

8 月 28 日，罗马尼亚参加协约国一方作战，整个形势对德军更为不利。

德皇看出，凡尔登不仅像法尔根汉所说的那样在"碾碎法军"，也是在"绞杀"德军。8 月 28 日，他撤了法尔根汉的职，任命兴登堡将军为德军总参谋长。鲁登道夫将军被任命为陆军军需官，实际上是兴登堡的第一副手。德皇中途换马，也无法挽回德军在凡尔登的失败。

9 月 2 日，兴登堡将军命令第 5 集团军停止进攻。10 月 24 日，法国芒让将军以 4 个师 17 万人、700 多门火炮和 150 架飞机在马斯河右岸实施第一次大规模反击。法军在毒气弹、燃烧弹、重炮和超重炮火力支持下，猛烈突击，于 11 月 2 日占领了杜奥蒙炮台和沃炮台。12 月 13 日，芒让在马斯河右岸再次实施大规模突击，攻下沃、贝宗沃、卢韦蒙、瓦舍罗维等失地。12 月 18 日，法军进抵先前的第三阵地，恢复战役前态势，遂停止攻击。历时十个月的凡尔登血战至此结束。德军目标无一实现，既未攻下凡尔登和打垮法军，也未阻止协约国军队在索姆河转入进攻。

在凡尔登战役中，法军全部 70 个师有 66 个师先后参战；德军投入了 46 个师。双方损失共达 100 万人，德军损失 50 个师，法军损失 69 个师。在这场消耗战中，双方各师兵员损失率达 70% 或 70% 以上。双方还消耗了大量物资。仅从 2 月 25 日至 6 月 15 日，法军就消耗了 1550 万发炮弹。

凡尔登是新兵器和新战术的试验场。德国使用了喷火器、毒剂和大威力火炮等新兵器，采用了强击队，支援冲击的移动拦阻射击法即徐进弹幕射击法。法国使用了新型轻机枪和 400 毫米超重炮，采取了炮火反准备、野战筑城工事与永备筑城工事相结合的筑垒地域配系和防御战斗的新集群战术。

凡尔登之战显示出，火炮、迫击炮兵器，工程兵、航空兵、汽车运输等在进攻和防御中起着越来越大的作用。

德军进攻凡尔登失败的原因很多，主要原因之一是总体兵力兵器处于劣势。德军指挥部也犯了严重的战役性错误。实施突破的地段过于狭窄，防卫者能及时调用预备队封住缺口并实施反击，不使战术突破发展为战役突破。此外，旷日持久的消耗战对兵源本已有限的德军十分不利。

凡尔登战役是第一次世界大战决定性的一战，是德军从战略进攻向战略防御的转折点。鲁登道夫说："我们第一次被迫在所有战线进行防御。"

为了减轻凡尔登的压力，牵制德军，英法军队按照预定计划于 7 月 1 日在索姆河畔发动了大规模攻势。这次进攻以英军为主，它活动在索姆河北，进攻的目标是巴波姆；法军配合于索姆河以南，以培隆为目的地。7月1日英法士兵开始向德军阵地发起进攻。进攻前，英法大炮于6月24日开始向德军防线进行"弹幕"射击，7天内共倾泻炮弹达150万发。

7月1日晨7时半，英法士兵们跳出战壕向德军阵地猛冲。但他们前进很慢，因为每个士兵都背负着重达66磅的军用物资。英军部队面对德军猛烈火舌，成千成万地倒下去。到傍晚时分，德军防线前方横七竖八地布满了6万多死伤的英军士兵。法军部队的情况好些。德军防守十分顽强，每一个山头、每一村庄都死守不放。到7月14日为止，法军在17.7公里的战线上，前进最多处不过9.6公里；英军在16公里长的战线上，进展最多处才4.8公里。此后双方基本固守对峙。直到9月2日夜，炮火重又猛烈起来。第二天，英法步兵再度猛攻，但收效不大。这样的攻守起伏到月底，其后因雨雾连绵，道路泥泞，前进困难，英法军队都未能到达预定的目的地。

战役中，英军曾经初试他们的秘密武器——坦克。试前为了保密，他们把它叫做"罐子"（英语中"罐子"的发音即为"坦克"）。试制成的49辆坦克中，有18辆于9月15日在战场上初露头角，其中一辆攻占了一个小村庄；另一辆夺取了一条堑壕，躲在堑壕里吓慌了的300多名德军被英军俘获。到1918年，坦克开始真正纵横称雄于疆场。

索姆河战役最后成为局部性的相互袭击。到1916年底，交战双方都成为强弩之末，难以为继了。战役中，英法从德军手中只夺回180平方公里土地，有助于缓解凡尔登之围；英军死、伤、被俘42万人，法军损失20余人，德军则损失60万人。英法军队虽未达到预定的夺回失地的目标，但牵制了德军对凡尔登的进攻，这就使整个战局向着有利于协约国方面转化。

在意奥战线上，奥匈军队的进攻获得进展。5月15日，奥匈军队从特兰提诺以强大的炮火开始进攻，一举摧毁了意大利的防御措施，迫使意军在长达60公里的战线上退却，意军大败。

意大利的溃退产生了俄国的"布鲁西诺夫的进攻"。为援救意大利，俄国放弃了自己原来的计划，由布鲁西诺夫将军指挥，集中60万人和1930门大炮在长达400公里的战线上向奥军发动进攻。6月4日拂晓，开始了剧烈的炮战。6月5日，俄军突破奥军阵地，6月7日占领卢茨克，以后继续向前推进，直到占领了加里西亚的大部分和布科维纳，重新出现在喀尔巴阡山上的隘口前。

东线战役的胜利对整个战局产生了重大影响。首先它阻止了奥匈军队的进攻，使意大利军队免于进一步溃败；其次，改善了西线战场上的态势，使德军停止了对凡尔登的进攻，给英法军在索姆河发动攻势创造了机会；最后，它促使罗马尼亚决定参加协约国方面作战。

罗马尼亚政府虽然在大战开始时宣布中立，但是它仍然敞开门户，欢迎交战双方跟它商讨价钱。到1916年，东线俄军既告胜利，西线德军屡遭失败，罗马尼亚认为时机成熟，遂于8月17日同英、法、俄、意签订条约，28日向奥匈帝国正式宣战。罗马尼亚的武器装备和军需供应都很差，对作战并没有充分准备，因而屡战屡败，同盟国军队反而分两路入侵：一路越过喀尔巴阡山隘口进入罗马尼亚北部；一路过多瑙河进入罗马尼亚南部。两路入侵的军队于12月6日在布加勒斯特会师，罗马尼亚的主要粮食产地以及石油和其他原料产地，都落到同盟国的平里。在俄国军队的帮助之下，罗马尼亚战线才于12月底在多瑙河下游—布来拉—福克沙内—奥克纳—多尔纳瓦特拉一线稳定下来。俄军的战线为此延长了500公里。

战争开始的头两年，由于英国的海上封锁，德国的舰队始终龟缩在自己的港口内。德国指挥部为了突破封锁，改善自己的处境，决定进行海上进攻。1916年5月31日至6月1日展开了大战期间最大的一次海战——日德兰海战。

1916年5月30日夜，英诱敌舰队在贝蒂将军指挥下驰离苏格兰港口罗塞斯。第一、二战列巡洋舰队先行、第五战列舰队距其5海里悄悄尾随。当夜，英海军上将约翰·杰利科勋爵率主力舰队从苏格兰北方奥克尼群岛斯卡帕弗洛海军基地出发，开往东南方伏击点。德诱敌舰队司令希佩尔将军也从杰得河口基地出发，开往日德兰半岛西海岸。舍尔海军上将的大洋舰队同时开住设伏海域。贝蒂舰队刚出港，德巡逻潜艇立刻发现并用电台上报。该电文又被英主力舰队截获破译。结果双方都以为敌人上当，怀着紧张而兴奋的心情开赴战场。

5月31日下午2时15分，英舰"盖德利尔"号发现敌舰。同时，德军也认出英舰，双方节节逼近。这时6艘英战列舰插向德侦察舰队后部，企图截断其退路。他们不知德大洋舰队尾随着侦察舰队，刚才的行动已使英舰陷于德军南北夹击的境地。然而，德军循着刻板的诱敌方案行动，结果失去战机。

下午3时40分，英第一、二舰队编成作战队形，驶往东南上风方向，准备攻击。15时48分，双方进入大炮射程，距离1.6万码，巨炮雷鸣般地响开了，无数炮弹越过开阔的水面落在军舰周围。英、德舰艇实力为6：5，虽基本相等，但德舰按既定方针往东南方向边打边走，不想久战。为防备德潜艇，英第5舰队走"Z"形规避航线，迟迟未赶到战场。

德重型水面舰艇采用了新式全舰统一方位射击指挥系统，所有炮齐射时弹着点分布小、精度高。15时51分，德舰"吕措夫"号打了几次齐射，就将英"雄狮"号（司令贝蒂旗舰，超无畏级战列舰、排水量26270吨、航速27节、有8门343毫米大炮）副炮塔炸粉碎。"雄狮"的X、Y两炮塔相继被打哑（英舰前方两主炮塔命名为A、B，中部为P、Q，后部为X、Y）。16时，德舰"卢琴福"号的一发穿甲弹钻透"雄狮"Q炮塔爆炸，炮塔内的发射药被引燃，如果火延着"福尔科奈"号射出2枚鱼雷，击沉德战列舰"波近仑"号和"埃尔宾"号。受伤的德战列舰"吕措夫"号被德海军自沉。6月1日凌晨3时，德舰队突破了英舰队封锁线，向杰得河口和威廉港飞奔。杰利科率舰队衔尾穷追。

为防御英军海上袭击，德海军早就在赫尔戈兰湾一带布下无数颗水雷，只有舍尔等德海军高级将领才知道雷区间有一条很窄的秘密水路。舍尔找到神秘水道入口，令全体舰队通过雷区。英舰咆哮着接近雷区，但一艘也不敢贸然闯进死神的迷宫，杰利科无奈下令返航。整个海战，德军击沉英3艘第一流战列巡洋舰、3艘巡洋舰、

8 艘驱逐舰，自己损失 2 艘战列巡洋舰、4 艘巡洋舰、4 艘驱逐舰。英国损失虽大于德国，但仍掌握制海权，德军想要突破英军海上封锁的希望破产。此后，德国舰队一直被封锁在港内，再没有较大的海战发生。

在 1916 年的几次大战役中，同盟国各国都遭到严重挫败，总的军事形势变得对它们越来越不利，东西两条战线都基本固定下来，旷日持久的战争是德国最害怕的。协约国虽然没能击败同盟国，但它的军事力量日益增强，开始占优势地位，战略主动权已经转移到协约国手中。

这一年的战事中最突出的是潜艇战。1 月，德国海军总司令部作出一个推算，5—7 个月的潜艇战可以造成英国的海运中断，经济崩溃，从而迫使它投降。因此，德国宣布从 2 月 1 日起，在英吉利海峡、北海（荷兰、挪威沿海除外）、爱尔兰以西近海以及整个地中海实施无限制潜艇战。

早在 1915 年 2 月，德国就开始采用无限制潜艇战。当时宣布环绕不列颠群岛的水域为战区，在这里遇到的敌方商船应予消灭；还声称中立国船只因为常被冒充而且识别难免有误，所以也有可能受攻击。潜艇在进攻前是不发警告的，也不负责人员安全。此后，在袭击协约国船只的同时，也多次击沉中立国商船，甚至客轮。5 月 7 日击沉从美国返回的英国邮船鲁西塔尼亚号，造成 1198 人死亡，其中包括 100 多名美国人。美国政府提出强烈抗议。8—9 月，又发生两起类似事件后，德国被迫对潜艇行动作出限制。实际上德国放弃无限制潜艇战的主要原因，是对英法没有造成致命的后果。当时德国潜艇数量不多，1915 年整年中，德国海军使得世界商船损失总计 130 多万吨。但是，仅英国商船总量就达 2000 万吨。

而到 1917 年，德国已拥有 142 艘潜艇，德方估计，如果这时实施无限制潜艇战，那么，第一，6 个月将使英国求和；第二，这 6 个月内美国还不会成为严重的军事因素；第三，即使美国参战，潜艇将使美军不能到达欧洲。结果没有一条推测是正确的，尽管确实造成了严重的损失。2—4 月，击沉各国船只数直线上升，共计 319 万吨，英国占 119 万吨。2—8 月，德国潜艇掌握制海权。

1917 年的战争进程与美国参战

收到德国的有关照会后，2 月 3 日，美国宣布与德国断交。以一些美国船只受到攻击为理由，4 月 6 日，美国对德宣战。这以前，美国一直宣布中立。因为美国与欧洲远隔重洋，在当时的技术条件下，不存在身不由己被卷进大战的危险。因而美国各阶层孤立主义与和平主义情绪占优势。当局也想暂时保持中立，一方面避免过早地对胜负未卜的欧洲战局下注，一方面避免居民中不同民族的后裔对立冲突。况且同两边都做买卖，也大获其利。

1917 年转而宣战，也有深刻原因。几年来，由于英国利用对全球电报网的控制来进行的得当的宣传以及德国人自毁形象的举动，比如击沉客轮，美国的公众情绪已经渐渐倾斜。更重要的是，协约国从 1915 年中期以后，对美债务有增无已，累计 23 亿美元。这时的贸易对象也以协约国为主。假如协约国战败，借款将很难收回，外贸也将受严重影响。同时，中立地位将降低，甚至失去对战后国际事务的发言权。

因此，1917 年的美国作出参战的决策。

美国的参战对战局产生相当大的影响。

首先是它影响了许多其他"中立"国家，在美国宣布参战后，中国、巴西、暹罗、利比里亚、印度、澳大利亚、加拿大、南非、古巴、巴拿马、汉志、危地马拉、尼加拉瓜、海地、洪都拉斯、哥斯达黎加等国也纷纷宣战，先后加入到协约国集团一方，这样就扩大了协约国阵营，使其达到 27 个国家，形成了对同盟国的绝对优势。

其次是在军事上对协约国集团直接援助。在 1917 年 6 月，美国派出几十艘军舰协助英国海军，进一步控制了德国海军的活动。至大战结束前，共派出 85 艘驱逐舰参加反潜作战，并选出了 400 艘猎潜艇，美国海军参战是使德国无限制潜艇战失败的重要原因。参战时美国只有 30 万陆军，但在 1917 年 5 月实行了义务兵役制，迅速把军队人数增加到 300 万，并源源不断地把军队派往欧洲前线，共达 200 万人。

最后，在财政和军需供应方面，更是给协约国带来了好处，大量军用物资源源不断运往欧洲战场。美国不仅完全中止了对德、奥的军火供应，而且大幅度提高对协约国的贷款。美国全部战时支出，包括给协约国集团的贷款，共达三百五十多亿美元。从物资上为协约国的最终胜利准备了条件。

协约国方面在上半年就着手组织对船队的护航。8 月份，大西洋全部采用护航体系。10 月也在地中海实施。同时采取其他反潜措施。这以后船只吨位损失开始减少，200 万美军也正分批渡过大西洋。春夏两季曾经很有威胁的潜艇攻击到年底明显缓和下来。

协约国 1917 年的计划是东线、西线和意大利战线一起发动"决定性的进攻"。而西线德军在 2—4 月有计划地后撤到大为缩短而又相当坚固的齐格菲防线，史称兴登堡防线。4—5 月，英法军发起自称是"结束战争的突破"。损失 20 万人以后，未达目的。7 月的第三次伊普尔战役以暴雨泥泞、德国首次使用的芥子气烈性毒气和飞机扫射地面士兵给欧战史留下残酷的一页。英军伤亡 20 多万人后略有推进。贝当则在 8 月和 10 月指挥法军组织了两次准备充分的有限攻势，损失不大而有成效。法军的自信开始复苏。意大利军 10 月在卡波莱多大败于德奥联军。英法军赶赴增援，战线得以稳定。

战争的结束

战争给交战各国带来了空前的灾难和破坏。仅在 1915 年至 1917 年的三年中，德军伤亡和失踪的数目就达 300 万以上，法军损失 270 万，英军损失 170 万。战争所造成的破坏更难以估计。前线的战士和后方的居民在心理上受到了极大的震动，战争开始时的那种盲目热情和短期战争的幻觉消失了，人们开始普遍怀疑战争的神圣性，从 1916 年起各交战国出现了不同形式和不同程度的政治危机。

到 1917 年各交战国都已精疲力竭，经济极端困难，工人罢工，农民夺地，民族起义连续不断，特别在中欧集团各国和落后专制的俄国形势更为严峻。1917 年俄国爆发了"二月革命"和"十月革命"，十月革命的第二天，1917 年 11 月 8 日俄国即向所有交战国提出休战建议，并宣布俄国退出战争。列宁提出的变帝国主义战争为国内战争的口号和俄国革命在各国产生了强烈反响，各国普遍爆发了大规模的工人罢工，德国已处于革命前夕，奥匈帝国即将土崩瓦解。

面对严峻的经济和政治形势，各国统治者决心加速结束战争。

1918 年初德军统帅部认为俄国退出战争形势于自己有利，决定在美军到达欧洲大陆之前在西线发起进攻，取得决定性胜利。为此集中了 190 多个师的兵力，从 3 月到 7 月连续发起四次攻势，到 7 月中，共损失了约 70 万人，德军的进攻力量枯竭了。

一战纪念碑 法国

从 7 月中旬起西线方面的优势都在协约国方面。美国参战大大增加了协约国方面的力量，自 1917 年 6 月起美军陆续开到法国，到 12 月底已达 18 万，1918 年 3 月已超过 30 万，从 4 月底开始每月到达 30 万，8 月底已达到 100 万。协约国方面还进一步协调了军事行动，1917 年 11 月 7 日建立最高军事委员会，1918 年 3 月 20 日任命法国元帅福煦（1851—1929）为最高统帅。从此协约国军队在福煦统一协调和指挥下向德军发起连续进攻。

一战结束后，战场留下的尸骨

7 月 18 日至 8 月 4 日协约国军发起第一次大规模反攻，向前推进 40 公里，占领了苏瓦松，进攻到马恩河一线。8 月 8 日至 13 日再次在亚眠一带发起进攻，第一天联军使用了 450 辆坦克，席卷德军前沿各师，德军大批投降，后来鲁登道

德国停战代表团成员

夫称 8 月 8 日是"德军最黑暗的日子"。德军战斗力和士气急剧下降。至 13 日联军进攻时，已在 75 公里宽的正面推进了 10—18 公里，消除了德军对亚眠一带的威胁。随后联军不停地进攻，至 9 月底已突破德军最牢固的防线，总计德军被俘已达 25 万，德军败局已定。

正在西线德军节节败退之际，东线同盟各国已纷纷投降。保加利亚于 9 月 29 日投降，次日签订停战条款，退出战争。土耳其于 10 月 30 日投降。奥匈帝国已土崩瓦解，各非德意志民族纷纷起义，宣布独立。奥地利于 11 月 3 日被迫签订停战协定，无条件投降。

协约国军队继续向前推进，至 11 月 11 日签订停战协定时，德军已被赶出比利时西部，法国只有极少数领土仍在德国人手里，协约国军队准备立即向洛林发起进攻。

军事失利加速了德意志帝国的政治危机和崩溃，10月3日组成了以马克斯·巴登亲王为首的新内阁，从10月3日起德国政府多次提出停战谈判。10月8日凌晨，以中央党领袖埃尔兹贝格为首的德国全权代表到达协约国总司令部所在地贡比涅森林。协约国总司令福煦将军极为苛刻地对德国提出了停战条件，要求：德军在15天内自所有占领的土地上撤退；德国交出5000门大炮，30000挺机关枪、全部海军和空军、5000台火车头，150000辆车厢，5000辆汽车；对德国继续封锁；莱茵河左岸的工厂、铁路完整地交给协约国；在全德实施军事管制，等等。1918年11月11日晨5时，停战协定签字。协定规定，6小时后停止陆上和空中的军事行动。当天11时，101响礼炮轰然发出一声声巨响，历时4年多的第一次世界大战于此结束了。德国最终以战败国的身份退出了第一次世界大战。

世界停止战争这一天，乔治五世说："噩梦结束了"

第一次世界大战经历了4年多的时间，给世界带来巨大的损失，给人民带来深重的灾难。在这场空前规模的大厮杀中，交战各国动员了7000万兵力，其中死亡约1000万人，受伤2000多万人。直接战争费用超过2000亿美元，间接费用1500亿美元。在各战区还造成难以估算的破坏。

大战改变了世界的政治格局，动摇了帝国主义的统治。俄罗斯帝国、奥匈帝国、德意志帝国、奥斯曼帝国在大战后期和大战结束后相继崩

签署一战《停战条约》的车厢

溃。大战的根源是帝国主义的争夺，可是大战不仅没有解决帝国主义之间的矛盾，反而促进矛盾更加错综复杂。战后各大国实力对比发生变化。欧洲列强中战败国元气大损，战胜国也伤痕累累。美国、日本却迅速崛起。这些对以后的世界产生了深刻的影响。大战还导致了人民革命和民族解放运动的高涨。1917年俄国无产阶级取得十月社会主义革命的胜利，建起历史上第一个社会主义国家。一年后，德奥爆发资产阶级革命。1919年匈牙利工人阶级一度建立苏维埃共和国。波兰、捷克斯洛伐克、南斯拉夫和匈牙利随着战争的结束而赢得独立，走上民族新生的道路。战后，亚洲、非洲、拉丁美洲各国人民掀起反帝反封建斗争的新高潮，充满信心地迎接民族解放的曙光。

列宁主义的诞生

弗·依·列宁（1870—1924）原姓乌里扬诺夫，生于辛比尔斯克。父亲是国民教育视察员，大哥因参与谋刺亚历山大三世而被处死。1887 年列宁进喀山大学法律系，因为参加学生运动而被捕和流放。1888 年参加喀山的马克思主义小组。次年迁居萨马拉。1891 年以校外生资格参加彼得堡大学法律系国家考试，获得优等毕业证书，注册为律师助手。此后，在萨马拉组织当地的第一个马克思主义小组。他一面宣传马克思主义，一面深入社会进行调查。1893 年到达彼得堡。1895 年，列宁把彼得堡的 20 多个马克思主义小组统一成为"彼得堡工人阶级解放斗争协会"。这是新型无产阶级政党的萌芽。列宁原来设想在各地成立类似组织，进而联合成为全国性的社会民主党。但是，12 月列宁被捕，后被流放到西伯利亚。1899 年列宁在西伯利亚写了《俄国资本主义的发展》，论述了俄国资本主义的发展以及革命的不可避免，完成了粉碎民粹主义的任务。

1898 年，各地"斗争协会"召开了俄国社会民主工党第一次代表大会。但他们没有制定党纲党章，没有统一的组织，而且不久就被严重破坏。实际上并没有把党建立起来，不过，宣布党的成立这件事，本身就有一定意义。

20 世纪初，俄国已形成帝国主义，无产阶级革命也进入了新的阶段。1900 年，列宁移居国外，在德国莱比锡创办俄国社会民主工党的第一张机关报"火星报"。报头

彼得格勒处在革命的前夕

题词引用十二月党人的名言："星星之火将燃成熊熊烈焰"。以这家报纸为核心，各地的"斗争协会"和小组联合起来，形成火星派。1902 年列宁的重要著作《怎么办？》出版，批判了修正主义与它在俄国的变种经济派，提出了建党的重要性、基本原则和计划。

1903 年 7—8 月，俄国社会民主工党第二次代表大会先在布鲁塞尔，后迁到伦敦秘密召开。大会最主要的议程是制定党纲党章和选举中央机构。在讨论《火星报》提出的党纲草案时，马尔丁诺夫为代表的经济派反对列入无产阶级专政的内容。但由于列宁为首的火星派的坚持，党纲草案获得通过。这是马克思、恩格斯逝世后国际共运史上第一个，也是第二国际各党中唯一一个明确以争取无产阶级专政为基本任务的党纲，是新型无产阶级政党的重要特点。

在讨论党章草案第一条时，革命阵营内部又出现了分歧。列宁提出："凡是承认党纲，在物质上帮助党并且参加党的一个组织的，都可以成为党员。"马尔托夫却提出不一定要参加党的组织，只要在党的一个组织的领导下为党工作的人都可成为党员。马尔托夫的条文将使党成为成分复杂、来去自由、纪律松懈的社团或俱乐部。

经过长时间辩论以后，由于多数代表的支持，大会通过了马尔托夫的这条党员资格条文。但是列宁提出的除此之外的党章条文也都获通过。

由于一些经济派和民族主义的崩得分子退出大会，在选举中央领导机构的时候，支持列宁的一派占了多数。从此，俄国社会民主工党分裂为拥护列宁的布尔什维克（意思是多数派）与反对列宁的孟什维克（意思是少数派）

"阿芙乐尔"号巡洋舰

两派。由于这次大会，布尔什维克党形成了。它是主张社会主义革命和无产阶级专政的新型的无产阶级革命政党。布尔什维克党的建立是列宁主义诞生的标志。列宁主义诞生了，而它一诞生就立刻领导了俄国的第一次民主革命。

俄国 1905 年革命

1905 年在俄国爆发了一场空前规模的资产阶级民主革命。这场革命是由俄国内部阶级矛盾尖锐所引起的。

20 世纪初，俄国是一个军事封建的帝国主义国家。反动的沙皇统治严重地阻碍了生产的发展和社会的进步，给人民带来了无穷的灾难。1900—1903 年经济危机使国内的矛盾空前尖锐起来。工人、农民以及国内各少数民族的反抗斗争此伏彼起，连绵不断。沙皇政府为了转移人民的斗争视钱，阻止革命的发展，乞灵于一场胜利的对外战争。但是，结果适得其反。1904 年开始的日俄战争破坏了国家的经济，加深了人民的苦难，暴露了专制制度的腐朽，从而加速了革命的到来。

这次革命风暴的开始是 1905 年的彼得堡流血事件。1905 年的彼得堡流血事件。1905 年初，彼得堡最大的普梯洛夫工厂的工人举行罢工，抗议厂方无理开除工人。罢工得到其他工厂工人的支持，很快发展成为全城总罢工。沙皇政府企图在罢工举起之时就把革命火种扑灭掉。它指使加邦牧师诱骗工人列队前往冬宫，向沙皇尼古拉二世吴递请愿书，以便乘机把工人淹没在血泊之中。布尔什维克看穿敌人的阴谋，反复向工人说明：向沙皇请愿是不会获得自由的，自由必须靠自己拿起武器来争取。但是，很大一部分工人认为困苦是下面的官吏造成的，他们仍相信"慈父沙皇"会帮助他们。1 月 22 日（俄历 1 月 9 日）星期日，彼得堡工人携带全家，组成了一支约有十四万人的和平队伍。他们举着圣幡、圣像和沙皇的肖像，拿着陈述工人疾苦要求沙皇赐予恩惠的请愿书，向冬宫前进。结果遭到沙皇军队野蛮枪杀，1000 多人被打死，几千人受伤。1 月 9 日此被称为"流血的星期日"。

彼得堡街头的鲜血擦亮了千百万工人的眼睛。他们愤怒地撕毁了沙皇的肖像，说"沙皇痛打了我们，我们也只好把他痛打一顿！"当天晚上，彼得堡的工人就筑起了街垒，同沙皇军警展开了英勇的搏斗。各地工人也掀起了空前规模的抗议罢工浪潮。仅一月份，罢工人数就达到 44 万，超过了过去十年的罢工总人数。农民和少数民族也掀起了斗争。"打倒专制制度！"的口号响彻全国各地。群众性的革命开始了。

革命的迅猛发展把社会上的各阶级各政党都发动起来了。他们从本阶级的利益出发，制定各自的微策略方针和行动路线。沙皇政府深感单用暴力不足以维持摇摇欲坠的统治，因此，它除了残酷镇压之外，还极力破坏人民内部的团结，挑唆俄国各族人民互相残杀，另一方面答应召开咨询性质的国家杜马（代表会议），妄图用反革命的两手扑灭革命。自由资产阶级在沙皇专制和民主力量之间动摇。它们一方面拿革命来恐吓沙皇，要求它实现一些改良，自己也可以从中享一些权力；另一方面，它们更害怕革命，极力与沙皇妥协，共同扼杀革命。俄国资产阶级的这种反革命本性决定它根本无法领导这场革命。

无产阶级是这次革命的领导力量。但是，无产阶级的政党这时分为两派。以列宁为首的布尔什维克主张：无产阶级应积极领导当前的资产阶级民主革命，用武装起义推翻沙皇统治，实现工农民主专政，然后不失时机地把它转变为社会主义革命。而另一派孟什维克却主张：革命应当由资产阶级领导，反对武装起义，主张用和平方式改良沙皇制度。孟什维克的行径分裂了工人队伍，给革命带来了极大的危害。为了彻底批判孟什维克的错误，列宁在7月写了《社会民主党在民主革命的两个策略》一书。这部光辉著作对党的路线作了全面精辟的论证，它进一步武装了党和无产阶级。

在1905年五一劳动节，全国几乎有二百个城市爆发了工人罢工。5月末，俄国最大的纺织工业中心伊万诺沃——沃兹涅先斯克的7万名工人举行大罢工。在斗争中，工人们发挥了首创精神，选出自己的代表，建立了俄国最早的工人代表苏维埃。6月在波兰的重要工业中心洛兹，工人同沙皇军队进行了三天的巷战。6月中，沙皇的最后支柱——军队也发生动摇，黑海舰队《波将金》铁甲舰爆发起义。在革命蓬勃开展的情况下，沙皇政府慌忙与日本签订了和约，以便腾出手来镇压革命。8月19日，又正式发布诏书，召集咨询性质的国家杜马。布尔什维克领导人民抵制了这届杜马。

1905年秋，革命发展到了一个新阶段。首先是莫斯科工人大罢工。10月初，全国主要铁路线的职工宣布总罢工，随即扩展到各大城市，形成了全俄政治总罢工。参加这次总罢工的工人有100多万。此外，低级官员、学生、民主知识分子也参加了运动。总罢工使工厂停工、学校停课、商店停业、邮电不通、社会生活陷于停顿，政府机构也大多陷于瘫痪。在总罢工过程中，各地纷纷建立起苏维埃，它不仅领导罢工斗争，而且自行颁布命令，推行各种革命措施。

十月总罢工吓得沙皇魂不附体。他躲到彼得堡郊外，准备一旦情况紧急，就从海路逃亡国外，同时，被迫作出一些重大让步。10月30日（俄历10月17日），居古拉二世签署宣言，答应召集立法杜马和给人民以言论、出版、集会的自由。资产阶级、孟什维克和社会革命党人欢天喜地接受了这个宣言，说"革命已经完成"，"开始了民主宪制"。布尔什维克驳斥了这种谎言，指出10月17日宣言只是斗争的第一个胜利，沙皇统治并没有崩溃，必须进一步开展革命，用武装起义推翻它。

11月，列宁从瑞士回国，直接领导起义的准备工作。12月20日，莫斯科工人举行总罢工，参加的人数达到 15 万。声势浩大的罢工到了 23 日发展成为武装起义。工人修筑起近千座街垒，同沙皇军队展开了英勇的搏斗。在勃列斯尼亚区战斗进行得特别激烈。400 多名战斗员顽强地保卫着自己的阵地，使沙皇军队不能前进一步。最后，沙皇调来炮队，向这个区发射了 600 多发炮弹，才占领了这个地区。由于敌我力量过分悬殊，最后莫斯科苏维埃决定从 1 月 1 日起，停止武装斗争，以保存革命力量。继莫斯科起义之后，格鲁吉亚、乌克兰、波罗的海沿岸的拉脱维亚、西伯利亚的赤塔和克拉斯诺雅尔斯克先后爆发了起义。由于起义的时间参差不齐，缺乏共同的领导中心和统一的计划，缺乏共同的领导中心和统一的计划，缺乏武装斗争的经验，以及孟什维克的妥协投降，起义都被镇压下去了。

十二月武装起义是 1905 年革命的顶点。起义失败后，革命从高潮进入退却时期。劳动人民是一边战斗一边退却的。从罢工人数看，1905 年有 280 多万，1906 年有 110 多万，1907 年有还有 70 多万。农民运动在 1906 年上半年继续开展，席卷俄国（欧洲部分）一半左右县份。军队骚动也不断发生。在这种情况下，沙皇不得不继续玩弄反革命两面手法。一面加强对革命迫害，一面主持召开国家杜马。布尔什维克看到革命已转入低潮，就参加了 1907 年 1 月召开的第二届国家杜马。布尔什维克利用杜马讲坛揭露了沙皇各项政策的反动本质，引起反动派的恐惧。于是，沙皇政府捏造罪名，把社会民主工党杜马党团的全体成员流放在西伯利亚，并在 1907 年 6 月 16 日（俄历 6 月 3 日）解散了国家杜马。这在历史上称为"六三政变"，它标志着俄国第一次人民革命的结束。

俄国 1905 年革命失败的主要原因，首先是无产阶级和农民没有结成巩固的联盟，农民虽然奋起斗争地主，但是，很大一部分农民不幻想沙皇和国家杜马会分给他们土地。农民的这种心理也影响到军队，因此农民和士兵的发动较晚，没能同工人的斗争紧密配合。其次是无产阶级的行动不够协调一致。孟什维克的机会主义路线造成一部分工人的思想混乱，分裂了无产阶级队伍。第三是国内外资产阶级对沙皇政府的支持。

革命虽然失败了，但它具有重大意义。它沉重地打击了沙皇专制制度，锻炼和教育了劳动大众和布尔什维克党，为十月革命的胜利作了良好的准备。列宁指出："没有 1905 年的'总演习'，就不可能有 1917 年十月革命的胜利"。（列宁：《共产主义运动中的"左派"幼稚病》，《列宁选集》第 4 卷，第 184 页）

俄国革命是帝国主义时代第一次人民革命，它不仅推动了欧洲工人运动的发展，而且促进了整个亚洲的革命运动。俄国 1905 年革命揭开了帝国主义时代革命风暴的序幕。

俄国 1917 年二月革命

1917 年二月革命推翻了统治俄国达三百零四年之久的罗曼诺夫王朝，彻底埋葬了沙皇俄国的专制制度，同时为俄国向社会主义过渡创造了条件。

在革命过程中，彼得格勒工人和士兵建立了革命政权——工兵代表苏维埃。2

月27日，布尔什维克党中央发表《告全体俄国公民书》，号召推翻沙皇专制制度，没收地主土地，实行八小时工作制，建立民主共和国，并立即退出战争。当晚，起义士兵由26日的600人增加到66700人，有力地加快了革命的进程。晚9时彼得格勒苏维埃第一次会议在塔夫利达宫开幕。会议由国家杜马孟什维克党团代表齐赫泽主持。会上选出孟什维克的齐赫泽、斯柯别列夫，社会革命党人克伦在为主席团成员，布尔什维克的施略普尼柯夫、扎鲁茨基等11人为执行委员会委员。28日，苏维埃发布公告，宣布彼得格勒苏维埃由各工厂、起义部队、各民主的和社会主义的政党推选的代表所组成。苏维埃的主要任务是"组织人民力量，为在俄国彻底巩固政治自由和实行由人民管理而斗争。苏维埃将指派区委员建立彼得格勒各区人民政权。"

同日，各连队的士兵代表在布尔什维克的支持下，来到塔夫利达宫参加会议。工人代表苏维埃扩大为工兵代表苏维埃。3月1日，工兵代表苏维埃向彼得格勒卫戍部队发布著名的第1号命令：要求在部队中通过选举建立士兵委员会和水兵委员会，并由该委员会领导各部队的政治活动；各部队的所有武器弹药交由士兵委员会或水兵委员会管理，废除旧军衔等一切旧部队中的制度。这样，军队开始掌握在苏维埃手中。

彼得格勒苏维埃成立后，在短短的几天之内，还采取了一系列措施推动革命的发展。例如成立军事委员会和粮食委员会；建立工人民警队，即工人赤卫队的前身，负责维持首都的革命秩序；指派10名区委员建立区苏维埃政权；监督国家银行和造币厂，控制金融支配权；查封反动报纸，出版苏维埃机关报——《彼得格勒工人代表苏维埃消息报》等。苏维埃实际上开始使政权机关的职能。

彼得格勒苏维埃政权建立后，对全俄产生了深刻而广泛的影响。据统计，到1917年3月，在394个城镇中成立了242个工人代表苏维埃，116个士兵代表苏维埃；在90个城市中建立了统一的工兵代表苏维埃。

当时俄国除了苏维埃政权外，还有另一个政权，即资产阶级临时政府。

2月28日，彼得格勒武装起义以迅雷不及掩耳之势取得胜利，完全出于资产阶级的意外。这迫使资产阶级放弃同专制制度勾结的打算，开始窃取革命的胜利果实。革命胜利的前夜，2月27日，资产阶级在杜马解散

尼古拉二世和他的儿子

后成立了国家杜马临时委员会，由原国家杜马主席保皇派首领罗将柯任主席。28日，国家杜马临时委员会发表告俄国人民书，声称将由它来恢复国家政权，建立新的社会秩序，即由它来建立新的政府。

二月革命胜利后，苏维埃掌握了实际力量，特别是军事力量。如果得不到彼得格勒苏维埃的批准，国家杜马临时委员会就没有能力组织新政府。3月1日晚，彼得格勒苏维埃执委会的孟什维克和社会革命党人组成代表团，背着布尔什维克，开始同国家杜马临时委员会举行谈判。他们在谈判中执行机会主义路线，认为政权归

资产阶级，这是资产阶级民主革命的必然结果。他们否认苏维埃能成为新的革命权力机关，认为只有资产阶级才有能力领导沙皇制度留下来的国家机构。

3月2日，彼得格勒苏维埃举行全体会议讨论建立新政权问题。布尔什维克代表建议成立工人阶级和革命军队的临时革命政府，不允许资产阶级参加，但是，在孟什维克和社会革命党人的操纵下，布尔什维克的建议被否决，通过了支持临时政府的决议，二月革命的胜利成果拱手交给资产阶级。

同日，资产阶级临时政府成立。大地主、全俄地方自治局联合会主席李沃夫任政府主席兼内政部长，立宪民主党首领米留可夫任外交部长。十月党首领古契柯夫任陆海军部长。莫斯科纺织厂主科诺瓦洛夫任工商部长。糖业大王捷列申柯任财政部长。克伦斯基以社会革命党人的身份出任司法部长。

这样，既有工兵代表苏维埃政权，又有资产阶级临政府政权，形成了两个政权并存的局面。出现这一历史上罕见的现象的重要原因，是"由于无产阶级的觉悟不高和组织不够。李沃夫后来曾这样分析俄国当时的政治形势："临时政府有权无力，而工兵代表苏维埃却有力无权"。

二月革命胜利后，布尔什维克党组织恢复了公开活动。3月5日，党中央机关报《真理报》复刊。3月6日，列宁用法文拍往斯德哥尔摩的一封电报中指出："我们的策略是：完全不信任新政府，不给新政府任何支持，特别要怀疑克伦斯基，把无产阶级武装起来（这是唯一的保证）……"这是列宁对临时政府成立的第一个反映。自3月7日起，侨居国外的列宁以给《真理报》写信的方式，揭露临时政府的反动实质，分析俄国革命的动力、特点和前途。列宁确指出：二月革命只是变帝国主义战争为国内战争的第一阶段，目前正处在从革命的第一阶段过渡到第二阶段。4月3日，列宁从瑞士回到彼得格勒，在车站受到工人和陆海军士兵的热烈欢迎。列宁在装甲车上发表演讲，高呼"社会主义革命万岁！"

4月4日晨，列宁出席了在塔夫利达宫举行的布尔什维克党代表会议，作了关于战争与和平的报告。后来在布尔什维克与孟什维克的联席会议上又重述了一次。4月7日，《真理报》发表报告的提纲，题为《论无产阶级在这次革命中的任务》，即具有重大历史意义的《四月提纲》。

《四月提纲》分析了俄国当时的形势，回答了革命面临的迫切问题，提出了从资产阶级民主革命向社会主义革命转变的路线。

提纲明确指出：目前俄国的特点是从革命的第一阶段过渡到革命的第二阶段，第二阶段应当使政权转到无产阶级和贫苦农民阶层手中。《四月提纲》还确定了党的策略方针，即不给临时政府任何支持，并彻底揭穿其种种诺言的欺骗性，争取全部政权归工人代表苏维埃。列宁强调，必须对群众进行耐心的、经常的、坚持不懈的说服教育工作，使他们摆脱小资产阶级政党的影响，不为临时政府所欺骗。《四月提纲》为俄国革命的发展指明了方向。彼得格勒、莫斯科和许多地方的党组织相继召开代表会议，通过了拥护《四月提纲》的决议。1917年4月24日至29日，举行了布尔什维克党的第七次全国代表会议（四月代表会议）。出席会议的代表共有151名（123名有表决权，18人有发言权），代表78个党组织的8万名党员。列宁当选大会主席，并在会上作报告，阐述了他在《四月提纲》中提出的、由资产阶级民主革命转变为社会主义革命的路线和策略，批判了加米涅夫、李可夫等人关于俄国的资产阶级民主革命尚未完成，实现社会主义革命的条件尚未成熟等错误观点。在这次大会上，列宁、季诺维也夫、加米涅夫、米柳亭、诺根、斯维尔德洛夫、斯米尔加、斯大林、费多罗夫当选为中央委员。会议通过了列宁起草的关于战争问题，对临时政府的态度问题、土地问题等决议，确定了党的社会主义革命的路线和措施。

在列宁的《四月提纲》的基础上，布尔什维克党实现了思想上和政治上的统一，为社会主义革命作好了思想上的准备。

俄国 1917 年七月事变

临时政府成立后，战争与和平问题成为临时政府迫切需要解决的问题。彼得格勒、莫斯科等城市多次举行争取和平的示威游行，要求立即停止战争。4 月 18 日（5 月 1 日），俄国人民第一次公开庆祝五一国际劳动节。彼得格勒工人清晨便举行反对帝国主义战争的示威游行，但在同日，临时政府外交部长米留柯夫却向协约国发出照会，表示要"把世界大战进行到彻底胜利"，遵守沙皇政府签订的各种条约。

照会在 4 月 20 日公布后，立即引起工人和士兵的愤慨。彼得格勒的士兵和工人自发地组织起来。20—21 日，10 万名示威者高呼"打倒战争！""打倒米留柯夫！""公布秘密条约！""全部政权归苏维埃！""打倒侵略政策！"等口号。彼得格勒军区司令科尔尼洛夫企图用枪炮镇压示威群众。士兵拒绝向示威群众开火，他们声明，没有工兵代表苏维埃的同意，任何人的命令都不能生效。彼得格勒的示威游行很快扩展到莫斯科、下诺夫哥罗德、明斯克、哈尔科夫等地。

1917 年布尔什维克起义前夕彼得格勒城内的紧张局势

四月示威游行是反对临时政府的政治性示威游行，是临时政府危机的开端。临时政府为了摆脱危机，解除了民愤最大的外交部长米留柯夫和陆海军部长古契柯夫的职务，并提出吸收苏维埃代表参加政府的建议，以维持它摇摇欲坠的统治。这时，苏维埃有可能根据群众的要求，把全部政权夺到自己手里。但孟什维克和社会革命党的首领不但没有利用这个机会，反而以参加临时政府的行动，帮助临时政府渡过了这次危机。

5 月 5 日，新的临时联合政府成立。原临时政府主席李沃夫任总理。在这个政府里有 10 名代表资产阶级的部长和 6 名代表小资产阶级政党的部长。克伦斯基任陆海军部长；社会革命党首领切尔诺夫任农业部长；孟什维克策列铁里任邮电部长；原财政部长捷列申柯改任外交部长。彼得格勒苏维埃的领导人违反了他们以前所作的不能加入资产阶级政府的决定，他们还认为，临时联合政府的成立是革命民主制度的胜利，是资产阶级的重大让步。实际的情况正好相反。

临时联合政府执行的仍然是反人民的政策，对内，竭力把农民运动引上"合法斗争"的轨道，欺骗农民，要农民等待立宪会议召开后再分得土地，而不要去"强占"地主的土地。在工业方面，政府帮助大资产阶级成立了"保护工业委员会"、"私营铁路委员会"、"联合工业同盟"等组织，要求冻结工资，拒绝任何形式的监督。这些政策使垄断资产阶级的势力了有较大的发展，1917年上半年，俄国便新成立了206家股份公司。对外，临时联合政府加强对协约国帝国主义的依赖，以换取它们的政治、经济方面的支持。1917年5月，美国国务卿鲁特率领军政代表团访问俄国。临时联合政府以继续作战作为交换条件，得到美国3.25亿美元的贷款，用来购买美国的武器、弹药和其他军用物资。临时联合政府还表示，它同英法帝国主义的利益是一致的。5月31日向英法发出的照会宣布，它仍将坚定不移地忠于盟国的共同事业。

临时联合政府的内外政策充分暴露了它的资产阶级帝国主义性质，引起广大人民的极大愤慨，加速了无产阶级革命斗争的发展。列宁及其他布尔什维了。

在革命的关键时刻，1917年4月16日，列宁从国外回到了彼得格勒。第二天，他在布尔什维克党的领导工作人员会议上作了《论无产阶级在这次革命中的任务》的报告，这就是著名的《四月提纲》。《四月提纲》回答了俄国革命面临的一系列重大问题，制定了从资产阶级民主革命向社会主义革命转变的路线方针和具体计划，为十月革命作了理论准备。同年6月，布尔什维克党中央成立了全俄军事局，组织领导全国武装力量，同时在各地积极建立和发展工人赤卫队。

革命的洪流猛烈地冲击了临时政府的统治，7月中旬。它纠集了一批反动武装力量镇压人民革命运动，强行解散工人武装，封闭布尔什维克党报《真理报》，并下令逮捕列宁。列宁被迫暂时转移到芬兰，布尔什维克党也转入地下状态。列宁被迫暂时转移到芬兰，布尔什维克党也转入地下状态。尽管如此，布尔什维克党的威信不但没有削弱，反而与日俱增，党员人数从二月革命时的4万人增至24万。8月上旬，布尔什维克党在彼得格勒秘密召开了第六次代表大会，确立了武装起义的方针，提出了实现社会主义革命的目标，为俄国革命指明了方向。9月到10月间，俄国各地出现了声势浩大的罢工浪潮，俄国的欧洲部分百分之九十以上的县，都发生了农民运动。军队中，士兵赶走军官，成立了布尔什维克领导的军队委员会。波罗的海舰队的水兵，西方、北方战线的士兵以及大部分卫戍部队都站到了布尔什维克一边。俄国境内各少数民族也掀起了民族解放运动的高潮。各种力量汇集在布尔什维克的旗帜下，形成了一支推翻资产阶级统治的伟大的革命生力军。10月20日，列宁秘密地从芬兰回到了彼得格勒，23日，他亲自主持召开了党中央全会，通过了关于武装起义的决议。25日，彼得格勒苏维埃执行委员会根据党中央的决定，成立了准备和领导起义的公开机关——军事委员会。29日，党中央又召开扩大会议，选出了由斯大林、斯维尔德洛夫、捷尔任斯基等人组成的领导起义的党总部，加紧进行起义的准备工作。

十月革命前夕，"阿芙乐尔。"号巡洋舰共有578名水兵，其中有42人是布尔什维克。10月下旬，革命水兵作出决定，不执行临时政府把"阿芙乐尔"号调出彼得格勒的命令，坚决支持工人赤卫队的武装革命斗争。不久，军事革命委员会命令各武装部队进入战斗准备，并把波罗的海舰队的水兵调来增援。它又命令"阿芙乐尔"号离开涅瓦河畔的法俄造船厂，开近冬宫，船长以水浅为借口加以拒绝。于是，水兵们测量了河航道，逮捕了船长，把巡洋舰开到指定的地点。在起义的前十天，斯维尔德洛夫会见了该舰委员会主席别雷舍夫等人，代表军事革命委员会任命别雷舍夫为"阿芙乐尔"号巡洋舰的政委，并热情地鼓励他们说，党中央和列宁对"阿芙乐尔"号抱有很大希望。

正当起义加紧准备的时候，布尔什维克党内的机会主义分子季诺维也夫、加米涅夫在孟什维克的《新生活》报上公开发表反党声明，反对关于武装起义的决定，这实际上是把党关于起义的决定泄露给敌人。他们的叛卖行径，使临时政府立即行动起来，急速调动五万名士兵加强了对政府机关、车站、军火仓库的警戒；同时，派士官生占领了通往开市中心的各座桥梁，并企图占领党中央的所在地——斯莫尔尼宫。敌人的戒备的加强，使形势骤然紧张起来，布尔什维克党中央根据列宁的指示，立即作出了提前举行武装起义的决策。11月6日，军事革命委员会给"阿芙乐尔"号巡洋舰政委别雷舍夫发去急电："委托您用您所指挥的一切力量恢复尼古拉耶夫大桥的交通"。接到急电后，别雷舍夫立即命令军舰开到尼古拉耶夫大桥，打退了士官生，守住了城市要冲。军事革命委员会通过"阿芙乐尔"号巡洋舰上的无线电台，要求彼得格勒外围的各革命组织进入战斗准备，阻止支援临时政府的反动军队环开进首都。

1917年11月6日深夜，列宁越过敌人的封锁线，来到斯莫尔尼宫，直接领导了震撼世界的彼得格勒武装起义。整个晚上到次日凌晨，起义者迅速地占领了主要桥梁、火车站、邮政局、电话局、国家银行、政府机关等战略要地，临时政府的头子克伦斯基钻进美国大使馆的汽车仓皇逃跑。11月7日上午10时，发表了列宁起草的《告俄国公民书》，宣告临时政府已被推翻。政权已经转归苏维埃。"阿芙乐尔"号的电台立即抄收，并播发了这份历史性的文献，从而成了第一个为无产阶级革命服务的电台。

临时政府并没有甘心自己的灭亡，他们拼凑了二千多名军官和士官生，龟缩在冬宫里，负隅顽抗。11月7日下午五时，两万多名赤卫队员、士兵、水兵包围了冬宫，军事革命委员会向盘踞在冬宫的临时政府发出了最后通牒，勒令它于六时二十分前无条件投降，但遭到拒绝。于是，一场彻底的围歼战开始了。

1917年11月7日晚九时四十五分，"阿芙乐尔"号巡洋舰上的一座炮塔旁，别雷舍夫高喊，"开炮！"轰隆一响，一门六英寸口径的大炮打了一发空弹，这是向冬宫发起总攻的信号。霎时间，赤卫队员和革命士兵潮涌般地冲进冬宫，在这座拥有一千零五个房间，一百十七级云石阶梯的三层建筑物中展开激战。到次日凌晨二时许，冬宫的尖顶上升起了红旗，十六名临时政府部长向赤卫队交出了证件。象征着地主资产阶级反动统治的堡垒终于被摧毁了。十月社会主义革命取得了伟大的胜利，"阿芙乐尔"号巡洋舰的炮声报道了人类历史新纪元的开始。

由于"阿芙乐尔"号巡洋舰的历史性的功绩，苏联政府授予它红旗勋章和十月革命勋章。1948 年 11 月 17 日，苏联海军和列宁格勒执行委员会作出决定，把"阿芙乐尔"号巡洋舰移交给纳西莫夫海军学校，并在涅瓦河中建立了永久停泊处。几十年过去了，"阿芙乐尔"号的雄姿仍然屹立在涅瓦河畔，它作为参加十月革命的英雄，长期以来受到苏联人民的敬慕。

苏维埃反对捷克军团叛乱

十月革命胜利后，沙俄反动将领和民族主义分子立即在各地掀起叛乱。其中规模较大的有：哥萨克头领杜托夫在乌拉尔南部奥伦堡地区的反叛；哥萨克另一头领卡列金（1861—1918）在顿河地区的叛乱；贝加尔湖地区的临时政府特派员谢苗诺夫将军在远东地区的暴乱；民族主义分子在南高加索和中亚地区的骚动。这些叛乱很快就被平息了。只剩下一些残匪流窜在顿河流域和北高加索地区。

帝国主义列强在十月革命胜利之时正忙于第一次世界大战，无力对苏俄立即进行军事干涉。它们一方面采用各种隐蔽的形式进行干涉：向叛乱者提供金钱武器，或通过间谍特务组织暗杀破坏。另一方面，积极筹划武装干涉。1917 年 12 月 22 日，协约国代表在巴黎开会，讨论并商定对苏维埃国家武装干涉的计划。会议的备忘录说："我们认为必须保持同乌克兰、哥萨克地区、芬兰、西伯利亚、高加索等地区的联系……我们的首要任务是提供资助以改造乌克兰，供养哥萨克和高加索的军队……如果法国承担向乌克兰提供军费的义务，英国将能为其他地区找到资金。当然，美国也会参加这项事务"。12 月 23 日，英法签订了《关于英法军队未来在俄国领土上作战区域》的秘密协议，规定英国的活动地区是哥萨克地区和高加索，法国的活动地区是乌克兰、比萨拉比亚和克里米亚半岛。美国资产阶级历史学家张伯伦认为，英法划分势力范围的基础是各自的经济利益。他指出"英国投资控制了高加索，法国则关心乌克兰的煤矿和铁矿。"

1918 年 3 月 3 日，苏俄同德奥集团签订《布列斯特和约》退出第一次世界大战。3 月 9 日，英国就以履行盟国职责，防御德国舰队入侵为名，派军队在苏俄北方的摩尔曼斯克港登陆。不久，法美意的军队也开了进去。外国干涉军的人数约 1 万名。8 月协约国军侵占苏俄北方的另一重要港口——阿尔汉格尔斯克。在东方，日本以保护侨民为借口，于 4 月 5 日派军队占领海参崴，接着，美国军队也在该地登陆。日美干涉军多达 8 万人。与此同时，德国军队进入了乌克兰和波罗的海沿岸地区。从此，开始了帝国主义对苏俄的武装干涉。但此时，干涉军尚未公开打出颠覆苏俄政权的口号，还没有向苏俄中心进攻。

苏俄国内战争的全国爆发是在 1918 年 5 月。它的标志是捷克军团的叛乱。这个军团是由在俄国的捷克战俘组成的，大约有 4.5 万人。军团司令是绍科罗夫。十月革命后，苏维埃政权允许他们经西伯利亚到法国去，但不得携带武器。5 月，当装载着捷克军团的 60 列军车停在奔萨到海参崴的铁路沿线时，捷克军团于 25 日首先在乌拉尔以西的马林斯克掀起叛乱。接着，占领了奔萨、萨马拉（今古比雪夫）、乌法、伊尔库茨克。伏尔加河中游地区、乌拉尔及西伯利亚的大部地区落入叛军手中。

捷克军团的叛乱是在苏维埃政府处于困难时刻爆发的。当时，苏俄面临严重饥荒。1918 年 4 月份的粮食采购只完成计划的 14.1％，政府被迫于 5 月 9 日宣布实行粮食专卖，规定全体农民必须把剩余的粮食按规定的价格卖给国家，违者将被逮捕判刑。政府还组织征粮队下乡，以保证国家得到最低限度的粮食，来供应城市居民和红军。

苏维埃的这项政策遭到富农的疯狂反对。人数众多的中农则对苏维埃政权的信任发生动摇。这一情况被社会革命党和孟什维克所利用。它们在各地建立起形形色色的反苏维埃的政府。社会革命党人德尔贝尔于 1918 年初在托木斯克建立了西伯利亚临时政府。6 月，社会革命党人沃洛茨基另组新的西伯利亚临时政府。6 月 8 日，在捷克军团攻占萨马拉的当天，社会革命党人沃尔斯基在市内组成《立宪会议成员委员会》。7 月末，捷克军团攻入叶卡特琳堡（今斯维尔德洛夫斯克），社会革命党、人民社会党和立宪民主党联合组建了叶卡特琳堡临时政府。

此外，在苏俄北方的阿尔汉格尔斯克有人民社会党的柴可夫斯基政府。在中亚的阿什哈巴德有社会革命党的丰季科维政府。在格鲁吉亚有孟什维克政府。这些政府打着"立宪会议"、"买卖自由"和"反对布列斯特和约"的旗号，极力诱骗农民和中小工商业者参与它们的反苏维埃叛乱。

1918 年 9 月，社会革命党和孟什维克邀集各地反苏维埃集团的代表在乌法开会，成立以社会革命党人阿夫克森齐也夫为主席的 5 人执政内阁。执政内阁自称为全俄临时政府，但它所能实际控制的只是原立宪会议成员委员会和西伯利亚临时政府管辖的地方。

捷克军团和社会革命党、孟什维克的叛乱，使年轻的苏维埃政权在 1918 年夏天陷于四面包围之中。苏俄政府所控制的地区只有全国面积的 1/4，主要是莫斯科周围的土地：东边到伏尔加河流域，西界大体是离莫斯科 500—600 公里的普斯科夫一莫吉廖夫一线；北边不到白海，南边不超过同乌克兰交界的地方。苏维埃失去了重要的粮食、原料、燃料产地。铁路瘫痪，工厂停工，粮食奇缺，人民生活十分困苦。首都工人每天只能得到极少量面包，有时连这一点也得不到。与此同时，暗藏的敌人不断进行颠覆破坏。1918 年 7 月，左派社会革命党人在莫斯科等城市掀起叛乱。8 月 30 日，社会革命党人卡普兰开枪打伤列宁，无产阶级领袖中两颗毒头子弹，伤势很重。

苏维埃的处境十分危急。1918 年 6 月 14 日，全俄苏维埃中央执行委员会决定把社会革命党人和孟什维克开除出苏维埃。7 月，把左派社会革命党人也开除出苏维埃。9 月 2 日，全俄中央执行委员会宣布苏维埃共和国为统一的军营，要求在"一切为了前线"、"一切为了战胜敌人"的口号下，把各项工作都转入战时轨道，要求"全体公民不分职业和年龄，必须无条件地履行苏维埃政权赋予的保卫国家的义务"。

为了把所有的人力物力都集中起来用于战争，政府逐步改变过去的作法，实行"战时共产主义"政策。城市中，除大工业外，中等工业也收归国有。国家对收归国有的企业实行统一集中管理。农村中，实行余粮收集制。"战时共产主义"政策取消了自由贸易，对粮食和日用工业品实行配给制。不同阶级、职业和年龄的人，给予不同的定额。苏维埃政府决定实行全民劳动义务制，组织全体成年人参加各项劳动。"战时共产主义"政策是在战争条件下采取的一项政策，对保证战争的胜利起了积极作用。

布尔什维克党十分重视工农武装的建设。它动员自己的一半成员参加军队，使1918年初才组建的红军到10月就达到80万人。9月，成立革命军事委员会，负责具体领导各条战线的战斗。委员会的主席是托洛茨基，总司令是参加红军的旧军官瓦采蒂斯。11月30日，成立了以列宁为主席的工农国防委员会，统一领导全国的防务工作。

1918年夏，捷克军团和萨马拉政府的军队占据了辛比尔斯克（今乌里扬诺夫斯克）和喀山，企图向西攻打莫斯科。布尔什维克党中央研究了这一形势，确认东方战线是当时首要的、具有决定意义的战线。8月初，托洛茨基乘坐专列，亲赴伏尔加河流域前线鼓动宣传，组织力量，指挥战斗。在整个国内战争期间，革命军事委员会主席的专列开赴前线36次，行程10万多公里。

9月底10月初，红军在东线司令谢·谢·加米涅夫的率领下，解放了喀山、萨马拉，把敌人一直赶到马拉尔。乌法的5人执政内阁见形势不妙，于10月迁往西伯利亚的鄂木斯克。

盘踞在顿河流域的克拉斯诺夫将军，在德国的支持下，于1918年夏天率领近6万哥萨克部队进攻察里津（后改称斯大林格勒，今称伏尔加格勒）。7月19日，苏维埃政府建立北高加索军区的军事委员会。斯大林担任主席。他指挥红军在8月、10月两次打退克拉斯诺夫的进攻。

苏维埃粉碎高尔察克和邓尼金的进攻

1918年11月，德奥集团战败，第一次世界大战结束。苏维埃政府立即宣布废除布列斯特和约，同时命令红军开入乌克兰、白俄罗斯和波罗的海沿海地区，收复德军占领的土地，支持当地人民建立苏维埃政权。

德奥的失败使协约国得以加紧对苏俄进行武装干涉。11月下旬，12个法国师和希腊师在敖德萨、寒瓦斯托波尔等港口登陆。英国舰队运送陆战队在巴统和诺沃罗西斯克登陆。协约国很快就在苏俄的南部集结了13万兵力，并在黑海各港口停泊3艘主力舰，8艘巡洋舰和12艘鱼雷艇。干涉军的司令是法国唐谢利姆将军。

11月，协约国以自己的干涉军为主力，联合顿河地区的克拉斯诺夫歌萨克部队和北高加索地区的邓尼金部队，共同向北进攻。

苏维埃政府紧急动员各地力量支援南方战线和乌克兰战线。1919年初，红军反攻，解放了顿河流域。2月5日，红军开进基辅，收复乌克兰北部地区。与此同时，布尔什维克党派遣大批人员到协约国军队中活动，组织俄国工人士兵同他们联欢。在革命宣传的影响下，越来越多的外国士兵拒绝同红军作战。4月4日，乌克兰战线的红军攻入克里米亚半岛。在红军节节胜利的形势下，停泊在塞瓦斯托波尔的法国舰队水兵于 4 月 20 日举行起义，反对武装干涉苏俄，要求返回祖国。法国政府看到自己军队内部不稳，难以继续军事干涉，便从乌克兰南部撤走全部军队。英国希腊等国也相继从苏俄的南方和北方撤回干涉军。这样，协约国想主要靠自己的武装力量来推翻苏维埃政权的企图彻底破产了。列宁在评价这一事件的意义时说："我们迫使英法撤走本国军队这一胜利，是我们对协约国的一个极其重大的胜利。我们夺走了协约国士兵。我们用劳动者团结一致反对帝国主义政府的精神，夺走了协约国在军事上和技术上的莫大的优势"。

1919 年春，协约国改变了反苏斗争策略。它把白卫军队推到第一线，组织他们统一进攻莫斯科。协约国最初以盘踞在西伯利亚的高尔察克军队为反苏维埃的主力。高尔察克原是沙皇的海军上将，黑海舰队司令。1918 年 11 月 4 日，被任命为西伯利亚政府的陆海军部长。18 日，高尔察克发动政变，推翻阿夫克森齐也夫的 5 人执政内阁，自称为"俄国的最高执政"。协约国大力支持高尔察克，派去许多军事顾问，运去大量武器弹药。据不完全统计，仅美国就给高尔察克运去 20 万支步枪和 400 多万发子弹。还有 10 多万日美英法干涉军驻扎在贝加尔湖以东的地区，保护着高尔察克的后方。1919 年 3 月 4 日，拥有 25 万人的高尔察克军队在乌拉尔地区发动大规模进攻。不久，攻占乌法，扑向伏尔加河流域。与此同时，北高加索的邓尼金将军，苏俄北方的米列尔将军，苏俄西北部的尤登尼奇将军也向红军发起攻击。

4 月 12 日，《真理报》发表了列宁起草的《俄共（布）中央关于东方战线局势的提纲》，指出东方战线再次成为决定性战线，号召全民动员，消灭这一危险。广大党团员、工会会员积极响应号召，将近 5 万人走上前线。在后方，莫斯科一喀山铁路莫斯科编组车站机车库的工人，于 4 月 12 日星期六利用工余时间义务劳动，修好了 3 台机车。各地工人纷纷起来效法，用星期六义务劳动来支援前线。列宁高度评价这一运动，称它为"伟大的创举"。

1919 年春，红军兵力增加到 150 万。东线红军分为南北两路，北路红军在绍林指挥下，向卡马河流域进攻。南路是重点。4 月 28 日，伏龙芝（1885—1925）指挥南路红军发起反攻。在尖刀部队中，有传奇式英雄恰巴也夫（旧译夏伯阳），他指挥的第二十五师勇猛善战，歼灭了高尔察克的军官突击大队，并于 6 月 9 日解放乌法。高尔察克军队败退 100 多公里，撤回乌拉尔山区。

正当红军节节胜利的时候，托洛茨基和总司令瓦采蒂斯建议抽调东线的大量兵力去技援南线反邓尼金的斗争。7 月，党中央开会，否定了这项建议，认为停止东线进攻会使高尔察克得到重整旗鼓的机会，以再以向苏维埃政权反扑。为了贯彻这一决定，苏维埃政府任命谢·谢·加米涅夫接替瓦采蒂斯担任红军总司令。新任东线司令伏龙芝指挥红军继续东进，8 月解放整个乌拉尔地区。11 月，红军开进

冬宫前的广场及凯旋门

高尔察克的"首都"鄂木斯克。1920 年初，高尔察克被俘获。革命军事委员会判处

他死刑。1920 年 2 月 7 日，红军同捷克军团签署停战协议，并允许捷克军团从远东撤离苏俄。这样，协约国组织的第一次武装干涉彻底失败了。

1919 年下半年，协约国组织了反苏维埃的第二次进攻。主力是邓尼金的部队。邓尼金（1872—1974），曾任临时政府的总参谋长，西方战线和西南战线司令。十月革命后，在北高加索和顿河流域南部掀起叛乱。1919 年时，邓尼金的部队大约有 15 万人。协约国给这支白卫军送去了 38 万支步枪，200 门大炮，100 辆坦克，194 架飞机。还派去了几百名军事顾问和飞行人员。1919 年 7 月 3 日，邓尼金发布进攻莫斯科的命令。不久，占领了顿巴斯和乌克兰大部地区。

7 月 9 日，布尔什维克党中央发布了列宁起草的公开信《大家都去同邓尼金作斗争》，号召全党和全体劳动人民都去抗击邓尼金。8 月底，绍林指挥南线红军反攻，进展不大，在顿河上中游地区受阻。8 月，英国陆军大臣丘吉尔在自由党代表大会上宣称，要组织 14 国武装干涉苏俄。但是，这一狂妄计划未能实现。8 月底，邓尼金依仗自己的优越武器和剽悍骑兵，占领了基辅和第聂伯河西岸的乌克兰地区。9 月 3 日，他再次发出进攻莫斯科的命令。9 月 20 日，白军突破红军防线，占领了库尔斯克。10 月 13 日，占领了离莫斯科只有 300 多公里的奥廖尔，直接威胁到红色首都。全世界资产阶级都在为邓尼金叫好鼓气。顿巴斯的资本家宣布，将赏给第一个冲进莫斯科的团队以百万卢布巨奖。

在这危急关头，党中央于 9 月 26 日宣布举行征收党员周。大约有 20 万工农加入了布尔什维克党。这表明人民大众对共产党和苏维埃政权的充分信赖。在人民的全力支持下，红军于 1919 年 10 月的上半月，在南方集中了 16 万把刺刀，2 万多把马刀和 4000 多挺机枪，而邓尼金部队只有 6 万把刺刀，近 5 万把马刀和 2000 多挺机枪。10 月中旬，红军以优势兵力转下反攻，10 月 20 日，南线司令叶戈罗夫和军事委员斯大林指挥红军解放了奥廖尔。11 月和 12 月，解放了库尔斯克、哈尔科夫和基辅。1920 年 1 月，绍林指挥东南战线红军攻进察里津和罗斯托夫。邓尼金部队被分成两半。一股逃向乌克兰南方。南线于 1920 年 1 月改称为西南战线，其任务是追击这股敌人。红军解放了敖德萨，但未能攻进克里米亚半岛，另一股是邓尼金的主力，败退到北高加索。东南战线于 1920 年 1 月改称为高加索战线，由图哈切夫斯基指挥。红军打败了敌人，进入北高加索。邓尼金本人逃亡国外。残余部队在弗兰格尔（1878—1928）的率领下逃到克里米亚半岛。

红军在粉碎东面的高尔察克和南面的邓尼金的同时，也平定了其他地区的叛乱。在苏俄的西北部，尤登尼奇白卫军于 1919 年 5 月向彼得格勒发起进攻。由 12 艘巡洋舰，20 艘驱逐舰和 12 艘潜水艇组成的英国舰队开进波罗的海，从海上支持尤登尼奇的军队。正当战斗激烈进行之时，协约国间谍又策动彼得格勒附近的红丘灰马、奥勃鲁切夫 3 个炮台叛乱，严重威胁着彼得格勒的安全。5 月 17 日，党中央派斯大林到彼得格勒战线。他指挥红军扑灭了 3 个炮台的叛乱，打退了敌人的进攻。波罗的海舰队的水兵击败了英国舰队企图冲进彼得格勒的尝试。

9 月，当邓尼金军队进攻莫斯科最得手的时候，尤登尼奇白卫军再次发起进攻。10 月，进抵离彼得格勒只有 10 几公里的地方。形势十分危急。列宁向彼得格勒工人和红军战士发出战斗的号召："同志们，战斗到最后一滴血，守住每一寸土地，坚持到底，胜利就在眼前！"党中央派托洛茨基到彼得格勒亲自指挥作战。10月底，守卫彼得格勒的第7集团军发起反攻，取得胜利，并将尤登尼奇的残部逐至爱沙尼亚，它们被爱沙尼亚政府解除了武装。在北方战线，红军也节节胜利，于1920年2月21日和3月13日，先后解放了阿尔汉格尔斯克和摩尔曼斯克。

这样，红军便粉碎了协约国第二次联合进攻，基本上解放了乌拉尔、西伯利亚、乌克兰和北高加索。

1919年是红军取得决定性胜利的一年。它消灭了国内的主要叛乱巢穴，严重打击了帝国主义阵线。1920年1月16日，协约国最高委员会正式解除对苏俄的封锁，宣布允许协约国和中立国家同俄国人民进行商品交换。苏维埃国家赢得了宝贵的暂时和平。

苏联打退波兰的武装干涉

苏俄赢得的和平，没过多久就被打破了。1920年4月25日，波兰在协约国支持下入侵苏俄。不久，占领了基辅和乌克兰、白俄罗斯的大片土地。盘踞在克里米亚半岛的弗兰格尔白卫军也乘机向北进犯。企图攻占顿巴斯。苏维埃国家又一次面临着严重的威胁。

党和政府紧急动员各方力量支援前线。仅5—6月间，就有1.2万名共产党员被派往前线。6月，西南战线红军在叶戈罗夫和斯大林指挥下发起反击，解放了基辅和乌克兰。7月，图哈切夫斯基指挥西方战线红军进攻，迅速突破波兰防线，解放了白俄罗斯领土，进而越过国界，于月底逼近波兰首都华沙。

为了使波兰军队免于覆灭，协约国一方面由英国外交大臣寇松出面，要求红军停止进攻，并建议苏波双方举行和谈，划定边界；另一方面则加紧向波兰提供军事援助。波兰军队得到增援补充后，于1920年8月16日转入反攻。红军由于进展过速，先头部队远离后方，同时西方战线和西南战线相互配合得也不够好，在敌人进攻面前不得不后撤。但是，红军很快就扭转了不利处境，挡住了波兰军队的进攻。10月，苏俄同波兰签订初步和约。1921年3月，双方签订里加和约，划定两国边界。

对波战争结束后，红军集中全力对付弗兰格尔。1920年11月，苏俄政府再次成立南方战线，伏龙芝任战线司令。11月6日，南线红军发起总攻击，摧毁彼列科普地峡和琼加尔地峡的坚固工事，冲进克里米亚半岛，消灭了弗兰格尔军队。协约国组织的第三次武装干涉被粉碎了。

1920年底，苏俄国内战争基本结束。但在边疆少数民族地区，平息叛乱驱逐外国干涉军的斗争还持续了一段时间。

中亚是少数民族聚居的地区。早在1918年4月，这一地区就成立了土耳克斯坦苏维埃自治共和国。后来，杜托夫在乌拉尔南部地区叛乱，割断了它同莫斯科的联系。形形色色的民族主义分子乘机掀起反苏维埃暴动。1919年夏秋，红军解放乌拉尔地区后，分出一支队伍，组成土耳克斯坦战线。伏龙芝率领这支队伍开进中亚，平息了当地的叛乱。但是，在威海南岸的乌兹别克和土库曼地区还存在着两个封建王国——希瓦汗国和布哈拉埃米尔国。1919 年底，希瓦人民举行起义，在红军帮助下获得胜利。1920 年 4 月，正式成立花剌子模人民苏维埃共和国。1920 年 8 月，布哈拉人民起义，在红军帮助下推翻了埃米尔政权。布哈拉人民苏维埃共和国于 1920 年 10 月正式宣告成立。

在南高加索，政权掌握在协约国支持的阿塞拜疆资产阶级民族主义政党木沙瓦特（亦译作平等党）、亚美尼亚资产阶级民族主义政党达什纳克（亦译作联盟党）和格鲁吉亚孟什维克手里。1920 年，英国看到邓尼金部队已经崩溃，红军即将进入高加索，慌忙把自己的干涉军撤离这一地区。这以后，南高加索人民的斗争蓬勃兴起。1920 年 4 月，阿塞拜疆人民举行起义，在红军帮助下推翻木沙瓦特政权，建立了阿塞拜疆苏维埃共和国。1920 年秋，亚美尼亚劳动者起来反对达什纳克政府。1920 年 11 月，亚美尼亚苏维埃共和国正式成立。1921 年 2 月，格鲁吉亚的孟什维克政府被推翻，格鲁吉亚苏维埃共和国诞生。

在远东地区，反对白匪和外国干涉军的斗争一直持续到 1922 年。在高尔察克被歼灭后，苏维埃政府为了避免同日本干涉军发生直接武装冲突，决定在贝加尔湖以东的地区建立一个缓冲国。1920 年 4 月，远东共和国正式成立。它是共产党领导下的议会制共和国，建有自己的人民革命军。1922 年 10 月，共和国军事部长勃留赫尔（即为我国熟知的加伦将军）指挥人民革命军攻进海参崴，迫使最后一批外国干涉军撤离苏维埃国土。11 月，远东共和国并入俄罗斯联邦。在战胜国内外敌人的基础上，1922 年 12 月 30 日，苏维埃社会主义共和国联盟（苏联）正式成立。

反苏维埃的社会革命党

十月武装起义胜利以后，社会革命党右派不承认苏维埃政权，退出了苏维埃二大。以后他们就千方百计地要推翻新生的工农革命政权。当克伦斯基率领的部队攻占加特契纳和皇村并向彼得格勒逼近时，社会革命党中央发布宣言，号召群众支持叛军。与此同时，社会革命党的领导人阿夫克森齐也夫和郭茨等在首都组织士官生叛乱作为策应。

武装叛乱失败后，社会革命党又企图利用立宪会议来破坏十月革命的成果。1917 年 11 月底它带头组织了"保卫立宪会议联盟"，在群众中进行反苏维埃的宣传，同时继续策划叛乱。11 月 26 日至 12 月 5 日，社会革命党召开第四次代表大会。这是左派正式分裂出去以后召开的第一次代表大会。切尔诺夫和晋季诺夫分别作了形势报告的中央工作报告。大会的一个中心问题是立宪会议。大会的决议指出："社会革命党应当比任何时候都大声疾呼'全部政权归立宪会议！'的口号"。尽管社会革命党从苏维埃政权一诞生起就对它采取了敌视的立场和行动，直到 1918 年夏季为止，社会革命党始终作为一个合法的政党在国内开展活动。它不仅在苏维埃三大选出的中央执行委员会中有 7 个席位，而且在很多地方苏维埃和苏维埃执委会中有自己的代表。

《布列斯特和约》签订以后，社会革命党加紧了反对苏维埃政权的步伐。1918年3月，和约签订以后不久，社会革命党中央就发表声明说："人民委员政府背叛了民主的俄国，也背叛了革命和国际，它应当被打倒……社会革命党将竭尽全力推翻布尔什维克统治"。1918年5月，社会革命党第八次会议的一个决议进一步指出，"党的基本任务是为恢复俄国的独立、为复兴俄国的民族和国家的统一而斗争……布尔什维克政权是实现这些目标的主要障碍。因此，一切民主力量当前的迫切任务是消灭这一政权"。在会议的另一个决议中还提到："为了

苏维埃的土地属于集体农场管理

建立在全国性的立法会议基础上的有组织的民主政府的利益，可以允许盟国军队开入俄国领土"。

在制造舆论的同时，它也进行了实际活动。1918年3月，社会革命党人萨文科夫与原沙皇军队的上校彼尔胡罗夫相勾结，建立了"捍卫祖国与自由联盟"，在雅罗斯拉夫尔、穆罗姆、雷宾斯克等地多次发动反苏维埃政权的武装叛乱。阿夫克森齐也夫伙同一些人民社会党人和立宪民主党人组织了"复兴俄国同盟"，进行公开的反革命破坏活动。这两个组织都秘密接受协约国帝国主义分子的财政资助。社会革命党对1918年5月开始的捷克军团叛乱起了推波助澜的作用。它们相互勾结，在全国范围内发动了旨在推翻苏维埃政权的国内战争。

在国内战争初期，在被白卫军和武装干涉者暂时占领的土地上，如阿尔汉格尔斯克、萨马拉、西伯利亚、里海东部等地区，社会革命党组织了一系列反革命"政府"。它们废除了苏维埃政权的法令，恢复了革命前的很多旧制度，对布尔什维克和工农革命群众进行了残酷的镇压和迫害。在这些"政府"中，影响最大和最具有代表性的是萨马拉的"立宪会议委员会"。

萨马拉是社会革命党的势力比较集中的一个地区。在萨马拉省苏维埃执委会中社会革命党人占很大比重，执委会主席克利穆什金便是社会革命党人。从1918年春季起，他们就在城乡开展反苏维埃政权的宣传鼓动，特别是煽动群众反对布尔什维克党的粮食政策。他们还组织武装力量，建立密谋组织，准备随时发动反革命暴乱。1918年6月8日，叛乱的捷克军团占领了萨马拉。社会革命党人以军团作后盾，在当天就宣布成立自己的"政府"。最初的"立宪会议委员会"共5名委员，都是社会革命党人，主席是沃尔斯基。到9月末委员增至97人，但仍是社会革命党独揽大权。该"政府"还建立了以社会革命党人罗哥夫斯基为首的"部长会议"。在16名"部长"中除1名孟什维克（伊·马伊斯基——劳动部长）和2名无党派人士外，都是社会革命党人。在1918年6—8月间，"立宪会议委员会"统治的范围包括整个萨马拉省、辛比尔斯克省、喀山省、乌发省以及萨拉托夫省的一部分。"立宪会议委员会"解除了银行、工厂和其他私人企业的国有化，将它们交还给原主经营；在农村，口头上仍坚持土地社会化的要求，但同时又明令规定1917至1918年度的冬季作物

一概由播种者，即原来的地主来收获。从社会革命党领导的各个"政府"的所作所为可以看到，他们在反革命的道路上已经走得相当远了。

从1918年末开始，随着高尔察克、邓尼金等白卫反革命势力的崛起，国内战争进入了一个新的阶段。在这一阶段，地主资产阶级保皇派成了反苏维埃政权的主力。社会革命党和他们发生了激烈的矛盾。这就使社会革命党不得不改变原来的反革命策略，提出要走所谓"第三条道路"，并称自己为"第三势力"。

1918年12月5日，在乌发举行的社会革命党中央委员会议上正式提出要改变对苏维埃政权的态度，并且决定将高尔察克占领区内的各级党组织转入地下。1919年2月6日至8日，在莫斯科召开了党的代表会议，决议谴责各资产阶级政党"妄图建立个人独裁和恢复不受限制的横征暴敛"，并表示要停止反苏维埃的武装行动，因为这种行动会"助长反动势力的气焰"。1919年6月在莫斯科举行党的第九次会议，正式宣布"停止对布尔什维克政权的武装斗争，代之以通常形式的政治斗争"。会议的决议对所谓"第三势力"作了很明确的概括："第三势力既不是布尔什维克主义，也不是复辟势力"；"它既反对无产阶级专政，也反对地主资产阶级反动派，只有它才能把俄国从死胡同中拉出来"。

社会革命党在策略上的这种转变并不表明它对苏维埃政权的基本立场有了变化。对此，该党的第九次会议的决议说得很坦率："党作出放弃与布尔什维克统治进行武装斗争的决定是出于对当前整个政治局势的考虑，不应把它理解为接受（即使是暂时的和有条件的）布尔什维克政权"。"不能允许那种有害的幻想，似乎布尔什维克专政可以逐渐转变为人民政权"。事实上也是这样。社会革命党，特别是它的地方基层组织，在提出"第三条道路"的策略以后，从未停止过反苏维埃政权的武装叛乱活动。这种两面派的行径引起了广大基层党员日益增长的不满。

国内战争结束以后，濒临瓦解的社会革命党还企图继续活动，成立了由5名委员组成的秘密的领导机构——中央局。1920年9月，召开了党代表会议，号召全党行动起来，准备武装暴乱推翻无产阶级专政的苏维埃政权。1921年2月，党中央发表了《关于策略问题的指示》，要求各地方组织积极开展武装叛乱活动，推翻布尔什维克统治，在俄国建立"民主的国家机构"。1921年8月，在萨马拉举行的一次中央秘密会议指出："以革命手段推翻共产党专政的问题，已经刻不容缓地提上了日程，这是有关俄国劳动民主派生死存亡的问题"。此后，各地的党组织加紧了反革命的武装叛乱活动。

1922年，苏维埃政府对34名社会革命党的重要人物提出起诉，罪名是进行反苏维埃国家的颠覆和恐怖活动。审判结束后，大批党员纷纷宣布与党脱离关系。1923年3月，由乌拉尔和西伯利亚的一些党员发起召开了党代表大会。大会解散了党的中央机构，号召党员加入俄共（布）。大会选出了一个执行小组，任务是解散本党。至1924年初，国内各地党组织业已完全解散，据此，执行小组于1924年2月停止活动。

十月全俄总政治罢工

1905年秋，俄国革命发展到一个新的阶段，即由零散的罢工发展到群众性的大罢工，由地方的罢工发展到全俄的总罢工。

在这个阶段中，莫斯科无产阶级的革命斗争，对整个革命进程产生了巨大的影响。一月事件以前，整整五年，莫斯科没有发生过大规模的罢工，但是，到了8、9月间，革命斗争的中心已经转移到莫斯科了。这是什么原因呢？主要是由于布尔什维克莫斯科委员会遵照列宁的革命路线，积极地进行了革命工作。列宁称赞它是布尔什维克党的模范委员会之一。

纪念十月革命胜利的瓷盘，上有列宁像

莫斯科的工人在布尔什维克的教育与领导下，于9月举行了大罢工。罢工工人举着红旗，在莫斯科主要街上，与反动军警展开了顽强的战斗。这次罢工是全俄总政治罢工的序幕。

9月间，布尔什维克斯科委员会向铁路工人发出特别呼吁书，号召他们参加莫斯科无产阶级的总罢工。莫斯科——喀山铁路的职工首先响应，于10月7日开始罢工，火车停驶了，运输中断了。铁路工人的罢工迅速发展，到10月12日全国4万公里铁路线上的75万职工都卷入了罢工运动的浪潮。

铁路工人的创举得到全俄各城市工人的响应，彼得堡爆发了总罢工，罢工迅速地扩展到高加索、乌克兰、克里木、伏尔加河流域、乌拉尔、西伯利亚、波罗的海等全国各地。从10月13日起，全国有2500多个大工厂企业停了工，其他各行各业的工人、职员也参加了罢工，人数总计有200万，还有大批农业工人。他们举行了成千上万人参加的群众大会。

1917年十月革命中赤卫队革命军攻打冬官时的情景

全国各城市工厂停工，商店关门，火车、轮船、马车停驶，饭馆歇业，教师罢教，学生罢课。电灯熄灭了，电话中断了，学校、药房、银行、澡堂、戏院等都关了门。国内生活陷于停顿状态。

在十月总政治罢工的日子里，有些地方群众的游行示威，转变为与反动军警的流血搏斗。俄国已处在武装起义的前夜。

沙皇政府起初打算对罢工运动进行镇压。彼得堡总督特列波夫下令："决不要放空枪，也不要吝惜子弹。"但是，仍然阻止不了革命的洪流。统治集团惊恐万状，沙皇居古拉二世甚至打算秘密逃往国外。

沙皇政府为了赢得暂时喘息时间，重新集结力量，伺机进行反扑，对人民群众制造了新的政治骗局。10月17日，沙皇颁布了"宣言"，虚伪地宣布人民有言论、集会、结社、出版等自由答应扩大选举权，成立具有立法权的杜马（即议会），任命自由派的代表维特为总理大臣。列宁指出，"宣言"的颁布，表明革命力量与反革命无力量的对比暂时处于势均力敌状态。沙皇政府已经无力镇压革命，革命也还没有力量击溃沙皇政府。

1917 年列宁在一个群众集会上发表演说

　　10 月 17 日"宣言"一公布，引起了资产阶级和自由派地主一片欢呼，他们举着香槟酒，彼此庆贺。高呼："不要再革命了，秩序万岁！"催促政府镇压罢工。他们开始集结力量，组织了许多资产阶级政党。工商业大资产阶级和大地主组成了"十月十七日同盟"（或称"十月党"），一部分自由派地主和中等资产阶级建立了"立宪民主党"。孟什维克对 10 月 17 日"宣言"也表示满意，认为专制制度的旧枷锁一去不复返了，在俄国面前开辟了资产阶级民主制度的时代。

　　以列宁为首的布尔什维克及时地揭穿了 10 月 17 日"宣言"的虚伪本质。列宁指出：**"政府的退却，……只是表明政府选择了新的自己认为更加合适的战斗阵地罢了。以所谓 10 月 17 日诏书这种一纸空文来宣布'自由'，只是企图准备精神条件来同革命作斗争，——与此同时，特列波夫统率着全俄黑帮党徒在为这个斗争准备物质条件。"**

　　事实也正是如此。沙皇一只手公布"宣言"，另一只手却向各省发出命令，要他们调动一切反动势力镇压革命人民。在"宣言"发表的同时，就组成了"俄罗斯人民同盟"之类的黑帮团体，沙皇是"同盟"的"名誉盟员"。沙皇政府供给黑帮分子资金和武器。他们按照政府的指示，在全国各地对革命者进行残酷的屠杀。

　　当时民间流行的一首歌谣，一针见血地揭露了沙皇"宣言"的欺骗性：

　　"沙皇吓破胆，赶快发宣言：

　　死者得自由，活人进牢监。"

　　沙皇企图使用虚假的"宣言"和血腥屠杀的反革命两手来扑灭革命，但是人民革命的巨流，是什么力量也阻挡住的。1905 年秋，不但工人运动有增无已，十月总政治罢工又促进了农民、士兵和非俄罗斯各族人民的革命运动的高涨。

　　在俄国的欧洲部分有三分之一以上的县份都发生了农民起义，捣毁了约两千个地主的庄园。有许多地方，农民夺取了土地、牧场和森林，赶走了乡警、乡长和村长，不承认沙皇的政权。最先进的农民，在农村中还建立了革命农民委员会。列宁写的《给农村贫民》的小册子，经由布尔什维克地方组织的散发，在农民中起了很大的作用。

1905 年秋，布尔什维克在沙皇军队中秘密地建立了许多党组织，加强了军队的工作。10 月间，在喀琅施塔得爆发了水兵起义。11 月，塞瓦斯托波尔港的水兵发动了规模更大的起义，起义的水兵夺取了奥察科夫巡洋舰。同年秋，甚至遥远的海参崴以及其他城市，都发生了士兵起义事件。

在被压迫民族地区，也展开了争取民族解放的斗争。乌克兰、白俄罗斯、南高加索和波罗的海沿岸各族人民争取自治和解放的斗争风起云涌，特别是由斯大林领导的南高加索的民族运动，走在民族解放运动的前列。

彼得格勒武装起义

七月事件后，布尔什维克党有秩序地转入地下。为了防备临时政府的搜捕，列宁和季诺维也夫秘密转移到彼得格勒郊外的拉兹里夫。8 月下旬，列宁迁到芬兰居住。在外地隐匿期间，列宁写了《国家与革命》一书，阐明用暴力打碎旧的国家机器、建立无产阶级专政的必要性。同时，列宁一直同彼得格勒保持着密切联系，指导着党的工作。

8 月 8—16 日，布尔什维克党在彼得格勒召开第六次代表大会。出席大会的代表共 171 人，代表着 162 个地方组织和 24 万党员。会上，斯维尔德洛夫（1885—1919）作了组织工作总结报告，斯大林作了政治工作总结报告。大会讨论了七月事件后的形势，制定了武装起义的方针。由于苏维埃已被小资产阶级政党所败坏，无法通过苏维埃夺取政权，因此大会决定暂时收回"全部政权归苏维埃"的口号，用"政权转归无产阶级和贫苦农民"的口号代替。代表大会选出了由列宁、布哈林（1888—1938）、捷尔任斯基（1873—1926）、季诺维也夫、加米涅夫、李可夫（1881—1938）、斯维尔德洛夫、斯大林、托洛茨基等 21 人组成的中央委员会。

七月事件后，李沃夫宣布辞职。8 月 6 日，第二届联合政府成立。克伦斯基任总理兼陆海军部长。新政府成立后，资产阶级积极活动，公开叫嚣建立反革命军事专政。米留可夫在人民自由党中央会议上呼吁进行一次"外科手术"，以便永远消除布尔什维主义危险。克伦斯基政府则宣称要"实现国家政权同国内各派组织力量的团结一致"。8 月 25—28 日，政府在莫斯科召开了国务会议。军队的将军、资产阶级政党领袖、前国家杜马议员、社会革命党人和孟什维克都出席了会议。布尔什维克拒绝参加，认为莫斯科国务会议是为反革命阴谋制造舆论的大会，并在会议开幕的当天组织莫斯科 40 万工人举行抗议罢工。

在国务会议上，俄军最高总司令科尔尼洛夫（1870—1918）公然要求给军官以全权来恢复军队的纪律，企图通过整肃部队建立军事专政。会后，科尔尼洛夫回到设在莫吉廖夫的大本营，加紧反革命叛乱的准备。9 月 3 日，俄国军队放弃里加，德军威逼彼得格勒。9 月 7 日，科尔尼洛夫以"拯救祖国"为名，命令克雷得格勒军区的活动和首都城防工作，实际是准备武装起义的公开指挥部。它的主席最初是左派社会革命党人拉兹米尔，后来是布尔什维克波德沃伊斯基。苏维埃主席托洛茨基在其中起了重要领导作用。在彼得格勒市内，反革命保皇团体准备导演一场"布尔什维克叛乱"，作为用武力镇压工人和革命士兵的借口。

为了粉碎科尔尼洛夫叛乱，布尔什维克党立即动员和组织群众同反革命进行坚决斗争。仅在三天之内就动员了 25000 余工人参加赤卫队。许多工厂昼夜不停地制造枪炮和弹药。由革命组织所掌握的军队也作了战斗准备。铁路工人拆毁铁轨、破坏桥梁，阻止科尔尼洛夫的军队进攻首都。同时，布尔什维克党还派出数百名宣传员深入到科尔尼洛夫军队中去，在他们的宣传鼓动下，士兵迅速提高了觉悟，许多士兵开始转到工人方面来了。

科尔尼洛夫发动的叛乱被布尔什维克党组织起来的工人和士兵粉碎了。科尔尼洛夫发动的反革命叛乱，本来事先是得到克伦斯基同意的，但是当群众积极行动起来反击科尔尼洛夫时，克伦斯基害怕群众会把临时政府连同科尔尼洛夫叛军一起扫掉，于是他诡称也反对科尔尼洛夫，下令逮捕科尔尼洛夫、邓尼金等人，"监禁"在一个由中学改成的"监狱"里，实际上是保护起来。列宁曾指出：克伦斯基"是一个偶然同科尔尼洛夫绝交，而现在还继续同别的科尔尼洛夫分子结成极亲密的联盟的科尔尼洛夫分子。"

科尔尼洛夫叛乱的失败，标志俄国革命发展新的转折，它表明革命力量和反革命力量的对比发生了巨大的变化，布尔什维克党的威信已经空前提高，工人阶级和广大群众的革命力量已有巨大的增长，群众的革命觉悟已有进一步提高。苏维埃布尔什维克化的时期开始了。8 月 31 日，彼得格勒苏维埃通过了布尔什维克的使政权转归苏维埃的决议。9 月 5 日，莫斯科也通过了布尔什维克的决议。接着几乎在全国所有大工业中心和工厂的苏维埃都相继转到布尔什维克党的手里。全国有 250 多个苏维埃表示拥护布尔什维克党的"全部政权归苏维埃！"的口号。这样，布尔什维克党又把"全部政权归苏维埃！"的口号提了出来，但这已不再是革命和平发展的旧口号，而是意味着举行武装起义推翻临时政府，建立无产阶级专政。

到 1917 年秋天，革命危机笼罩着全国，国民经济几乎完全崩溃，这既是战争的直接后果，又是资产阶级人为破坏的结果。为了对付革命的工人，在 8 至 9 月间，彼得格勒工厂主关闭了 230 所工厂，乌拉尔工业区关闭了全部企业的 50% 左右，全国各地资本家大部分宣布停工。资本家靠军事定货大发横财，而劳动人民却忍饥挨饿。到 8 月底，彼得格勒和莫斯科面包定量减少到 1/2 磅，而且不是每天都能买到。工人的实际工资比 1913 年降低了一半以上。战争和破坏的全部重担都落到广大工人和其他劳动人民身上。

广大劳动人民被迫不能按着旧的生活方式生活下去了，人民群众采取了各种尖锐的斗争形式。工人们在和企业主同盟歇业的斗争过程中，开始占领企业，废除旧的管理机关，有的甚至逮捕企业经理，自己管理生产或者监督生产，工人运动已经发展到面临夺取政权的程度了。农民运动也有了进一步发展。许多地区发生了农民驱逐地主，把土地、牲畜和农具夺过来加以分配，农民运动已发展到大有转变为起义之势。军队中也出现了新的斗争形式，士兵们愈来愈认识到战争是为了剥削阶级利益而进行的，因此不断发生整个兵团拒绝执行作战命令的事情，大部分士兵转到布尔什维克方面来了。广大士兵的向背，对革命的成败具有决定性的意义，临时政府失去了军队的支柱，就注定了不可避免的崩溃的命运。国内各被压迫民族地区的民族解放运动也有了新的发展，由于布尔什维克党积极工作的结果，民族解放斗争日益同全国工农革命运动结成统一战线，汇成了一个革命洪流。

工农运动和民族解放运动的高涨也影响到妥协党派，它们的分崩离析加剧了。孟什维克分裂成若干集团，其中的"国际主义者"，愈来愈倾向于布尔什维克。社会革命党分化出左翼，即"左派社会革命党人"。

在革命时机日益成熟的条件下，资产阶级临时政府又玩弄了另一个阴谋。为了保持其摇摇欲坠的政权，在妥协政党的支持下，9月1日，临时政府宣布俄国为共和国。同时，被妥协派政党所把持的苏维埃中央执行委员会，又宣布召开"全俄民主会议"。9月12日至22日，"全俄民主会议"在彼得格勒召开，并产生了"预备国会"，妄图把俄国从苏维埃共和国引上资产阶级议会制共和国的道路。列宁揭露说："预备议会的唯一使命是欺骗群众，愚弄工人和农民，引诱他们离开新的日益增长的革命，给旧的、人们早已领教过的破烂不堪的'联合'资产阶级的政策披上新外衣……来蒙蔽被压迫阶级。"布尔什维克党如果参加这样的"预备国会"，就会涣散群众斗志，并造成对临时政府的幻想，因此，布尔什维克党决定抵制"预备国会"。在布尔什维克党的抵制之下，"预备国会"破产了。同时，布尔什维克党展开了争取召开苏维埃第二次代表大会的斗争。在布尔什维克党所掌握的各苏维埃的压力下，全俄中央执行委员会被迫决定在10月20日召开苏维埃第二次代表大会。

"民主会议"破产以后，妥协党派又采取建立"联合政府"的老办法，于9月25日组成以克伦斯基为总理的第三届"联合政府"。与此同时，把认为还忠于"政府"的军队从前线调到彼得格勒和其他大工业城市，把具有革命情绪的军队调离首都，并准备同德国单独媾和，把彼得格勒奉送给德国，迁都莫斯科。

国际形势也发生了变化。西欧各国革命运动日益高涨，德国全国各地都在酝酿革命，在秋天，威廉港海军要塞有四艘战舰举行了武装起义。奥匈帝国不断爆发罢工和饥饿骚动。英、法和意大利工人不断举行罢工，抗议帝国主义战争，并发动反饥饿运动。

列宁根据国内和国际形势的分析，于1917年9月得出结论说："革命危机成熟了"。

11月2日，军事革命委员会向卫戍部队派出政治委员。4日，卫戍部队代表会议决定，各项命令必须有政治委员的签字，否则一律无效。这就使驻扎在首都的15万士兵完全处在苏维埃指挥之下。4日，彼得格勒两万多名工人赤卫队员建立中央司令部，直接受苏维埃军事革命委员会领导。中央司令部主席是布尔什维克尤列涅夫。11月5日，拥有八万多名水兵的波罗的海舰队发表声明说："准备在彼得格勒苏维埃的第一声召唤下，就手执武器支持革命"。所有的革命力量都有条不紊地进入战斗准备状态。

临时政府企图阻止起义的爆发。11月6日清晨，派遣士官生和警察封闭了布尔什维克党机关报《工人之路报》的印刷厂。军事革命委员会根据党中央的决定，派革命士兵夺回了印刷厂。中午《工人之路报》出版，号召人民起来实现全部政权归苏维埃。起义开始了。革命军事委员会通过"阿芙乐尔"巡洋舰的电台发出电报,号召彼得格勒以外的所有革命组织进入战斗,采取一切有效办法不让临时政府调军用列车到彼得格勒来。这样,临时政府没有能得到它所期待的来自前线的军队的支援。临时政府本来指望得到首都的哥萨克部队的支援,但哥萨克部队拒绝执行任务,守卫在冬宫的自行车队伍也拒绝执行任务,彼得罗巴甫洛夫斯克要塞的防军也转到革命方面来了。临时政府已陷入四外无援的瘫痪状态。

11月6日,赤卫队和革命士兵夺取了涅瓦河上桥梁,从而加强了市中心和工人区的联系。同时占领了中央电报局、彼得格勒电讯社。当日夜间,列宁来到斯莫尔尼宫亲自领导起义工作。经过一夜的激烈战斗,又先后占领了火车站、发电厂、邮政总局。11月7日(俄历10月25日)清晨占领了国家银行和电话局。至此整个彼得格勒实际上已处在革命军事委员会控制之下,只有冬宫、参谋本部、玛丽亚宫和市中心的几个据点还暂时在临时政府手中。上午十时,革命军事委员会发表列宁起草的《告俄国公民书》,宣告资产阶级临时政府已被推翻,全部政权转归苏维埃。中午攻占了玛丽亚宫,龟缩在冬宫的临时政府成员仍拒不投降,妄图负隅顽抗。是日晚,根据列宁的命令,阿芙乐尔巡洋舰发出了向冬宫进军的炮声,经过激烈的争夺战,深夜攻克了冬宫。临时政府的头子克伦斯基见大势已去,事先借口"亲自去迎接开来的部队",乘着美国大使馆供给的汽车逃往北方战线司令部去了,其余成员全部被捕。彼得格勒武装起义以占领冬宫和逮捕临时政府部长们而胜利结束。1917年11月7日(俄历10月25日)这一天,成为伟大的十月社会主义革命的胜利日载入苏联和人类历史的史册。

十月革命

革命概况

十月革命以前,俄国已有强大的革命力量。1913年,仅工厂、矿山和官办企业的工人就有310万人。各种类型的无产者人数约有2000万。无产阶级处于社会最底层,是最革命的阶级,是俄国革命的领导力量。占全国人口大多数的农民群众是无产阶级可靠的同盟军。俄国有坚强的无产阶级革命政党——布尔什维克党,这个党以马克思列宁主义为指导,不断地同机会主义、改良主义和社会沙文主义作斗争,积累了丰富的革命经验,特别是两次资产阶级民主革命的经验。列宁在第一次世界大战期间论证的由于资本主义经济政治发展不平衡的规律,社会主义有可能在少数国家甚至单独一国首先获得胜利的理论,鼓舞了俄国无产阶级向资本主义展开进攻。

俄国是帝国主义锁链中最薄弱的环节,是世界上第一个存在着用革命的方式解决帝国主义各种矛盾的现实社会力量的国家。二月革命胜利后,俄国形成既有工兵代表苏维埃,又有资产阶级临时政府的两个政权并存局面。无产阶级和资产阶级的矛盾成为俄国社会的主要矛盾。从民主革命向社会主义革命转变已经是俄国革命发展的必然趋势。

革命胜利后的临时政府不顾人民的死活，按照英法帝国主义的愿望，在前线发动进攻，结果军事冒险遭到惨败。消息传来，群情激愤。7月16—17日，在彼得堡爆发工人和士兵大规模示威游行。临时政府悍然出动军队屠杀示威群众，逮捕和杀害布尔什维克，并下令通缉革命领袖列宁。布尔什维克党被迫重新转入秘密状态。从此，革命和平发展的希望彻底破灭。两个政权并存的局面结束，全部政权转到反革命的临时政府手中。被孟什维克和社会革命党人控制的苏维埃成了临时政府的附属物。布尔什维克党暂时收回"全部政权归苏维埃！"的口号，但没有退出苏维埃。

面对资产阶级的猖狂进攻，布尔什维克党及时地号召和组织武装起义，推翻临时政府，夺取社会主义革命的胜利。1917年8月8—16日，布尔什维克党召开了第六次全国代表大会。大会确定了武装起义的方针，号召工人、农民和士兵站在布尔什维克党的旗帜下，准备同资产阶级进行决战。

9月中旬，列宁给布尔什维克党中央委员会写了《布尔什维克必须夺取政权》、《马克思主义和起义》的信，指出武装起义的时机已经完全成熟。10月20日，列宁从芬兰秘密回到彼得堡，直接领导武装起义。10月23日，在布尔什维克党中央委员会会议上通过发动武装起义的历史性决议。党中央号召全党一切组织讨论和解决有关起义的实际问题。为了对起义进行政治领导，中央全会决定成立中央政治局，由列宁等7人组成。

在准备武装起义的紧要关头，加米涅夫、季诺维也夫反对武装起义的方针。10月31日，加米涅夫在非党的《新生活报》上发表声明，指责布尔什维克党举行武装起义是冒险的举动，泄露了正在准备起义的机密。临时政府闻讯立即调动军队，采取破坏起义的措施。11月6日晨，临时政府下令封闭布尔什维克党中央机关报《工人之路报》。这时革命的基本战斗队伍已经动员起来，首都各区的革命军队和赤卫队不断汇集到布尔什维克党总部和军事革命委员会所在地——斯莫尔尼宫。6日晚上，列宁给党中央写紧急信，主张立即发动起义。他连夜来到斯莫尔尼宫，亲自领导起义。

7日，工人赤卫队和革命军队占领了电话局、邮政局、国家银行、火车站、主要政府机关和军事据点。晚9时，"阿芙乐尔"号巡洋舰发出进攻临时政府所在地冬宫的第一炮。次日凌晨2时，起义队伍攻下冬宫，逮捕了正在开会的临时政府部长们。

11月7日，全俄工兵代表苏维埃第二次代表大会在斯莫尔尼宫开幕。大会通过《告工人、士兵、农民书》，宣布临时政府已被推翻，全部政权转归苏维埃手中。8日，大会通过具有重大历史意义的《和平法令》和《土地法令》，动员广大群众起来制止帝国主义战争，支持苏维埃政权。会上成立第一届苏维埃政府——人民委员会。列宁当选为人民委员会主席。

彼得堡武装起义的胜利有力地推动了革命在全国的展开。11月7日—11月16日，经过同反革命势力的激烈搏斗，苏维埃政权在莫斯科确立。1917年11月至1918年2—3月，首先从城市，然后到乡村，苏维埃政权在全国各地建立起来，社会主义革命在俄罗斯、少数民族地区和前线都获得胜利。这就是列宁所说的苏维埃政权的"凯歌行进"。十月革命取得了成功。

列宁的重要性在于他领导布尔什维克在俄国夺取了政权，建立了世界上第一个共产主义政权。他是第一个把马克思理论转化为实践的人。这第一个共产主义政权的建立是近代史的一个转折点。从 1917 年到 1989 年，共产主义力量在全世界继续发展，地球上几乎 1/3 人口生活在共产主义的旗帜下。

十月革命打破了资本主义一统天下的局面，向全世界宣告一种新的社会制度由理想变为现实。从此，世界历史进入了一个由资本主义向社会主义过渡的新时期。

十月革命的胜利对全世界人民产生了伟大和深刻的影响。十月革命后，各国无产阶级、被压迫人民、被压迫民族争取解放的斗争蓬勃高涨。德国、奥地利、匈牙利爆发了革命。中国、朝鲜、印度、波斯、土耳其、埃及等殖民地、半殖民地人民掀起了民族解放运动的新浪潮。

革命进程

1917 年，对于俄国人民来说，是惊心动魄的一年，也是欢欣鼓舞的一年。在不到一年的时间内，先后发生了资产阶级革命和无产阶级革命，诞生了一个崭新的国家，震撼了世界。在推翻沙皇统治后，俄国布尔什维克党在列宁的领导下，发动"十月革命"，推翻了资产阶级政权，建立了世界上第一个社会主义国家。

弗拉基米尔·伊里奇·列宁，1870 年 4 月 22 日出生于俄国辛比尔斯克的一个贵族家庭，父亲从事于国民教育事业。列宁的哥哥亚历山大在青年时期就和俄国一些正直的知识分子一起，组织了"民意党"。1887 年 5 月 8 日，列宁的哥哥因为刺杀沙皇未遂而被杀。

就在这一年秋天，列宁全家迁往喀山，他也进入喀山大学学习法律。在这里，列宁阅读了马克思的《资本论》，并且加入了马克思主义小组，成为马克思主义的忠实拥护者。同时，他向同学们介绍马克思主义，鼓动大家同沙皇政府做坚决斗争。

1889 年，列宁搬到萨马拉。在这里，列宁刻苦学习，自学完了大学四年的课程。两年后，列宁以校外生的资格，参加了彼得堡大学法律系的国家考试，结果被授予最优等的毕业文凭，获得注册助理律师资格。

1893 年 8 月底，二十三岁的列宁来到了俄国的政治中心彼得堡。到这里后，列宁和当地的马克思主义小组取得了联系。在他的倡导下，彼得堡的 20 个独立的共产主义小组联合成立了"工人阶级解放斗争协会"的秘密织织。

这一年，列宁被沙皇当局逮捕入狱。在狱中，列宁完成了《俄国资本主义发展》一书的大部分书稿。一年零两个月后，列宁再次被流放到西伯利亚东部一个荒僻的村庄。在三年的流放生活中，列宁完成了《俄国资本主义的发展》整个著作的写作，另外还写了几十篇文章。此外，列宁还在此期间认真思考革命问题，勾勒了一个较为成熟的革命计划。

在列宁还在狱中的时候，分散在彼得堡、莫斯科等地的"工人阶级解放斗争协会"于 1898 年在明斯克召开会议，成立了"俄国社会民主工党"。1903 年，俄国社会民主工党在比利时王国的首都布鲁塞尔召开第二次会议。大会将"无产阶级专政"

写入了党纲。经投票选举出的党中央机关，以列宁为代表的马克思主义者获得了多数票，被称为"布尔什维克"。1912年，俄国社会民主党正式宣告成立。

从19世纪末到20世纪初，沙皇俄国的统治逐渐出现危机。1905年—1907年，俄国爆发了第一次资产阶级民主革命。虽然遭到镇压，但是对俄国产生了深远的影响。为了转移国内的视线和扩大对外掠夺，沙皇尼古拉二世派兵参加了第一次世界大战。

但是在第一次世界大战爆发后，俄国节节败退，损失惨重。从1914年到1917年，俄国有1400万人去服兵役，其中几百万人战死沙场。战争同时给国内经济带来了灾难：物价飞涨，物资奇缺，人民甚至难以过生活。到1917年1月底，彼得格勒只剩下仅够吃十天的面粉和三天的油脂。

因此，国内反对沙皇政府的斗争此起彼伏。从1916年到1917年，俄国更换了4个首相、6个内务大臣、4个军事大臣和3个外交大臣。为了对付国内的不稳定因素，尼古拉二世决定和德国单方面谈判，退出战争。但是这个决议受到英法等国的拒绝，同时也使得国内资产阶级大为不满，他们希望通过战争以获得更大利益。

1917年初，俄国发生了更大的经济危机，大量工人失业，无产阶级的生活条件更加恶化。1月，彼得格勒15万工人在布尔什维克的领导下上街游行。2月23日，工人们再次游行，高呼"打倒战争"、"打倒专制"的口号。25日，游行队伍扩大到了30万人。

尼古拉二世此时慌了阵脚，决定采取暴力驱赶游行队伍。25日晚，沙皇派人逮捕了布尔什维克彼得格勒委员会的五个领导人。26日，军警打死40多名游行工人。于是，布尔什维克决定武装起义，推翻沙皇统治。当晚，布尔什维克组织了600人的起义队伍，但到了27日夜时，起义队伍已经扩大到了7万人。

27日，党中央发表了《告全体俄国公民书》，号召全国人民起来推翻沙皇统治，建立民主共和国。28日，起义军占领了海军部和沙皇的巢穴冬宫，逮捕了沙皇政府的大部分高级官员。此时，尼古拉二世急忙从前线调回军队以镇压起义。但是沙皇士兵在革命者的劝说下发生了兵变，宣布和起义车站在同一战线。就在同日，彼得格勒士兵苏维埃和工人苏维埃联合成立了彼得格勒工兵代表苏维埃。

同时，资产阶级也出来掠夺革命果实，于27日成立了国家杜马临时委员会，并于3月2日成立了临时政府。就这样，俄国暂时出现了两个政权并存的局面。彼得格勒起义的胜利，结束了俄国长达300年的罗曼诺夫王朝的统治。毛泽东在评价工人在"二月革命"中的作用时说："俄国皇帝是世界上最凶恶的一个统治者；当无产阶级和农民的革命起来的时候，那个皇帝还有没有呢？没有了。"

4月16日，列宁从瑞士回到彼得格勒。次日，他发表了后来被称为《四月提纲》的著名讲话，提出了"全部政权归苏维埃"的口号。列宁认为，这次革命的最终目标应将"资产阶级革命"变为"无产阶级革命"，在俄国实现"无产阶级专政"。

5月初，临时政府向协约国发出照会，声称俄国将保证遵守沙皇政府和外国签订的一切条约，决定把第一次世界大战进行到底。这一消息传开后，引起了彼得格勒苏维埃政权的反对。5月4日，彼得格勒十万工人和士兵走上街头进行游行示威，抗议临时政府继续参加战争。临时政府不得不解除发出上述照会的临时政府外交部长。

1917年7月1日，彼得格勒40万工人、士兵再次上街游行，要求"全部政权归苏维埃"。就在同一天，临时政府下令西南前线的30多万俄军在利沃夫向德、奥联军发动大规模军事反攻，但是遭到对方军队的惨重打击，10天内损失了6万人。

这一消息更加激起工人们的愤慨。7月17日，列宁赶到了彼得格勒。考虑到当时武装革命的条件还不成熟，布尔什维克中央决定游行以和平请愿为主。但是临时政府和苏维埃中的社会革命党人决定要镇压工人们的和平游行。当日，临时政府派出大量军警向和平示威群众开枪射击，当场打死400多人。接着，临时政府到处搜捕布尔什维克党领导人，强行解除工人武装，同时派人搜捕列宁。

布尔什维克党此时不得不转入地下，列宁也被暂时护送到彼得格勒附近的拉兹里夫湖畔的一个草棚里。8月8日，布尔什维克根据列宁的指示，在彼得格勒秘密召开了第六次代表大会。斯大林根据列宁的指示，主持了这次会议。在这次会议上，通过了武装夺取政权的方针，并号召全党为准备武装起义而斗争。

同年9月，列宁又被迫流亡到了芬兰。在芬兰期间，列宁又完成了著名的《国家与革命》这部著作。

8月25日—28日，临时政府首脑克伦斯基在莫斯科召开了"国务会议"。在会议上，俄军最高司令科尔尼洛夫积极煽动武装叛乱，妄图建立军事独裁政权。9月7日，他借口镇压布尔什维克，打着"保卫首都"的旗号，命令俄军某部从前线开回彼得格勒，企图武装叛乱。克伦斯基此时不得不求助于布尔什维克，请求武装首都工人以平息叛乱。在布尔什维克和武装工人的支持下，叛乱被平息。

这场斗争胜利之后，布尔什维克在俄国的力量大为上升，而临时政府则处于孤立的地位，况且，工人再次获得了武装。鉴于此，列宁认为武装起义的条件已经成熟，并从芬兰向布尔什维克党中央发回了《布尔什维克必须夺取政权》和《马克思主义和起义》两封加急邮件，信中反复说明俄国革命的时机已经到来，布尔什维克党必须时刻准备武装起义。

1917年10月20日，列宁秘密从芬兰回到彼得格勒。25日，彼得格勒成立了苏维埃革命军事委员会，作为领导武装起义的公开机关。29日，布尔什维克党中央召开了扩大会议，会议选举斯大林、斯维尔德洛夫等5人组成领导起义的党总部，负责起义的领导工作。

就在这时候，一直反对起义的季诺维也夫和加米涅夫在公开报纸《新生活报》上发表了《尤·加米涅夫谈起义》，公开诬蔑起义是"冒险绝望的行动"，反对武装起义。

临时政府获此消息后，马上采取了措施：从前线调回军队以镇压起义；下令逮捕列宁；中断彼得格勒苏维埃的电话联系等。11月6日，临时政府的士兵突然闯入布尔什维克党的机关报《工人之路报》以及《士兵报》的印刷所，企图查封报纸，但是由于革命士兵及时赶到，保证了报纸的按时出版。

面对临时政府的反革命措施，布尔什维克党决定提前起义。11月6日（俄历10

月 25 日）夜，列宁头戴假发，化装成工人到达起义的总指挥部——斯莫尔尼宫。起义军的主力是两万名武装工人和彼得格勒的 20 万守军，以及驻守在波罗的海的数万名舰队官兵。

在列宁的指示下，起义军迅速占领了彼得格勒的火车站、桥梁、电话局和银行等战略要地，整个首都都处于起义者的控制之下。11 月 7 日早上，革命军事委员会发布了列宁起草的《告俄国公民书》，宣布临时政府已经被推翻，苏维埃已经顺利接管了政权。

到了 7 日傍晚，整个彼得格勒只有冬宫还被临时政府所控制。下午 6 时，几万名起义军以及 10 来艘军舰包围了冬宫，同时向里面的临时政府官员发出最后通牒，要求他们立即缴械投降。

晚上 9 时，停泊在涅瓦河上的"阿芙乐尔"号巡洋舰向冬宫发起总攻。随后，工人赤卫队、革命士兵像潮水般涌入了冬宫。进入冬宫的起义军官兵和躲在里面的临时政府士兵发生了激烈的白刃战，终于在半夜的时候最终占领了冬宫。彼得格勒的武装起义获得了成功。

晚上 10 时 40 分，全俄工农兵苏维埃第二次代表大会在斯莫尔尼宫召开。大会通过了《告工人、士兵和农民书》，宣告全俄各地政权都归苏维埃政权。接着，列宁做了有关和平和土地的报告，通过了两部法令——《和平法令》和《土地法令》。大会决定成立完全由布尔什维克组成的第一届苏维埃政府——人民委员会，列宁被选为人民委员会主席。人民委员会的设立，标志着世界上第一个无产阶级专政的社会主义国家诞生了。

彼得格勒武装起义的胜利消息传到莫斯科后，莫斯科的布尔什维克党在中央的指示下立即发动武装起义，经过六天的激战，于 11 月 25 日攻克了克里姆林宫。此后，俄国其他地方也相继发生了革命起义。从 1917 年 11 月，到 1918 年 3 月，整个俄国基本实现了社会主义革命的胜利。

十月革命刚刚结束，苏俄就提出缔结一个不割地不赔款的和约，但是遭到英、法等国家的反对。苏俄只好单方面和德国进行谈判。但是在谈判中，德、奥代表提出割让俄国 15 万平方公里土地的苛刻要求。列宁考虑到苏维埃政权刚刚建立，需要安定的政治环境，因此主张接受德奥的条件。

但是国内的社会革命党人不希望看到苏维埃俄国强大起来，因此他们积极反对签订和约，并且挑起德军进攻。列宁见此，马上起草了《社会主义祖国在危急中》的公告，号召全国人民积极参加红军，保卫祖国。这个号召得到了响应。1918 年 2 月 23 日，红军粉碎了德军的进攻，保卫了新生的苏维埃政权的稳定。

德奥和苏俄决定再次谈判，但是这次德国的要求更加苛刻：增加了对波罗的海沿岸和高加索等地区的领土要求，同时要求增加赔款数额。面对此情况，列宁还是建议接受德国的要求，立即缔结和约。3 月 3 日，双方在布列斯特正式签署和约，苏俄此后退出了第一次世界大战。

十月革命是人类历史上第一次成功的无产阶级革命，建立了世界上第一个社会主义国家。它开辟了无产阶级革命和无产阶级专政的新时代。此后，马克思主义思想在世界各国广泛传播，东欧各国、中国等都受此影响而建立了社会主义国家。著名学者托洛茨基在《被背叛了的革命》中指出："十月革命第一次显示出社会主义的生命力，由十月革命建立起来的国家计划经济在相当短的一段时期内，成功地将一个经济落后的国家变成了世界上第二大经济强国。"

巴黎和会

概况

历时四年三个月，牵连到 30 多个国家、15 亿人口的第一次世界大战在 1918 年年底终于有了分晓。由于美国在 1917 年加入协约国参战以及 1918 年德国在西线的全面溃败，1918 年 10 月奥匈帝国土崩瓦解，接着 11 月德国投降，在法国贡比涅森林协约国联军总司令福熙元帅的行军列车上，双方签署了停战协定。第一次世界大战正式宣布结束。

早在第一次世界大战快要结束的时候，法国、美国、英国、日本等等帝国主义就谋求自己对战败国的利益。

美国在战争中发了横财，从战前的债务国变成了战后的债权国。战前，美国欠欧洲近 60 亿美元的债务，而大战结束时，美国不但还清了债款，还借出了 100 亿美元给协约国；而且战后美国集中了世界黄金储备量的 40%。因此，为了进一步扩大自己在世界政治舞台中的作用，美国首先必须抑制英国和法国的实力，在欧洲保持一个具有一定实力的德国。美国总统威尔逊早在 1918 年春，就在国会中宣布了保障人权的十四点原则，就是：

一、各国外交公开，禁止秘密国际协定。

二、平时与战时均尊重海洋自由。

三、撤除各国经济壁垒。

四、裁减各国军备。

五、公平解决殖民地之分配。

六、归还俄国被占之领土。

七、归还比利时被占之领土。

八、撤退法国境内盟军，解决阿尔萨斯（Alsace）及洛林（Lorraine）问题，并归返法国。

九、依民族自决原则，重划意大利边界。

十、依民族自决原则，重划奥匈领域。

十一、依民族自决原则，重划巴尔干各国边界，恢复罗马尼亚、塞尔维亚及门的内哥等国的领土。

十二、土耳其自治，开放达旦尼尔海峡。

十三、恢复波兰之独立。

十四、议定宪章，组织国际联盟，保障各国政治独立领土完整，不论国家之大小，一律享受同等权利。

威尔逊的十四点原则被各国公认是重建战后世界和平的原则。不过由于战后各方利益博弈的缘故，这其中只有四点是最后在巴黎和会上保留下来的：

巴黎和会

一、要求恢复比利时。

二、要求将阿尔萨斯、洛林两省还给法国。

三、奥匈帝国内各民族的自治。

四、成立国际联盟。

其他各点都被忽视或被改得面目全非。

法国鉴于在普法战争中的耻辱和战争中受到的惨重损失，极力要求削弱德国的力量，以确立自己在欧洲的霸权地位。法国的具体目标是：收复在普法战争中割让给德国的阿尔萨斯和洛林地区；大量裁减德国军备；把法德边界推到莱茵河；向德国索取巨额赔款。

英国的意图则和法国不同，它不希望在欧洲大陆上看到一个"霸王"，因而采取传统的"大陆均势"政策，不愿意看到德国过分被削弱，以便于和法国、俄国对抗。但是英国又要剥夺德国的殖民地和绝大部分军舰和商船。

日本的主要目标，是想提升自己在远东地区的控制能力。具体来说，它想占领德国在中国的势力范围——山东半岛，掠夺德国在太平洋上的殖民地。

意大利的目标则是亚得里亚海，把过去属于奥匈帝国的一部分领土归为已有，并进占巴尔干地区。

从上面这些意图来看，各国在瓜分势力范围和利益方面是存在冲突的。

1919 年 1 月 18 日，战胜国在巴黎附近的凡尔赛宫召开和会。参加和会的有 27 个战胜国的代表，5 个新成立的国家和"社会团体"的代表。参加和会的人数共 1000 人，其中全权代表 70 人，后改为"四人会议"，即美国总统威尔逊、英国首相劳合·乔治、法国总理克列孟梭和意大利首相奥兰多。最后又变为"三人会议"，他们是巴黎和会的三巨头。苏维埃俄国未被邀请，德国、奥匈帝国等同盟国国家也被拒之门外。

参加和会的各国代表的权利是不平等的，参加会议的国家被分为四类：第一类是"享有整体利益"的国家，它们是美、英、法、意、日这五个超级帝国，它们可以参加一切会议；第二类是"享有局部利益"的国家，包括比利时、中国、巴西、塞尔维亚、希腊等国和英国的一些自治领，它们可以参加讨论与各自相关问题的会议；第三类是与德、奥断绝外交关系的国家，包括厄瓜多尔、秘鲁、玻利维亚和乌拉圭，它们只能在讨论涉及本国的问题时才允许出席；第四类是中立国，它们可以在五大国的邀请下，就直接问题发言。

根据上面的四类国家，和会规定各参加国的代表名额是不等的：第一类国家可以派 5 名代表，比利时、巴西和塞尔维亚可以派 3 名代表，其余国家则只能派 1—2 名代表。

另外，和会分三类不同的会议：一是与会国所有代表参加的"全体会议"；二是审议各种专门问题的"特别委员会";三是决定一切重大问题的"最高会议"。全体会议选举法国总统为大会主席，美国国务卿、英国首相、意大利首相和日本前首相为副主席。表面上，一切决议都由全体会议通过，实际上这种会议仅是走走过场而已，一切决定均在"最后会议"上做出。法国总统当时甚至说："只有五大强国先行决定了一切重大问题，然后才走进会场。"

"最高会议"最初是由五国首脑和外长参加的"十人会议"，但是后来"十人会议"转变为由英、法、美、意四国首脑组成的"四人会议"和由此四国外长及一名日本代表组成的"五人会议"。在"四人会议"中，由于意大利在大战中作用不大，加上意大利国内经济、军事实力又薄，故被英法冷落一边。据说有一次意大利首相奥兰多愤然离去，没有一个代表起身挽留；过些日子，当他不得不回来的时候，也没有人理睬。因此，主宰巴黎和会的实际上只是英国、法国和美国。

由于各国抱着不同的目的来参加和会，因此会议一开始就陷入争吵。美国坚持首先讨论国联问题，并认为国联是与和约不可分割的，对所有国家都具有约束力，但是遭到英法的反对。"十人会议"对此问题进行了长达 4 天的争论，最后达成妥协：该问题和其他问题平行讨论，同时成立一个委员会起草《国联盟约》，美国总统威尔逊担任委员会主席。

对战败国殖民地的处置问题，是和会的一个重要议题。美国认为对德国以及奥匈帝国领土的处理，应在国联范围内解决，建立"委任统治制"，即由国联委托"先进民族"代管。但是由于英法在战争过程中就已经瓜分并占领了德奥土等国的殖民地，所以坚决反对委任统治制。最后在美国的一再坚持下，英法只好接受了"委任统治制"。

4 月份，英法同意了由美国主导起草的《国联盟约》，并在 28 日的"全体会议"上全体通过。《国联盟约》规定：凡是参加对德作战的国家，均是国联创始国，美、英、法、意、日为常任理事国；确定了殖民地委任统治制；国联的主要机构是会员全体代表大会和行政院。虽然美国坚持设立国联，但是到头来却并没有捞到什么好处：德奥的殖民地由国联交给英、法、比、日和英国自治领，成立后的国联由于英法等国自治领的票数总和多于美国而受到英法的控制。因此，美国国内对《国联同盟》一片反对之声，1919 年 11 月 19 日，美国参议院以大多数票数拒绝批准和约。

在对德国疆界和赔款问题上，各个国家展开了最激烈的斗争。在和会上，法国按照计划，要求归还阿尔萨斯和洛林，并在莱茵河流域创建一个依附于法国的莱茵共和国，同时建立一个包括波兹南和但泽在内的大波兰，以牵制俄国和德国。但是英国和美国从各自的利益出发，坚决反对法国的计划。最后，这些国家达成了协议：将莱茵河左岸同德国分离开来，由协约国军占领，莱茵河右岸 50 公里地带进行非军事化；阿尔萨斯和洛林地区归还法国，波兰得到但泽走廊。

关于赔款，劳合·乔治坚决主张"赔偿只能由参加过战争的一代人负担"，德国赔款数额应该和支付能力相适应；英国参加和会的著名经济学家凯恩斯提出，德国的赔偿数额不应该超过 500 亿金马克。同时，英国认为对赔款的分配比例应该是：法国 50%，英国 30%，其他国家 20%。

法国原先拟定的赔款数额为 4800 亿金马克，法国享有赔款的 58%，英国则为 25%，其他国家为 17%。因此法国代表在看到英国的文件时非常生气："英国首相对德国真是慈悲为怀，那就索性慷慨到底，把殖民地和海岸也都让给德国算了。"美国见英国和法国在赔款问题上争吵不休，建议双方妥协，法国享有赔款的 56%，英国为 28%，剩下的给其他各国，并且美国不要赔款。

巴黎和会上各国代表在和约上签字

美国和英国见法国还是不肯让步，就以退出会议相要挟。和会处于破裂边缘。经过反复争吵和幕前幕后的活动，4 月中旬克雷孟梭致函威尔逊，表示同意美国将门罗主义原则列入国联盟约的主张，作为交换条件，美国必须对法国的领土要求做出让步。威尔逊答应重新考虑其立场。英国支持美国对法国让步，但要求美国放弃海上军备竞争。美国对英国的要求做出承诺。最后，各方总算在德国疆界问题上达成妥协。

日本代表借口山东在日本对德宣战后事实上已为日本所占领，要求将德国在山东的"权利"全部转交日本。中国代表则正式提出归还山东，要求取消"二十一条"，收回德国在山东的一切权益。中国代表顾维钧与日本代表展开激烈辩论。英法支持日本的要求。美国担心日本在华势力过于庞大而影响美国在华的利益，于是建议将德国在山东的权益交给即将成立的国联，然后交还中国。但是日本态度强硬，并以拒签和约相威胁。最后，和会决定满足日本要求。消息传到中国，群情激愤，引发了中国的"五四运动"，中国代表最终拒绝在和约上签字。

4 月 25 日，德国代表团被召到巴黎，领取和约的最初文本。但是德国非常清楚，协约国之间存在着很大的矛盾，它希望能借此对和约进行讨价还价。5 月 29 日，德国提出反议案：德国保留一支 10 万人的军队；要求加入国联；放弃阿尔萨斯和洛林地区；同意将殖民地交给国联，但是德国享有委任统治权；答应赔款 1000 亿金马克等。

6 月 16 日，协约国对德国的反议案进行了一点改动，然后交给了德国。法国总统对德国代表说："今天这一条约文本，要么全部接受，要么完全拒绝。"23 日，德国国会通过了五条件签署和约的决议。28 日，德国和协约国签订了《凡尔赛条约》。令人惊奇的是，签订和约的凡尔赛宫镜厅，也就是 48 年前威廉一世宣布德意志帝国成立的地方。

《凡尔赛和约》一共包括 15 个部分 440 条。第一部分是《国际联盟盟约》，其余是处置德国的条款。处置德国的条款十分苛刻，内容主要涉及疆界、赔偿、殖民地和限制军备 4 个方面。按照和约，对疆界重新划分，德国要丧失掉原有领土的 1/8 和人口的 1/10；德国将全部殖民地按委任统治原则交给协约国。在军备方面，解散德军总参谋部，废除普遍义务兵役制，德国陆军总数不得超过 10 万人，不得拥有空军、海军航空兵以及坦克、潜艇等限制性军备。

关于德国的赔偿，在 1921 年 5 月 1 日之前，德国应该交付 200 亿金马克；国联成立特别赔偿委员会，在 1924 年 5 月 1 日前确立应在 30 年内付清的总额。此外，德国还应该交付全部 1600 吨级以上的商船，一半 1000 吨以上的商船，1/4 的渔船和 1/5 的内河船只；在 5 年之内，为协约国提供 20 万吨商船；德国在 10 年之内向法国、意大利和比利时分别提供 14000 万吨、7700 万吨和 800 万吨煤，另外还应该提供牲口、机器等物资。

《凡尔赛和约》签订之后，协约国又分别和土耳其等其他几个战败国签订了协议。同样，在签订这些和约时，几个战胜国之间就各自的利益问题展开了激烈的争斗。

巴黎和会是对第一次世界大战战败国的利益瓜分。《凡尔赛和约》和其他几个条款是帝国主义重新瓜分世界的真实记录，构成了第一次世界大战后在欧洲、西亚和非洲建立起来的"新秩序"。《凡尔赛和约》仅仅是几个大国根据自己的实力达成的暂时妥协，他们之间固有的矛盾是没有也不可能消除的。巴黎和会加深了战胜国和战败国的矛盾，此后希特勒利用复仇主义情绪和打倒《凡尔赛和约》的口号，把德国引向了法西斯主义，最终发动了第二次世界大战。法国元帅福煦事后说："这不是和平，这是 20 年休战。"此外，和会还加深了帝国主义和社会主义国家之间的矛盾，并最终使之互相对抗。

战后主要战胜国的计划

第一次世界大战结束了。战争给人类留下了一笔纷乱的"遗产"。从政治方面看，四个帝国解体了，它们是德国、俄国、奥匈和奥斯曼土耳其。国际政治权力中心已不再单纯地集中于中西欧，而已经开始向北美转移；同时，新诞生的苏维埃俄国亦对旧秩序提出了强烈的挑战。民族主义意识蔓延，民族独立运动进入了一个活跃的新阶段。在经济方面，旧的国际经济关系亦发生了深刻的变化。欧洲经济脆弱，而美国却由战前的负债国变为债权国。其他列强对它的负债数约达 20 亿英镑。美国还控制了世界黄金储备的 40%。在各种政治经济因素的交织下，战后世界矛盾重重，其中不仅有战胜国与战败国之间的矛盾，如美、英、法等国与德国的矛盾；也有战胜国之间的矛盾，如英法矛盾和美日矛盾。此外，西方资本主义列强与苏维埃俄国的矛盾，宗主国与殖民地国家的矛盾都不可调和。在列强的实力形成新对比的形势下，美、英、法、意、日这五个主要战胜国又各自有着不同的掠夺要求和争霸计划。

第一次世界大战给美国留下了丰厚的遗产。它不仅因参战较晚、战场远离本土而损失轻微，并且利用战争机会使自己一跃而成为世界第一经济强国。从 1914 年至 1918 年，在世界对外贸易总额减少 40% 的情况下，美国的外贸出口却增长了两倍，进口增加 80%，出超额累计 116 亿美元。美国的工农业生产在战时也得到了大幅度的增长。美国的国民财富从 1912 年的 1870 亿美元增加到 1920 年的 5000 亿美元，几乎超过了整个欧洲。美国战时资本输出高达 132 亿美元，借给协约国战债约 100

亿美元。美国从战前的债务国一跃而成为世界头号债权国，全世界有 20 个国家欠美国的债务。世界经济的重心已向北美转移，美国纽约已取代英国伦敦成为世界金融中心，世界黄金储备的 40%，约 45 亿美元掌握在美国手中。美国的军事力量在战时也急剧膨胀起来。军队由战前的 30 万人发展到了战争结束时的 450 万，海军力量也大大加强了。美国已聚集了问鼎世界霸权的能量，欧洲独霸的世界权力结构已成为过眼烟云。与经济实力的增长同时膨胀起来的是美国攫取战后世界领导权的政治野心。正如威尔逊总统在战后所说："金融领导地位将属于我们，工业首要地位将属于我们，贸易优势将属于我们，世界上其他国家期待我们给予领导和指引。"

　　1918 年 1 月 8 日，威尔逊在国会讲演中针对苏俄的各项和平建议，提出了被称为"世界和平的纲领"的"十四点原则"。这个文件以及同年 10 月威尔逊的顾问豪斯上校委托李普曼和科布草拟的对"十四点"的注释，集中体现了美国对战后国际秩序的设想。它的主要内容是：第一，战后的世界应当是一个"开放的"世界。包括：公开的和平条约必须公开缔结；保持公海航行的绝对自由；消除一切经济壁垒；各国军备必须裁减；调整殖民地，对当地进行开发应该根据门户开放原则。第二，抵制并消除苏俄的布尔什维主义影响。办法是由世界各国协助解决俄国问题，通过承认并援助俄国境内各少数民族建立的临时政府，使之自由发展来肢解俄国。第三，要求在给欧洲及近东各民族以自决权的基础上恢复和建立民族国家，或建立受到列强保护、实行门户开放原则的保护国。第四，成立一个具有特定盟约的普遍性的国际联盟，使大小国家都能相互保证政治独立和领土完整，这是达到永久和平的全部外交结构的基础。

　　可以看出，这个文件涉及到有关列强瓜分世界的原则、战争与和平、建立国际组织等一系列重大的国际政治问题。美国企图以其经济优势，以商业、航海自由和国际性"门户开放"为旗号，在全世界扩张自己的势力；在"民族自决"、"裁减军备"的幌子下抵消苏俄和平法令的影响，换取世界舆论的支持，削弱英、法等竞争对手；进而通过国际联盟使美国取得对各种重大国际问题和国际纠纷的干预权与仲裁权，控制战后国际局势。因此这个文件是美国企图冲出美洲、对长期以来欧洲列强主宰世界的国际格局发出的公开挑战和冲击，是美国争夺世界霸权的总纲领。

纲领的实现

　　为了实现这个纲领，美国力图在西半球巩固并发展对拉丁美洲的控制；在欧洲保持德国在政治军事上的较强大地位，使它成为抗衡英法的力量和反对苏俄的阵地；在经济上反对过分削弱德国，以避免产生使美国经济受到巨大损失的连锁反应；它还希望在东南欧建立一个由它控制的巴尔干联盟。在东半球，美国打算拆散英日同盟，要求列强承认"门户开放"原则，并夺取德国在太平洋上的一些岛屿，以削弱在亚太地区的争霸对手。但是美国的勃勃野心必然会遭到竭力保持并扩大既得利益的英、法、日等国的顽强抵抗。由于在争霸斗争中最具关键作用的军事实力方面美国尚不能与英法相抗衡，而威尔逊在国会中又未能得到多数人的支持，因此面对具有丰富外交斗争经验的英法政治家们，美国必将受到很大挫折。

英国作为当年协约国中最有实力的国家，在大战中受到了削弱。为了最后的胜利，它在资源动员方面已山穷水尽。在战争期间，整个英帝国死亡官兵94.7万人，伤200多万人，军费开支达124.54亿英镑，相当于国家收入的44%，商船损毁不下900万吨。为了平衡国际收支，英国失去了海外投资的1/4，并向美国举债，1919年英国欠美国的债务已达8.42亿英镑，开始失去国际金融垄断地位。在海外，美国和日本趁大战之机不仅在拉丁美洲和远东排挤英国的势力，甚至把英国的自治领也视为它们扩张的对象。与此同时，各自治领和殖民地的离心倾向也迅速增长。这一切都减弱了英国在战前世界上拥有的力量和影响。

但是战后的英国仍然拥有相当实力。在经济上它的国际金融地位尚未显露出永久衰落的迹象。在国际市场上它仍然保持着较牢固的传统财政金融联系，继续支配着殖民帝国的巨大资源，并保持着对欧洲盟国的债权国地位（不包括俄国，英国各欧洲盟国在战后共欠英国17.4亿英镑）。在军事上，随着德国这个主要海上竞争对手的战败，英国仍然是世界上最大的海军强国。大战使它的殖民帝国进一步扩大，它不仅夺得了大部分德国殖民地，而且占领着对英国经济和战略具有极重要地位的原奥斯曼帝国的巴勒斯坦、美索不达米亚和阿拉伯地区。因此与它的欧洲其他盟国相比，英国更拥有左右欧洲事务，争夺世界霸权的资格。

战后英国的计划是：维护殖民帝国的最大利益，尽量扩大其殖民帝国，巩固其在战争中抢到手的德国殖民地的统治权；恢复其海上霸权和世界金融中心的地位，消灭具有威胁性的德国海军，要求战败国支付战争赔款以恢复被战争破坏的经济。为达此目的，在欧洲，英国继续玩弄"大陆均衡"政策。法国在战后已经成为英国在欧洲的主要竞争对手，所以英国不愿意法国过分强大，为使德国成为制止法国势力过于膨胀的国家，它不想过分地削弱德国，以便自己在法德抗衡中渔利。英国还想利用美法矛盾达到英国主宰欧洲事务的目的，既联合法国一起对付美国称霸世界的野心，又拉拢美国一起对付法国独霸欧洲大陆的企图。在远东及太平洋地区，英国希望维持英日同盟来限制美国在太平洋地区的扩张，并换取日本在欧洲事务上对英国的支持；同时谋求与美国合作，共同反对日本独霸中国的野心，以保护英国在这一地区的既得利益。

法国也是战胜国，也获得一定数量的殖民地，但为胜利所付出的代价是惨重的。据官方统计，法国在大战期间经济上的损失达2000亿法郎，有1万家企业遭到破坏和损失，有90万所住房变成瓦砾或无法使用，1919年农产品总产量只有战前的1/3，工农业发达的东北地区，几乎成为一片废墟。四年战争失去了140人，伤残者更是不计其数。法国由战前的债权国沦为债务国；战前给俄、奥、土等国的债款，因这些国家瓦解而化为乌有。法国为胜利付出了惨重的代价。

但是同盟国的失败使法国在欧洲大陆占有军事战备优势。它不仅拥有世界上最强大的陆军，而且占领着便于控制中欧的莱茵兰地区和一些易于向东欧、巴尔干和近东扩张的重要基地。因此法国成为战后争夺欧洲霸权的另一个国家。

法国的战略总计划是：建立在欧洲的霸权，最大限度地削弱德国，这既可以保证自身的安全，又可以消除可能与之竞争的宿敌和对手，以确保自己在欧洲大陆上的绝对优势。因此，法国主要的打算是彻底地摧毁德国，收回在普法战争中被德国夺去的阿尔萨斯和洛林，占领萨尔；肢解德国，把法德边界推到莱茵河，在莱茵河左岸建立一个在法国保护下的莱茵共和国，在德国南部建立独立的巴伐利亚国家，在德国东部割出一部分土地分给波兰、捷克斯洛伐克和罗马尼亚；从经济上摧毁德国，要求德国赔偿巨额的战争赔款，索取高达 2000 亿金法郎的战争赔款；彻底裁减德国军备，防止德国东山再起；尽量夺取德国在非洲的殖民地和土耳其在中近东的一些属地。此外，法国力图把德国以东的国家组成一个以它为盟主的同盟体系，以代替它从前的盟国俄国。这样，法国就可以通过控制东欧和中欧，插足巴尔干，巩固非洲和西亚的阵地，以建立它的欧洲霸权。法国要彻底严厉惩罚德国、称霸欧洲的计划，与英美的全球战略存在着尖锐的矛盾，它遭到英美的反对，而法国本身经济上的困境也削弱了它在外交斗争中的地位。因此，法国的计划不可能得到全部实现。

意大利是协约国集团中既贫又弱、却又野心极大的奇特角色。其战争之初，原本宣布中立，后来利欲熏心，怀揣英、法、俄与其订立的伦敦密约（密约规定，意大利在积极对奥作战的条件下，战后可以得到大量领土）站到了协约国的队列中去。但令协约国失望的是，意大利徒有其表，在战场上损失惨重，却毫无建树，屡战屡败。意大利在战争中死亡 65 万人，支出军费 120 亿美元，其他损失 30 亿美元，还欠下美、英债务 44 亿美元。虽然实力虚弱，没有战绩只有败绩，但意大利人不但要求英法履行伦敦密约，索取南斯拉夫和土耳其的大块领土，还要获得有争议的阜姆港，从而使自己在亚得里亚海和东地中海处于支配地位。意大利的争霸野心必定要与美英法的计划发生矛盾与冲突，并且不可能全部获得满足。

日本是一战中无损失只获利的唯一帝国主义强国。日本在战争中的作为可以说是无赖加强盗。日本靠发战争横财养肥了自己，是仅次于美国的第二个暴发户。日本积极为协约国战争机器提供大宗军火，从事战争投机，取得了丰厚利润。同时乘西方殖民者埋头于战争外贸萎缩之机，日本在亚太地区巧取豪夺，占领足以撑饱肚子的市场份额。在中国，日本有力地排挤了英国，其对华贸易额所占比重由 1913 年的 18.9% 跃升至 1918 年的 38.6%，即使在英国的殖民地印度、马来半岛和自治领澳大利亚，也遍地日货。1914—1919 年，日本工业生产总值增长了近四倍，出口增长了三倍以上，外贸盈余和海运收入累计达 32 亿日元以上，日本还由战前的长期入超国一跃成为大量出超国，由昔日的债务国变成了债权国。

战争中日本高举着对德参战的幌子，趁机夺了德国在远东的权利和殖民地。1917 年 8 月 23 日，日本对德宣战，日军在中国山东省龙口港登陆，占领了胶州湾和青岛市，夺取了德国在山东的权利；一支日本海军力量向南洋进军，占领了包括原德国在太平洋上的加罗林群岛、马绍尔群岛和马里亚纳群岛。日本还乘机在亚洲地区为非作歹，称王称霸，强迫中国的袁世凯政府接受屈辱的"二十一条"。战后日本的战略目标是：力图使它在战时侵吞的利益合法化，并妄图独占中国，称霸亚太地区。日本的野心与美国的打算发生了尖锐的冲突，也威胁到在远东有较大利益的英国，更为中国所不容。为了对付主要劲敌美国，日本希望利用英日同盟，以在欧洲问题上支持英国换取后者对它在亚太地区的支持。

主要战胜国各自不同的争霸目标和战略意图，必然导致在缔结和约前的一番激烈争斗。

巴黎和会和列强之间的矛盾

1919 年 1 月 18 日，和会在巴黎的凡尔赛宫正式开幕。在此之前，美、英、法、意、日五大战胜国已经举行了非正式会谈，为控制会议做了安排。实际出席和会的共 32 个国家，美国总统威尔逊、英国首相劳合·乔治、法国总理克里孟梭、意大利首相奥兰多、日本前首相、元老西园寺公望都亲率代表团出席和会，盛况可谓空前。但他们却把苏俄和战败国德国、奥匈帝国、土耳其和保加利亚排斥于和会之外。

与会国的代表权很不平等。美、英、法、意、日五国各有 5 名全权代表，可以出席一切会议，其他国家只有 1 至 3 名全权代表，只能出席与他们有关的会议。和会的组织机构更是强权政治的产物。其决策机构为最高委员会，最初由五大国的政府首脑和外长组成，因此也叫"十人会议"，后来又缩小为由美、英、法、意四国首脑组成的"四人会议"，而实际起操纵作用的是由威尔逊、劳合·乔治和克里孟梭组成的"三巨头"会议，他们有权决定和会的一切重大问题。五大国外长则另组"五人会议"以协助决策，解决次要问题。和会还设有若干专门委员会，它们虽由有关国家的代表组成，讨论和审议某些专门问题，但同样要受到大国的支配。至于由所有代表参加的全体会议，其作用不过是举手通过最高委员会已做出的决定。正如和会主席克里孟梭所说，"只有五大强国先行决定了一切重大问题，然后举行会议"。在长达五个多月的会期中，全体会议只开过七次，实际成为和会的一种点缀。

巴黎和会——列强的分赃计划

1919 年 1 月 18 日，为建立第一次世界大战结束后的世界新秩序，在巴黎凡尔赛宫召开了历时达半年之久的和平会议。这是一次帝国主义战胜国重新瓜分世界的分赃会议。会议产生了国际联盟，并对德国、奥地利、保加利亚、匈牙利和土耳其 5 个战败国分别缔结了《凡尔赛和约》、《圣日耳曼和约》、《纳伊和约》、《特里亚农和约》及《色佛尔和约》。根据这些和约所确立的战后国际关系的新体系和新秩序，就被称为凡尔赛体系。这个体系是几个战胜的协约国列强妥协分赃的产物，它对战败国实行了骇人听闻的制裁和掠夺，给一些殖民地、半殖民地国家套上了新的枷锁，还把矛头指向苏维埃俄国和各国革命运动。巴黎和会在世界现代史上是一个重要事件，也是污秽的一页。

1918 年 11 月 11 日早晨，协约国联军总司令福煦与德国交九臣埃尔茨伯格为团长的求和代表团，在贡比涅森林的雷通车站福煦元帅乘坐的列车上，签订了停战协定。这场历时四年零三个月、给人类带来空前浩劫的帝国主义战争宣告结束。

贡比涅停战协定为期 36 天，其间德国曾 5 次请求缔结和约，都遭到拒绝。停战协定不得不一再延长，表面上的原因是协约国要等待美国总统威尔逊的到来。实际上，却是因为协约国集团内部就缔结对德和约的条件，在预备性谈判中一直不能取得一致意见。美、英、法、日等帝国主义战胜国各怀鬼胎，勾心斗角，都想在有利于自己的条件下多分一些赃物，最大限度地实现各自的掠夺野心并抑制对手。

北京政府驻美公使顾维钧在巴黎和会上拒绝对签字

法国虽然在战争中损失惨重，但已跃居第一号陆军强国。签于普法战争的耻辱和大战中成为进攻目标的教训，法国害怕德国东山再起，尽量想方设法削弱和肢解德国，以便确立法国在欧洲大陆的霸权。它的具体目标是：收复失地（即普法战争中割给德国的阿尔萨斯和洛林），把边界推到莱茵河，索取巨额赔款，大量裁减德国军备，夺取德国在非洲的殖民地；它对土耳其在中近东的领土甚至小亚细亚的一部分也怀有领土野心，并且力图插足和控制中欧和东南欧。法国这项分赃计划的执行者，就是具有丰富外交和政治斗争经验、外号"倒阁能手"和"老虎"的总理克利孟梭。

英国带着分赃计划出席和会的是，"第一流的资产阶级生意人和滑头政客"劳合·乔治。根据传统的"大陆均势"政策，英国不愿德国被肢解或过分屠弱，以利于同法国抗衡和制约苏俄。但英国又要大大削弱德国的竞争能力，剥夺其全部殖民地和绝大部分军舰及商船，以利于巩固自己的世界霸权地位。它想利用日本与美国抗衡，也支持意大利和巴尔干国家拆法国的台。

巴黎和会三巨头：劳合·乔治、克里孟梭与威尔逊（左起）

美国在大战中发了横财，从债务国变为债权国，集中了世界黄金储备的40％。经济实力陡然增长，使美国在资本主义世界中的地位大大增强，并一跃称雄于世界舞台。为进一步扩大美国在国际事务中的影响，实现称霸世界的野心，美国首先要抑制英法，办法是："一、保持一个拥有一定实力的德国，使它成为在欧洲抗衡英法的力量；二、大力鼓吹并迫使英法承认贸易、航行自由等原则，以便利用自己雄厚的经济实力，打进英法的地盘，逐步排挤英法的原有势力。其次要削弱日本在远东的势力，扩大美国在中国的势力，办法是：一、争取它所主张的"门户开放"原则获得国际承认；二、以协约国的集体名义接管德国在华权益，以排除日本独占的企图，使美国自己取得染指的机会。再次是建立国际联盟，把国际联盟纳入和约内容，以便利用自己支配下的国联来控制世界，并通过国联的处置，分得殖民地。美国对外政策的基石、并在和会上兜售的纲领，就是美国总统威尔逊早在1918年1月8日演说中提出的"十四点"原则。美国上述的各项考虑大都是这"十四点"原则的体现。威尔逊为了实现自己的计划，不惜远涉重洋，率领一个庞大的代表团来到巴黎，这是美国建国以后总统第一次参加大型国际会议，也是出席和会的唯一的国家元首。

意大利的打算是独霸亚得里亚海，把过去属于奥匈帝国的一部分领土和战时英法意俄瓜分土耳其密约中所允诺给意大利的领土，并入自己的版图，还要进占巴尔干，首先是阜姆港。它在和会上虽然也跻身于强国之列，毕竟实力不够，力难从心。意大利派遣了以总是奥兰多为首的代表团参加巴黎和会。

日本的主要目标在远东，即：使强占中国山东半岛的权益合法化，进一步扩大对中国的侵略；获得德国在太平洋上的殖民地加罗林、马绍尔、马利亚纳群岛。日本代表团是由西园寺公望侯爵、牧野男爵、新田子爵等组成的。帝国主义列强上述掠夺野心是互相冲突，矛盾重重的。

巴黎和会场景

经过激烈的讨价还价和紧张的筹备，1919 年 1 月 18 日，规模空前的巴黎和会终于在法国外交部大厅正式开幕。参加会议的有：英、美、法、日、意、比利时、玻利维亚、巴西、古巴、厄瓜多尔、尼加拉瓜、巴拿马、海地、秘鲁、危地马拉、洪都拉斯、乌拉圭、波兰、葡萄牙、罗马尼亚、捷克斯洛伐克、塞尔维亚—克罗地亚—斯洛文尼亚王国（今南斯拉夫）、希腊、中国、暹罗（今泰国）、汉志、利比里亚以及英国的自治领澳大利亚、新西兰、加拿大和南非；此外还有印度。代表达 1000 多名，其中全权代表只有 70 人。

和会从一开始就体现出强权政治的原则：

第一，参加和会的各国代表的权利是不平等的，出席会议的国家分为四类：第一类是"享有整体利益"的国家。即会议的组织者和操纵者美、英、法、日、意 5 个国家，可以参加一切会议；第二类是"享有局部利益"的交战国，包括比利时、中国、巴西、希腊、印度、英国几个自治领、危地马拉、海地、汉志、洪都拉斯、古巴、利比里亚、巴拿马、尼加拉瓜、波兰、葡萄牙、罗马尼亚、塞尔维亚—克罗地亚—斯洛文尼亚、暹罗、捷克斯洛伐克，这些国家可以出席与他们有关问题的会议；第三类是与德奥等断绝外交关系的国家，其中包括厄瓜多尔、秘鲁、玻利维亚、乌拉圭，其代表只能在讨论涉及本国问题时才允许出席；第四类是中立国和即将成立的国家，它们可以在 5 个大国中的某一国的邀请下，就直接有关的问题发言。会议把苏维埃俄国排除在外，德奥等战败国也不允许出席。

其次，代表名额也是不平等的：第一类国家可以派 5 名代表；比利时、巴西、塞尔维亚可以派 3 名，其余国家只能派 2 名或 1 名。

第三，和会把会议分为三种：最高会议、专门委员会会议和全体会议，以便列强操纵。为了保证会议按几个帝国主义大国的意愿进行，和会成立了由 5 国首脑和外长组成的"十人会议"，即最高会议，它操纵了和会进程和重大问题的决定权。"十人会议"成员是：美国的威尔逊和兰辛、法国的克利孟梭和毕松、英国的劳合·乔治和贝尔福、意大利的奥兰多和索尼诺，以及日本的牧野男爵和新田子爵。克利孟梭赤裸裸地说："只有五大强国先行决定了一切重大问题，然后才走进会场。"这充分暴露列强主宰国际事务的本质。全体会议选举克利孟梭为大会主席。兰辛、劳合·乔治、奥兰多和西园寺公望为副主席。

在和会进行过程中，他们仍然感到"十人会议"对于解决分赃问题很不方便，又成立了由美、英、法、意首脑组成的"四巨头会议"和五国外长组成的"五人会议"。即使在"四巨头会议"中，奥兰多充其量不过是一个配角而已。威尔逊、克利孟梭、劳合·乔治才是和会真正的主角，他们操纵了和会的一切大权。至于全体会议，在长达半年的会期里只开过7次，而且都不过是走过场。

和会一开始，主要战胜国便陷入激烈的争吵之中，有时甚至达到互以退会相威胁的程度。正像英国外交大臣贝尔福预言的那样，"和会将变成一个相当动荡不安的场所"。帝国主义列强都想为自己捞取最大的利益，这使巴黎和会一开始就陷入激烈的争吵之中。

在讨论会议程序时，威尔逊坚持首先讨论建立国际联盟问题，他认为国际联盟同和约应是一个统一体，处置战败国以及重新分配它们的殖民地应该由国际联盟最后作出决定。很显然，如果先建立国际联盟而美国又能控制它的话，美国就可以通过它获取一些殖民地，还能通过它去支配国际事务。美国还可以通过国联取消其他国家的联盟，主要是英日同盟。威尔逊说过"国际联盟本身就是一个同盟，它不需要其他任何联盟"。所以威尔逊一再坚持先讨论建立国际联盟问题，称之为"达到永久和平的全部外交结构的基础"。

克里孟梭和劳合·乔治坚决反对首先讨论国际联盟问题。法国积极主张首先讨论边界、殖民地和赔款问题；英国则主张讨论从德国手中夺来的殖民地以及土耳其领地的归属问题。英法都主张把国际联盟与对德和约分开。这个问题在"十人会议"上争了四天，最后达成协议，将国际联盟交由一个由威尔逊担任主席的专门委员会去讨论。和会决定首先讨论德国殖民地与土耳其领土的归属问题。

对德和约问题是和会讨论的中心问题，主要包括德国的边界问题、赔款问题、军备问题和殖民地问题。在讨论每一个问题时，各大国都从自身利益出发进行了激烈的争夺。

关于德国西部边界，引起激烈争论的是莱茵区问题和萨尔问题。法国认为"大自然在侵略线上只安置了一个障壁，即莱茵河"。它坚持以莱茵河为德国西部天然边界，以确保法国的安全。莱茵河左岸和荷兰、比利时、法国边界以东的中间地带应建立一个自治的中立国家，实则是法国卵翼下的附庸。法国的这个计划，1917年初曾得到沙皇俄国的秘密谅解，然而现在沙俄早已不存在了，英、美两国又表示断然反对，克里孟梭同威尔逊几乎闹翻了脸，最后法国不得不接受英、美的妥协方案。和约确定莱茵河右岸50公里以内为非武装区，禁止德国驻军和建立军事设施。莱茵河左岸法国原拟建立附庸国的中间地带，自北而南分别由协约国军队占领五年、十年和十五年。此外，英、美还分别同法国签订了安全保障条约，保障法国东部边界不受德国的侵犯。但是后来由于美国参议院拒绝批准凡尔赛和约，美国和英国的保障条约也就随之告吹了。

萨尔问题是因为法国要求合并德国领土萨尔而引起的。萨尔同阿尔萨斯、洛林两州相连，洛林富有铁矿，萨尔盛产煤炭，法国企图把萨尔和洛林联合起来，建立一个完整的工业区，用以支持法国的欧洲霸权。法国合并萨尔的方案最后也被英、美挫败了。凡尔赛和约规定萨尔区由法国占领了十五年，十五年后举行公民投票决定隶属。萨尔煤矿在占领期间归法国所有。

波兰问题直接涉及德国的东部疆界、法国的欧洲霸权和协约国的反苏计划。法国希望建立一个"大波兰"作为自己的盟友，用以牵制德国和树立自己的欧洲霸权，同时还可以作为反对苏、俄的工具。英、美是反对法国谋求欧洲霸权的任何企图的，但是在反对苏俄问题上他们找到了共同点，因而原则接受了法国的设想。和约规定波兰领土包括：波兹南全部，西普鲁士大部，波美拉尼亚、上西里西亚、东普鲁士的一部，此外还有奥匈帝国的加里西亚以及特申的一部。国际联盟管辖的自由市但泽，允为波兰的出海口。

赔款问题包括三个方面，即赔款范围、赔款总额和赔款分配，这是巴黎和会又一个争论得最为激烈的问题。赔款范围是以美国方案为基础取得协议的，和约没有要求德国赔偿协约国直接的军费开支，只规定它赔偿非战斗损失和军人抚恤费。关于赔款总额和分配比例，由于各方意见严重对立会上未能达成协议，规定另行组织赔款委员会研究解决。在赔款问题上，尽量减轻德国赔款负担是美国的基本立场，因为它认为使德国负担过重，影响其经济恢复，会削弱德国支付赔款的能力，归根结底将影响美国收回对协约国的战债。英、法两国则持另一种立场。英国虽不愿德国过于削弱，但它坚持赔款不能太少，否则将影响它偿还战债的能力。法国的要求就更高了，仅受战争破坏的法国东北各省的复兴费便要求 30 亿英镑，这连英国也是不同意的。和约只是规定，赔款委员会应于 1921 年 5 月 1 日前确定德国赔款总额，在此之前德国须先行支付赔款 200 亿金马克，不久增为 500 亿金马克。后来赔款委员会最后确定的赔款总额为 1320 亿金马克。

在如何处置德国武装力量的问题上，又引起了美英法三国的争论。美国出于牵制英法和对付苏俄的考虑，主张几乎全部保留德国的军事力量。英法对此坚决反对，英国所考虑的是要彻底摧毁德国的海上力量，而不过分削弱德国的陆军，使它能同法国互相制约，以保持"大陆均衡"。法国则要彻底摧毁德国的军事力量，还要求限制德国的军火生产，使这个宿敌没有东山再起的机会。最后各方都作出让步，才解决了这个问题。

重新瓜分世界主要是瓜分战败国的殖民地，巴黎和会以"国际联盟委任统治"的形式把德国殖民地分光。协约国帝国主义经过一番激烈争吵后确定，德属东非的坦噶喀为英国所有，卢旺达和布隆迪划归比利时，西非的多哥和喀麦隆两地大部割给法国，另一部归属英国。德属西南非交由英国自治领南非联邦统治。太平洋上的德国殖民地，和约规定赤道以北的马利亚纳群岛、加罗林群岛、马绍尔群岛全部为日本所有，赤道以南则统归英国自治领管辖：新几内亚为澳大利亚占有，萨摩亚群岛由新西兰统治。在瓜分殖民地问题上，和约接受了美国提出的"委任统治制度"，但实际上它的霸权政策完全失败了。

中国山东问题是日本阻挠中国收复山东主权，要求所谓继承德国殖民权益的问题。19 世纪末帝国主义争相瓜分中国的时候，德国于 1897 年强占山东胶州湾，夺取了建筑胶济路和开采沿路矿藏的权利。第一次世界大战中中国属于战胜国，理应收复山东的主权。然而日本竟借口 1914 年它在山东抢占德国殖民势力的军事行动有"不小牺牲"，无理要求把德国在山东的全部权益转让日本。美国反对日本扩张其在华势力，主张德国在华权益全部让与协约国，由协约国议决处置办法，英国提议胶州湾实行"委任统治"。日本则趁意大利总理奥兰多为阜姆问题负气离开会议的时机，以不满足它的要求就拒绝签署和约相威胁，同时公布了 1917 年它同英国、法国和意大利就山东问题达成的秘密谅解。实际上英、法都是支持日本的，英国尤其关心日本支持它取得太平洋上赤道以南的德国殖民地。最后，美国也同日本妥协了，因为日本在和会讨论的许多问题上支持了美国，现在又同意撤销美国所反对的在国联盟约中列入种族平等的要求。巴黎和会完全接受了日本的要求，实际上是以中国主权当成帝国主义交易的筹码。协约国帝国主义的行径，激起中国人民轰轰烈烈的"五四"爱国运动。中国关于收复国家主权的要求遭巴黎和会拒绝后，当时的中国代表一退再退，要求对德和约不对山东总题作最后决定，中国在和约的山东条款下作保留收复主权的声明，在和约条文后作保留收复主权的声明，但是连这些要求也统统遭到协约国帝国主义的反对，中国代表在人民群众的强大压力下最后在和约外作保留收复主权的声明，拒绝在对德和约上签字。

虽然帝国主义列强在上述问题上争吵不休，但在反对苏维埃俄国方面却态度一致。由于"从一开始，俄国革命的巨大阴影就隐隐地笼罩着和会"，因此尽管会议中没有苏俄代表，"俄国问题"也未见诸于和会议程，但"列宁是一个占据了无形一席的无形成员"，成为影响和会的强有力因素，以致列强在整个和会过程中多次讨论如何扼杀或遏制俄国革命的影响问题。和会决定对苏俄实行经济封锁、保留德国东线部队、建立由波兰、波罗的海三国和芬兰组成的所谓"防疫地带"，还批准了反苏俄武装干涉计划。这一切使巴黎和会实际成为帝国主义武装干涉苏俄的大本营。但是列强遭到了失败。

《凡尔赛条约》和凡尔赛体系的确立

主要战胜国在经过几个月的讨价还价之后，在需要共同对付日益高涨的革命形势下终于达成了协议，最后拟定了对德和约。

巴黎和会完全是战胜国的会议，德国代表、外交部长勃洛克道夫只是在和约草案拟成后才被召到巴黎，并被告知不得作口头申诉，必须在限期内无条件接受。这是一项苛刻的条约，勃洛克道夫和政府总理谢德曼由于不敢接受这项条约而辞职了。由于兴登堡等军事首脑强调军队已不能作战，否则必然彻底崩溃。只得派出新任外长米勒和司法部长贝尔代表德国，于 1919 年 6 月 28 日在凡尔赛宫的镜厅在和约上签字。这就是凡尔赛和约。

《凡尔赛条约》共 15 部分，包括 440 个条款和一项议定书，第一部分为国际联盟盟约。条约的主要内容是：

第一，德国及其各盟国应承担战争罪责。

第二，重划德国疆界。西部：莫列斯纳、欧本和马尔梅迪划归比利时。阿尔萨斯—洛林重归法国；萨尔煤矿由法国开采，其行政权由国际联盟代管十五年，期满后通过公民投票决定其归属（1935年公民投票以压倒多数决定归属德国）；莱茵河西岸的德国领土由协约国占领十五年，东岸50公里内德国不得设防。南部：德国承认奥地利独立，德奥永远不得合并。德国承认捷克斯洛伐克在协约国规定的疆界内完全独立，并将西里西亚南部的古尔琴地区划归该国。东部：德国承认波兰独立。波兰从德国得到西普鲁士和波兹南的绝大部分，东普鲁士的索尔道县和中西里西亚的若干小块领土，以及穿过西普鲁士的以波兰居民为主的波莫热，即所谓"波兰走廊"的狭窄出海口（该"走廊"把东普鲁士和德国其余部分完全隔开了），但泽市（一个主要是德国人居住的城市）被宣布为国际联盟保护下的自由市，其港口由波兰海关管理，波兰有权处理该市对外关系和保护其侨居公民，并保证波兰人自由进入该市。德国放弃默麦尔地区，该地区暂由协约国占领，1923年合并于立陶宛。北部：在德国与丹麦之间的石勒苏益格地区实行公民投票以决定其归属（1920年2—3月的投票结果，该地区北部重归丹麦，南部仍属德国）。凡尔赛条约对德国疆界的这种划定，使德国在欧陆丧失了13.5％的领土和10％的人口。

　　第三，瓜分德国殖民地。条约规定剥夺德国全部海外殖民地，由主要战胜国以"委任统治"形式予以瓜分。根据国际联盟盟约第22条的委任统治文件，太平洋的德属新几内亚和赤道以南除德属萨摩亚和那卢以外的群岛归属澳大利亚；赤道以北原德属马绍尔群岛、加罗林群岛和马利亚纳群岛为日本所得；那卢岛名义上委托于英国，实由澳大利亚统

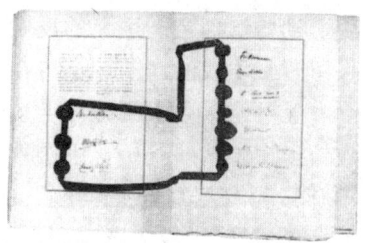

《凡尔赛和约》条文图影

治；萨摩亚分给新西兰。德属西南非洲交给南非联邦；多哥和喀麦隆由英、法共同瓜分；德属东非（坦噶尼喀）归属英国；乌干达—布隆迪地区划归比利时。

　　此外，和会还不顾中国的反对与抗议，把德国在山东的一切非法权益和胶州湾租借地全部移交给日本，这激起了中国人民的极大义愤并引发了伟大的"五四运动"。在全国人民的反帝爱国高潮推动下，中国代表拒绝在条约上签字。

　　第四，限制德国军备。规定陆军不得超过10万人，仅用于维持国内秩序和边境巡逻，其中军官不得超过4000人；解散总参谋部并不得重行成立；禁止生产和输入坦克、装甲车等重型武器；废除普遍义务兵役制；德国应拆除莱茵河以东50公里内的工事，但南部和东部边界要塞工程应照现状予以保存，德军从所占领的各国撤回，但秘密附件规定在东线的德国占领军听候协约国特别部署再行调动。海军限定为战斗舰和轻巡洋舰各6艘，驱逐舰和鱼雷艇各12艘，不得拥有主力舰和潜艇；海军兵员不得超过1.5万人，其中军官不得超过1500人；在德国港口以外的德国军舰一律交协约国销毁。德国不得拥有陆海军航空兵力。协约国设立专门委员会监督上述军事条款的实行。

　　第五，赔款与经济条款。和会未能对赔款总额达成一致协议，仅规定由赔偿委员会于1921年5月1日前确定总额；在此之前德国应偿付与200亿金马克价值相等之物，并承担占领军的一切费用。经济条款规定德国关税不得高于他国，战胜国对

德国输出入货物不受限制；德境内几条主要河流为国际河流，基尔运河对外国军舰与商船开放。

从上述内容可以看出，英、法、日等国追求的主要目标都已达到。但对美国来说，尽管"十四点"中的某些具体内容在条约中得到了体现，但它攫取世界霸权的计划却遭到了失败。因此美国参议院拒绝批准凡尔赛条约。1921 年 8 月 25 日美国与德国单独签订了和约。

《凡尔赛条约》签订后，协约国与其他各战败国相继签订了一系列和约。

1919 年 9 月 11 日，协约国与奥地利签订了《圣日耳曼条约》。条约确认奥匈帝国解体，匈牙利与奥地利分立；承认捷克斯洛伐克和南斯拉夫（1929 年以前称塞尔维亚—克罗地亚—斯洛文尼亚王国）独立，并接受协约国规定的奥地利与上述国家和与保加利亚、希腊、波兰、罗马尼亚的疆界；禁止德奥合并；割让南蒂罗尔、特兰提诺、的里雅斯特、伊斯的里亚和达尔马提亚海外的一些岛屿给意大利；前波希米亚王国（包括 300 万讲德语的人居住的苏台德区）、摩拉维亚和奥属西里西亚（包括以波兰人为主的切欣地区）划归新成立的捷克斯洛伐克；波斯尼亚—黑塞哥维那和达尔马提亚沿岸等地划归南斯拉夫，布科维纳和切尔诺夫策割让给罗马尼亚；加里西亚暂由协约国管理，后合并于波兰；宣布阜姆为自由港。此外条约还规定废除强迫普及征兵制，陆军不得超过 3 万人；除保留 3 艘巡逻舰外，其余舰只全部交给协约国；禁止拥有潜艇和空军。赔款总额由赔偿委员会研究决定；财政由协约国加以监督。

1919 年 11 月 27 日在巴黎郊区的纳依，协约国同保加利亚签订了纳依条约。这项和约规定，保加利亚把西色雷斯割给希腊，马其顿的一部分划归南斯拉夫，此外还规定保加利亚赔款 22.5 亿金马克。匈牙利苏维埃共和国失败后，1920 年 6 月 4 日协约国同德国在欧洲的最后一个盟国匈牙利的霍尔蒂政权签订了和约，这就是在凡尔赛的特里亚农宫签订的特里亚农条约。对匈和约规定特兰斯瓦尼亚归并罗马尼亚，匈牙利赔款 22 亿金法郎。同年 8 月 10 日，协约国在巴黎附近的色佛尔同土耳其素丹签订了色佛尔条约。这项对土和约把埃及和整个阿拉伯半岛划归英国统治叙利亚、黎巴嫩、巴勒斯坦和伊拉克等地被英、法瓜分，土耳其在欧洲的领土除君士坦丁堡及其近郊外，全部割让希腊。条约只准土耳其给素丹设 700 名卫队，保留 35000 名宪兵，还规定协约国有权对其财政进行监督。色佛尔条约使土耳其失去 80％领地，并沦于殖民地的地位。

协约国同德国及其盟国签订的一系列和约，重新瓜分了世界，形成了新的帝国主义秩序，史称凡尔赛体系。

国际联盟的建立

国际联盟是帝国主义政治的产物。第一次世界大战期间，美国的一些资产阶级和平团体主张建立调处国际纠纷的机构，以防止世界大战这样的浩劫。美国总统威尔逊接过了这个主张，并纳入了他的"十四点原则"，力主建立国际联盟以确保所有国家的政治自由和领土完整，实则试图利用这样一个国际组织，作为建立美国世界霸权的支柱，因而为策划和建立国际联盟竭尽了最大的努力。

巴黎和会开幕后，威尔逊曾坚持要首先讨论建立国际联盟问题，并主张把国联盟约列为对敌和约的必要组成部分，以示盟约的神圣和确立国联的地位。在英、法操纵下，巴黎和会决定设立国联盟约起草委员会，威尔逊任主席，这一来便把他要首先讨论建立国联的要求轻而易举地推开了。事实上英、法并非反对建立国联，它们只是反对威尔逊的野心。国联盟约起草委员会收到许多国家和团体提出的盟约草案和陈述书，并就对战败国殖民地和属地实行委任统治问题，门罗主义列入盟约问题，反对在移民问题上的种族歧视问题等展开激烈的争论。国联盟约草案先后经过26次修改之后，才在1919年4月28日的巴黎和会上通过；并把它列为对德、奥、匈、保各国和约的第一部分内容。1920年1月10日，国际联盟正式成立。

在创建国际联盟的过程中，美国总统威尔逊起了很大的作用，甚至有人用"国联是威尔逊的产儿"来形容他为国联的建立所做的工作。但由于在巴黎和会上美国没有取得多少实际利益，它所制定的战后长远战略计划和近期目标都未能实现，引起美国统治集团内部的争吵。美国参议院认为盟约中所规定的会员国保证"尊重并维护所有国联会员国的领土完整及现有的政治独立，以防御外来侵犯"的条款有损于美国的利益，它意味着美国要为他国承担许多义务，而威尔逊则认为这是盟约的核心，拒绝在这一条款上妥协。故而在威尔逊的政敌共和党操纵下的参议院拒绝批准威尔逊已签了字的凡尔赛条约，也拒绝加入国际联盟。

国联在成立时有44个会员国，以后发展到63个，德国和苏联分别在1926年和1934年被接纳成为会员国。

国联的主要机构是全体会员国组成的代表大会、行政院和常设秘书处。日内瓦被选定为国联总部所在地。国联大会至少每年举行一次，必要时可召开特别会议，每个会员国都派代表参加，代表至多不得超过三人，但只有一票表决权。每个国家都可以在大会上发表意见，进行辩论；其职权为"处理属于联盟行动范围以内，或关于世界和平之任何事件"。然而，主要的决定是由国联行政院作出的。行政院由美、英、法、意、日五个常任理事国（美国没有参加国联，实际上只有四个；德国加入后成为常任理事国）和经大会选出的四个（后来增加到九个）非常任理事国组成，每年至少召开会议四次。它逐渐变成了大会的一种执行委员会，负责为已为大会原则上接受的政策拟定具体细节并监督其执行情况。按照国际会议的惯例，以上两个机构的决议一般都必须全体一致通过。常任秘书处被认为是国联体制中最富有创新的部分。它由埃里克·德拉蒙德爵士任秘书长。它负责安排会议、接受报告和控诉、登记条约、准备大会和行政院文件、管理出版物和新闻发布工作。

除了这三个主要机构外，国联还设立了国际常设法院、国际劳工组织，常设委任统治委员会等六个常设机构和专门委员会以及许多辅助机构，负责许多具体的繁杂的工作，如发放贷款、禁止鸦片贸易和照顾各国难民等，都在它的工作范围之内。

国联盟约宣称其宗旨在于"促进国际合作，保证国际和平与安全"，并提出了会员国的主要义务与职责。

盟约中提出了各会员国有保持各国领土完整、行政独立的义务和防御外来侵略、保持各国之间和平的责任。为达此目的还作了裁减军备和对发动战争进行制裁等方面的规定。盟约还规定与国联盟约不符的各国之间的条约均应废除，进行"公开邦交"等。

然而，在这些所谓和平条款中有些观点并不统一而是互相矛盾的。例如盟约规定了处理争端的方法，即法庭解决、提请仲裁，或由行政院调查。如果发生争端的某一方敢于诉诸战争进行侵略时，那就对该国进行经济制裁和采取集体军事行动。有关经济措施规定得非常详细，而军事措施则含糊不清。如果冲突的双方都不按上述三种调解方法，或者行政院解决争端的报告不能被全体一致通过，那么会员国就可以诉诸战争而不会受到制裁，这就是说，盟约并没有排除战争的可能性，也没有宣布战争为非法行为。盟约所规定的会员国"必须将本国军备减到最少限度，以足以保卫国家的安全及共同实行国际义务为限"的裁军条款，只是一纸空文。因为它没有规定各国军队的具体数额或裁军比例，所以，对各国政府没有任何约束力。各国往往以"保卫国家安全"和"实行国际义务"为理由拒绝裁军。

盟约规定了委任统治制度。它是南非总理史末资将军提出，得到威尔逊的赞同，在盟约第二十二条中建立起来的。委任统治地被分为甲、乙、丙三类。甲类包括前属奥斯曼帝国的阿拉伯领土，"其发展已达可以暂被承认为独立国之程度"，但"仍须有受任统治国予以行政之指导及帮助，至其能自立之时为止"。乙类是在中非的前德国殖民地，"依其发展之程度，受任统治国必须负地方行政之责"，但应保证其他国家"在交换上、商业上之机会均等"，这实际上是承认了美国的"门户开放"政策。这两类地区何时才能独立，未作明确规定。丙类是德国过去在西南非的殖民地及太平洋上的岛屿属地，应"受制于受任统治国之法律，作为其领土之一部分"，根据受任国的法律进行管理。以上三类委任统治地区面积达 125 万平方公里，人口1900 万，每年贸易额达 1.6 亿美元。委任统治制度是战后列强慑于民族解放斗争的声势，对殖民体系的一种改造。它反映了时代的进步，但没有改变殖民统治的实质。

国际联盟盟约列入巴黎和会制定的各项和约之中，表明了它已成为凡尔赛体系中不可分割的组成部分，国际联盟作为第一个政治性国际组织，反映了 20 世纪的世界已经发展成为一个互相关联的整体。根据 1946 年 4 月 18 日大会的决定，国际联盟正式宣告解散。

华盛顿会议

《四国条约》和《五国海军协定》

1921 年 11 月 12 日，华盛顿会议正式开幕，美国国务卿休斯被推选为大会主席。会议主要议题有二：一为限制军备问题，二为处理有关远东和太平洋问题。前者由美、英、日、法、意五大海军国组成的"裁减军备委员会"商讨，后者则由与会九国组成的"远东问题总委员会"合议。大会期间共有 7 次公开的全体会议，听取正式报告，批准各项决议。大会虽标榜废除秘密外交。实际上所有重大问题都先由英、美、日、法四国代表团团长会议决定，其中又主要受美国代表休斯、英国代表贝尔福和日本代表加藤操纵。会议共批准与通过了7项条约与13项议决案，其中直接关系到中国的在10项以上。在所有条约中最重要的是1921年12月13日美、英、法、日签订的《四国条约》、1922年2月6日美、英、日、法、意五国签订的《五国海军协定》，以及同日由九国订立的《九国公约》。

要达成限制军备的协议并调整列强在远东和太平洋的关系，首先必须解决英日同盟问题。拆散英日同盟，美国最为起劲。还在会议之前，美国就曾对英国打招呼说，英日同盟的缔结是以抗衡俄、德两国为目标的，既然来自两国的威胁已不复存在，美国认为没有理由继续保持同盟。20年代初，英国正遇到爱尔兰民族独立运动兴起的麻烦，休斯借机对英施加压力，声称美国对爱尔兰独立是否予以承认，当视英、日关系而定。实际上是威逼英国放弃英日同盟。

对此，英国首相劳合·乔治在下院的一次演说中表示，"日本是英国的旧盟友，双方在20年的同盟中，甚有所益，当今美国与英国极为协和，我认为首先应该与美国增进友好的合作，其次也要维持对日本的亲善与合作"。英国决定以两全之策，即用英、美、日3国协定来取代英日同盟。1921年11月11日，英国代表团刚抵达华盛顿，贝尔福便就这个问题与休斯秘密会晤。12月1日，英、美、日三方再次密谈。贝尔福首先提出以英、美、日三国同盟来取代英日同盟的方案。由于这个方案不仅限于太平洋区域，还包括对华问题在内，并要求缔约国承担一定的军事义务，因而遭到美国反对。

美国表示不能承担军事义务，对华问题应另结国际公约来解决，还提议邀请法国参加，缔结四国条约。休斯后来谈到此举的目的时说："法国的加入，将使盟约有四票而不是三票，因此没人能说英、日可联合起来反对我们。"

经过一系列的谈判协商，12月13日，美、英、日、法签订了《四国条约》，1922年2月6日又签补充条约。其主要内容为：缔约各国相互尊重彼此在太平洋区域内岛屿属地和岛屿领地的权利；如发生争端，则召开四国会议解决。一旦受到外部威胁，则四国协商采取行动。经商定，一俟缔约各国批准，英日同盟应予终止。条约有效期为10年。

对美国来说，拆散英日同盟的外交目标已达到，为了防止有承担军事义务之虞，1923年美国参议院在批准条约时仍保留声明：美国"不投入武装力量、不结盟、不承担参加任何防御的义务。"

英国也把条约的缔结看作是外交上的成功，认为条约有利于维护英国在太平洋区域的利益，既不失与日本修好，又改善了同美国的关系，一举而数得。

英日同盟的终结，对日本无疑是一大冲击，日本代表私下讽刺英国人说："无论如何，你们给同盟举行了盛大的葬礼。"但在另一方面，日本也以英、美承认日本在太平洋区域的地位而自慰。外相内田康哉说："四国条约是华盛顿会议的一大成功，日本的国际地位有加无已。"《四国条约》的签订反映了帝国主义列强之间企图缓和矛盾，巩固现有秩序，以协同对付正在蓬勃兴起的远东与太平洋地区民族解放运动的需要。但帝国主义之间的妥协和联合是暂时的，它们之间的矛盾并未基本解决。

作为华盛顿会议主要议题之一的限制海军军备问题，始终是列强争吵不休的中心。在 1921 年 11 月 12 日第一次会议上，美国代表休斯提出一个方案，引起与会各国的震动，被称为休斯的"外交炸弹"。其要点为："（1）各国放弃一切现有的和正在制订中的主力舰造舰方案；（2）各国废置一定数量的旧舰，以便进一步裁军；（3）有关各国的现有海军实力将一般地予以照顾；（4）以主力舰的吨位作为计算海军力量的尺度，同时容许按比例配备辅助舰只。"按照休斯的方案，五强拥有主力舰吨位的比例应是：英美各 50 万吨，日本 30 万吨，法意各 17．5 万吨；同时规定最大主力舰吨位不得超过 3 万 5 千吨。美国的目的首先是争夺"裁军"旗号，捞取政治资本；其次是先发制人，率先提出有利于确立美国优势地位的方案，迫使英、日接受其在军舰吨位比例上的领先地位。

英国虽在会前即曾通过海军大臣李氏，表示愿意放弃自 1887 年以来所奉行的"双强标准"，接受海军力量对等的原则，并愿与美国就此达成协议，但美国的突袭，仍为英国所始料不及。英国代表波蒂听到休斯要求英国停止建造 4 艘新式大型军舰时，竟为之晕厥。现实的经济实力对比，使英国意识到无力继续与美国进行军备竞赛，只得退而接受力量对等原则。为了在欧洲保持优势，英国把眼睛盯在法国的陆军与潜艇上，提出对潜艇加以限制与裁减陆军的要求，以削弱法国在潜艇方面与英国相差无几的实力和赖以称霸欧洲大陆的陆军，遭到法国代表白里安的强烈反对。双方唇枪舌剑，针锋相对，几乎使会议陷入僵局。由于意、日的反对，英国才未如愿，潜艇与陆军问题不了了之。

法国最关心的是意大利与它在军舰吨位上的对等，认为法国与二等强国意大利平起平坐，意味着法国在地中海优势的削弱，所以它也对休斯方案提出异议，要求法、意之比应该"类似于美、日之比。"然而在整个会议期间，法国常遭英、美的排挤，孤掌难鸣，再则大战创伤未愈，最后只好接受休斯的方案。

日本明知经济状况不允许其进行更大规模的军备竞赛，但它仍拼命反对美国的方案，坚持提出 10∶10∶7 的比例。英美当然不愿让步。美国宣称，如果日本执意孤行，美国将以牙还牙，日本造 1 艘军舰，美国就造 4 艘。双方争持不下，于是日本提出以美英在太平洋海域中的某些岛屿不设海军基地与新的要塞为条件，换取对美国 5∶5∶3 方案的赞同。日本政府指令加藤对美国阐明日本的立场，即日本认为"关于设防工事问题，是整个海军军备协定中一个不可分割的部分，日本决心为此争论到底。"加藤还声言，军舰比例少于 10∶7，将引起日本公众舆论的反对。

经过激烈的争吵，日、美达成妥协，1922 年 2 月 6 日《五国海军协定》签字，规定各国主力舰总吨位限额，英、美各为 52.5 万吨，日本 31.5 万吨，法、意各为 17.5 万吨，即维持 5∶5∶3∶1.75∶1.75 之比例；同时还规定了一个为期十年的停止建造主力舰："海军休息期"。此外，还就太平洋地区设防工事问题，作出若干规定：除夏威夷和新加坡之外，英、美不得在太平洋西部地区建设与加强海军基地，连关岛和菲律宾的防御工事均不得加强。日本亦不得在千岛群岛、小笠原群岛等岛屿加强防御工事，但不包括日本本土。

所以从总体上看，日本虽在主力舰比例上逊于英美，但会前日本在小笠原群岛的设防工事已经竣工，五国协定对之并无影响，而对英美的限制却大得多。日本在太平洋海军基地的建设上显然占了便宜，实际上"更有利于日本海军对中国海岸的控制"。日本军方认为：维持太平洋防务现状的规定，使日本"赖以挽回颓势不少"，"得以弥补'八八舰队'计划的财政破绽，太平洋上的势力得以保持平衡，为不幸中之大幸。"日本通过《五国协定》所占有的优势，在1941年太平洋战争爆发之后，得到了充分的体现。

《五国协定》是现代史上第一个裁军协议。它暂时缓和了帝国主义在某些方面的军备竞赛和冲突，但作用极为有限。随着科技的迅速进步，新式军备不断涌现，新的军事竞赛很快又在其他领域内开展起来，使这一条约随之失去了实际意义。

《九国公约》和"门户开放"

华盛顿会议上一个更加重要的问题，是商讨解决远东和太平洋问题，而中国问题无疑是这一议题的核心。中国希望能在华盛顿会议上得到英、美的支持，从日本手中收回山东主权，并且能解决列强在华的一系列权益问题。然而，帝国主义列强却完全漠视了中国的愿望。

1921年11月15日深夜，也就是远东和太平洋问题总委会第一次会议的前夜，中国代表团突然接到美国国务院的通知：中国代表团可在次日的会议上提交报告。在美国的授意下，中国代表匆匆起草了关于解决中国问题的十大原则，大旨为：尊重中国领土与主权完整，赞成"门户开放"、"机会均等"；各国缔结有关中国及远东条约时须通知中国；废除过去中国给予各国在华的一切特权；撤消各国对华各种政治上、司法上、行政上的限制；现有的对华条约应有期限规定；凡涉及让与权的解释应有利于让与国；中国如不参战，应尊重中国的中立；订立解决远东与太平洋和平问题的条约；设一专门会议定期讨论远东与太平洋问题。

中国北洋政府提出的这十大原则，是十分空洞的，而且并未提出实施的具体要求，其中第二条"中国既极赞同所称开放门户主义，即与约各国一律享有工商业机会均等主义，故自愿承认该项主义，并实行于中华民国各地方，无有例外。"特别迎合美国的心意。美国代表鲁特又把十大原则中稍有涉及具体的各条舍去，着重保留了维护现状与门户开放方面的内容，修正为四条，称之为"鲁特四原则"。其内容为："（1）尊重中国的主权与独立以及领土与行政的完整；（2）给中国一个完全无阻碍的机会，使之能发展并维持一个强有力而巩固的政府；（3）运用各国的影响，以求切实建立和维持在全中国领土上的各国工商业机会均等的原则；（4）不得利用中国的现状，以求获得特别权利，而致削弱其他国家的权利，并不得奖助有害他国安全的行动。其实质就是在尊重中国独立与领土完整的幌子下，维护机会均等和门户开放的主张。

鲁特的四原则在11月21日的会议上提出之后，日本代表曾问，"行政完整"的意义是什么？鲁特回答说，并不影响合法的特别利益。这就更进一步表明，所谓中国主权独立和领土行政完整，是受不平等条约的约束的。对此，日本代表表示满意。此后，美国代表休斯又向大会提出"关于中国门户开放案"，重申"门户开放，机会均等"的原则。但当中国提出归还德国在山东的权利、关税自主、收回治外法权、收回外国租借地、撤退外国驻军等具体要求时，帝国主义列强或拒绝，或推诿拖延，或仅在十分次要的小问题上作点微不足道的让步。因此，中国的要求基本上未能实现。

1922年2月6日签订了《九国关于中国事件应适用各原则及政策之条约》（简称《九国公约》）、共9条。鲁特四原则被列为第一条，构成了这一公约的核心。其他各条的主要内容是，保证第一条原则不受侵害，并规定为保证"门户开放""机会均等"之实施，各缔约国不得"在中国任何指定区域，获取有关商务或经济发展之一般优越权利"和"任何专利或优越权"。还就中国铁路运输的运费待遇，尊重中国战时保持中立及条约具体实施的技术性问题，达成协议。

《九国公约》标榜："尊重中国主权、独立和领土完整"，实际上无视中国在会议期间提出的上述具体要求。其主要之点在于确立了美国主张的"门户开放"、"利益均等"原则，为美国排挤英、日，加强对华扩张准备了有利条件，这是美国取得的重要成就。因此休斯心满意足地声称："由于有了这个公约，'门户开放'才在中国终于变成事实。"美国外交史家普拉特也承认，《九国公约》是"首次将美国对华关系的传统政策，以条约的形式固定下来。"

会议期间的一个引人注目的插曲，是中、日关于山东问题的谈判。中国原先希望大会能直接解决山东问题，但日本坚决反对。而1914年英国与日本共同出兵，从德国手中夺取山东时，曾许诺将山东作为日本参加对德作战的酬报，所以仍然支持日本。美国虽表面上支持中国对山东的要求，但为了使日本承认"门户开放"政策和在海军军备问题上让步，又决定同意日本关于通过中、日谈判解决山东问题的要求。在英美的斡旋下，中日举行了关于山东问题的谈判，英美并派观察员列席。

中、日会谈从1921年12月1日开始，到1922年2月4日结束，断断续续地进行了两个月。在谈判中，双方争执最激烈的是胶济铁路问题。日本态度蛮横，坚持霸占一切有关铁路的权益。而中国代表则要求收回胶济铁路，并愿向日本给予补偿。日本拒绝了这一要求，使会谈陷入僵局。但由于中国人民要求归还山东权益的呼声日益高涨，中国代表顾维钧等人据理力争，同时美国也对日本施加压力，最后日本不得不在山东问题上被迫后退。

1922年2月4日，中、日双方签订了《解决山东悬案条约及其附约》。条约规定：山东归还中国，但中国必须开放若干商埠口岸；胶济铁路路权归属中国，但中国要偿还日本5300万马克（合3200万银元）的铁路产值；在未偿清之前，车务长与会计长的职务仍由日本人担任。中国收回山东主权与胶济铁路路权，是对《凡尔赛和约》关于山东问题规定的修正，也是中国在华盛顿会议期间所取得的一个外交成果，但实际上日本仍对山东保持了重大的控制权。

华盛顿会议调整了帝国主义列强在远东和太平洋地区的关系。它所建立的华盛顿体系补充了凡尔赛体系在东方的空缺，凡尔赛—华盛顿体系从而成为一次大战后维系国际关系新格局的基石。

美国在华盛顿会议上取得了重要的成就，它既迫使英国承认了两国在海军军备上处于平等地位，又迫使日本接受了在中国问题上的"门户开放"、"机会均等"原则，从而使自己在华盛顿体系中处于优越地位。帝国主义之间的矛盾与斗争，从此进入了新的阶段。

华盛顿会议使日本独霸中国的狂妄野心受到压制，"又使中国回复到几个帝国主义国家共同支配的局面。"中国的半殖民地地位依然如故，中国革命面临着艰巨的任务。

华盛顿会议暂时地和在一定程度上缓和了帝国主义列强之间的关系，但缓和中又酝酿着新的冲突。建立在这样一个基础上的华盛顿体系，当然不会是巩固的，它必然逃不脱崩溃的命运。

列强在远东太平洋区域的矛盾

巴黎和会之后，由于美国参议院拒绝批准凡尔赛条约，也拒绝加入国际联盟，因此，战胜国企图通过对战败国缔结和约的方式建立战后全球新秩序的努力并未获得完全的成功。列强在远东和太平洋地区的矛盾不但没有解决，反而益显尖锐。

第一次世界大战后，帝国主义在亚太地区的争霸形势与战前相比有了新的变化。战前主要是英、法、俄、德、日、美六国相互角逐，争斗的中心是宰割衰弱的中国。战后，德国败北，沙俄消亡，法国则忙于医治战争创伤和处理欧洲事务，于是在亚太地区的国际政治斗争舞台上便形成了英、美、日三国继续争夺中国和太平洋海上霸权的新局面。这种新的争霸格局有三条主线：第一，日本在该地区实力的明显增强以及它独占中国势头的迅速发展，引起了英、美两国的极度不安。因此尽管它们之间存在着种种矛盾，但都力图遏制日本的扩张野心。第二，为争夺亚太地区的霸权，英、美、日三国展开了激烈的海军军备竞赛，使远东形势格外紧张。第三，中华民族的觉醒以及巴黎和会期间中国人民对帝国主义任意宰割中国所表现出来的强硬态度，使列强极为惊恐。如何保持中国的贫弱状况，如何保护列强的在华既得权益，是它们必须处理的另一个问题，而且除非它们相互妥协，这个问题就得不到解决。

战后，英、美、日三国之间的相互关系发生了某些与战前不同的重要变化。

英日关系逐渐从盟友走向了某种程度的对抗。第一次世界大战前，英国虽然在华拥有最大权益，但它的优势地位已受到其他列强的挑战。英国感到无法单靠自己的力量保卫其远东帝国和在华权益，遂放弃"光辉孤立"的外交政策，于1902年与日本结成英日同盟，并在1905年和1911年两度续订，企图依靠日本替自己照看远东财产。然而日本却利用这一同盟，在战前和大战期间极大地扩展了自己的在华利益。到大战结束时，日本对华出口已居各国之首，而英国则落后于美国屈居第三；在对华投资方面，双方已不相上下。这一切对英国造成了严重威胁。巴黎和会上日本对大战中获得的权益寸步不让，更加强了它在远东的经济及战略地位的优势。现在，当英国在欧洲的对手德国一败涂地之时，它昔日的盟友日本却准备把它赶出远东，英国再次面临如何保住远东帝国和在华权益问题。因此，无论英国对即将于1921年7月到期的英日同盟是否续订如何考虑，最重要的是它必须在远东寻找新的盟友。

对日本来说，由于持续了近二十年的英日同盟给日本带来了巨大好处，它自然希望维持该同盟，使其继续作为日本对外扩张的国际支柱。但是战后的形势表明，英日同盟是否续订，不仅取决于英国，更要看美国的态度如何，而美日关系的恶化最终将使日本的打算落空。

大战结束后，围绕对华关系，美国的"门户开放"原则与日本独霸中国政策之间的对立日益尖锐。巴黎和会期间日本在中国山东问题上取得的胜利是美国国会未能批准凡尔赛条约的重要原因之一，因为它与日本在大战中获得的其他战利品一起，彻底破坏了远东及太平洋地区的战前均势。另外美国打算组织美、英、法、日四国银行团，利用美元的力量摧毁日本独占中国政策的努力也由于日本的实际抵制而受挫。于是美日两国相互视对方为自己争夺亚太地区霸权的主要障碍，都把对方看作是自己的假想敌国。

日本军部在 1907 年上奏天皇的《帝国国防方针》中，便把美国列为仅次于俄国的第二号假想敌国。大战结束后，美国实际取代了俄国的位置。美国则早在 1904 年就开始考虑制定针对日本的作战计划；1913 年军方正式提出了以日本为敌人的"橙色作战计划"；1919 年巴黎和会之后，美国更对该计划给以最多的注意，并进一步考虑加强在夏威夷、关岛和菲律宾的设防。此外，为了消除在未来的对日战争中英、日联合对抗美国的潜在危险，美国力图拆散英日同盟，而美英两国在遏制日本方面的日趋一致最终使美国达到了目的。

在战后争夺远东及太平洋地区霸权的斗争中，美英两国既是对手，又是反对日本扩张的伙伴。尽管战后美国凭借经济实力，在全球范围内激烈地与英国争夺市场、原料和投资场所，并向英国自治领和南美洲渗透自己的势力，但美国深知，在亚太地区，在与其主要的敌人日本的争斗中需要英国的支持。英国作为最早侵华的国家，把中国最富庶的长江流域和华南地区变成了自己的势力范围。一战前它凭借政治经济优势，消极对待美国的"门户开放"。但战后英国既无力阻止日本对中国的经济进攻和对英国势力范围的"侵犯"，也无法抵挡美国对中国的经济渗透，加上它在财政上对美国的部分依赖，便调整了远东外交战略，逐渐转向支持"门户开放"政策，希望借助美国遏制日本，以保住自己的既得利益。这不仅表现在 1919 年英国积极支持美国关于组织新的国际银行团的建议方面，更表现在英国被迫在战后的海军军备竞赛方面寻求与美国妥协。

海军军备竞赛

海军历来是帝国主义对外侵略扩张和争夺世界霸权的主要工具，海军实力的强弱直接影响到争霸的结局。第一次世界大战结束后，海军军备竞赛随着德国海军的败亡和美国的崛起，已从英德两国在北海和大西洋地区的争夺转移到以英、美、日为主在太平洋地区的竞争。

英国在战后仍然保有最强的海军实力，能够在太平洋地区同美日进行较量。美国和日本都相互把对方看作是自己争夺远东及太平洋地区霸权的主要障碍。日本军部早在 1907 年上奏天皇的《帝国国防方针》中，便把美国列为仅次于俄国的第二号假想敌国，在 1923 年修改方针时，则将头号假想敌国改为美国。而美国也很早就考虑制定针对日本的作战计划，1913 年美国军方正式提出了以日本为敌人的"橙色作战计划"。在战略地位上，日本处于比美国更优越的地位。日本在台湾、琉球设有海军基地，在库页岛、千岛群岛、马里亚纳群岛、加罗林群岛、马绍尔群岛设有据点。在辽阔的太平洋海域日本可以自如地调度自己的舰队。对美国来讲就非常困难。虽然美国于 1920 年已把它的舰队主力从大西洋调到太平洋，但直到 1921 年，美国国会才通过拨款筹建菲律宾和关岛的基地。一旦发生战争，美国在西太平洋没有作战基地的情况下，要取得对日的海上优势是根本不可能的。因此，美国要疯狂地扩建海军。

在全球范围内，美国开始向英国的传统地位挑战。威尔逊曾提出要建立一支最终能"与世界上任何国家所维持的最强大的（海上力量）势均力敌"的海军，而英国决心要保持它的海军优势地位。英国首相劳合·乔治对美国豪斯上校说："英国宁愿耗尽它最后一个金币，也要保持对美国或其他任何国家的海军优势。"英国海军大臣温斯顿·丘吉尔更加坚决地表示，"世界上无论什么东西，无论什么见解，无论什么论据和劝说，不管它们如何动听，都不应该使我们放弃我国赖以生存的海上霸权"。

1918 年 12 月，威尔逊向国会提出拨款六亿美元以扩充海军的计划。英日两国对此极为不安。1919 年 4 月，在巴黎和会之外展开了一场英美两国的谈判，被称为"巴黎的海战"。英国坚持要求美国放弃新的海军计划，并承认英国拥有强大的海军是属于"特殊需要"，并以巴黎和谈的某些条款相要挟。威尔逊被迫答应了英国的要求。然而，仅过了几个月，到 1919 年 7 月，美国国会便批准了扩充海军的计划。要求在三年内建造军舰 137 艘，其中包括 10 艘主力舰，6 艘巡洋舰和 50 艘驱逐舰。美国为了建造新舰到 1921 年底已经用去了 1.87 亿美元，要完全实现其扩建计划，估计还要再耗掉 3 亿多美元。按照这个计划，美国到 1924 年将拥有 38 艘主力舰，大大超过当时英国 32 艘的数字，将成为超过英国的世界第一海军强国。

英国长期以来实行"两强标准"（即英国海军实力必须等于其他两个海军最强国实力的总和）。它不甘示弱，于 1921 年通过决议，除已建造的 10 艘主力舰外，再增加 4 艘 4 万吨级的巨型战舰，此外还建造 10 艘巡洋舰和 30 多艘潜水艇。扩充海军军备的计划使英国的财政极为紧张，1919—1920 年其海军开支比 1913—1914 年增加了三倍。

日本更是野心勃勃，在 1917 年通过了建造"八四舰队"的计划，到 1920 年 7月，建造"八八舰队"的计划（即每八年更新一次，各拥有八艘主力舰的两支舰队）又获通过。依照此计划，到 1928 年，日本可增加八艘主力舰、八艘新式巡洋舰。为完成该计划，日本的海军拨款 1921 年度高达近 5 亿日元，比战前几乎增加五倍，约占其全部国家预算的 1/3。

到 1921 年，英、美、日的海军力量对比以美国为基数 10 的话，其比例为 13.5：10：4.9；其中主力舰（包括巡洋舰）的比例为 13.9：10：6.8；如果把已经开工建造的那一部分计算在内，主力舰的比例则变为 10.6∶10∶8.7。英国已经不占多少优势，特别是英国舰艇的老化程度高于美国。

帝国主义的军备竞赛是在极端矛盾中进行的，一方面力图通过大规模的造舰计划来实现争霸的野心；另一方面造舰的庞大支出又造成不胜负担的财政压力，军费的无限制的增加又会引起人民群众的不满情绪。因此，帝国主义在军备竞赛的同时，又提出举行限制军备的谈判，企图以此来限制对方，达成妥协，缓和军费支出造成的财政困乏。正是在这样的形势下，加上美国力图通过外交途径来遏制日本势力的扩张，增强和巩固自己在远东和太平洋上的地位，美国遂于 1921 年 7 月发起召开华盛顿会议，讨论限制海军军备和协调帝国主义列强在远东和太平洋地区的矛盾。

华盛顿会议的召开

早在 1920 年 12 月，美国参议员威廉·E·博拉就提出了召开各国限制海军军备的国际会议的建议。1921 年 5 月和 6 月，美国参、众两院以压倒多数通过了博拉的上述议案，要求政府开始与英、日举行促进裁军的谈判。英国也在 1921 年 4 月正式通知美国政府，它准备放弃传统的"两强标准"，并希望与美国讨论两国的舰队均势问题。这个政策得到了当年英帝国会议的批准。同年 7 月 5 日，英国外交大臣寇松首先向美国提出建议，希望美国总统首倡以解决远东与太平洋问题和裁军问题为目的的国际会议，美国欣然同意。7 月 10 日，美国国务卿休斯发表公开声明，向英、日、中、法、意五国建议在华盛顿召开会议。8 月 11 日，美国正式向在远东有利害关系的八个国家英、日、中、法、意、比、荷、葡发出邀请，准备于当年 11 月在华盛顿召开会议，但把苏俄排除在会议之外。

1921 年 11 月 12 日，美、比、英、法、意、荷、葡、中、日九国代表参加的华盛顿会议开幕。会议的正式议程有两项：一、海军军备的限制；二、远东和太平洋问题。为此会议组成了两个委员会：由美、英、法、意、日五国组成的"缩减军备委员会"和由与会九国组成的"太平洋远东问题委员会"，分别进行讨论。会议的主持者竭力标榜该会议的公开性，不搞秘密外交，甚至把代表们的讲话和发言登载在报刊上，并出版会议的速记报告书，但所有重大政治问题实际上都是在幕后谈判时由美国务卿休斯、英国枢密院大臣贝尔福和日本海相加藤友三郎决定的。会议历时近三个月，于 1922 年 2 月 6 日闭幕。会议期间共缔结条约 8 项（其中一项未生效，一项为会议期间由中日两国订立的），议决案 13 项。其主要内容是：关于废除英日同盟的四国条约；关于限制海军军备的五国条约和关于中国"门户开放"原则的九国公约与中日解决山东问题的条约。

《四国条约》

英日同盟问题虽未被列入会议议程，但事情非常明显，如果不解决这个问题，其他问题就很难达成协议，因此它成为会议讨论的重要问题之一。美国代表团把废除英日同盟视为自己的首要任务，英、美、日三国为此展开了秘密讨论。

早在会议开幕之前，美国就一再向英国施加压力。一方面向英国催还战债，使英国的金融市场出现不稳定的局面而必须在经济上依赖美国；另一方面则以爱尔兰问题相要挟，声称如果英日继续结盟，美国将支持爱尔兰独立，迫使英国就范。英国本国和一些英联邦成员也认为该同盟没有存在的必要了，它们感到日本依靠这个联盟得到的好处太多了，战后应把同美国保持良好关系作为帝国的政策基础。日本当然希望英日同盟能够维持下去，在条约即将到期的前一个月，日本曾派出皇储裕仁赴英活动，争取续约。但是同盟是否能延续已不完全取决于日本和英国，更要看美国的态度如何了。

英国在财政上有求于美国，但又不愿意得罪日本，因此英国试图以英、日、美三国同盟取代英日同盟。1921年12月1日在三国代表的秘密会议上，英国外交大臣贝尔福正式抛出这一方案。这个方案不但涉及太平洋诸岛，而且涉及中国；不但规定要使用外交力量，而且规定要使用军事力量。他们计划的三国同盟实际上是英日同盟的扩大，遭到美国的坚决反对。美国认为，这是变相保留英日同盟，它既不符合美国的传统政策，又有悖于本次大会的方针。它主张，缔约国不应有使用军队的义务；该条约的范围应限于太平洋区域，对华问题另订《九国公约》。此外，美国坚持邀请法国参加这一协定。因为美国觉得英法两国在争夺近东及德国问题上矛盾重重，特别是法国对美国负债累累，把法国拉进这个协定，可以增强美国同英日角逐的力量。这样就形成了"四国同盟"。在英国原方案和美国主张的基础上，由日本代表币原提出了一个修正案，该修正案经休斯、贝尔福、加藤三巨头会议通过后，由休斯通知法国，请其加入。

1921年12月13日，在美国国务院，美、英、法、日四国代表正式签订了《关于太平洋区域岛屿属地和领地的条约》，简称"四国协定"。条约主要内容共有四项：

1. 缔约国"互相尊重它们在太平洋区域内岛屿属地和岛屿领地的权利"。

2. "如上述权利遭受任何国家侵略行为威胁时"，缔约国应"进行协商，以便达成协议，联合或单独地采取最有效的措施"。

3. 条约有效期为十年。

4. 该条约生效时，英日同盟即告终止。

"四国协定"签字时，美国针对日本又对条约作出两项特别保留：条约不妨碍美国与日本交涉雅浦岛问题；各国国内问题亦不受条约的限制。此项旨在防止日本启用条约做武器攻击其一直不满的美限制日本向美移民的政策。

"四国协定"签订后，由于在条约适用的范围是否包括日本本土的问题发生了争论。四大国在1922年2月6日又签订了《关于太平洋区域岛屿属地和领地的补充条约》，明确规定："四国协定"的范围不包括日本本土四岛，仅适用于日本的南库页岛、台湾、澎湖列岛和日本的委任统治地。

"四国协定"的签订是美国外交的一项重大胜利。美国以实力为后盾，辅之以坚定的外交立场、积极灵活的外交行动，彻底埋葬了英日同盟，从而一举改变了与己不利的战略态势，为与日争雄、称霸远东创造了有利条件。

英国对签订"四国协定"也甚感满意。劳合·乔治称之为英国外交的一大成功。因为英国既没有抛弃老盟友，又交结了新朋友。一个游刃于美英之间的新局面的开启，对英国来讲，无疑是有益无害。为了表彰贝尔福的功绩，英国皇室特为他授予爵位。

与英美不同，日本怀着悲喜参半的复杂心情接受了新条约。通过新协定，日本长期以来通过侵略扩张夺占的太平洋岛屿，得到了西方诸强的承认。但日本谋求延续英日同盟的外交毕竟失败，对此，日本代表对英国人幽怨地说："无论如何，你们给英日同盟安排了一个盛大的葬礼。"

"四国协定"的签订，调整了帝国主义美、英、日、法四强在远东和太平洋地区的关系，也暂时缓和了美、英、日在该地区的矛盾和冲突。

《五国海军条约》

限制海军军备问题是华盛顿会议的主要议题之一，在这个问题上各国矛盾尖锐。会议一开始，美国便提出了一个限制主力舰吨位的方案，主要内容是：今后十年内停止建造主力舰（包括目前正在建造的），十年后也只能建造用以替换退役舰的主力舰；销毁某些旧舰；参照与会国现有海军力量确定各主要国家的主力舰吨位限额，美、英各 50 万吨，日本 30 万吨，即 5：5：3 的比例。美国的意图十分明显：消除英国在主力舰方面对美国的优势并确保自己对日本的优势。

英国不难接受上述比例。由于战后英国已把自己的海军力量的理想标准定为"一强标准"，因此自然能较顺利地接受与美国的 5：5 的比例，而对与日本的 5：3 的标准也没有太大异议，它认为这个差额足以对付日本并满足国内水域的需要。

但是这一比率遭到日本的激烈反对。长期以来日本便把其主力舰吨位要达到美国的 70% 作为追求的目标，在日本代表团赴会前，日本政府又向他们下达了"对美绝对需要保持七比十的比例"的训令。因此日本最初坚决反对 5：3 的比例，要求会议注意它的"特殊需要"，坚持获得 10：7 的标准。然而美国在英国的支持下不肯让步，并扬言如果日本坚持己见，那么日本每造 1 艘军舰，美国将造 4 艘与之抗衡。日本自知财力不足，又需要与英美保持协调关系，只好妥协，但以英美放弃在西太平洋建设和加强海军基地为条件，后者表示同意。法、意两国在发了一通牢骚之后，也最终接受了对它们主力舰吨位的规定。

但是在辅助舰方面，除航空母舰外均未达成协议。英国借口帝国防务而拒绝限制巡洋舰和其他水面舰只的数目；法国则借口自己的主力舰少，坚决反对削弱和限制潜水艇，并得到日、意的支持。在裁减陆军方面，会议也因为法、日、比、意等国的坚决反对而无结果。

1922 年 2 月 6 日，费时近三个月而制定的五国海军条约终于最后签字。条约全称为《美英法意日五国关于限制海军军备条约》。条约共有 3 章 24 条。主要内容有：

1. 关于五国主力舰与航空母舰吨位的限制性规定。主力舰吨位，美英为 52.5 万吨，日本 31.5 万吨，法意各为 17.5 万吨，五国比例依次为 5：5：3：1.75：1.75。航空母舰，美英各为 13.5 万吨，日本 8.1 万吨，法意各为 6 万吨。

2. 关于各类军舰最大排水量吨位和舰上炮口直径的规定。主力舰排水量不得超过 3.5 万吨，大炮口径不得超过 16 英寸。航空母舰排水量不得超过 2.7 万吨，炮口口径不得超过 8 英寸。

3. 五国十年内停造主力舰。

4. 关于美、英、日在太平洋上领地和属地内军事基地的防务维持现状范围的规定。美国除本国近海岸、阿拉斯加、巴拿马运河区各岛（阿留申群岛不包括在内）和夏威夷群岛外，在太平洋中现在或将来所有的岛屿和属地的要塞及海军基地，须维持现状；英国除加拿大附近岛屿、澳大利亚和新西兰外，在东经 110 度以东（包括香港）的岛屿和属地的要塞和海军基地，亦维持原状；日本则在千岛群岛、小笠原群岛、奄美大岛、台湾和澎湖列岛维持其所设要塞和海军基地的现状。

五国海军条约的签订是美国在华盛顿会议上的又一大外交胜利。它既迫使英国彻底放弃了"双强政策"，又在一定程度上限制了日本。美国的海军优势由此开始确立，并最终取代英国成为新的海洋霸主。

日本虽没有实现其取得 10∶10∶7 的主力舰比例的外交目标，但它却成功地取得了美英在太平洋广大范围的领属地内不得增加和扩建军事基地的保证，从而使日本能够在接受美英主张的主力舰 5∶5∶3 比例的同时，继续保持其在西太平洋地区的海军优势。签约时，日本在小笠原群岛已构筑完成了能对美国海军形成威胁的军事基地工程，而美国却受条约限制不得在阿留申群岛、菲律宾、关岛等接近日本的区域增扩基地。实际上最后的条约对日本来说更实惠，既节省了财力，又无伤海军优势地位。

法国对五国海军条约却甚为不满。在法国人看来，"这个条约的签订是英国参加谈判的代表贝尔福取得的一个以损害法国的利益为基础的真正成功"，法国的主力舰吨位竟然降到了意大利的水平。

五国海军条约的签订实质上是五强迫于形势压力而根据各国海军现有实力状况而实行的一次暂时妥协。但它却非军备竞赛的终结。潜水艇、驱逐舰、巡洋舰等舰种并未受到限制，诸强尽可在这一些缺口领域内继续角逐。

中国问题和《九国公约》

华盛顿会议的另一个主要议题是"远东及太平洋问题"，其核心是中国问题。因为列强要争夺远东及太平洋地区的霸权必然要争夺中国。中国代表团在华盛顿会议上重申了在巴黎和会上所提出的要求。

中国的外交目标是，力争主动，修改《凡尔赛和约》中山东问题的条款，同时争取修改或取缔历史上与帝国主义诸强订立的不平等条约和严重损毁中国主权的外国在华特权。

中国向华盛顿派出了达一百多人的大规模的代表团。主要代表是中国驻美公使施肇基、驻英公使顾维钧，前司法总长王宠惠。

1921 年 11 月 16 日，远东及太平洋委员会举行第一次会议。会议由美国务卿休斯主持。

会前，中国代表团已接到休斯授意，要求先提出原则问题进行讨论。中国代表完全照此行事。会上，中国首席代表施肇基首先发言，提出了"十大原则"，作为会议讨论中国问题的基础。

"十大原则"主要内容如下：

1. 各国尊重中国"领土之完整及政治行政之独立"；

2. 中国完全赞同"门户开放"和"机会均等"之原则；

3. 没有中国参加，各国不得缔结直接有关中国或太平洋与远东和平之条约或协约；

4. 以往中国政府给予外国的一切特别权利，应予废除；

5. 中国在司法、政治、经济与行政上所受之限制，应予取消；

6. 中国与各国已经签订的成约中没有限期者，都须给以确定的期限；

7. 凡关于给予特别权利或特别权益的文据，应依照通行的解释原则，从严核实解释；

8. 将来发生战争时，中国如不加入，其中立权利应受到完全尊重；

9. 应订立和平解决条文，以便解决太平洋及远东地区有争议之国际问题；

10. 应订立条款，以便随时召集会议，讨论关于太平洋与远东地区国际问题，并作为缔约国决定共同政策之基础。

中国的提案得到美国政府的支持。美国代表卢特把十项原则归纳为四条，作为有关中国问题的决议草案。一、尊重中国之主权与独立，即中国领土与行政之完整；二、给予中国机会，以发展并维持一个有力而巩固的政府；三、各国在中国商务实业机会均等；四、不得利用中国的现状，谋取特别权利，以致削减其他国家的权利，也不得赞助有损他国安全的行为。日本代表加藤对"行政的完整"的含意进行询问，卢特说这不影响合法的特殊权益，日本代表对此表示满意。可见，所谓尊重中国主权独立和领土完整，只是维持中国作为半殖民地的"完整"，以利于实行"门户开放"和"机会均等"的政策。但四条原则当然是对企图独占中国的日本的一个打击，但既然保持了日本原有掠夺的利益，日本也表示可以接受。经过会议讨论通过，成为解决中国问题的指导原则。

根据"卢特四原则"，中国代表提出了收回山东的要求；在国内人民强烈要求下，中国代表又向远东总委员会提出，"二十一条"严重影响中国的生存、独立和完整，应当予以废除。日本代表认为这是中日两国之间的问题，不能在大会上讨论，而只能在中日两国进行双边谈判时解决。中国政府最反对的就是直接与日本单独谈判。这使英美两国陷入左右为难的境地，为应付国内外舆论，它们必须公开支持中国的正当要求，可是又不想得罪日本，从而影响正在进行的其他谈判。最后在美国的斡旋下，采取折中的办法，中日在会外进行谈判，英美以观察员身份列席参加。

谈判从 1921 年 12 月 1 日正式开始。在谈判中，双方争执最激烈的是胶济铁路问题。日本要求接替以前德国的一切权益，不但包括铁路，而且包括铁路区域内的矿藏，以及整个山东省的经济权益。而中国代表则坚持收回利权，赎回胶济铁路。中国代表据理力争，同时美国施加了压力，最终使日本作出让步，提出铁路由中日公司合办，后来虽同意将铁路售于中国，但又拒绝中国用现款支付，想借此继续控制铁路，中国代表坚决不肯同意，最后在美国总统哈定直接干预下，中国政府才被迫接受了日本的方案。

关于"二十一条"的谈判进行得很不充分。在会谈没有任何结果的情况下曾一度休会，直到整个大会即将结束前几天的 2 月 2 日才恢复对这一问题的讨论。谈判中，日本代表币原声称，"二十一条"是经过两国政府正式批准的，完全合乎国际惯例，并威胁说，如果废除这一条约，将使亚洲、欧洲乃至全世界的国际关系出现不稳定局面，而带来不良后果。在中国代表的坚决要求和各方压力下，日本才被迫放弃了部分次要条款，如：将获得在"南满"及东部内蒙古建造铁路借款的优先权，以及这两个地区的各种税款作抵押的借款的优先权让与四国银行团；放弃向"南满"派遣顾问和教官的优先权等。中国代表不满意日本的让步，还想继续讨论，但英美却认为日本的让步已经达到了最大限度，中国应该满足了，因此没有必要作进一步的讨论，会议匆匆收场。

1922 年 2 月 4 日，中日签订了《解决山东问题悬案条约》及其附约。

《中日解决山东悬案条约》共有 28 条内容。条约规定，日本将胶州租借地归还中国，具体涉及撤退日军，移交公产、矿山、盐场、海关等多项内容。条约第 14 条至第 21 条规定了胶济铁路的解决办法，具体为：按德国过去对该铁路做的估价，中国付给日本 5340.06141 万金马克赎回铁路。赎金以中国国库券形式交付日本，期限 15 年，5 年后中国应通知日本，将国库券全部或一部分偿清；中国在赎回铁路之前，须选任日本二人一为车务长，一为会计长，其属中国局长管辖，有相当理由时可以撤换。

从条约内容来看，日本通过附加条件，在山东仍然保留了相当的经济势力，但日本不得不在条约中宣布把山东归还中国，把它在《凡尔赛和约》中吞下的赃物又吐了出来。因此，华盛顿会议期间对山东问题的解决，无疑是中国旧时代外交少有的一次胜利。出席会议的中国代表以弱胜强，辛苦困难自不待言，中日谈判历时两个多月，仅大的会议就达 36 次之多，经过艰难的外交斗争，中国代表为中国在很大程度上争回了主权。

美国在山东问题解决过程中也起了一定作用，从美日争夺远东霸权的角度看，这也是美国对日本取得的一大外交胜利。

1922 年 2 月 6 日，美、英、法、意、日、荷、比、葡、中九国签订了《九国关于中国事件应适用各原则及政策之条约》，简称为《九国公约》。

《九国公约》共有九项条款，主要内容是公约前四项所列的卢特"四点原则"，此外还有在中国全境铁路维持"机会均等、门户开放"原则、缔约各国尊重中国遇有战争决定不参战时之中立权利等内容。

《九国公约》的核心是肯定了美国提出的在中国实行"机会均等、门户开放"的原则。这一条约的签订使日本独占中国的政策受到沉重打击，却标志着美国外交的又一重大胜利。条约签字后，休斯掩不住得意之色，说："多亏这个条约，对华"'门户开放'终于实现了。"

毛泽东曾敏锐地分析和评论说："第一次世界大战曾经在一个时期内给了日本帝国主义以独霸中国的机会……1922 年美国召集的九国华盛顿会议，又使中国回复到了几个帝国主义国家共同支配的局面。"

意大利法西斯的兴起

概况

1914 年 10 月 5 日，米凯莱·比昂基等 10 人在米兰建立了第一个法西斯组织，取名为"国际行动革命法西斯"。这个组织的参与者以垄断资产阶级和民族沙文主义者为主，积极主张意大利进行扩张，因此极力鼓吹战争。

与此同时，意大利参议员乔万尼·普莱奇奥西等人纠集了 150 名参议院、众议院的议员，组成了"议员法西斯"，在议员中积极活动，以便推动议员赞同参战。1914 年 9 月，意大利政府在法西斯分子的宣传下，开始从中立转向支持参战。

流亡中的意大利末代君主翁贝托

在战争期间，意大利经济受到了很大消极影响，大约 70 万军人死于战争，战争费用支出占了国家预算支出的 80%，同时外债增加了 200 亿里拉。同时，战争造成大量工人失业，农业产量急剧下降，国内通货膨胀严重，阶级矛盾日趋尖锐。工人罢工经常发生，农民也卷入了革命浪潮，退伍军人也参加了反政府的斗争。

法西斯党魁
墨索里尼

第一次世界大战结束后，意大利作为四大战胜国之一，参加了巴黎和会。但是在《凡尔赛条约》中，英法等协约国并没有实现原先在伦敦密约中许诺的诺言，意大利只得到了一万五千平方公里的土地。意大利人民对此非常不满。民族沙文主义者和法西斯分子借此发动了反对《凡尔赛和约》的政治运动。

在俄国十月革命的影响下，意大利工人革命愈演愈烈。到 1920 年秋，意大利北部的工厂基本上被工人占领，工人运动发展到了意大利南部和中部。面对此种形势，意大利政府决定镇压工人运动。此时，墨索里尼纠集了一批退伍军人组建了法西斯党。此后，墨索里尼在垄断资本家的支持下日益猖獗起来。

墨索里尼于 1883 年 7 月 29 日出生于意大利瓦拉诺·迪科斯塔的一个铁匠家里。1270 年前后，墨索里尼的先祖乔瓦尼·墨索里尼是波伦亚这个好战尚武的城市的领袖。但是由于不断的党派内争，墨氏家族后来就逐渐衰落了。到了 19 世纪，墨索里尼家族已经变成了一个自食其力的中下等家庭。

1890 年，墨索里尼到邻村去读书。在这个学校中，墨索里尼蛮性未改，行为乖戾，不听教诲，经常和同学们打架。两年之后，墨索里尼被学校开除了。

后来，他被送到了另一个学校，不过他的脾气依然如故。不过，墨索里尼聪明出众，教师们都夸奖他是"栋梁之材"。在老师们的帮助下，墨索里尼渐渐知道用功，而且功课也非常好。其外，墨索里尼的口才特别好。有一次口试，他一口气说了半小时，裁判员给了他零分，但是称赞他的口才非常好。在家里的时候，他总是练习演讲。母亲问他干什么，他说："长大以后，我一定要让意大利听我的指挥。"

1902年，墨索里尼乘车到了瑞士西部。就在这一年，他的父亲因为参加社会党的暴动而被捕入狱。墨索里尼在瑞士经常参加当地的群众集会，有时也在公众场合发表演说。有一次在演讲时得罪了瑞士当局，被驱逐出境。此后，他回到意大利，随即在历史名城维罗纳参加了巴萨列里奥的联队。

1913年，墨索里尼成为意大利社会党的领导者之一，倾向于无政府主义。当法西斯主义在意大利兴起、并坚决主张意大利参战的时候，当时身为意大利社会党左派领导人的墨索里尼突然改变了原来的反战立场，于1914年10月18日发表了题为《从绝对中立转向积极有效的中立》的文章，公开支持意大利参战。社会党于是开除了墨索里尼。

11月14日，墨索里尼在米兰创办了《意大利人民报》，鼓吹战争。第一次世界大战为墨索里尼的发迹提供了很好的机会。在英、法等协约国拒不实现原先的承诺的时候，墨索里尼借古罗马的辽阔版图，鼓吹战争以扩大意大利版图。他曾在公开场合说："要么修改《凡尔赛和约》，要么进行新的战争。"

为了实现自己的反动抱负，墨索里尼于1919年3月，在米兰招集旧时政治上和

墨索里尼在罗马威尼斯广场演说

行伍中的同志150人，组织了"战斗的法西斯党"。入党的人，多是一些退伍军人。一战后，意大利退伍军人对政府非常不满，他们没有土地，没有生活来源。墨索里尼抓住这一机会，在报纸上极力为军人歌功颂德，强烈建议为退伍军人分发土地，并公开支持他们去夺取地主的荒地，从而得到了广大退伍军人的拥戴。

在成立"战斗的法西斯党"时，墨索里尼扬言推行普选，实行8小时工作日，确定工人最低工资标准，把工厂的管理权交给无产阶级的组织，修改劳保法、把享受劳保的年龄从六十五岁降至五十五岁等。所以从表面打着社会主义招牌的法西斯党，貌似代表工人阶级利益，但是其实在建立之初，就决心要摧毁布尔什维克在意大利的势力，决定镇压工人罢工。他们的宗旨是："用军队的组织，组成一个革命团体，恢复意大利固有的国性，铲除赤化势力。"

"战斗的法西斯党"成立之后，由于在社会上攻击社会党是民族的叛逆，而并没有起到笼络人心的作用，同时在社会上的影响也十分有限。在1919年11月的意大

利第 25 届议会选举中，该党派无一人当选。墨索里尼此时举棋不定，最后决定投靠资产阶级。

1920 年 5 月 24 日，"战斗的意大利法西斯"在米兰召开了全国代表大会，会议决定把暴力作为该党的组织原则，把"蓖麻油"和"大棒"作为该党的标志。此后，墨索里尼对工人运动采取了凶残的暴力。他们的战斗小分队四处活动，对人民群众进行恐吓、抢劫、勒索和骚扰。法西斯别动队四出袭击工会，焚烧社会党的《前进报》馆，殴打、枪杀进步人士和共产党人。

短短几个月中，意大利的工人运动大为减少，罢工从 1920 年的 2070 次降低到 1921 年的 1134 次。垄断资产阶级对法西斯分子的行动大为赞赏，此后给墨索里尼提供了大量的活动经费，让他们购买武器。此后，法西斯党的势力迅速增加，党徒从 1920 年的两万多人增加到了 1921 年的 20 万人；基层党组织也从原先的 88 个增加到了 834 个。

1921 年 12 月 7 日，"战斗的意大利法西斯"在罗马举行全国代表大会，宣布将党名正式改为"意大利国家法西斯党"，选举意大利法西斯"元老"为总书记，墨索里尼为"领袖"。

此外，法西斯党还将"棒束"作为自己党的标志。该党的党徽是一束棒子，中间捆着一柄斧头。棒子原是古罗马高级执法官的标志：在古罗马时代，贵族出游的时候，常常由仆人举着一个中间插着一把斧头、用红条紧束的棒子，这个棒束就叫"法西斯"（Fasces），是古罗马权力的象征。墨索里尼把棒子象征人民，斧头象征领袖，意思是人民要绝对服从他们勇武的领袖。

意大利国家法西斯党成立后，马上就进行了夺权的准备。12 月 16 日，法西斯党在其机关报《意大利人民报》上刊登了一个公报，决定把党的支部和法西斯军事组织行动队合并，所有党员一律参加行动队。此外，法西斯党在全国建立了一批能容纳千人以上的大型兵营，并强化法西斯军队的纪律。在采取了上述措施后，法西斯武装在数量上已经大大超过了意大利国民军。

此后，法西斯党加大了对工人组织破坏的程度。从 1922 年开始，法西斯党以帮助恢复社会秩序为名，有计划地袭击、捣毁各个城市的工会，夺取社会党控制的城市。从 5 月开始，法西斯开始转入武装夺取社会党控制的城市，先后占领了费拉拉、波伦亚等城市。

1922 年 10 月 16 日，墨索里尼在米兰召集了党徒们开会，决定发动军事政变，同时决定由巴尔波、比昂基等 4 人组成"四人领导小组"，亲自指挥"向罗马进军"的军事政变。20 日，"四人领导小组"制定了具体的行动计划，确定了军队的部署和指挥人选。

10 月 20 日夜，法西斯总部下令全国总动员，同时发表了对全国国民的檄文，宣布进军罗马，劝告意大利国民军不要和他们作战，说明他们的目标仅在于推翻腐朽的统治阶级，劝慰有产阶级不要害怕，并且声明保护工农的正当权利。

10 月 24 日，法西斯党在那不勒斯召开了由 3 万法西斯分子参加的大会。墨索里尼在会议上对党徒们说："假使我们不能和平接受国家政权，便带兵到罗马去，清君侧，用武力攫取政权。"墨索里尼话音刚落，下面的党徒们就狂叫着："到罗马去！到罗马去！跟我们的领袖到罗马去！"这场大会实际上是法西斯分子向罗马进军的誓师大会。此时，法西斯的武装党徒已经发展到了 50 万人，普通党员达到 100 万。另外，在他操纵控制下的工会和其他社团还有 250 万人。

法西斯上述的行动并没有引起意大利政府的足够重视，他们错误的认为法西斯已经放弃了向罗马进军的计划。26 日的时候，意大利首相法克塔还说："那不勒斯法西斯群众大会是在平静的气氛中举行的，今天晚上法西斯行动队队员已经开始返回各自岗位了。迄今为止，没有发生任何事情。现在我相信，他们已经放弃了向罗马进军的计划。"

可就在这天晚上，墨索里尼在那不勒斯的一个旅馆召集"四人领导小组"，最终决定立即向罗马进军。27 日，法西斯分子兵分 3 路，向罗马挺进。此时的意大利，天空阴云密布，恐怖气氛笼罩全国。

27 日晚，意大利国王回到罗马，听取了首相法克塔的建议，同意实行全国戒严。但是法克塔并没有提出要将法西斯分子的镇压措施，甚至连一句警告的话都没有，只是强调"确保和平解决"。

当 28 日早上法克塔去王宫要求国王签署戒严令时，国王却对此断然拒绝，他认为当时的罗马，只有 5000 到 6000 人的卫戍部队，而且全是征集起来的，100% 靠不住，因此罗马是完全抵抗不了法西斯分子的进攻的。其实，墨索里尼早就在暗地里和国王达成了交易，法西斯党对每个人都做过一些许诺。此外，垄断资本家也向国王施加了压力，期望通过法西斯军队的势力来镇压革命。

其实，墨索里尼也做好了进军失败的打算，因为如果保卫罗马的普里埃塞师团出面干预，法西斯武装肯定会被打败。因此，墨索里尼在 28 日后把法西斯军队的指挥权都交给了"四人领导小组"，自己则准备一旦进军失败，就跑到瑞士去。

就在墨索里尼准备逃亡时，接到了国王首席副官的紧急电话，说国王邀请他前往罗马组建新的政府。此时的墨索里尼还不相信，因此一定要求国王通过电报的形式把这些话再讲一次。收到电报后，墨索里尼当晚就前往罗马。30 日早上，他就接受了国王的组阁委任状。次日，墨索里尼组成了新政府，建立了世界上第一个法西斯政权。

此后，墨索里尼通过各种方式削弱了非法西斯在意大利的势力。1924 年意大利举行大选，法西斯党徒使用武力控制了选举机构，最后法西斯党获得了 65% 的选票，议员的席位从原来的不足 50，增加到了 375 席。1925 年 1 月，墨索里尼改组了内阁，把非法西斯大臣都赶出了内阁。继而，他解散了除法西斯党之外的所有政党，确认了墨索里尼的军事独裁统治。

墨索里尼可以说是法西斯的鼻祖，他在意大利法西斯分子的支持下，向罗马进军，最终建立了世界上第一个法西斯政权。此后，法西斯势力在意大利进一步得到巩固，在传播法西斯思想和推动世界法西斯势力方面，起到了很大的作用。此后，德国、日本也相继建立了法西斯政权，最终发动了第二次世界大战，给世界人民带来了巨大灾难。各国法西斯主义虽然具体纲领和表现形式有所不同，但憎恨自由精神，反对民主制和议会政治，宣扬极端的民族主义，推崇强权和暴力，主张专制统治，无情镇压反对派却是其共同特点。

意大利法西斯政党的建立

1922年10月27日，以法西斯创始人墨索里尼为党魁的意大利国家法西斯党，以它所控制的那不勒斯和佩鲁贾等城市为基地，发动了所谓"向罗马进军"的武装政变，关于10月31日夺取国家权力，建立了世界上第一个法西斯政权。

1914年第一次世界大战爆发后，意大利各派政治势力围绕着参战还是中立的问题，展开了激烈的斗争。

以社会党为代表的绝大多数意大利人民反对参战，主张中立。垄断资产阶级和民族沙文主义者企图利用世界大战的机会，对外进行扩张，建立起梦寐以求的"意大利帝国"，因而极力主张参战，并为此建立了各种名目的组织，进行战争宣传。其中有的组织为了标榜革命，笼络人心，以"法西斯"命名。第一个法西斯组织是由米凯莱·比昂基和切萨雷·罗西等10人于1914年10月5日在米兰建立的，取名"国际行动革命法西斯"，于10月11日发表了鼓吹参战的宣言。

墨索里尼在恺撒塑像前，他建立新罗马帝国的野心暴露无余

"国际行动革命法西斯"建立后，除鼓动深受民族沙文主义思想毒害的青年学生举行游行，要求参战外，积极同墨索里尼等有影响的各派政治势力的领导人进行接触，以便取得他们的同情与支持。

与此同时，参议员马菲奥·潘塔莱奥尼和乔万尼·普莱齐奥西等人，网罗150名参、众两院议员，组成了一个"议员法西斯"，在议员中广泛进行活动，以便推动议会赞同参战。

1914年9月，以萨兰德拉为首相的意大利政府，为了摆脱内外交困的处境，从开始主张中立转而支持参战，致使参战派的声势大增。这使墨索里尼意识到，意大利参战是大势所趋。在投机心的驱使下，这个名噪一时的社会党左派领导人突然改变原来的反对参战的立场，于1914年10月18日，在由他任主编的社会党机关报《前进报》上，发表题为《从绝对中立转向积极、有效的中立》的文章，公开支持参战。为此，他于10月20日离开《前进报》，24日被开除出社会党。

墨索里尼依靠本国的昂萨尔多公司和皮雷利公司等大垄断集团提供的50万里拉，以及法国政府每月向其提供的1.6万里拉的经费，于1914年11月14日在米兰创办《意大利人民报》，鼓吹战争。他加入了《国际行动革命法西斯》，并以该组织领导人的身份，把米兰等几个地方组织改名为"革命行动法西斯"。

1915年1月24日—25日，"革命行动法西斯"在米兰召开第一次代表大会，正式宣布成立。它打着社会主义的旗号，凭借墨索里尼在社会党素有"强硬的革命派"的名声，吸引了不少人参加。到2月底，"革命行动法西斯"分布在全国各地的基层委员会共有 105 个，成员约 9000 人。"革命行动法西斯"在罗马和米兰等地，组织一些受沙文主义毒害的青年和教师，上街游行和举行集会，支持主战的政策，攻击和殴打反对参战的议员。

在主战派的威逼和英、法等国政策的利诱下，意大利国王维托利奥·埃马努埃莱三世，批准萨兰德拉政府于 1915 年 3 月开始同协约国政府就意大利参战的条件问题，举行谈判。4 月 26 日意大利同英、法、俄三国秘密签订《伦敦条约》，5 月 24 日，意大利正式对奥地利宣战。

然而，"革命行动法西斯"却随着墨索里尼于 1915 年 8 月应征入伍，而名存实亡。

第一次世界大战结束后，意大利虽然也以四大战胜国之一，出席巴黎和会，但在《凡尔赛和约》中，《伦敦条约》对意大利所作的许诺并未兑现。意大利仅仅分得 1.5 万平方公里的土地。它在这次战争中总共动员了 500 万人，死亡 65 万 5 千人，伤残 145 万人。军费总支出高达 650 亿里拉，致使这个当时每年国民总收入仅 200 亿里拉的国家债台高筑，有外债 200 亿里拉，内债 350 亿里拉。意大利付出巨大的代价，本来指望能够攫取它所期望获得的大片地区，结果所获甚微。意大利对此强烈不满。垄断资产阶级和民族主义分子借机发动了一场反对《凡尔赛和约》的政治运动。反动文人邓南遮组建一支由 2500 名退伍军人和狂热的民族主义分子参加的义勇军，于 1919 年 9 月 12 日占领阜姆城，并宣布阜姆与意大利合并。这种民族主义思潮加剧了战后的意大利发生的政治和经济危机。

意大利的工业，特别是与战争有关的工业，在第一次世界大战期间发展很快。战后由于政府撤销大批军事订货，造成工业生产急剧缩减。到 1921 年，有 26％的钢铁公司倒闭。生铁的产量只相当战前水平 20％。许多企业、银行和股份公司破产。100 多万人失业。通货膨胀，粮食和工业品的价格昂贵。与战前的 1913 年水平相比，物价提高了 441％，生活费用上升 317％。工人的实际工资收入降低了 50％。

广大工人生活状况的进一步贫困，引起阶级矛盾尖锐化。在俄国十月革命的影响下，意大利的工人运动蓬勃发展。1919 年有记载的罢工达 1871 次，参加者共 55.4 万人次。1920 年罢工增加到 2070 次，参加者达 231.4 万人次。就在这一年的 8 月底，意大利冶金工会为抗议厂主"同盟歇业"，决定米兰、都灵等地的冶金工人占领工厂。社会党左派领导人葛兰西等积极参与领导，组织各工厂建立"赤卫队"和"工厂苏维埃"。运动很快蔓延到整个意大利北部和中部的大部分地区。参加者共达 60 多万人，革命形势在逐渐成熟。

随着工人运动的发展，意大利社会党的威望大大提高，党员人数迅速增加。1919 年 10 月，意大利社会党还只有党员 7.1 万人，1921 年 1 月增加到 22 万人。工人运动的发展，使社会党成为左右国内形势的重要力量。通过 1920 年的地方选举，它在全国 67 个省和 8327 个市镇议会中，在其中的 26 个省和 2166 个市镇控制了多数席位。这使广大工人产生了在意大利建立"苏维埃政权"的希望。

这时，社会党内部分化加剧，党的领导人屠拉梯等人深受第二国际改良主义的影响，不能肩负起领导无产阶级革命的重任。以塞拉蒂为首的人数众多的"最高纲领"派虽然表示赞同无产阶级专政，却迟迟未同改良主义者决裂。尽管以葛兰西为首的左派于 1921 年 1 月 21 日退出社会党，建立了意大利共产党，但在当时，其力量和影响十分有限，还不具备把工人运动引向无产阶级革命的能力。这样，1919—1920 年蓬勃发展的工人运动，也就未能转变为革命。

第一次世界大战使意大利的农村经济遭到严重破坏。大片耕地荒芜，1920 年的粮食生产比战前的平均年产量减少 1800 万公担。战后，社会党提出"土地社会化"的口号，即主张所有土地统归合作社所有，遭到农民的坚决反对。当城市工人举行大罢工和占领工厂时，农村爆发了占地运动。1919 年全国有 50 多万农民参加了这个运动，1920 年达到 100 多万。墨索里尼针对有地农民害怕失去土地和无地农民渴望得到土地的心理，提出"扩大小农所有制"和"分土地给农民"等口号，深得农民的拥护。农民转到了法西斯运动一边，成了这个运动的主要群众基础。

战后，意大利有 100 多万士兵退役。这些人主要来自农村，多数是无地或少地农民。王国首相曾在他们入伍前许诺：退伍时分土地给他们。但战后政府却拒不履行这个诺言。战前反对意大利参战的社会党不仅不支持他们的要求，反而对他们采取歧视、虐待的态度，不准他们加入社会党，甚至殴打战争中受伤致残者和获得勋章的人。退伍军人对现政权不满，对社会党抱敌视情绪。他们期望有人能帮助自己改变现状。这就为墨索里尼拉拢退伍军人提供了极好机会。他在报纸上极力为军人歌功颂德，提出分土地给退伍军人，并支持他们去夺取地主的荒地。这使他赢得了退伍军人的拥护。

在取得农民和退伍军人的支持后，墨索里尼于 1919 年 3 月 2 日在他创办的《意大利人民报》上，刊登一则启事，宣布将于 1919 年 3 月 23 日在米兰举行"一次非常重要的集会"，要求各方人士积极参加并给予大力支持。启事刊出后，他组成了一个以他为首的 7 人执行委员会，并于 3 月 21 日在他的办公室举行了第一次会议。3 月 23 日在米兰的圣·塞波尔克罗广场，如期举行了以退伍军人为主要成分的会议。会上正式建立法西斯组织，取名"战斗的意大利法西斯"。会议通过一个宣言，"要求实行普选，给妇女以选举权和被选举权"；"实行八小时工作日，确定最低工资标准"和"把工厂或公用事业的管理权交给无产阶级组织"，"修改……劳保法，把享受劳保的年龄从 65 岁降至 55 岁"等等。

然而，由于墨索里尼在会上攻击社会党是"民族的叛逆"，使这个貌似代表工人阶级利益的"革命"纲领，没有起到笼络广大工人的作用。同时，它所打出的"社会主义"招牌，又使垄断资本家很不放心。

"战斗的法西斯"建立后，在国内的政治影响十分有限。在 1919 年举行的第 25 届议会选举中，法西斯分子无一人当选。许多法西斯分子纷纷退党。"战斗的意大利法西斯"一时处于危机之中。墨索里尼一度左右徘徊，举棋不定，最后才选定了投靠垄断资本的路线。他于 1920 年 5 月 24 日在米兰召开"战斗的意大利法西斯"全国代表大会。会议决定把暴力作为该组织的行动准则。自此以后，大搞暴力恐怖活动，"法西斯"同"蓖麻油和大棒"成了同义语。它彻底抛弃了虚假社会主义外衣，充当垄断资产阶级镇压工人运动的忠实工具。7 月 20 日，法西斯分子袭击并焚毁了罗马的社会党《前进报》编辑部。

1920 年 8 月 30 日，意大利北部地区爆发了 60 万工人占领工厂的运动，"战斗的意大利法西斯"中央委员会于 9 月 6 日晚举行紧急会议，研究对付冶金工人占领工厂的策略。会后发表声明，指责政府无能，要法西斯分子做好采取行动的准备。同年 11 月中旬，法西斯分子在当局的纵容下，开始对工人阶级采取了大规模的暴力行动。他们袭击和捣毁工会、殴打、杀害工人和革命者。法西斯分子在采取行动时，个个手提大棒，因而又被称为"棒喝队"。在短短几个月时间里，法西斯分子的暴力恐怖政策收到了使垄断资产阶级满意的效果。罢工大大减少，1921 年罢工减少到1134 次，参加者仅有 72 万人次。

法西斯分子的反革命行动深得垄断资本家的赏识。他们向法西斯分子提供大量经费，为他们购买武器和制作统一的黑色制服。法西斯分子在 1921 年春季都身穿黑衫，所以人们也常常称他们为"黑衫队"或"黑衫党"。此时，国王、高级军政官员和教会都把法西斯组织看成是国家秩序、尤其是王国权威的恢复者。官方的这种态度，促使一些深受沙文主义毒害，梦想当"英雄"和"骑士"的小资产阶级分子和青年学生，纷纷参加法西斯组织。法西斯党徒的数量迅速增加。据法西斯书记处公布的材料，到 1921 年底，它的基层组织从 1920 年底的 88 个增加到 834 个，党员从20615 人增加到 249036 人。

法西斯势力壮大后，"战斗的意大利法西斯"于 1921 年 11 月 7 日在罗马举行全国代表大会。会议通过了一个声称"国家是至高无上"的纲领。法西斯组织正式更名为"意大利法西斯党"，选举米凯莱·比昂基为总书记，墨索里尼为"领袖"。

希特勒在德国上台

德国在第一次世界大战中失败，受到了战胜国的压制，丧失了大片的领土，还要付出沉重的赔款，在军事方面，还有苛刻的限制。这给德国法西斯主义的上台提供了借口。希特勒就是在这种情况下登上了德国统治者的宝座。

1889 年，阿道夫·希特勒出生于德奥边境奥地利一侧的布劳瑙镇，他的父亲曾是鞋匠和奥地利一个海关小官员。希特勒从小开始就喜欢美术，曾幻想当一名画家。由于各科成绩太差，他没毕业就中学退学了。十八岁时，他到维也纳报考美术学院，但因成绩不理想而未被录取。

由于缺乏才能，希特勒靠从事各种最卑贱的工作来糊口，过了五年悲惨的生活。在这期间，希特勒曾经靠各种各样的杂活，绘制拙劣的风景画片来维持生计。也就是在这段期间，希特勒开始仇恨马克思主义者和犹太人，仇恨德国的议会制政体，蔑视富裕的资产阶级及其糜烂的生活。

1913 年，希特勒浪流到了慕尼黑，并于次年加入了巴伐利亚团服役。在第一次世界大战中，希特勒在西线待了四年。在战争期间，希特勒作战十分勇敢，曾三次负伤并荣获令人羡慕的铁十字勋章，但除此之外没有表现出特别的才能，直到 1917年由最初的传令兵升为下士。

德国在第一次世界大战中作为战败国，不得不接受了协约国提出的苛刻要求。这些要求包括放弃德国在世界上的殖民地，割让大量领土，不得保持军队，付出大量赔款等。虽然德国政府后来不得不签署了《凡尔赛和约》，但是德国人民对此却强烈反对。

1919 年 1 月 5 日，慕尼黑铁路工人安东·特莱克斯勒创建了具有复仇主义和反犹太主义的组织"德意志工人党"。9 月，当时作为慕尼黑陆军政治部侦探的希特勒受命调查"德意志工人党"的一次集会。但是希特勒却在这次集会上发表了有关强大的德意志的言论。次日，该党给希特勒发出邀请信，要他加入该党。出于好奇心，希特勒参加了"德意志工人党"的一次会议，并成为其第 55 名党员和主席团的第 7 名委员。1920 年，希特勒被任命为该党"宣传部长"。

1920 年 2 月，希特勒在一个啤酒馆组织了一次大规模集会。在会上，希特勒具体阐述了"德意志工人党"的党纲，即《25 点纲领》。在这个党纲中，希特勒宣称要建立一个"大德意志帝国"，主张建立一个强大的日耳曼中央集权国家；提出实现"社会主义"，让工人分享企业利润，取消地租等口号；要求废除《凡尔赛和约》；规定犹太人不能担任德国的任何官职等。应该说，希特勒把民族主义和欺骗广大工人的"社会主义"口号结合起来，期望能够实现他的政治梦想。

充满狂热气氛的纳粹党集会

1920 年 4 月 1 日，希特勒将"德国工人党"改名为"国家社会主义德国工人党"。由于该党的德文缩写音译为"纳粹"，因此简称"纳粹党"，并把《25 点纲领》作为该党的正式纲领。1921 年 7 月，希特勒迫使特莱克斯勒修改了党章，让他自己担任主席，宣布了"领袖原则"，从而当上纳粹党的"元首"。

1921 年 10 月，希特勒正式组建纳粹党的军事冲锋队，他把退伍军人拉拢在自己身边，组织成身穿褐色衬衫的"冲锋队"，"冲锋队员"臂带"C"标志。希特勒密谋着要发动一次夺权政变。

1923 年 11 月 8 日，巴伐利亚长官卡尔应邀在慕尼黑一家名叫格勃劳凯勒的大啤酒馆讲述施政纲领。希特勒率领一群纳粹冲锋队员包围了该啤酒馆，把卡尔和另外两名巴伐利亚高级官员押到一间小屋里，要求他们和自己合作组成新政府。但是这 3 位官员死活不肯答应。这时，德国有名的鲁登道夫将军也来到了这里，一起劝说。

巴伐利亚官员不得不答应了希特勒的要求，但是马上乘机逃走了。希特勒知晓后马上带领纳粹分子向市政府进发，但是遭到早有准备的政府军的镇压。几天后，希特勒被捕，并被判处 5 年徒刑。在法庭上，希特勒以他的口才，滔滔不绝地宣扬民族主义，并且宣称"我要做马克思主义的摧毁者"。当时，希特勒三十五岁。

在关押期间，希特勒在狱中写下了《我的奋斗》——一部夸张的长篇自传体回忆录。在书中，希特勒大肆宣扬日耳曼民族是主宰世界的优等民族，有权统治其他

"低等"种族，而犹太人是最劣等的民族；此外，他还极力发泄了对共产主义的仇

德国纳粹士兵在列队行进

恨，叫嚣要对外扩张，以求得德国的生存空间；详细说明了战败的德国怎样才能成为"全人类的君主"。

他说："对于形成雅利安这种高等的文化，作为奴隶的其他低等民族要比家畜更加重要"、"世界史是作为征服者的少数民族的历史，而那个少数民族只有一个"、"尤其在第一次世界大战之后，德国人民今天已经破败无奈，国土被瓜分，民族被分裂，生存空间被堵死，德国被全世界侮辱"。这些言论，使得希特勒在德国有了很大的听众，并且马上扬名德国。

除了完成这本著名的《我的奋斗》之外，希特勒还在狱中认真思考，领悟到不能单靠武力去夺取政权，而应该进入国会，和天主教议员和马克思主义议员打交道。因此，他决定要利用宪法给予的合法权利，争取国会的多数选票而当选政府首脑。

1924年12月20日，希特勒出狱，这时离他入狱才9个月。此时，希特勒被禁止在公开场合发表演讲，其党徒也从原先的5万人减少到了1.5万人。在1924年12月的选举中，纳粹党仅获得14个席位和908000张选票；在1928年5月的选举中，纳粹党获得的席位和票数则更少——12个席位和81万张选票，占总票数的2.6%。

1929年，资本主义经济大萧条开始。在世界经济危机的冲击下，德国工业开始直线下降，其生产资料和消费品的生产指数分别倒退到19世纪末和20世纪初的水平。1931年，德国四大银行之一的达姆斯达特国家银行宣布破产。此后，德累斯顿银行等金融机构相继破产。在危机中，德国工人失业人数开始迅速增长，从危机爆发前1929年9月的130万猛升到1932年的800万，占全国工人总数的44%，此外还有27%的工人处于半失业状态。

在经济危机爆发时，当时的政府是一个中间偏左的联合政府，由社会党人赫尔曼·米勒总理领导。同其他国家的社会党内阁一样，米勒内阁也因如何解决大萧条造成的失业和其他问题方面的争论而逐渐遭到破坏。

由于经济政策的分歧，社会民主党人米勒不得不于1930年3月辞去总理职务，天主教中央党右翼布吕宁上台组阁。布吕宁是中央党的一位冷酷、严厉但却聪明、正直的成员，他所博得的是尊敬而不是友谊。

经济危机导致工人运动高潮迭起，1932年的两个月内就爆发了900次罢工。垄

断资产阶级感到布吕宁政府已经不能有所作为了，他们迫切希望建立法西斯独裁政权，对内镇压人民革命，对外夺取殖民地。

经济危机给纳粹党提供了重整旗鼓、夺取政权的机会。希特勒乘机派出自己的党徒们到中小城市和农村进行宣传，到处散发传单、发表演讲、张贴广告。希特勒本人也租用了一架飞机，到各城市进行演讲。在上台之前，希特勒曾经 3 次周游德国，到达了 60 多个城市。此外，纳粹党还将希特勒和戈贝尔进行竞选演说的电影、唱片和希特勒的照片传播到德国的每一个角落。

在这些演讲和宣传中，希特勒保证在其上台后废除《凡尔赛和约》，取消军备限制，拒绝赔付战争赔款，收回战后失去的土地，并且向民众承诺将德国建成一个强大的国家。同时，他还向工人们保证，纳粹党将取消失业现象；向农民保证，将禁止拍卖土地。

处于绝望中的工人、农民、中小工商业者和学生被希特勒煽动性的言语所蒙蔽，同时也不满魏玛民主政府的软弱无能，积极支持纳粹党的选举。纳粹党徒从希特勒出狱时的 1.5 万人增加到了 1929 年的 17 万人，此后增加到 1930 年的 38 万人，1931 年则超过了 80 万。1930 年，德国进行国会选举，纳粹党获得了 107 个议席，从德国第 9 个小党派跃居为仅次于社会民主党的第二大党。

在拉拢中下层民众的同时，希特勒又积极和垄断资产阶级相勾结，同时获得他们的大量资金支持。1931 年 8 月，希特勒在垄断资本家的一个别墅向资本家发表演说，其后，希特勒在全国各地游说资本家。次年 1 月，希特勒在杜塞尔多夫工业家俱乐部向聚会的 300 名垄断资本家发表演说，向其保证决不触犯私有财产，同时鼓吹日耳曼民族的优越性，攻击马克思主义思想，主张建立军事独裁统治，扩军备战。

希特勒走上纳粹德国的最高统治宝座

布吕宁政府在执政期间，并没有得到国会的支持。因此，他经常利用魏玛宪法第 48 条所赋予的权利，依靠颁布"紧急条例"来管理国家。这种"紧急条例"在 1930 年颁发了 5 次，到 1932 年的时候就达到了 66 次。

1932 年春天，德国总统兴登堡任期届满。在 3 月举行的新任总统选举中，兴登堡作为总统候选人参加了竞选。最后，兴登堡再次以多数票当选。

在希特勒的策动下，兴登堡逼迫布吕宁递交了辞呈。希特勒以取消先前颁布的对纳粹党冲锋队的禁令和再次举行国会选举为先决条件，答应总统兴登堡自主人选组阁。

6 月，兴登堡任命冯·巴布取代布吕宁上台组阁。由于得到德国年轻人、学生、一部分工人和垄断资本家的支持，希特勒在 1932 年 7 月的德国选举中获得了 1300 万选票，纳粹党获得了 230 个议会席位，成为德国第一大政党。

希特勒这时成为全国第一大政党的首脑。11 月，垄断资本家赫特、凯普勒与党卫军头目希姆莱一起向兴登堡总统请愿，要求任命希特勒为总理。在希特勒和兴登堡总统的谈判中，兴登堡要求希特勒在巴布手下担任副总理，希特勒表示拒绝。当兴登堡问希特勒到底想干什么时，希特勒说希望"得到与墨索里尼在进军罗马后所行使的同样的权力"。兴登堡拒绝了这个要求。

但是兴登堡也知道巴布政府也同样得不到国会的绝大多数支持。于是，兴登堡解除了巴布的总理职务。由于国防军将领施莱彻尔向兴登堡保证能得到国会绝大多数的支持，兴登堡于12月1日任命施莱彻尔担任新任总理。

施莱彻尔上台后，采取了一些代表下层人民利益的措施，例如废除了巴布政府发布的有关降低工人工资和救济金的政策，答应降低有些生活必需品的价格等。垄断资本家和容克地主对施莱彻尔的政策深感不安，兴登堡也对这些政策非常不满。因此，施莱彻尔还是没有得到国会的支持。

希特勒和巴布一起组成联盟，反对施莱彻尔政府。1933年1月4日，巴布和希特勒在科隆举行秘密会谈，商定以"希特勒——巴布"内阁取代施莱彻尔内阁，希特勒为总理，巴布为副总理。同时，这个内阁还吸收其他各派政治力量的代表入阁，纳粹党人在内阁中只能占少数职位，不得担任外交、国防、经济等部门的部长之职。

1月23日，施莱彻尔会见兴登堡，承认自己也不能得到国会支持，希望总统支持他按照宪法第48条的规定发布"紧急条例"，要求解散国会。在这一要求遭到兴登堡拒绝之后，施莱彻尔提出辞呈。

1月30日，兴登堡正式任命希特勒为德国总理，巴布为德国副总理。纳粹正式在德国获得了政权。

此后，希特勒加紧在德国建立法西斯专政。1933年2月1日，兴登堡宣布解散国会，并宣布在3月再次进行国会选举。2月27日，纳粹分子在戈林的策划下制造了"国会纵火案"，然后将之嫁罪给共产党。此后，纳粹党徒带领警察查封了共产党的机关，大肆逮捕共产党人和民主人士。28日，希特勒政府发布"保卫人民和国家令"，取消魏玛宪法中有关新闻自由、人身自由、言论自由和通信自由的条款。

3月5日，继前所未有的宣传和恐怖主义之后，德国新国会选举开始。但是纳粹党人仍然只占总票数的44%。当议员们聚会时，希特勒宣布共产党人的席位无效，然后，与天主教中央党做成一笔交易，由后者给予他足够的票数。

3月23日，国会在纳粹党的控制下通过了《授权法》，给了希特勒长达四年的以法令进行统治的权力。到1933年夏时，纳粹党实际上已经控制了德国的工会、学校、教会、政党、交流媒介、司法系统和联邦各州。此后，德国建立了法西斯专政政权。

1934年8月2日，兴登堡年老去世。此后，希特勒把总统和总理的职权合为一体。9月，纳粹党代表大会在纽伦堡召开，希特勒宣布："德国今后1000年的生活方式已被清楚地确定。"

法西斯主义在德国抬头。希特勒上台之后，加紧扩军备战，两年时间，德国的军队就超过了50万，完全违反了《凡尔赛和约》。此后，德国取消了一切民主，推翻了魏玛共和国，在德国建立了法西斯专政统治，没有一种道德规范受到尊重，柏林成为了世界罪恶渊薮。这直接导致了德国成为第二次世界大战的主要策源地之一。

啤酒馆政变

1923 年 11 月 8 日，纳粹头目阿道夫·希特勒在慕尼黑东南郊一家名叫贝格勃劳凯勒的啤酒馆发动政变。这是他的法西斯理论的第一次实践，也是他想在德国建立一个法西斯独裁政权的第一次尝试。他的这次发难，虽然没能成功，但对他后来攫取政权有很大的影响。

青少年时代的希特勒，已经是一个"狂热的日耳曼民族主义者"。他二十四岁离开奥地利投奔德国时，就对民主主义、马克思主义和犹太人怀有刻骨的仇恨。

1919 年 1 月，德国成立了"德国工人党"。9 月，希特勒加入了这个党的委员会，成为该党委员会中第七名委员。由于他的活动，1920 年 4 月，该党更名为"民族社会主义德国工人党"，即"纳粹党"。希特勒是该党的党魁。他企图以这个党来统一德意志国家，建立一个高度集中的独裁权力机构。希特勒准备采用恫吓和暴力的手段，先夺取巴伐利亚邦政权，继而向柏林进军，推翻中央政府，实现他夺取全国政权的野心。以能在"这个地球上"为德意志民族争得"足够大的空间"，来保证它"民族的生存、自由"，以便"能在东方进行扩张。"

1923 年 11 月 4 日，是德国"阵亡将士纪念日"，慕尼黑市中心要举行军事检阅。希特勒计划在这一天用卡车装上几百名纳粹党冲锋队员，在受阅军队到来之前，封锁、包围通向检阅台的街道和检阅台，在检阅开始前扣押巴伐利亚邦的头头：卡尔和洛索夫等，然后宣告政权移交。但当冲锋队长罗森堡提前到这里侦察时，发

希特勒在慕尼黑一家啤酒店发动政变

现这里戒备森严，已由全副武装的警察守卫着，希特勒感到不易得手，只好放弃这个计划。

希特勒的第二个计划在 11 月 10—11 日进行。10 日夜间把冲锋队员和"战斗联盟"的武装人员集中在慕尼黑北面的弗罗特曼宁荒地上，到 11 日"德国投降纪念日"的上午，把武装人员开进慕尼黑市内，占领各战略要地，然后冲进市府机关，夺取政权。然而，希特勒得知 11 月 8 日晚，巴伐利亚邦长官卡尔和驻巴伐利亚的国防军总司令洛索夫将在贝格勃劳凯勒大啤酒馆内，向三千名企业家、团体发表施政演说的消息，真是喜出望外。8 日晚 8 点 45 分，希特勒带领冲锋队员包围了贝格勃劳凯勒啤酒馆，在卫士的簇拥下，冲进大厅，走向讲台。一名少校警察想阻止他，他用手枪对着少校警察，少校警察只好闪开。

希特勒走上讲台，大声宣告："全国革命已经开始"，"这个地方已由六百名武装人员占领，任何人都不准离开大厅！"希特勒喊道："大家必须肃静，……巴伐利亚

政府和全国政府已经被推翻，临时全国政府已经成立，国防军营房和警察营房已经被占领，军队和警察已在卐字旗帜下从郊区向市内挺进!"其实希特勒是在虚张声势、瞒天过海，他的最后一句话是假的。但在混乱中谁也辨不清真伪，而希特勒手中握着的手枪，却是千真万确的。卡尔、洛索夫及警察局长赛赛尔在冲锋队员的推搡下，进入了后台的一个房间里。台下喧闹的企业家们，有的向警察打手势，有的干脆嚷道："快开枪，别那么胆小!"但是，警察们看着自己的局长和头头们都那么乖乖地被人押走，而冲锋队员们已占领了整个大厅，只好罢休。戈林走上了讲台，叫嚷道："大家安静点，不要害怕，我们没有恶意。隔壁房间里正在组织新政府，喝你们的啤酒吧!"

隔壁房间里确实在组织新政府，可是三巨头谁也不愿意与希特勒合作。他们一言不发，长时间的沉默。希特勒火了起来，威胁道："我的手枪里有四颗子弹，如果你们都不愿意跟我合作，那么三颗子弹送给你们，一颗留给我自己。"那三个人仍是无动于衷。希特勒感到毫无办法，于是急中生智，大步冲出房门，登上讲台，对着惶惶不安的人群，嚷道："巴伐利亚政府已经撤换，……新政府今天将在慕尼黑这个地方宣布成立!""鲁登道夫将担任德国国防军的领导工作。"希特勒的谎言和欺骗确实灵验，喧闹的人群立刻安静了下来，一听说卡尔、洛索夫等与他们组成了新政府，有的将信将疑，有的欢呼，有的恐惧。这时，鲁登道夫将军被希特勒的亲信施勃纳·里希特接来，走进大厅。这个在第一次世界大战中给德国人带来死伤600万人、耗资1940亿金马克的同盟军统帅、1920年3月又以推翻共和国重建君主政体为目标的"卡普暴动"的"英雄"，此时又粉墨登场，与希特勒沆瀣一气，合演了一幕怵目惊心的丑剧。

其实，鲁登道夫对希特勒很不满意，一是希特勒瞒着他干了这么一件大事;另是他不满意即将把持德国独裁政体的竟是个前陆军下士，一个无名小辈。他心中闷闷不乐，但也没办法，木已成舟。而希特勒却不在乎这些，只要他肯出面说服巴伐利亚三巨头与他合作就行。鲁登道夫立刻去劝说，三巨头居然同意了以"国王的代表"的身份与希特勒合作。希特勒喜不自胜，马上率众人回到讲台上，每个人都发表了几句效忠新政权的讲话。大厅里不少人听了以后兴奋得跳上了桌子，有的搬起椅子，有的扔起了帽子，乱敲乱舞。希特勒高兴得嘴都合不拢子，挥舞着拳头，叫嚷"立即向柏林进军"。

散会以后，赫斯"留下"几名巴伐利亚内阁阁员，希特勒留下了卡尔、洛索夫和赛赛尔三巨头，以"商量"具体的合作事宜。突然，希特勒接到一个报告说："高地联盟"在陆军工兵营房与正规军发生了激烈的冲突。希特勒急于前往解决，把啤酒馆里的一切交给鲁登道夫处理。

希特勒走了以后，洛索夫向鲁登道夫提出，要回陆军司令部去一下，具体了解和安排一下措施，以"减少不必要的争端。"施勃纳·里希特要阻止，被鲁登道夫呵斥了一顿，只好作罢，任洛索夫走去。接着，卡尔、赛赛尔也各自找了个借口一个个地遛了。

当希特勒处理完"高地联盟"的事，兴高采烈地回到贝格勃劳凯勒，满以为他那些新上任的部长们都正忙于处理公务，迎接着他的胜利归来时，弄得他目瞪口呆的是："鸟儿"全已出笼，除了罗姆占领了舒恩菲尔德街陆军军部的一个办公室外，其余的各战略要地、机要部门均未拿下，甚至连电报局也没拿到手，战略计划也没拟出，他大失所望，气得几乎昏厥过去。然而，此时的柏林很快地下达了镇压政变的命令。

洛索夫、卡尔和赛赛尔从啤酒馆溜回去以后，确实是做了各种了解、安排和部署的工作，然而不是帮助、配合希特勒，而是调兵遣将，做各种镇压希特勒叛乱的准备。

1923年11月9日上午11点钟左右，希特勒、鲁登道夫等，率领"三千名"冲锋队员，举着"卐"字旗和高地联盟的旗帜，从贝格勃劳凯勒啤酒馆的花园出发，每几排队伍后面跟着一辆卡车，车上架着机枪；冲锋队员挎着马枪，有的还上了刺刀。希特勒手里握着手枪。浩浩荡荡地向慕尼黑市挺进。他们自以为势不可挡，威风凛凛。在路德维希桥上，他们也确实唬住了一队守桥的武装警察。戈林威胁警察说："如果你们胆敢开枪，我们就首先杀死押在队伍后面被留做人质的内阁部长和阁员（其实只有两名内阁部长）"。警察果真把他们放过了大桥。

然而，他们在通往奥第昂广场的府邸街口时，却受到武装警察的顽强阻止，施勃纳·里希特首先应声倒下，接着戈林的大腿中弹也倒下了，……在六十秒钟内，十六名纳粹党人毙命，不少人受伤；鲁登道夫当场被捕；两天后，希特勒也在朋友家中被捕；戈林受伤后被抬进一家银行，后来由他妻子陪同，化装逃往奥地利；赫斯也逃入奥地利。几天后，除戈林、赫斯等人外，其余的纳粹党头目全都被捕入狱，纳粹党被勒令解散。希特勒的第一次政变以他的全面失败而告终。

三个月后，1924年2月26日—3月20日，慕尼黑特别法院判处希特勒有期徒刑五年，鲁登道夫无罪释放。

从此，希特勒就在兰德斯堡旧炮台的监狱里，开始一章又一章地口述他的《我的奋斗》一书。

啤酒馆爆炸事件的幕后指挥者

1939年10月10日，正当希特勒向他的高级将领宣布要越过中立国比利时、卢森堡和荷兰地区，发动进攻英法的西线作战计划时，谋杀他的幕后活动也在紧张地进行。陆军参谋总长哈尔德将军等高级将领已预备发动推翻希特勒的政变，但因怯懦尚未动手。11月8日晚，为纪念1923年啤酒馆政变，希特勒在慕尼黑的贝格勃劳凯勒啤酒馆里，向纳粹党内的"老战友"发表一年一度的演说。他的演说结束不久，突然，"轰隆"一声巨响，暗藏在讲台后面柱子内的定时炸弹爆炸了。顿时硝烟滚滚，血肉横飞，死亡七人，炸伤六十三人，希特勒也险些丧命。

谁是这次爆炸事件的真正凶手和幕后指挥者呢？几十年来众说纷纭，莫衷一是。

希特勒的喉舌——《人民观察家报》在刊登谋杀希特勒的新闻消息时说，这一爆炸事件是英国首相张伯伦一手策划、由英国间谍机关直接指挥的。事实是：11月9日下午，党卫队保安处人员在文洛镇的一家咖啡馆门前，击伤了被他们骗来的荷兰谍报官克洛普中尉，并逮捕了与克洛普同来的两名英国谍报官斯·潘·贝斯特上尉和阿·亨·斯蒂芬斯少校，声称他们就是啤酒馆爆炸事件的案犯。接着，党卫队又在瑞士边境逮捕了这次谋杀事件的真正凶手、自诩同情德国共产党的艾尔塞木匠。尽管纳粹德国党卫队头目希姆莱明知艾尔塞木匠与这两个英国间谍之间没有任何联系，但他仍然宣布这次爆炸事件是英国谍报机关受张伯伦之令策划、并由谍报官斯蒂芬斯少校和贝斯特上尉直接指使德国共产党的同情者艾尔塞木匠干的。

啤酒馆爆炸事件的直接凶手艾尔塞供认，他是受达豪集中营的德国纳粹军官唆使的。1939 天夏天，艾尔塞因同情共产党被关进达豪集中营。10 月的一天，他被叫到集中营长官办公室，被介绍给两个陌生人。他们要艾尔塞做一个定时炸弹并安放在慕尼黑的贝格勃劳凯勒啤酒馆里一根位置适当的柱子内，当希特勒在 11 月 8 日晚到这里发表演说时发生爆炸，并许诺在事成之后，不仅可以给艾尔塞一大笔赏金，而且可帮他逃往瑞士享福。这位手艺高明的家具匠、电工兼补锅匠，为了获得自由和发财致富，竟然同意了这一冒险行动。达豪集中营长官改善了他的生活条件，为他提供木匠工作台和一套工具。艾尔塞按时做好定时炸弹并按要求将其安放在慕尼黑贝格勃劳凯勒啤酒馆内。啤酒馆爆炸事件后，艾尔塞被德国秘密警察诱骗到瑞士边境后逮捕了。1945 年 4 月，德国秘密警察宣布艾尔塞被盟军炸死，实际上是被他们处决了。据此可知，啤酒馆爆炸事件的幕后指挥者是德国达豪集中营长官和两名身份不明的陌生人。

那么，策划这次爆炸事件的真正目的是什么呢？有人认为，这次爆炸事件是经过希特勒认可的，希特勒企图以此来抬高自己的声誉，激起德国人民的战争狂热。

一些忠于希特勒的纳粹党徒则认为这次爆炸事件是那些与希特勒政见不和的纳粹高级军官们策划的。其目的在于推翻希特勒的统治，改变德国的政策，与英国议和，结束英德战争。如纳粹战犯施伦堡供认，他起初怀疑海因里希·希姆莱是这次事件的策划者。

但是，据艾尔塞被捕后叙述，在达豪集中营的长官办公室里，让他做定时炸弹并安放在啤酒馆里的柱子内的两个陌生人声称，这是为了搞掉希特勒的几个"心怀二意的"追随者，消灭希特勒的政敌，摧毁他们的政变阴谋，确保希特勒战争计划的执行。

还有人认为，这次爆炸事件"很像是一次新的国会纵火案"。纳粹党卫队头目希姆莱宣称这次爆炸事件是张伯伦幕后策划、英国特务机关指使"德国共产党人"艾尔塞干的，是为了达到一箭双雕的目的：一方面想使那些容易受愚弄的德国人相信，英国政府打算通过谋杀希特勒及其高级助手们的方法来赢得战争的胜利，进而煽动德国人对英国人的仇恨，全力支持希特勒的西线作战计划。另一方面，乘机给德国共产党加上卖国投敌的罪名，大肆逮捕、屠杀反对希特勒发动侵略战争的德国共产党人和一切正义之士。

慕尼黑贝格勃劳凯勒啤酒馆爆炸的幕后指挥究竟是谁？他们的真正目的何在？大致就是上述几种猜测，至于哪种说法更合乎实际，还有待进一步考证。

"啤酒店暴动"的经过及其后果

1923年11月8日晚，巴伐利亚州长官冯·卡尔要出席在慕尼黑东南郊比格布劳凯勒啤酒店举行的集会，出席大会的还有洛索将军、泽塞尔上校以及一些知名人士。卡尔向3000名听众发表了讲话。会议开始不久，会场入口处一片骚乱，希特勒率领冲锋队员们包围酒店，强行冲进会场。希特勒在戈林、赫斯及其警卫乌里希·格拉夫等人的簇拥下走向讲台。这时，会场仍然乱哄哄，希特勒向他右边的随员作了个手势，那个人朝天花板开了一枪。这时，希特勒叫喊道："国民革命已经开始了！这个地方已经由六百名武装人员占领，任何人不得擅离一步"。

在希特勒威逼下，卡尔、洛索和泽塞尔跟他一起来到讲台后面的一个房间。希特勒向他们宣布，巴伐利亚州政府已被推翻，巴伐利亚是全国政府的出发点，这里需要有一个全国的统治者。希特勒说他自己将出任德国政府总理，鲁登道夫担任全国军队领导。卡尔、洛索、泽塞尔将分别担任巴伐利亚摄政者、陆军部长和公安部长。三人不肯轻易就范，希特勒拔出手枪威胁道："每一个人都要接受分配给他的职位，谁若不接受，他就没有继续生存的权力。你们必须同我一起战斗，同我一起取得胜利，或者一起死亡，一旦形势逆转，我的手枪里有四颗子弹，三颗子弹是为我的同事准备的，如果他们背弃我的话。最后一颗子弹留给我自己。"卡尔向希特勒说："你们可以逮捕我，你们可以枪毙我，你可以亲自枪毙我。我的生死是无关紧要的。"

希特勒见威胁无效，便回到会场竟当众玩弄骗局，宣布卡尔等人已经支持他的行动，以稳定人心。同时，他派人去请鲁登道夫。鲁登道夫来到后向三位先生表白说，"我同你们一样为此感到惊奇。但这一步骤已经采取了，这是关系到祖国与伟大民族和种族的事业，我只能劝你们给予合作、共同行动。"鲁登道夫的到来使房间里紧张的气氛顿时有所缓和。在鲁登道夫的劝说下，洛索的态度有所转变，对鲁登道夫说："阁下的愿望，对我就是命令。"

希特勒虽然利用鲁登道夫，但不允许三位先生同鲁登道夫进行讨论，也不允许他们三人之间进行商议。他坚持自己的暴动计划，只想从他们口中得到"同意"二字。他宣称："已经采取了这一行动，不可能后退，它已经载入史册了。"经过长时间的说服，洛索和泽塞尔优柔寡断地表示了"同意"，愿意同鲁登道夫站在一起。接着，希特勒对卡尔进行威吓和哄骗，卡尔也表示"准备作为君主政体的代表，掌管巴伐利亚的命运。"希特勒要求他到会场去宣布这一声明，但卡尔说，他既然已被那样地带出会场，就不愿再回去了。可是，最后他们还是一起步入了会议大厅，人们狂呼着欢迎他们。希特勒喜形于色地讲了一段话后，会议宣布结束。

11月8日晚，武装团体之一"德国战旗"在慕尼黑勒文勃劳凯勒啤酒店开会，传来了希特勒在比格布劳凯勒啤酒店用手枪威逼巴伐利亚军政领导人同意讨伐柏林的消息。罗姆和希姆莱兴奋异常。罗姆将一面帝国军旗交给希姆莱，随后列队向比格布劳凯勒啤酒店进发。当队伍行至布里恩纳街时，被希特勒派来的通讯员拦住，他带来希特勒的命令，要求罗姆占领舍恩菲尔德大街巴伐利亚第七军区司令部驻地的陆军部。可是，希特勒并没有派人去占领其他要害部门，甚至连电报局也没占领，希特勒暴动的消息便从这里传到柏林，西克特要巴伐利亚军队镇压暴动的命令也通过电报局发了回来。

当希特勒离开比格布劳凯勒啤酒店时，卡尔等人趁机溜走了，并改变了"同意"希特勒暴动的态度，声明在枪口威胁之下被迫发表的许诺一概无效。此后不久，在慕尼黑街头便贴了卡尔的声明，其中写道："一些追求虚荣的人的背信弃义和欺诈行为，把已经形成的德意志民族重新觉醒的行动变成了一场令人作呕的暴行……假如这种既无意义又无目标的叛逆企图一旦成功，德国社会将堕入深渊，而巴伐利亚也在劫难逃。"声明宣布要解散纳粹党以及"高地联盟"、"德国战旗"两个武装团体。洛索控制下的军队和泽塞尔统治下的警察局部署了镇压啤酒店暴动的计划。这样，希特勒以突然袭击的方式劫持巴伐利亚领导人搞政变的阴谋便以失败告终。

为了挽回败局，希特勒建议退到罗森海姆附近的乡村，动员农民支持他们。鲁登道夫拒绝了这个建议，希特勒还想请王子普雷希特出面斡旋，以谋求和平解决，但也毫无结果。鲁登道夫建议举行游行来唤起军队士兵和居民的支持。希特勒稍事迟疑后，在无计可施的情况下表示同意。

11月9日下午12时15分，游行队伍从比格布劳凯勒啤酒店出发向市中心行进。希特勒、鲁登道夫、朔伊贝纳法官和戈林等人走在队伍前列，冲锋队、巴伐利亚南部联盟、战斗联盟的队员以及参加暴动的士官生们，计约二千余人跟随于后。队伍在横跨伊萨尔河通往市中心的路德维希桥上，击退了警察的阻拦，通过双桥大街走向市中心的马林广场。驻扎在政府官邸的警察在这个地区以及在普雷辛街旁边的梯阿汀纳街设置了警戒线。游行队伍行进在狭窄的府邸街上，想前去解救陷在陆军部的罗姆，但道路被州警察和部队封锁住，在铁丝网后面的罗姆和希姆莱正举着军旗直打哆嗦。

当游行队伍走进奥茅昂广场上统帅府大厦的时候，遇到一支人数众多的警察部队。双方在警戒线纠缠了许久。希特勒和鲁登道夫面色苍白地挪动着脚步，希特勒的卫士格拉夫跳起来喊道："别开枪！过来的是鲁登道夫阁下和希特勒！"突然间，游行者当中放出了一枪，警察队伍里也开枪射击。在枪战中，有16名希特勒党徒和四名警察丧命。这时游行队伍陷入一片混乱，一些人逃回马克西米里安大街，另一些人逃往奥茅昂广场。希特勒听到枪声便卧倒躲避，是"第一个跳起来向后跑的人"，他不顾地上的死伤者，登上汽车去投奔他的朋友恩斯特·汉夫施滕格尔在芬兰的乡间别墅。11月11日，警察在那里逮捕了希特勒，并把他关进兰茨贝格炮台监狱。鲁登道夫没有卧倒，在行进到奥茅昂广场时被捕。受伤的戈林被抬到附近一家银行里，经过急救后，偷越边境到了奥地利。赫斯也逃到奥地利。游行队伍顿作鸟兽散。希特勒苦心策划的"向柏林进军"，就这样不光彩地被镇压下去。

希特勒暴动之所以遭到镇压，首先因为柏林政府对巴伐利亚政府施加了压力，艾伯特政府将执行权和国防军的最高指挥权交给了西克特。西克特下令在全国取缔纳粹党。

其次，以希特勒为首的极端民族主义分子同以卡尔为首的地方分裂主义之间存在矛盾。虽然两者都企图反对柏林中央政府，但目标不一致。暴动时，希特勒对卡尔等人又采取了威胁和侮辱的手段，从而激怒了"三巨头"。洛索控制下的国防军和泽塞尔统帅下的警察都参与了 11 月 9 日镇压希特勒暴动的行动。

啤酒店暴动前，纳粹党在巴伐利亚境外还默默无闻。虽然慕尼黑的纳粹党员约有 35000 人，但参与暴动者仅有数千人。在纳粹党的实力还不足以抵挡国防军的时候，希特勒发动暴动是铤而走险。

希特勒暴动失败后，纳粹党瓦解了。1924 年 2 月 26 日开始，由一个特别法庭对希特勒—鲁登道夫集团进行审判。这次审判不仅没有断送他们的前程，反而让希特勒和纳粹党捞取了一笔宣传资本。希特勒在法庭上滔滔不绝地为自己辩护，否认犯有罪行。他辩解说："洛索、卡尔和泽塞尔的目标与我们相同——推翻全国政府……如果我们的事业确是叛国的话，那么在整个时期，洛索、卡尔和泽塞尔也必然一直同我们在一起叛国。"

希特勒把法庭当作进行煽动宣传的讲坛，他可以任意打断证人的话，不受限制地长篇发言。这是因为巴伐利亚司法部长弗朗兹·古特纳是纳粹党的朋友和保护者；法庭的首席法官与被告在"民族主义"思想上并无原则分歧。因而，希特勒被判处了最轻的徒刑——监禁五年，如表现好还可减刑。尽管如此，陪审法官还认为判得过严，于是主审法官表示，该犯在服刑六个月后就有资格申请假释。经过这次审讯，希特勒名震巴伐利亚，乃至整个德国，甚至许多外国报纸都登载他的名字。暴动没有成功，他却由此变成一个著名的政治人物，这为纳粹党的复兴奠定了基础。

从 1924 年 4 月 1 日判刑开始，希特勒实际上只服刑 264 天，而且是在较舒适的环境中度过监狱生活的。纳粹党领导人之一奥托·施特拉塞说道：无论是监禁，还是审判本身都是一幕滑稽剧。希特勒在兰茨贝格炮台监狱里，如同在旅馆里一样，独处一室。他可以在这里接见朋友、喝酒、玩牌，在附近的饭馆里订名贵的菜肴。八个多月适合思考的安静环境给希特勒提供了深思熟虑和计划东山再起的条件。希特勒从 1924 年 7 月开始，在狱中写《我的奋斗》，其中大部分是他口述，由其秘书赫斯等人笔录的。

1924 年 12 月 20 日。希特勒获释出狱，他曾向巴伐利亚总理海因里希·赫尔德承认"啤酒店暴动"一举是个错误，表示今后不再攻击政府。他骗取了巴伐利亚政府的信任，使其对希特勒的活动采取了容忍的态度。希特勒出狱后重整旗鼓，次年 2 月 26 日，《人民观察家报》复刊，2 月 27 日，重建纳粹党。他从"啤酒店暴动"中吸取了"教训"，准备用合法的手段夺取政权。

国会纵火案

"千年易过，德国的罪孽难消"，这是第二次世界大战结束不久，原德国驻波兰总督汉斯·弗朗克在纽伦堡就刑前，对曾经煊赫一时铁蹄踏遍欧洲的第三帝国的痛切之辞。至今，人们一想起令整个欧洲战栗十二年的黑暗时期，不禁都会感叹，一个以"理性"自豪的民族怎么会匍匐在一个狂人脚下，一个为世界贡献了康德、歌德、贝多芬、巴赫等许多人类崇高、美好精神代表的民族，怎么会在风景如画的东欧竖起高耸入云的焚尸炉烟囱。德国人民除了在"逃避自由"、自甘为奴这一点上要反躬自责外，还有责任重新审视制造种种罪孽的纳粹是如何在众目睽睽之下堂而皇之地把政权捞到手的。

纳粹党控制政权的关键一步就是在"国会纵火案"上做尽了文章，振振有词地制造了 20 世纪令人叹为观止的弥天大谎。今天，当我们在自由的空气中翻开德国历史上这不堪入目的一页的时候，我们会发现，正是这一事件，点燃了纳粹党控制德国以至于吞并世界的欲火。

纵火案的发生

1933 年 2 月 27 日晚，德国国会大厦内有人纵火。来回在议会大厅内散布火种的男子被警察抓获时已累得汗流如雨，警察问他为什么放火，情绪激动的纵火犯竟脱口而出："这是信号！这是革命的烽火！"从他的裤兜里搜出了传单和护照，传单的内容是德国共产党号召进行阶级斗争。从护照上得知，此人名叫马里努斯·范·德尔·卢贝，1909 年 1 月 13 日生，荷兰布莱登市人。放火的原来是个外国人。

此刻的卢贝欣欣然回味起已完成的神圣使命。昨天，他还和德国共产党的成员，他在德国新交的朋友瓦钦斯基想象大火烧起来德国工人阶级揭竿而起的壮景。十几个钟头前，他还想："看着吧，到明天，世界就该变样子了，这可是我干的。"如今，兑现了，他的照片出现在报纸上，让那些卢贝看起来畏畏缩缩的荷兰工人看看！让那帮软弱的成不了气候的荷兰共产党看看！当初的那位羞怯、感情细腻、喜欢空想的荷兰布莱登市穷人家的孩子，现在长成了憧憬着成功和冒险的青年，他期待着轰轰烈烈的革命烽火燎原。卢贝退出他不满的荷兰共产党后，加入了一个叫"国际共产主义集团"的左翼团体。也凑巧，受德国一个左翼工人团体之邀，卢贝代替"国际共产主义集团"的负责人来到德国。卢贝对德国工阶级的政党——社会民主党和共产党——是不抱希望的。法西斯上台的危

熊熊燃烧的国会大厦

险是明眼人一望便知的事实，可是社会民主党和共产党竟以为会通过选举战胜纳粹。在卢贝看来，这是愚蠢的坐以待毙的政策，卢贝坚信他的使命是点燃德国工人阶级反抗法西斯的抗争火种。"最好是放把火把国会大厦烧掉"，卢贝的想法得到了瓦钦斯基和其他几个对党的"老实"政策不满的德国共产党员的支持。

听到有人放火焚烧国会大厦的消息，戈林吃惊不小。

十年内，赫尔曼·戈林已由一个英俊年轻的飞行员变成体态肥胖的德国官员。这位第一次世界大战时的空中英雄、著名的里希特霍芬战斗机中队最后一任队长、德国战时最高奖章功勋奖章获得者，曾几何时已一头扎在希特勒脚下，原来仅仅是

在希特勒的打手队——"冲锋队"——里当头，现在他已很风光地作为国会议长和控制着警察的普鲁士邦的内政部长，在普鲁士内务部大楼里加班。听国会大厦的守卫说最后离开国会大厦的是共产党议员恩斯特·托格勒和威廉·凯念两个人时，戈林认为他们是重要的嫌疑分子，下令将他们逮捕起来。戈林对周围人说，可能是共产党想通过纵火造成混乱，乘机搞武装暴动。他命令全体警察立即进入戒备状态。

不久，上任一个多月的新总理希特勒赶到了现场。听完戈林的报告，他挥动着双手，滔滔不绝地对身旁的人说："非得让他们知道我的厉害不可！谁反对我们，我们就把他们彻底搞掉！德意志国民以前太老实了，共产党的活动家全都要枪毙！今天夜里就要把共产党的国会议员绞死！同情共产党的，要把他们关进监狱里！对社会民主党和国旗团（社会民主党的战斗团体）也要如法炮制！"在元首的亲自过问下，纳粹行动得相当快，案发后不到五小时内就提出了应予逮捕者名单和一项旨在扩大侦察权的法案。

也许是巧合，戈林手下的政治警察（盖世太保）近乎是阴错阳差地把保加利亚共产党人、在柏林工作的共产国际特派员季米特洛夫作为卢贝的同案犯逮住了。季米特洛夫所住旅馆的一个侍役向警察告密说，这个"俄国人"曾和卢贝一起坐在角落里嘀嘀咕咕。于是，盖世太保就找他的茬，说他的护照是假的，逮捕了他。能够把国会纵火案与共产党扯上就很不错了，若能把"共产国际"也扯进来，对于总是叫嚣要消灭"共产主义九头妖"、打翻"赤色恶魔"的希特勒来说，那真是天赐良机。

季米特洛夫作为共产国际和苏联共产党在保加利亚共产党内最信任的人物，当时是共产国际西欧局负责人。他来柏林是搞宣传和搜集情报的，并不是与德国共产党一起行动，岂料被便衣警察候个正着，和他一起被捕的还有另外两个保加利亚共产党人。在此之前，柏林警察局的政治警察就听说有个共产国际派来的外国人，有人看到他在公共场合和共产党员交头接耳。在盖世太保看来，赤色苏联来的人必定是居心不良的阴谋煽动家；何况，现在也正用得着，与共产党不是斗得正欢吗？可以利用这件事来杀杀德国共产党的威风。正因如此，事情变得有意义了。尽管纳粹党一度对季米特洛夫不是个俄国人很失望，然而，只要他是共产党，就够了。也正因如此，侦察工作不是由刑事警察而是由盖世太保来接手。

祸水引向共产党

希特勒和身为盖世太保总监的戈林为侦察工作定了调。希特勒于案发后一个半钟头，在幸免于火灾的议长室里召集了政府首脑会议，他从兴奋得有些失常的戈林那里听说案犯身上有共产党的党证，便别有用心地断定纵火案是共产党预谋的犯罪行为，他无比愤慨地叫道："这是共产主义者干的勾当，这是天佑，光耀德国历史的伟大转折到来了，诸位，你们马上就会看到的。"

因此，侦察就根据所谓共产国际和德国共产党是卢贝的同谋犯的政治判断而进行。当然，盖世太保为了求证这一点，是会殚精竭虑的。没有事实也不打紧，难道不能制造一个事实吗？"谎言重复千遍，就会成为真理。"何况，现在的新闻舆论都控制在即将成为国民教育和宣传部长的戈培尔手里，这个瘸腿的摇唇鼓舌的天才现在有了攻讦的对象，可以大显身手了。他马上跑到纳粹党的喉舌《人民观察家报》编辑部内命令改版，并跟在希特勒身后气势汹汹地说："应该马上在国会大厦前的广场上把逮捕的犯人处死。"

这些天对于纳粹党来说真是好戏连台。政治警察在案发前三天强行搜查了德国共产党总部"卡尔·李卡克内西馆"，从抄来的文件中，普鲁士内务部以发现了"武装起义计划"为由，向人民发出了共产党"武装起义迫在眉睫"的警告；他们又耳闻德国共产党领袖恩斯特·台尔曼建议与社会民主党和自由工会建立对法西斯的统一战线；现在又出了这码事，天赐良机，有了如此好的借口，纳粹党可以好好地做一番文章了。

为什么德国法西斯这么急于要把共产党和社会民主党搞掉呢？事情很简单，新上任的希特勒要大权独揽，实现他"一个民族、一个国家、一个政党、一个领袖"的愿望。

1933 年 1 月 30 日，对于 20 世纪的人类来说，这是一个黑色的日子。"第三帝国"，这个德国动乱政治中的怪胎被纳粹党从肌体衰弱的魏玛共和国体内拽了出来。这一天，希特勒通过无数桩见不得人的幕后交易，获得了他一直呵护得很好的陆军的支持和大垄断企业的撑腰，最后一刻，老朽的总统兴登堡也对任命他以往一直鄙夷不屑的"波希米亚下士"为总理勉强点了下头，于是，希特勒便在喽啰们弹冠相庆的聒噪声中实现了他梦寐以求的愿望——当上了德国总理。

但是，希特勒当了总理并不意味着国家权力就操纵在纳粹党手中。在内阁 11 个职位中，他们只占三个，而且除了总理外，他们所占职位都不十分重要。弗立克担任内政部长，但因为德国的警察是由各邦自己控制的，所以他这个内政部长等于是个空架子。空军英雄戈林免不了也要谋个一官半职的，但是没有合适的位子给他，于是他被任命为不管部长。内阁其他几个重要的职位则都在副总理弗朗兹·冯·巴本的手里。也就是说，希特勒及其纳粹势力的背后，还有总统、陆军、保守分子三股力量的掣肘，不能大权独揽，随心所欲。

希特勒、纳粹党通向独裁的关键就是要从兴登堡总统那里取得宪法第四十条规定的权利：在紧急状态下，只要总统批准，可以不需议会多数支持而仅凭总统紧急法令来行使职权。总理将取代国会获得立法权，也就是说，内阁政府——在希特勒看来，就是纳粹党和他本人了——有制订宪法的权力，把国会抛在一边。要达到这一点，必须修改宪法，需要国会里有三分之二的多数支持才能通过。因此，现在的首要任务是控制国会，争取大多数议员支持。但是，参加内阁的纳粹党和支持巴本的休根堡民族党在国会 583 个席位中只占 247 席，尚不足够成多数，因此，还需要至关重要的 70 票支持。为达此目的，希特勒及其同伙便开始玩弄政治手腕，诱使其他党派力量领袖同意进行国会重新选举。这是文的一套手法。

当选举逐步展开的时候，希特勒又施展了武的一套手法。他们指使手下那些拳大臂粗的冲锋队员不断制造挑衅行动，目的是引起与共产党和社会民主党的争斗，为政府出面收拾这两个工人阶级政党提供借口。戈倍尔在希特勒被任命为总理的次日，就曾在日记中写道："目前我们暂不采取直接的对抗行动。必须先让布尔什维克的革命尝试爆发出来。在适当的时候，我们将要采取行动。"但是他们一直没有动静。这两个工人阶级的政党早就结了冤家。共产党直到不久前才改变与社会民主党为敌的政策。此前，它一直认为希特勒夺权并不可怕，反而会激发无产阶级革命，建立无产阶级专政；而认为"中间派"的社会民主党比起纳粹党对工人阶级的毒害更大。在希特勒纳粹势力崛起后，德国共产党和社会民主党并未建立一个强有力的"反法西斯统一战线"，甚至在对方召开大会时还相互打斗。分裂的状态使他们在希特勒粉墨登场的政治闹剧中无所作为。何况，希特勒一上台后，就取缔了共产党的集会，封闭了共产党的报纸，社会民主党则由冲锋队的打手来对付，总之，希特勒预计的革命并未爆发。

"国会纵火案"就发生在这节骨眼上。

纳粹党"趁火打劫"

现在，希特勒可以振振有词地跑到总统那儿去要求改变社会的无序状态，再也不能任其他各种力量撒野了。案发的当天，希特勒召开内阁会议后，直奔总统官邸，请总统签署内务部制订的《保护人民和国家法》。在此之前，总统被勃鲁宁、巴本、施莱彻尔三届政府走马灯式的换届搞得很恼怒，希望早日结束政治上的混乱、动荡状态。尽管当初他对任命希特勒这个"啤酒馆政变"中的小丑为总理颇不以为然，说他顶多只能当个邮电部长，但他现在并未阻拦新总理的应急举措，根据宪法第四十八条行使立法权的权力，批准了该法。第二天（2月28日），《保护人民和国家法》作为《总统紧急法令》颁布了。《法令》暂时停止执行宪法中保障个人和公民自由的七项条款。其主要内容是限制个人自由，限制表达意见的自由，包括出版自由；限制结社和集会自由；对邮件、电报和电话进行检查；对搜查住宅发给许可证件；发出没收以及限制财产的命令。

除此之外，它还规定中央政府在必要时可接管德意志各邦的全部权力，以恢复那里的公共秩序。

《法令》废除了《魏玛宪法》中对基本人权的规定，希特勒现在能处在合法的地位随意抓人了。不久，约4000多名共产党干部和许多社会民主党及自由主义领袖遭到了逮捕，一些根据法律享有豁免权的议员也照抓不误。国会大厦守卫说2月27日最后离开大厦的是共产党国会党团领袖托格勒，为证明自己的清白，他主动到警察局说明情况，即被逮捕。几天后，德共领袖台尔曼也身陷囹圄。季米特洛夫就是在这种情况下被逮捕的。

在3月5日举行选举之前。整车的纳粹冲锋队员在城市街道上横冲直闯，往往未经许可便破门而入，把人带走。共产党的报纸和政治集会被取缔，其他自由党派的报纸也被勒令停刊。纳粹党人手头掌握了普鲁士政府的权力，大企业纷纷掏钱援助，电台也尽是纳粹的危言耸听和拉拢许诺之言，纳粹的卐字旗在电台的聒噪声中淹没了大街小巷。

尽管如此，3月5日的选举，纳粹党并未大获全胜。他们得票数只占总数的

44%，这表明仍有大多数人反对希特勒。在国会中，即使加上民族党的席位，也并未获得需要的三分之二多数。不过他们另有办法，81个共产党议席可以让它们空着，余下来的，戈林认为，可以用"不让一些社会民主党人入场"的办法轻而易举地解决掉。

第三帝国第一届国会于3月21日在波茨坦的忠烈祠举行。3月21日是俾斯麦主持第二帝国第一届国会召开的日子，而此次会议地址又是普鲁士主义的圣地，霍亨佐伦王朝历代君王都来此作过礼拜。腓特烈大帝的遗体在这里，兴登堡也来此朝过圣。希特勒用意很明显。煽起民族主义的热情，尤其是在众人怒斥的《凡尔赛条约》给德国人民带来的巨大民族创伤的情况下，这一点不会遭众人反对的。效果果然不错。希特勒甚至还煞费苦心地在兴登堡面前深深地鞠了一躬，这可真感动了这位老总统，尽管希特勒此时心里想着的是将这老朽的权力也夺过来。

纳粹控制的国会机器迅速转动起来了。3月23日，在旁听席上冲锋队员一片"交出全部权力"的叫嚷声中，希特勒如愿以偿地看到"授权法"——《消除人民和国家痛苦法》——通过。它规定，把立法权、批准与外国的缔约权、宪法修正权从国会手里拿过来移交内阁；甚至还规定，内阁制订的法律由总理起草，并且可以"不同于宪法"。就这样，希特勒果然实现了他在"啤酒馆政变"后拟定的用和平、"合法"手段夺权的计划。

从此，议会民主制度在德国已不复存在。国会尽管与第三帝国相始终，却只是仰元首鼻息的摆设，是元首声音的传声筒。同年8月，兴登堡死后，希特勒干脆就一身兼任数职，元首兼国家总理，同时又是武装部队总司令。德国从此朝着战争轨道迅跑。完全可以说，国会纵火案给他提供了消灭敌手的契机，难怪当初他接到报案时，大叫这是"天佑"呢。魔鬼撒旦总是要作恶的，多个行恶的借口只不过使他更肆无忌惮而已。

西班牙内战

概况

西班牙地处西南欧的比利牛斯半岛，二十世纪三十年代前还是一个社会经济落后的半封建君主专制国家。大部分土地掌握在地主手中，天主教会拥有很大的权势，许多重要工业部门则控制在英、美等外国资本手中，而工农大众在政治上处于无权地位，生活极其困苦。此外，国内还有复杂的民族问题。1929年10月爆发的世界经济危机，给西班牙以沉重的打击，失业工人达50万，失业雇农近100万，社会矛盾迅速激化。

1931年4月14日，西班牙爆发资产阶级民主革命，宣布成立共和国，建立了资产阶级联合政府。国王阿方索十三世逃亡法国，在人民群众的推动下，新政府颁布宪法，开始实行民主改革，宣布言论、出版和集会自由，允许共产党合法存在，宣布教会同国家分离，禁止耶稣会活动，在某些地区实行土地改革，降低了一些地租，给予加泰洛尼亚族以一定的自治权等。但是，农民的土地问题、工人就业和工资问题以及民族自治权等重大社会问题并没有真正解决，因而工农运动和民族运动继续高涨。

西班牙资产阶级政府的民主改革虽然不彻底，仍引起了保皇派分子、教权派、大地主大资产阶级和军队反动将领的仇视。他们策划反对政府的阴谋活动，伺机夺取政权。在共和国成立之初出现的法西斯组织，受到希特勒在德国夺取政权的鼓舞，也加紧活动起来。1933 年 10 月 29 日，法西斯分子成立"西班牙长枪党"。长枪党鼓吹通过"民族革命"去反对"现行制度"，宣称要"统一被分离运动、党派间的矛盾和阶级斗争所分裂的祖国"，建立"为统一祖国服务的、有效的和有权力的新国家"，次年 2 月，该党与另一法西斯组织"国家工团主义者进军洪达"联合为统一的法西斯党——"西班牙长枪党与国家工团主义者进军洪达"。西班牙法西斯缺乏群众基础，合并后的长枪党党徒不过三千人，其追随者主要是青年，因而它一成立就同国内的极右派和德、意法西斯建立了联系。军队中的反共和国势力也于 1933 年成立了一个专事武装政变的秘密反动组织——"西班牙军事联盟"。这些反动势力为了镇压不断高涨的西班牙人民革命浪潮而相互勾结起来。

从西班牙共和国成立起，民主势力和反动势力进行了多次较量，政权几易其手，斗争越来越激烈，其形式从议会斗争逐渐转化为武力对抗。

1933 年 11 月议会选举，大地主、天主教僧侣、金融巨头等反动势力联合组成所谓"塞达党"。该党通过对选民实行欺骗和恐怖手段取得多数议席，并于 12 月成立了以亚历汉德罗，勒鲁斯为总理的亲法西斯反动政府。勒鲁斯政府一成立，就着手清除"共和国的遗产"，大赦保皇派叛乱分子，重新允许耶稣会活动，停止进行土地改革，对人民实行独裁统治。西班牙历史进入"黑暗的两年"。

面对反动势力的猖狂进攻，以何塞，狄亚斯为首的西班牙共产党领导工农群众展开英勇斗争，推动了西班牙民主力量的联合。1934 年 10 月初，为抗议三名亲法西斯分子入阁，西班牙爆发 100 万工人的政治大罢工，许多地方的罢工转变为革命起义。北部阿斯土里亚的矿工在共产党和社会党的共同领导下，坚持战斗了 20 多天，才被政府军队镇压下去。

十月起义失败后，西班牙共产党被迫转入地下。它在共产国际第七次代表大会关于建立人民阵线和反法西斯统一战线策略方针的影响下，加强了争取工人阶级统一和建立反法西斯统一战线的工作。同年底，共产党同社会党达成关于共同反对白色恐怖和争取恢复民主自由的协定。1935 年 6 月，西共中央号召西班牙劳动人民成立反法西斯人民同盟。11 月，西共领导的"统一劳工总同盟"加入西班牙社会党领导的"劳工总会"，使之成为拥有 65 万以上工人的统一工会组织。共产党、左翼共产党、共和联盟、工团主义党和马克思主义统一工党的代表们经过谈判，于 1936 年 1 月 15 日签订了人民阵线公约，提出包括大赦政治犯，恢复民主权利，改善工农生活，解散保皇党和法西斯组织等内容的人民阵线纲领。

1936 年 2 月 16 日，西班牙议会举行新的选举。参加人民阵线的左翼政党击败共和党保守派、教权派和保皇派，取得选举的重大胜利。2 月 19 日，左翼共和党人曼努埃尔·阿萨尼亚组织新政府。5月，阿萨尼亚当选为共和国总统，共和党人何塞·希拉尔出任总理。在人民阵线支持下，左翼共和党人政府采取一系列重要改革措施，释放3万名政治犯，实行社会和劳动立法，恢复在"黑暗的两年"中被解雇工人的工作，重新实施土地改革法，恢复加泰洛尼亚的自治，对外则同苏联建立了外交关系。西班牙共产党恢复公开活动。

当西班牙人民庆祝人民阵线胜利的时候，反动分子却在策划武装叛乱的阴谋。早在1935年6月，长枪党即在"政治洪达"会议上通过了武装暴动的决议。其他一些反动组织也酝酿同样的计划。只是他们幻想在新的议会选举中合法地攫取政权，才推迟了暴动计划的执行。1936年2月议会选举的结果，打破了反动派通过合法手段夺取政权的幻想，他们决定用武力推翻共和国政府。长枪党的武装集团、传统派分子卡洛斯派的战斗组织以及军事同盟等，对武装叛乱的准备起了特别重要的作用。一些反动将领如何塞·圣胡尔霍、佛朗哥、埃米略·摩拉等，也都参加了阴谋的策划。反动分子凭借他们在国家机关和军队中占据的要职，在大地主大资产阶级、教会和外国势力的财政援助下，迅速建立了遍布全国的秘密组织。他们加紧在军队中特别是在西属摩洛哥的驻军中进行策反工作，并定圣胡尔霍将军为"新国家"的领袖。7月上旬，西属摩洛哥的驻军举行军事演习。许多天主教神父和僧侣脱下长袍，换上普通衣服，参加叛乱的准备工作。一些地区的教堂和寺院变成了暴动的中心。大资本家则把资金转移到国外。大商人哄抬物价，扰乱市场。大地主宁愿不收割庄稼也要解雇雇农，以破坏国家的正常经济生活，损害共和国的威信。

西班牙法西斯分子策划武装暴动阴谋时，直接得到希特勒和墨索里尼的支持和援助。1936年3月，圣胡尔霍将军专程前往柏林，同纳粹头子进行有关德国援助西班牙反革命军事组织的谈判，最后商定向德国"商行"购买大批军事装备。德国在西班牙的间谍直接参与了军事暴动计划的制订。至于墨索里尼，早在1934年3月底就已答应给西班牙反动分子以物质上的援助，许诺在反动分子发难时提供一万支步枪、两万颗手榴弹、两百挺机关枪和150万比塞塔。

1936年7月中，不断传来法西斯即将叛乱的警报，形势危急。7月15日，西共总书记狄亚斯在议会警告说："大家要当心！反动派准备叛乱！"可是，左翼共和党人政府对平定叛乱过于自信，未能采取有效措施来制止叛乱的发生。

7月17日深夜，在位于西属摩洛哥的休达电台播放"整个西班牙晴空万里"的暗语指挥下，叛军在西属摩洛哥、加那利群岛和巴利阿利群岛首先发难，另一叛军将领摩拉则在西班牙北方的纳瓦拉、旧卡斯蒂亚行动。次日叛乱迅速蔓延到西班牙各地的驻军。7月20日，叛乱首领圣胡尔霍从葡萄牙回西班牙途中因飞机失事身死，1935年5月担任西班牙军队总参谋长、1936年2月调任加那利群岛部队司令的佛朗哥便充当了叛军的魁首。当时，共和国军队的80%，约12万名官兵和大部分国民警卫军倒向叛乱分子方面。叛乱头子计划从南北夹击马德里，在几天内夺取政权。但是，佛朗哥的叛乱遭到西班牙人民的迎头痛击。工人、农民、学生、职员和知识分子响应共产党和人民阵线的号召，纷纷拿起武器，奋起保卫共和国。几天之内，就有30多万人报名参加人民警卫队，经过爱国军民的英勇战斗，马德里、巴塞罗那、巴伦西亚等大中城市的叛乱很快被镇压下去。空军和几乎整个海军站在共和国方面，水兵和下级指挥官们把大部分军舰和潜水艇开进了共和国的港口。叛军只控制南方的加的斯、韦耳发、塞维利亚和北方的加利西亚、维瓦拉、旧卡纳蒂亚及阿拉贡等地区，南、北方叛军被巴达霍斯省隔开。

佛朗哥派人于 1936 年 7 月 21 日、22 日到罗马和柏林，请求这两个法西斯国家给予援助。就在叛乱分子面临失败的关键时刻，希特勒和墨索里尼几乎同时作出了援助佛朗哥、对西班牙进行武装干涉的决定。希特勒对里宾特洛甫说："德国无论如何不能容忍出现一个共产主义的西班牙……如果西班牙真的成为共产主义的，法国也将布尔什维克化，那么德国就完蛋了。"除了仇视共产主义和民主共和外，德意法西斯武装干涉西班牙还有其征服全欧的长远打算。他们若控制了西班牙这个地中海的西部门户和直布罗陀海峡这个咽喉，对英法在地中海的战略基地将构成威胁，英国将不能借此要道直达中、近东，法国则将面临腹背受敌的困境。

7 月 28 日，德、意飞机来到得土安，协助佛朗哥把叛军和军用物资空运到西班牙南方。同时，他们通过海路把大批武装弹药和军事技术人员运送给叛军。7 月底，德国建立援助佛朗哥的"W"特别司令部。8 月，意大利政府设立"赴西班牙作战委员会"。据统计，佛朗哥叛乱开始后的三个月，德、意空军协助佛朗哥向西班牙前线运送了 24000 多名士兵、400 余吨军用物资，并轰炸西班牙城市 462 次之多。站在佛朗哥一边的，还有葡萄牙萨拉查独裁政权和梵蒂冈等国际反动势力。

德、意的武装干涉，改变了西班牙内战的性质，使西班牙人民的斗争转变为反对法西斯侵略及其走狗的民族革命战争。

德、意武装干涉西班牙直接威胁到英、法的利益。如果西班牙和西属摩洛哥落入法西斯国家之手，英国通向中东和远东的地中海航线将有被截断的危险，而法国则会腹背受敌，陷于法西斯国家的包围之中。从这个意义上讲，英、法是不情愿让西班牙落入法西斯国家之手的。另一方面，英、法统治集团以为，西班牙人民阵线是受共产党操纵，并得到苏联支持的，怕共产党和民主力量在西班牙执政会引起国内革命力量的高涨，因此，对人民阵线政府非常敌视；英、法政府对德、意还抱有幻想，企图同德意进行交易，把德国的侵略矛头引向东方，更想把意大利拉到自己一边，因此不想同德意进行军事对抗。英法统治者在这种矛盾心理支持下，决定采取"不干涉"政策。

1936 年 7 月 25 日，法国勃鲁姆政府宣布停止供应西班牙武器，单方面撕毁《西法通商协定》。8 月 2 日，经同英国政府策划，法国又提出所有欧洲国家严格执行"不干涉"西班牙事务的建议。8 月 15 日，英、法两国互换照会、相互承担义务，不向西班牙或其属地输出武器和军事物资。9 月 9 日，27 个欧洲国家在伦敦成立实施关于不干涉西班牙冲突协定的国际委员会。英、法采取的"不干涉"政策貌似公正，其实，正如西班牙共和国外交部长阿尔瓦雷斯·德尔·瓦约后来在国联大会上所控诉的，它是"对叛乱分子有利的、真正公然而直接的干涉"。德、意虽然在不干涉协定上签了字，但根本无意执行协议的条款，相反，在"不干涉"的烟幕下，变本加厉地对西班牙进行武装干涉。8 月 27 日，即德国政府宣布同意"不干涉"协议的第二天，其驻马德里的代办就报告说，容克式飞机刚轰炸了当地的机场。英、法操纵的"不干涉委员会"对德、意违背协议的行为不闻不问，而对西班牙共和国政府却实行严密的封锁和禁运，实际上剥夺了它抵抗侵略者的正当权利。

然而，西班牙人民反对德、意法西斯侵略者和佛朗哥叛乱的斗争，一开始就得到世界无产阶级和进步力量的广泛同情和支持。

佛朗哥叛乱发生后，居住在西班牙的反法西斯侨民和参加国际工人奥林匹克运动会的工人运动员等，就自动组织起来，与西班牙人民一起投入抗击叛乱分子的战斗，世界各地掀起了声援西班牙人民的群众运动。8月13日，在巴黎召开保卫西班牙共和国、民主与和平代表会议，并成立援助西班牙共和国的专门委员会。许多著名的社会活动家、作家和科学家，如罗曼·罗兰、萧伯纳、爱因斯坦、约里奥—居里、毕加索等以他们在国际上的威望，呼吁保卫西班牙共和国。在拉丁美洲、非洲和亚洲的许多地方成立了"西班牙共和国之友协会"。

苏联人民和政府更是在道义上和物质上给予西班牙人民以重大援助。西班牙战争一爆发，全苏联掀起了声援西班牙人民的巨大浪潮，各地开展了募捐活动。苏联参加了"不干涉委员会"，其目的在于揭露德、意和葡萄牙违背不干涉协定的行为，防止帝国主义国家把该委员会变成反苏集团。10月7日，苏联政府向"不干涉委员会"主席指出："在任何情况下不能同意把不干涉协定变为掩护某些协定参加国向叛乱分子提供军事援助的幌子"，并严正声明：如果这种做法不停止，苏联政府"将认为自己不受协定义务的约束"。10月23日，鉴于英、法操纵的"不干涉委员会"对德、意的武装干涉不采取任何有效措施，苏联驻伦敦全权代表迈斯基通知协定参加国：苏联政府决定"恢复西班牙政府购买武器的权利和可能性"。这样，从1936年10月起，苏联开始在物质上和军事上援助西班牙共和国，并根据西班牙共和国政府的要求，派出了自己的军事专家和军事顾问。

共产国际是当时世界进步力量声援西班牙人民正义斗争的组织者。共产国际执委会多次讨论了援助西班牙共和国的问题，并采取各种措施在道义上和物质上支援西班牙人民。1936年9月，在征得西班牙政府同意后，共产国际作出了在各国招募受过军事训练的志愿人员的决定。在共产国际和各国共产党的号召下，苏联、法国、意大利、德国、美国、加拿大、中国等54个国家的共产党员和进步人士约四万余人，冒着生命危险，克服重重困难，来到西班牙组成了举世闻名的"国际纵队"，同西班牙人民一起并肩战斗。一百多名中华民族的优秀儿女参加了国际纵队的战斗行列。国际纵队战士的誓言是："为拯救西班牙和全世界的自由而战斗到最后一滴血。"为了加强对国际志愿人员的组织和领导，共产国际和各国共产党派出了许多重要的政治和军事干部。除了共产党人以外，还有许多社会党人、共和派和无党派人士，甚至天主教徒也都参加国际纵队。这充分体现了世界人民反对法西斯的国际团结。

国际和平民主力量声援西班牙人民的斗争，特别是国际纵队战士直接在西班牙战场上参加战斗，其意义远远超过了西班牙战争本身，它是国际和平民主力量与法西斯力量在战场上的第一次较量。

内战背景

1936 年 7 月 18 日清晨，一架事先准备好的英国小型飞机，从北非加那利群岛载着西班牙在该岛的驻军司令弗朗西斯科·佛朗哥将军飞往西属摩洛哥的德土安。他在那里发动了一场反对西班牙共和国政府的军事叛乱。从此就开始了为时达两年多（1936 年 7 月 18 日至 1939 年 3 月 5 日）的"西班牙内战"。由于德、意法西斯很快就给予叛乱分子直接支持和进行公开武装干涉，"内战"也在实际上成为西班牙人民抗击法西斯、捍卫民主和独立的民族革命战争。它的意义远远超出西班牙本身，对当时国际关系产生了广泛而深远的影响，成为第二次世界大战前夕民主力量和法西斯侵略势力斗争的一个重大事件，是 30 年代国际反法西斯斗争的重要组成部分。

这场内战的根源在西班牙社会本身，是它的各种社会矛盾尖锐化的结果。而德、意法西斯的支持和干预，是促使这些矛盾爆发，并使内战得以延续和扩大的重要因素。

近代历史上的西班牙曾经是一个强盛的殖民帝国。它的殖民地遍布世界各地，尤其是占有除巴西外的几乎整个中美洲和南美洲。可是这个显赫一时的殖民强国在 3 次重大的打击下一蹶不振：第一次是 1588 年，西班牙的无敌舰队侵英失败葬身英伦海峡，从此失去了海上霸权；第二次是 1810—1826 年，拉丁美洲西属殖民地人民的独立战争，使西班牙殖民体系摇摇欲坠；第三次是 1898 年美西战争，后起的美国给予它最后一击，它的势力完全被逐出美洲，失去了最后残存的殖民地——古巴、关岛和菲律宾。

军事失利是国力衰弱的必然结果，它反过来又加剧了内部的矛盾，加速了国家的衰落。20 世纪初，正当西方其他大国大踏步前进的年代，古老的西班牙却远远被抛在后面，在资本主义经济政治发展不平衡规律的作用下，被挤出了帝国主义争霸的行列，昔日称霸海上的雄风已经一去不复返。

西班牙社会落后的根源在于其半封建的生产关系。在这个基础上交织着阶级矛盾和民族矛盾。土地问题、工人问题和民族问题构成西班牙社会的根本问题。

半封建生产关系首先表现在土地关系上的大土地贵族占有制。被喻为"西班牙社会的癌症"的大庄园制是其土地占有的基本形式。大庄园往往连田数万公顷，而广大农民则贫无立锥之地。20 年代的西班牙是一个农业国家，农业人口约占全国人口的 57%。土地分配情况如下：1% 的人口占有全国耕地 51%，14% 的人口占有土地 35%，20% 的人口占有土地 11%，25% 的人口占有土地 2%，40% 的人口根本没有土地。大庄园的土地常常是种不完就任意抛荒也不给农民耕种，由中世纪一直沿袭下来的沉重地租夺去农民收获物的一半甚至更多，把农民压得喘不过气，大批农户完全失去了土地沦为雇农。在 30 年代初，全国只有 40% 的土地有人耕作，而这些耕地又有 1/4 年复一年地荒废着。内战前雇农人数约达 250 万人，只靠打短工为活。因此，农村贫困，阶级矛盾尖锐，严重阻碍生产力的发展。

与这种半封建的生产关系相适应的是政治上的君主立宪制。20 世纪的西班牙正处在波旁王朝末代君王阿方索十三世统治下，虽然有议会之类的资产阶级统治机构，但是政府要员，将军和议员们绝大部分还是大土地贵族，另外就是天主教会高级僧侣和一些大资产阶级代表人物。按其阶级性质来说，这个政权是封建贵族、上层僧侣和大资产阶级的政治联盟。可以说，统治西班牙的主要力量还是贵族大地主。

天主教会在西班牙具有特殊的势力和地位。它深入到城乡社会生活的各个方面。教会拥有全国的 1/3 的地产和一大批企业，高级僧侣本身常常是大地主或大财主，在政治上也有重要的影响，是君主政治的重要支柱。

此外，西班牙还具有一般资本主义社会的阶级矛盾。第一次世界大战期间西班牙是中立国，它利用这一地位和交战双方都发展贸易，经济有所增长。但是重要的经济领域，如冶金、采矿等多为外国资本、尤其是英、法资本所控制。在 20 年代，西班牙现代无产者人数并不多，只有约 40—50 万人。1920 年 4 月，成立了西班牙共产党，党员人数不过 1200 人。大量手工劳动者和农业劳动者以及小资产阶级的存在是无政府主义和机会主义思潮传播的温床，无政府主义的工会——"全国劳工联合会"会员达 100 万人；社会党的工会——"劳动总同盟"会员也达 20 万人。

除阶级矛盾外，西班牙还存在严重的民族矛盾：少数民族处于受压迫的无权地位。由于历史的原因，境内各少数民族：加泰罗尼亚人、加里西亚人、巴斯克人等，都各有其风俗、语言和文化，彼此存在很深的民族隔阂，分离主义严重，20 年代初，在俄国革命和欧洲革命高潮的影响下，西班牙工农运动和民族自治运动高涨，阶级矛盾和民族矛盾尖锐，共和民主思想和社会主义思想进一步发展，这一切都冲击了波旁王朝的统治，产生了君主制度的危机。国王阿方索十三世不得不借助原加泰罗尼亚军事长官普里莫·德·里维拉对全国实施军事专政，暂时压制了各类矛盾的发展。1929 年在世界经济危机的冲击下，西班牙国内各种矛盾迅速激化，国王只得弃车保帅，抛开普里莫·德·里维拉，让他辞职以平众怒，结束了军事独裁专政。但是这阻止不了革命形势的发展。1931 年，西班牙终于爆发了资产阶级民主革命。

1931 年西班牙资产阶级民主革命

普·德·里维拉军事独裁专政结束后，1931 年 2 月，国王不得不宣布恢复宪法，定于 3 月进行选举。全国各政党围绕君主制的存废问题明显分为对立的两大派：共和派和保皇派。大体的划分是：工人、农民、城市中小资产阶级拥护共和，反对君主制；而大庄园主、大资产阶级、上层僧侣和高级军官则是维护君主制度的保皇派。4 月 12 日选举的结果是共和派取得重大胜利，全国各大城市 70％ 的人拥护共和制度。加泰罗尼亚也宣布自治。国王阿方索十三世眼见大势已去，只得逃亡国外。4 月 14 日，西班牙宣布成立共和国，史称："第二共和"（"第一共和"存在于 1868—1870 年）。由右翼自由共和党领袖尼·阿尔卡拉·萨莫拉出任临时政府首脑。12 月 9 日通过新宪法，宣布西班牙为一院制的议会共和国。由共和党左派曼努埃尔·阿萨尼亚组织第一届政府。

1931 年革命使西班牙进入共和时代，它在历史上所起的作用是明显的：首先是结束了 2 个多世纪以来波旁王朝的统治，成立了资产阶级共和国。其次是进行了有限的民主改革，试图改变半封建生产关系的大庄园制，限制天空教的特权，宣布政教分离，并且给予人民一定程度的民主自由等。

可是，西班牙共和国所进行的社会民主改革是很不彻底的。主要是：国家机器，尤其是军队没有多少变动。军官绝大部分出身于封建豪门贵族，尤其是高级军官，对新的共和政权充满敌意。共和政府只要求那些公开拒绝宣誓效忠的军官可以在保留军衔薪俸的优厚条件下自愿退职。军权实际上仍旧掌握在那些口头效忠、实则敌对的反动将军们手里。例如，共和国成立的第二年就发动军事叛乱的何塞·圣胡尔霍将军曾被委为国民警卫军司令，戈戴德将军、佛朗哥将军都曾先后担任过总参谋长。另一反动将军华金·范胡尔担任过陆军部副部长。这些人身居要职，心怀不轨。政府机构中的各级官吏，也有很多是土地贵族、保皇分子和教权派。土地问题没有真正解决。1932 年 9 月的一项土地改革法令只规定把所没收的王室土地分给农民，而农民每年要交付 4％的地价；没有耕种的 56 亩以上的私田收归国有；并且由政府高价"赎买"部分地主"多余的"土地。这些温和的改革还只规定在全国 1/3 的地区先试行（实际上试行过的不过二、三个省的部分地区）。这就远不能满足农民的土地要求，对大庄园制的地主经济也触动不大，农村的统治者照样是贵族地主和天主教会，农民贫困情况得不到改善。这样的土地改革法，被讽刺为"用阿司匹林去治疗阑尾炎"，无济于事。作为君主制度重要支柱的天主教会仍然势力很大。它们利用教坛和所控制的学校等教育阵地，散布反政府的言论，造谣惑众，敌视共和。工人的处境也未能得到改善。8 小时工作制和社会保险的一些法令，由于资本家阳奉阴违，难以兑现，而且一些外国资本控制下的工矿企业更不可能实行。民族问题也没有全面解决。1931 年新宪法规定："任何地区有自愿实行自治的权利"。但只有加泰罗尼亚取得这种权利，巴斯克、加里西亚的自治要求却拖而未决。

总之，西班牙社会这些根本问题未能真正解决，共和的西班牙仍然十分尖锐地存在阶级斗争和民族斗争的问题，埋藏着内战的火种。

从共和国成立之日起，在新的历史条件下，君主派和共和派间复辟和反复辟的尖锐斗争继续存在和发展。不但被迫退位逃亡国外的前国王阿方索十三世公开声称："我不放弃我的任何权力！"依然明里暗里联系和指挥着西班牙国内的保皇派活动；作为君主派另一支的卡洛斯派，又称"正统派"则在北方的那瓦尔省保持了实力，并且拥有自己的军队和武装组织"雷克特"。在复辟君主制的共同目标下，1931 年 9 月 12 日，两派在瑞士结成了同盟。在君主派的活动下，西班牙各地的保皇分子蠢蠢思动，地主资本家负隅顽抗，教权分子猖狂配合，闹得乌云滚滚。地主故意让土地丢荒，制造粮荒；大资本家停工歇业，使工人失业受饥；投机商人囤积居奇，操纵物价，扰乱市场。首都马德里的保皇派公然集会成立"保皇派独立小组"，高唱"国王赞歌"。贵族子弟上街示威寻衅，公然呼叫"打倒共和国"的口号，而路上行人则针锋相对高喊"共和国万岁！"与之对抗。保皇派还利用所掌握的报刊舆论，公开报导各地保皇势力的活动，鼓吹复辟君主制度。天主教会也积极配合，在其所控制的学校中进行敌视共和赞美君主制度的教育。于是，两个对立的政治势力——共和派和保皇派之间的斗争日趋尖锐，冲突也不断升级，尽管共和国·政府相当宽大，某些领导人甚至认为民主政府就应该让人民有绝对的自由，"到了 20 世纪，镇压手段已没有必要。"但是工人和农民都自发起来保卫共和制度。各地都发生了反对复辟的示威游行和罢工，愤怒的群众甚至烧毁教堂，捣毁保皇派的报社。双方营垒分明，尖锐对立，暴力事件也不时发生。可是，对于共和国，最大的隐患却是来自未改造好的军队。1931 年夏，揭露了奥尔加斯将军在保皇派支持下谋叛的阴谋，事发后只把他放逐到加那利群岛。1932 年 8 月，已调任宪兵总监的何塞·圣胡尔霍将军发动了军事叛乱，占领了塞维利亚。但是其他卫戍区的军队没有按原计划行动，叛乱旋被镇压下去。圣胡尔霍本人在逃往葡萄牙途中被捕，然而共和国政府并没有从这些事件中吸取教训，引起警惕。1933 年，军队中又出现了图谋叛乱的秘密组织"西班牙军事联盟"。

1933 年，在德国希特勒的纳粹党取得政权的鼓励下，西班牙的反动政治力量进行新的部署。前独裁者普里莫·德·里维拉的儿子何塞·安东尼奥·德·里维拉组织了西班牙法西斯党——"长枪党"。以天下主教的"人民行动党"为中心，联络各左派政党组成了"西班牙自治右翼各党联盟"即"西达党"。前者人数虽尚少，但是活动猖獗，并且在德国帮助下建立了自己的武装，气势逼人；后者集结教权派、保皇派等右翼分子，号称人数近 80 万人，形成一股威胁共和制度的巨大政治力量。

1933 年 12 月，以西达党为主体的"右派力量选举联合阵线"在议会选举中获胜，组成以激进党人亚历杭德罗·勒鲁斯为首的新政府，这意味着共和国初年共和党左派执政时期（1931—1933 年）的结束，右派通过合法手段掌握了政权。新政权立即着手逐步取消民主革命的初步成果：停止一切社会改革，包括土地改革；否定民族自治权利；归还被没收的教会财产；大部分宪法保障不再生效。同时赦免和释放大批在逃在押的叛乱分子和保皇分子，其中包括一些重要罪犯，如因 1932 年军事叛乱案被判死刑的圣胡尔霍将军和革命后逃亡国外的保皇派领袖卡尔沃·索特洛等。在右派政权的庇护下，各种反共和制度的反动政治力量大为活跃：在 1932 年被取缔的西班牙行动党恢复了活动；保皇派的西班牙复兴党成为有势力的政治力量；法西斯的"长枪党"和"国家工团主义者进军洪达"在 1934 年 2 月合并称为"西班牙长枪党与国家工团主义者进军洪达"。这些反攻倒算和倒行逆施，使 1934—1935 年成为西班牙历史上"黑暗的两年"。

但是，倒行逆施引起了维护共和制度的人民群众的愤怒。抗议活动遍及全国，尤其是 1934 年 10 月，为抗议 3 个西达党反动人物被任为政府部长，在社会党和共产党等左翼政党的领导下，全国百万工人举行总罢工，继而在首都马德里、重要工业城市比斯开和重要工矿城市阿斯图里亚斯等地迅速发展为武装冲突。尤其是阿斯图里亚斯矿工的武装起义，使斗争趋于高潮，在矿区的主要城市奥维亚多升起了红旗，组织了赤卫队，建立了为时达半个月的革命政权。

面对阿斯图里亚斯矿工英勇的"十月战斗"，勒鲁斯政府调动佛朗哥将军率领的"外籍军团"，以飞机、坦克和大炮进行镇压，起义工人失败，工人战死者达 3000人，伤者 7000 人以上。随后又有约 3 万人被捕入狱，数百人被处死。这是共和——社会主义左翼力量和右翼反动势力之间的一次严重较量，是阶级斗争的又一次升级。斗争也锻炼了左派的力量，增强了共产党和社会党等左翼政党之间的团结，为以后建立人民阵线打下基础。

西班牙人民阵线

1935年欧洲政局风云变幻，战争威胁逐步逼近。1月，纳粹德国合并了萨尔区。3月，单方面废除凡尔赛和约中的军备条款，重新实行普遍义务兵役制，公开扩军备战。面对法西斯日益猖獗的状况，共产国际在7月提出建立人民阵线的号召，要求无产阶级团结一切民主进步力量，共同抗击法西斯。10月初，法西斯意大利公然出兵侵略埃塞俄比亚，挑起战争，进一步毒化了国际政治气氛。在这样的形势下，西班牙共产党、社会党和其他左派政党于1936年1月签署了人民阵线公约。

人民阵线把工人、农民、绝大部分城市小资产阶级、知识分子以及所有自由民主力量都联合起来，共同反对法西斯及右翼势力的进攻。人民阵线纲领的主要内容是：大赦1933年11月后被捕的政治犯；恢复"十月战斗"后被解雇工人的工作；恢复宪法规定的民主权利；没收一切人民敌人的财产；解散保皇党和法西斯组织；惩办人民的罪犯；实行国家机关和军队的民主化；减轻捐税和地租；发放农业贷款；提高农产品价格；取缔奸商；消灭失业；实行社会保险和八小时工作制等等。纲领反映了最基本的民主要求，是相当温和的。这一纲领拥护共和民主制度，把反法西斯和维护共和国联系起来，因此受到人民广泛的拥护。

阿尔方索十三世，被共和党人废除的西班牙君主

1936年2月举行的议会选举中，人民阵线获胜。2月16日，由共和党左派曼努埃尔·阿萨尼亚组成新的内阁。这是西班牙民主力量的重大胜利。

在阿萨尼亚政府中（他在同年5月当选为总统，由卡萨列斯·吉罗加继任总理），左派虽然占了优势，但中、右派的力量还很大。在议会的473个席位中，左派得268席，右派加上中派仍有205席，几乎占一半。因而政府在实行人民阵线纲领时遇到很大阻力。即使如此，政府还是着手兑现人民阵线纲领的规定和竞选时的诺言：宣布大赦；恢复加泰罗尼亚自治；恢复被解雇的工人的工作；恢复1932年的土改法；恢复宪法保障的民主权利；解散一些反动组织，逮捕反动分子等等。这些初步的社会改革招致右翼保守势力的激烈对抗，引起国内外一片反"赤化"的叫嚣，迅速激化了原有的阶级矛盾和社会矛盾。也使代表不同阶级的左、右两派政治势力之间的斗争接近摊牌。

几乎所有反共和的右翼党派：从何塞·安东尼奥·德·里维拉为首的"西班牙长枪党与国家工团主义者进军洪达"，到何·卡尔沃·索特洛为首的保皇派"西班牙革新会"，都在秘密策划军事政变。尤其是手中握有军队和武器的反动将军们更是磨刀霍霍，跃跃欲试。他们都积极寻求国外的帮助和支持，和德、意法西斯早就内外勾结。早在1934年3月，保皇派和正统派的代表就在意大利得到墨索里尼关于提供武器援助的许诺。长枪党的首领何·安·德里维拉也几乎在同时窜往柏林求援，纳粹德国甚至帮助长枪党建立武装，训练军队。1936 年 3 月，已经逃往葡萄牙、被预定充当叛军领袖的圣胡尔霍将军也前往柏林，得到德国支持其武装叛乱，并由德国"商行"供应其军火装备的允诺。1936 年 5 月，墨索里尼摆脱埃塞俄比亚战争之后，转而对利用西班牙局势以实现其地中海战略产生兴趣。于是德、意合伙给西班牙图谋叛乱分子提供物质和军事援助，德、意的谍报人员甚至参与军事叛乱计划的制订，积极偷运武器弹药，为武装叛乱作准备。

从人民阵线政府上台之后，西班牙国内局势一直紧张，尤其是右翼分子公开寻衅，制造事端，加重了社会的混乱。在首都马德里的长枪党徒甚至武装上街示威，枪杀共和派人士，追打贩卖人民阵线报纸的报贩。地主、资本家也乘机破坏，对抗社会改革。另一方面，无政府主义者则报以焚烧教堂、杀害教士。军队的敌意和谋叛之心更是昭然若揭。"西班牙军事联盟"为武装叛乱做好一切准备，建立了联系全国各地的机构，并在 1936 年 5 月于巴塞罗那召开军人会议，不但内定了叛乱时的领袖，而且提出了纲领，要求"取缔和解散一切马克思主义和无政府工团主义的政党和组织"，在各地成立"荣誉法庭"，审讯军队中左翼分子，"整顿"全国政治生活等。对此，人民阵线政府不是毫无觉察，而是囿于法制，软弱无力。总理吉罗加说："没有证据，咱们是不能动的。咱们是民主国家，一定得尊重法制，尊重每个公民的自由。"他所能采取的唯一措施，是将前任右翼政府执政期间，被安插在军政要位的一些明显露出敌意的反动将军调离首都马德里。如原任总参谋长的佛朗哥将军被调往加那利群岛，原任航空管理局局长的戈戴德将军被调往巴利阿里群岛。莫拉将军则远处北方的那瓦尔省。这些做法无异于纵虎归山，留下后患。佛朗哥在卸任前甚至下令把武器发给长枪党的武装。长枪党的武装组织和以北方那瓦尔省为主要据点的正统派"雷克特"武装是图谋叛乱中的两支积极力量，甚至许多神父和僧侣都参与了叛乱的准备工

马德里保卫战中的民兵队伍

作。但是一切右翼反共和的复辟力量的主要希望还在于军队，也尽一切努力去巩固他们在军队中已取得的地位。为此他们警告说："别触动军队，别让军队介入政治"，十分害怕政府对军队进行整肃和干预。

经过一番内外勾结和密锣紧鼓的准备之后，叛乱已迫在眉睫。7 月 13 日发生的著名保皇派首领、叛乱组织者之一卡尔沃·索特洛被杀事件，催动了内战的爆发。

西班牙内战过程

1936 年 7 月 17 日，西班牙驻摩洛哥梅利里亚的军队首先发生叛乱，产且立即得到"外籍军团"的响应和支持。第二天一早，佛朗哥将军就从其驻地加那利群岛飞抵摩洛哥的德土安指挥叛乱的军队，迅速攻占了梅利里亚、休达、德土安各城市，叛军宣称他们的目的在于阻止西班牙的无产阶级革命，防止"赤化"。

7月18日，叛乱的讯号"辛诺夫达"传遍整个西班牙本土各地的驻军营房，叛乱到处发生。全西班牙军队中约80％的官兵以及大部分国民警卫军都参与了叛乱，各地的长枪党武装组织和正统派的"雷克特"纷起策应。反对叛乱的人民纷纷要求武装起来，保卫共和国。内战全面爆发了。

佛朗哥先在北非的加纳利群岛谋划叛乱

然而，阿萨尼亚—吉罗加政府对于武装人民，抗击叛乱犹豫不决。当南方一些城市，如加的斯、塞维利亚、赫雷斯、阿耳黑西拉斯、拉利内阿、科尔多瓦相继陷落，告急的电报纷至沓来时，总理卡萨雷斯·吉罗加竟然怀疑地说："半岛上没有任何人，绝对没有任何人会与这样荒谬的阴谋有关"，不同意发放武器给人民。

7月30日，叛军在布尔戈斯成立国防洪达。因原定充当叛军领袖的何塞·圣胡尔霍将军在葡萄牙赶回西班牙的途中死于飞机失事，10日佛朗哥将军就被推为"西班牙武装部队总司令和国家元首"。

叛乱因为早有预谋，而且有德、意法西斯提供的外援，所以开始时进展颇为顺利。佛朗哥率领的摩洛哥叛军自南向北，莫拉率领的保皇党和正统派军队由北而南，戈戴德的军队离开巴利阿里群岛进攻加泰罗尼亚，其他各路叛军都朝首都马德里挺进，气焰极其嚣张。有的叛军将领甚至宣称：将在数天内攻占马德里，消灭共和国。

然而，他们低估了人民的力量。虽然阿萨尼亚—吉罗加政府软弱，害怕革命，不敢武装人民，可是广大劳动人民痛恨君主制度，反对复辟，纷纷行动起来，要求得到武器，平息叛乱。叛乱发生后，全西班牙出现十分感人的场面，几天内就有数十万男人和女人到集合地点报到，希望得到武器，参加民兵，保卫共和国。在首都马德里的街头，到处是激动的人群，"武装！武装！武装！"的口号声响彻云霄，人们涌向政府大厦，要求分发武器。卡·吉罗加觉得左右为难，下不了决心，只好辞职。由另一名共和党人何塞·希拉尔组阁（1936年7月19日—9月4日）。

何塞·希拉尔政府决定立即把武器发给人民。7月9日一早，满载各种武器的卡车就奔驰在马德里的街道上，为各个工会运送枪支弹药。其他城市也采取了同样的措施。工人们武装起来了，整个西班牙沸腾起来了！广播不停地重复着当年法国凡尔登战役守卫者的誓言："他们绝不能通过！"情绪激昂的人民包围了叛乱的军营，很多地区和城市叛乱

进入马德里的叛军受到部分市民的欢迎

刚一露头，就遭到痛击：在巴塞罗那，武装的民兵包围了军营，抢占了机枪火力点，制止了军队的叛乱，并且俘获了叛军将领戈戴德将军。在阿斯图里亚斯，有着光荣战斗传统的矿工们包围了被叛军占领的奥维亚多城。在马德里，武装的人民包围了坐落在市中心战略要地、由叛军将领范胡尔将军及很多长枪党军官们所盘踞的蒙塔那军营，在一片"处死法西斯匪徒！""保卫共和国！"的呐喊声中，经过5个多小时

的激烈战斗，终于占领了这座坚固的军营，平息了叛乱，范胡尔被俘获并被处死。

在保卫共和国的战斗中，不但人民群众战斗情绪高昂，而且军队中也有一部分士兵拥护共和国政府，不愿参加叛乱。尤其是空军和海军，大部分仍站在共和国一边：海军主要的 46 艘战舰仍效忠政府，叛军只掌握 7 艘舰艇；空军的大部分飞机仍掌握在政府手中。叛军的主力是佛朗哥手下的外籍军团和摩洛哥士兵，为数不过 2.5 万人左右，其他叛

叛军一部

军实力有限，而且被分隔在各地。在双方力量对比上，优势并不在叛军方面。如果政府能够实施正确政策，建立正规军队，统一指挥，而且坚决依靠人民，武装人民，叛乱是可以平息的。

人民群众浴血奋战，很快就止住了叛乱的蔓延。到 7 月下旬，除北方原来由莫拉将军所盘踞的布尔戈斯、那瓦尔、萨拉戈萨各省之外，南方被占据的只是塞维利亚、加的斯、格拉纳达和科尔多瓦几个孤立的据点，南、北两路叛军被巴达霍斯省所隔开。这时，外籍军团的大部分主力还因为无法突破共和国海军严密封锁的海峡而滞留在摩洛哥，未能到达西班牙本土。叛军速胜无望，陷于困境。正是在这关键时刻，德、意法西斯于 7 月底直接出兵支持西班牙的叛乱者，武装干涉西班牙。

德意的武装干涉西班牙战争

德国和意大利早已是西班牙内战积极的参与者，内战前夕的西班牙更是德、意谍报机关猖狂活动的天地，从偷运武器到参与制订叛乱计划无一不插手。可以说，德、意对叛乱者的支持和援助是西班牙内战爆发的外部因素。

只是在西班牙叛军陷入困境，无法取胜的时候，德、意才在 7 月底开始对西班牙进行公开武装干涉。

武装干涉开始时，首要的任务是帮助佛朗哥将军外籍军团的主力渡过直布罗陀海峡。德国为此建立了"W"特别司令部；意大利在外交部专设了"西班牙司"，以领导和协调在西班牙的军事行动。最初的一部分外籍军团是由德国"容克"飞机空运去的，随后，大量的军队由德、意战斗机护航渡海。与此同时，大批德、意飞机、大炮、坦克以及各种轻重武器、弹药源源不断地供应叛军。接着，意大利的"萨伏依—18 型"和德国的"容克—51 型"轰炸机入侵西班牙领空，对和平城市和居民进行狂轰滥炸。德、意正规军也在"志愿兵"名义掩盖下踏上西班牙国土。

德国和意大利之所以要对西班牙进行武装干涉，原因是多方面的：

首先是由于西班牙的战略地位非常重要。从意大利来说，它争霸的重点地区是地中海和亚得里亚海。吞并了埃塞俄比亚，使它在控制苏伊士运河—红海的通道上，也就是在控制地中海的东部出口方面占有了有利地位，如果进一步控制西班牙南端的直布罗陀海峡（和非洲只隔 14—20 公里宽），再加上控制靠近西班牙东岸地中海上的巴利阿里群岛，就更能控制地中海的西部入口处，确保在地中海的优势地位。这对于一心梦想要把地中海变为"意大利湖"的墨索里尼来说，是一个很重要的战

略步骤。从德国来说，希特勒早在《我的奋斗》中就已经提出有朝一日要和法国"算总账"的念头，法国始终被认为是德国最主要的敌人。控制西班牙这块战略要地对于实现这一战略目标至关重要：在未来对英、法作战时，一来可以切断英、法和它们在亚洲及非洲殖民地之间的交通线，二来可使法国处于腹背受敌的不利地位。

其次，西班牙的战略物资丰富。汞的开采量占世界的45％，黄铁矿占50％以上。此外，还大量出口铁、铜、锰、钨、铝、银、钾盐等军事工业必需的原料。掠夺这些丰富的资源，也是德、意武装干涉的一个重要因素。事实上，德、意的资本是随着法西斯的刺刀渗透到西班牙各个工矿企业的。

再次，从政治来说，人民阵线在西班牙的胜利，不但将使德、意上述企图落空，促使欧洲反法西斯力量的发展，而且也引起了西方国家的"恐共病"。希特勒说："德国无论如何不能容忍出现一个共产主义的西班牙"，墨索里尼也把它们的行动，说成是"反对在西班牙或地中海确立布尔什维主义"，为它们的武装干涉披上反共的外衣，借以掩盖其真实意图，争取英法的支持和谅解。

另外，对希特勒来说，他还有一个企图，即以此转移意大利在中欧的视线，使其兵力陷于西班牙战场而无暇再顾及奥地利，这样，奥地利就会失去靠山，有利于德奥合并的实现；再说，保持意大利和英法的不和甚至敌对状况，将使意大利决定性地倒向德国一边，巩固德意之间尚不牢靠的友谊。所以，希特勒在1937年11月5日德国高层秘密军事会议上说："从德国的立场出发，也并不期望佛朗哥获得百分之百的胜利，我们感兴趣的是，让战争继续打下去，维持地中海紧张局面。"这真是一箭双雕的鬼主意。

最后，德国还有意识地把西班牙战场作为它的"演兵场"，为未来发动大战作一次"演习"。这是采纳了戈林建议。据戈林在纽伦堡作证说，他曾力促希特勒"无论如何要提供支持，首先是为了制止共产主义在西班牙的进一步蔓延，其次还可以利用这个机会考验一下我们年轻的空军各方面的技术"。出于不急于结束西班牙战争的想法，德国派往西班牙的"秃鹰军团"，主要是空军、坦克兵和技术兵种，"任何时候都远远投超过6000人，……其中大约只有10％是地面部队"，任务是试验各种新武器的性能，而且频繁更换，让更多官兵去接受"实战训练"，

这和意大利不同，意大利派往西班牙的是整师的"黑衫队员"，最多时（1937年），人数达到约5万人。

德、意对西班牙直接的武装干涉是佛朗哥得以支持下去，内战得以延续和扩大的重要因素，从而也在一定程度上改变了西班牙内战的性质，使之成为一场抗击法西斯侵略的民族革命战争。

"不干涉"政策

西班牙战争的扩大及其性质的变化，立即产生了深刻的国际影响。当时国际上三种不同的力量对这场战争采取三种明显不同的态度：德、意法西斯对西班牙实行直接的武装干涉；前苏联和共产国际以及全世界的民主力量则坚决支持共和国政府；英、法、美等西方国家则标榜"中立"，实行所谓"不干涉政策"。然而，上述三方

都参加了由法国倡导的"不干涉西班牙委员会"。

法国当时也是依靠人民阵线的政策，由社会党人莱昂·勃鲁姆组阁，照理原本是应该支持西班牙人民阵线政府的，可是实际上却不然。

这主要是由于：

第一，法国国内右翼力量的压力，早已使勃鲁姆政府的政策向右转，背离了人民阵线纲领的原则。1934年法国法西斯势力的未遂政变虽然失败，但是在1936—1937年，这股力量的活动仍然相当猖獗。例如，"法兰西行动"这个组织还曾企图暗杀勃鲁姆，他们的口号是：宁要希特勒，不要勃鲁姆！公开鼓吹暴力行动。如果勃鲁姆政府敢于支持西班牙共和政府，就要冒公开分裂甚至发生内战的风险。

第二，勃鲁姆政府本质上仍然是资产阶级政府，其内外政策都不敢偏离资产阶级的原则，害怕共产主义甚于害怕法西斯。虽然稍微有眼光的人都能看出，德、意出兵西班牙，实际上是"包围法国的战略——战略计划的一个行动"。可是，法国和英国仍然迷惑于德意出兵时所打出的反共旗帜。它们既和法西斯力量有矛盾，怕改变现状，危及它们的利益；又怕西班牙"赤化"，共产主义蔓延欧洲。而害怕后者甚于前者。这就采取了"不干涉"态度，希望西班牙的战火不要扩大。艾登说："如果在那里〔西班牙〕建立了一个共产党或法西斯的政府，我们便再也不能保有通过地中海或取道大西洋的交通安全了。这是实行不干涉政策的一个强有力的理由。"

第三，英、法当时正希望和德国搞缓和，和意大利重修旧好，害怕引起和德、意的正面冲突，卷入一场欧洲战争。因此，宁可退让、姑息，彼此相安。当然还希望能借德、意之手，去扑灭西班牙土地上的共产主义火苗。

1936年7月26日，法国政府在英国支持下宣布在西班牙战争中保持"中立"。8月15日，英法互换照会，约定禁止向西班牙输出武器和军用物资，经过一番酝酿和活动之后，1936年9月9日，由法国总理莱昂·勃鲁姆出面发起在伦敦正式成立了"不干涉西班牙委员会"。有27个国家签订了"不干涉协定"，协定规定：禁止向西班牙输出武器和军用物资；禁止西政策牙所购买的武器过境；由英、法海军和边防警察封锁西班牙的海岸线和法西边境。以后又补充一个禁止派遣外国志愿人员赴西班牙的决定。

国际联盟在意大利侵略埃塞俄比亚时已显得软弱无力，上述"不干涉协定"更是把国联撇在一边。英、法为了尽快息事宁人，抚慰侵略者，还尽量劝说和阻止西班牙把问题提交到国联去解决。

在伦敦的"不干涉委员会"既然包罗了各方面互相对立的敌对势力，就不可能没有斗争。以德、意一方的"干涉"势力虽然也在"不干涉协定"上签字，但始终公开和半公开地向西班牙派遣军队，运送军火，并且通过葡萄牙作为转运站，一切军火和物资在通过葡萄牙港口时都不受检查。佛朗哥的叛军甚至在里斯本设立专门负责转运军火、招募兵员的机构。以前苏联为另一方的民主进步力量对此进行了揭露和斗争。前苏联代表在10月7日向不干涉委员会主席递交了一份声明，提请其注意葡萄牙在提供其领土作为佛朗哥的供应基地，表示绝不能同意"使不干涉协定变成掩盖某些参与国对叛乱分子提供军事援助的烟幕"，要求对葡萄牙的港口实行监督。10 月 23 日，前苏联代表再次发表声明，表示鉴于不干涉协定一再遭受破坏的情况，……苏联无论如何，"不应比不干涉协定的任何其他参加国受到更大的约束"，决定"恢复西班牙政府从国外购买武器的权利和机会"，并向西班牙派出军事顾问。

各方都自行其是，不受"不干涉协定"的约束，于是，正如前苏联代表伊·马伊斯基在声明中所说："协定就变成了被撕毁的一纸空文，它实际上不复存在"。但是，虽然如此，由于英、法对德、意、葡等破坏协定的行为视而不见，不加干预，而对西班牙共和国政府的武器禁运却严格执行，毫不放松。所以，在"不干涉"名目下的真正受害者是西班牙共和国政府一边。英、法军舰和法国边防军严密封锁西班牙沿海和法西边境，扣住了一切想运进西班牙的物资和军火。法国政府还单方面废止了按照 1935 年 12 月签订的"法西贸易协定"应售给西班牙的价值一亿法郎武器的合同，使西班牙政府在急需的情况下却得不到武器。

与此同时，英国却和佛朗哥的布尔戈斯政权继续维持贸易关系（1936 年 10—11 月）。1937 年，叛军占领毕尔巴鄂，佛朗哥允许英国奥康纳公司恢复从这个港口装运铁矿砂，从而获得英国 100 万英镑的贷款。

美国没有参加伦敦的"不干涉委员会"，但罗斯福政府明确支持英法奉行的不干涉政策，以防止战火扩大。1937 年 1 月 6 日，罗斯福在其致国会咨文中，主张"中立法"也适用于"内战"的国家，争取了国会的同意。1 月 8 日，美国国会参、众两院通过对西班牙禁运武器的联合决议。4 月 29 日，又正式通过对 1935 年"中立法"的修正案，即"永久中立法"。主要的修正内容就是将军火禁运的规定应用到内战的国家。扩大了"中立法"所适用的范围。但是，美国所标榜的"中立"姿态；同样只使西班牙共和政府受害，而有利于叛军一方。因为公开支持叛军一方的德、意、葡等国仍然可以在"非交战国"的名目下和美国大做军火生意。事实上在西班牙战争爆发后的 1 年中，美国仅输往德国的武器就达 140 万美元，这些军火弹药都间接交给了佛朗哥。在美国的禁运物资清单中，卡车和石油都没有包括在内，这就使佛朗哥受益匪浅。在内战的几年中，佛朗哥从美国得到的石油和制品数额达到 184.6 万吨。具体数字是逐年递增的：1936 年 344 万吨，1937 年 442 万吨，1938 年 478 万吨，1939 年 62.4 万吨。德意在西班牙战场上的飞机、坦克，很多也是靠美国汽油发动的。难怪佛朗哥高兴地称赞罗斯福的行为"像是一个真正的君子"，说"他的中立法是我们永远不会忘记的姿态"。

英国一方面通过"不干涉"政策希望能把战火局限于西班牙一国范围，不致影响它和德、意的关系，对德、意明显破坏"不干涉协定"的行为视而不见，不加谴责；另一方面，利用国联宣布撤销对意大利制裁之机，力图和意大利重修旧好，以维持地中海的均势。1937 年 1 月 12 日，英意签订一项"君子协定"，彼此互相承认在地中海有切身利益，宣称两国"无意变更或期待变更地中海区域内关于领土主权方面的现状"。在协定的谈判过程中，英、意双方在 1936 年 12 月 31 日曾互换照会，保证将继续维持西班牙的领土完整不予变更。事实证明，不管是"不干涉协定"或"君子协定"，都无法约束法西斯意大利的行动，协定的墨迹未干，1 月 4 日，又有数千意大利正规军踏上了西班牙的国土，公开破坏了上述协定。

不但如此，1937 年 8—9 月间，地中海出现"不明国籍"的潜艇，袭击各国驶往西班牙的商船，活动猖獗。9 月初，英国的驱逐舰"哈沃克号"遭到袭击，油船"伍德福德号"被击沉。英、法被迫作出反应。1937 年 9 月 10 日—17 日，在瑞士的小城尼翁召开有关国家的会议，英、法、希、土、南、罗、保、埃及和前苏联等 9 国代表参加（德、意拒绝参加），缔结"尼翁协定"及其补充协定，规定在地中海遇到潜艇、水

1936 年，佛朗哥宣誓成为西班牙国家最高元首

面舰艇或航空器袭击不属于西班牙冲突任何一方的商船，应立即反击并予以消灭，并且决定由英、法海军共同负责对地中海主要航道的巡逻，英法为此派出 60 多艘驱逐舰。尼翁协定一经执行，意大利的海盗行径立即销声匿迹。

由此可见，采取坚决强硬的对策，侵略者还是被迫缩手的。可是，英、法对西班牙不愿这样做，仍然坚持其"不干涉政策"。

在德、意法西斯的公开侵略的英、法等西方大国所谓"不干涉政策"的配合封锁下，西班牙共和国局势迅速恶化，处境艰难。

国际援助和"国际纵队"

虽然英、法等西方大国对德、意公开的武装行动采取姑息、纵容的态度，但是全世界的进步民主力量坚决起来支持西班牙人民的反法西斯斗争。当时，西班牙反对德意武装干涉的战争和 1937 年爆发的中国人民抗日战争，在西方和东方形成两道抗击法西斯侵略势力的主要战线。

世界各地纷纷举行集会，谴责德、意的武装侵略，声援西班牙共和国的斗争。共产国际号召各国无产阶级团结一切反法西斯的进步力量，积极行动起来，保卫西班牙，前苏联旗帜鲜明地站在西班牙共和政府一边，在西班牙遭受侵略和封锁的最困难时刻，及时给予道义上和物质上的巨大支持。除了在"不干涉委员会"为西班牙共和国政府购买武器的权利而斗争之外，前苏联人民还捐款捐物支持西班牙人民，到 1936 年 10 月，捐款达 5600 万卢布，以此购买粮食、药品、被服等运往西班牙。第 1 艘满载粮食和物资的前苏联轮船"涅瓦号"，冲破封锁于 1936 年 9 月抵达西班牙的阿利坎特港，受到了热烈的欢迎。随后，武器弹药源源运到。据前苏联国防部军事历史研究所的统计，自 1936 年 10 月至 1939 年 1 月，前苏联向西班牙提供的武器计有：飞机 648 架、坦克 347 辆、装甲车 60 辆、火炮 1186 门、机枪 2.0486 万支、步枪 497813 万支。其中绝大部分是在 1936 年 10 月至 1937 年 8 月这段时间运到的。此后，由于封锁的加强，西班牙政府能够获得的武器逐渐减少。前苏联还给西班牙共和国派去了军事顾问、飞行员、坦克手及各类专家共约 3000 人，它们的任务是帮助西班牙政府训练军队，建立正规军，但不直接参加战斗。此外，前苏联还接受了数千名西班牙难童，使他们能在前苏联安居并受教育。1936 年 12 月 21 日，前苏联政府在致西班牙共和国总理拉尔戈·卡瓦列罗的信中说："我们认为，我们继续认为，在我们力所能及的范围内，帮助领导着全体劳动者、所有西班牙民主力量为进

行反对国际法西斯势力的仆从法西斯军事匪帮而斗争的西班牙政府，是我们的责任"。

当时正在和日本侵略者作斗争的中国人民也以各种形式表达了对西班牙人民的声援，纷纷集会声讨德、意法西斯及佛朗哥的罪行，谴责"不干涉政策"。毛泽东同志代表中国共产党在 1937 年 5 月 15 日写信给西班牙共产党说：西班牙的战争"不只是为了西班牙民族的生命，也是为了全世界被压迫的民族而战，⋯⋯我们相信：中国人民的斗争是不能和你们在西班牙的斗争分开的，中国共产党现在正以反对日本法西斯的斗争来帮助和鼓励你们西班牙人民。"中国人民关切地注视着西班牙人民的斗争，为他们的每一个胜利而欢呼。1938 年 7 月 7 日，中共中央致电西班牙人民，热情地说："同志们，你们每次的胜利都在兴奋着我们，给予我们反对日本法西斯蒂野蛮侵略、争取民族解放的战争以很大的鼓励。⋯⋯我们与你们都是站在全世界反法西斯蒂的最前线上。⋯⋯让我们隔着海洋遥遥地紧握着团结的手吧！"11 月 5 日，中国共产党扩大的六届六中全会致西班牙共产党中央的电文说："你们同我们的敌人既是共同的，你们同我们所努力的事业又是同一目的的，因此，你们的胜利就是我们的胜利，我们的胜利也即是你们的胜利。"充分表达了中、西两国人民的战斗友谊。

在共产国际的号召和组织下，来自全世界 54 个国家约 3 万名优秀的反法西斯民主人士，不顾本国政府的阻挠和迫害，克服难以想象的困难，躲过法国边防警察的搜捕，突破海上封锁线，从不同的途径进入西班牙，组成了著名的"国际纵队"，直接参加了反法西斯的战争。这些国际战士既有共产党员、社会民主党员，也有无党派的进步民主人士；既有工人也有知识分子；既有来自西方民主国家的，也有来自殖民地、甚至来自德、意等法西斯国家的。不同种族，不同信仰的人们，在反法西斯的共同目标下奔赴西班牙战场。他们到达以后先集中在阿尔巴塞特接受短期军事训练。第 1 批 650 名志愿者到达这个训练基地的时间是 1936 年 10 月 14 日，这 1 天就成为"国际纵队"的诞生日。先后共组成 5 个国际旅（第十一——十五国际旅），旅以下再设营或连，都按本民族的英雄命名，如"林肯营"、"加里波的营"、"巴黎公社营"等等，其中有中国旅欧侨胞 100 多人参加。上述毛泽东同志 1937 年 5 月 15 日致西班牙共产党的信中就说："我们激动地读着由各国人民所组成的国际义勇军，我们很喜悦地知道有中国人和日本人参加其间，中国红军中许多同志愿意到西班牙参加你们的斗争。如果不是我们眼前有日本敌人，我们一定要参加到你们的队伍中去。"1937 年秋，朱德、周恩来、彭德怀联名给"国际纵队中国支队"赠送锦旗，旗中题词是："中西人民联合起来！打倒人类公敌——法西斯蒂！"表达了两国人民的战斗团结和无产阶级国际主义精神。

最后组成的第十一和第十二两个国际旅于 1936 年 11 月参加了保卫马德里的战斗。这批有觉悟、有经验、有自我牺牲精神的英勇战士，初战就露出锐利的锋芒，给法西斯军队以意想不到的打击。

西班牙战争与革命

在马德里人民浴血奋战的时候，迁都到巴伦西亚的卡瓦列罗政府却持另一种消极态度。他反对进行激烈的社会改革，拒绝和共产党合作；不去动员和组织全国力量进行抗战以保卫祖国，而且对国内政治、军事涣散的局面听之任之，不愿建立集中领导。在战争初期，西班牙实际存在三个政府：加泰罗尼亚的政府；巴斯克的民族主义政府；西班牙的"中央政府"。不仅如此，每个省、每个地区、甚至每个城市和乡村中各党各派、各个工会、团体都拥有自己的武装，各自为政，互不统属，政令、军令也不统一。甚至出现如此怪异的现象：马德里在浴血奋战，巴塞罗那的驻军却同叛军和睦相处，双方士兵有时还在一起举行足球友谊赛。阿拉贡是无政府主义者活动的主要地区，他们在那里强制实行"集体化"，把农民的土地连同牲畜、农具、甚至农产品都一律归公；废除共和国的货币，另发行自己的一种毫无价值的货币来剥夺人民。他们控制的工厂，不为支援前线打仗组织生产，而是生产那些被认为是能够提供高利润的产品。1937 年 5 月初，加泰罗尼亚地区的无政府主义者纠合托派的波乌姆党甚至在巴塞罗那发动暴乱，反对政府整顿秩序的措施，流血冲突延续了 3 天始告平息。

这件事使卡瓦列罗政府发生危机，人民也不满，于是，卡瓦列罗只得辞职。由另一名社会党人胡安·内格林组织新内阁。

胡安·内格林（1937 年 5 月 17 日至 1939 年 3 月 28 日在任）采取了一些比较积极的措施：他消除了政府内部的无政府主义者和托派分子；宣布托派的"马克思主义统一工人党"（即波乌姆党）为非法组织；与共产党建立较好的合作关系，接受了共产党提出的一些主张；着手实施较为深入的社会改革；统一了军事指挥。这些措施使各方面的情况有了转机。

胡安·内格林执政初期，在政策上也犯了错误。他没有认真清除混入军政机关的敌探，把军权交给社会党所谓"中派"领袖英达莱西奥·普列托，任命他为国防部长。可是普列托对胜利毫无信心，还反对在军队中进行政治思想教育，认为"最好的兵是被动的，一无所知的，只知道服从命令"，要求取消军队的政委制。普列托还在军队领导中采取"按比例"的原则，并且禁止适龄应征的人担任师以上政委的职务，以此把一大批共产党员从军事领导和政委岗位上排挤出去，安插上追随他自己的人。更令人不能容忍的是，作为军队的最高领导人，他的失败主义情绪竟发展到公开破坏的地步。在他所作的军事报告中，还公然捏造一些地区陷落的消息，以此动摇人心，涣散斗志。这种帮敌人忙的国防部长不下台，只能使共和国在军事上继续遭受损失。

普列托的叛卖行径加深了共和国的危机，引起了人民的普遍不满，内格林只得撤换他，并清洗了一些比较明显的投降分子，改组了政府。

改组后的内格林政府执行了比较激进的方针。1938 年 4 月，他在西班牙共产党提出的《争取自由独立斗争纲领》的基础上，公布了一个重要的纲领性文件。其主要内容是：重申抗战决心，要求人民团结一致驱逐武装干涉者，保证国家独立和领土主权完整；由人民按自己的意志通过自由选举建立人民民主共和国；尊重各民族平等权利和人民的民主自由；实行彻底的土地改革，制订劳动法规，保证工人福利，建立人民的军队等等。这个文件在一定程度上反映了人民的要求，对增强军民的斗志，起了积极作用。

文件中规定的主要措施大部分付诸实施。在战争的 2 年多中，农村面貌发生了显著变化。土地改革后，把没收的地主、教会所占有的 400 多万顷土地分给了农民，地主的封建特权和教会的专横势力被铲除；政府发给农民生产贷款，组织他们成立农业合作社，帮助发展生产。在城市，原属叛乱分子所有的工厂企业以及一些被资本家抛弃的企业、银行等，都由国家和工人监督、管理，恢复生产和继续营业。当时这一部分工业企业大约占全国企业总数的 30% 左右。此外，政府还尽量提高劳动者的工资，缩短工时，订立劳动保险制度，提高工人生活水平，并开始吸收一些工人参加企业和国家的管理工作。给予人民较多的民主自由。实行男女平等，同工同酬，普及教育，对工农子弟学生给予物质补助。少数民族的自治权利也逐步实现，不仅加泰罗尼亚取得自治权，巴斯克在 1936 年 10 月也成立自治政府；加里西亚准备在战争结束后实行自治。文件中建立人民军队的规定也得到实现，共和国的人民军队在战火中建立起来了。

改组后的政府在本质上虽还不是工农的民主政权，但反映了工农大众的一些要求。应该承认，他们在战争的条件下进行建设和改革，取得这样的成就是了不起的事。当时的西班牙共产党总书记何塞·迪亚士认为："在战争开始时，西班牙还是一个资产阶级式的共和国，可是在战争过程中，它发展成为人民共和国。"

当然，还应该看到，这个政府还不是真正的人民政府，无产阶级并没有掌握政府的实际权力。在这个政府中，由共产党直接领导的只有两个部：农业部和教育部。虽然这两个部的工作都很出色，但不能左右整个政府的工作。可以说，西班牙共产党主要是以其正确的主张和行动去影响政府的决策。人民阵线中无产阶级的革命领导权没有完全确立，因此，国家的性质就不可能发生根本变化，这也是战争终于走向失败的一个重要原因。

但是，应该肯定，西班牙共产党在整个反法西斯的民族革命战争中起了非常杰出的作用，它始终战斗在最艰苦的岗位上。在马德里保卫战中，该地区 90% 的共产党员都上了前线。共产党领导的"第五团"参加了很多重要战役，哪里危急就奔向哪里，立下了赫赫战功。因此，西班牙共产党在人民群众中的威信迅速提高，组织也不断扩大，到 1938 年，从原先只有数万党员的小党发展成拥有 30 万党员的大党。

西班牙共和国的失败

西班牙共产党威信和影响的不断增强，以及人民阵线政府所进行的社会改革，使国内外反动势力极为震惊，于是他们扼杀西班牙革命的步伐也加快了。

德、意法西斯和梵蒂冈教权主义者全力援助佛朗哥。从 1936 年到 1939 年间，向共和国进攻的外籍军队达到 30 多万人，其中德国 5 万多人，意大利 15 万人，葡萄牙和其他国籍的法西斯分子 2 万人，还有摩洛哥籍士兵约 9 万人。

战争的头两年，德国给佛朗哥叛军派去飞机 650 架、坦克 200 辆、火炮 700 门；意大利提供火炮近 2000 门、炮弹 750 万发、步枪 24.1 万支、子弹 3.25 万发、汽车 7633 辆、坦克和装甲车 950 辆、飞机 1000 架、炸弹 1700 枚、潜艇 2 艘和驱逐舰 4

艘。意大利耗费资金 140 亿里拉，德国花费 5 亿马克，梵蒂冈每天给佛朗哥的钱也达 200 万里拉。

大规模的外援，使叛军在武器装备上占有很大优势。

1937 年夏，叛军在进攻马德里受挫之后，将其主要攻势转向北方，企图占领重要工业区巴斯克和阿斯图里亚斯。整个 4 月份，巴斯克地区都在发生激烈的战斗，德国飞机猛烈地空袭巴斯克各个城市，尤其是 4 月 26 日，对小城盖尔尼卡的野蛮轰炸，使整个城镇成为废墟，引起全世界主持正义的人士的义愤和抗议。6 月份以后，叛军进一步加强攻势。6 月 19 日，巴斯克首府毕尔巴鄂失守。

为了牵制叛军在北方的攻势，7 月初，共和国军队在马德里附近的布鲁内特方向主动出击，迫使叛军从北方抽调兵力增援。8 月份，共和国军在萨拉戈萨地区再次发动进攻，突破叛军防线。这次进攻虽然暂时减轻了北方所受的压力，但未能阻住叛军在北方的进攻。8 月 26 日，意大利军占领桑坦德。9 月，叛军在飞机、坦克配合下，猛攻阿斯图里亚斯，10 月 21 日，北方最后一个据点——阿斯图里亚斯的希洪港陷落。从此，共和国失去了最主要的黑色冶金基地。

随后，战局的重心开始向东部转移。

叛军在德、意侵略军的配合下，企图在阿拉贡打通到地中海的出路，切断共和国的交通线，孤立加泰罗尼亚。1937 年秋，共和国政府只得从巴伦西亚再次迁都到巴塞罗那。

12 月，气温低达零下 17 度，共和国军队冒着严寒，踏着深雪，出其不意地出击，经过激烈的战斗，于 1938 年 1 月初，夺回了东部重镇特鲁埃尔。可是，由于后勤供应不上，武器弹药不足，1 个多月之后，特鲁埃尔又重陷敌手。1938 年 4 月，德、意侵略军和叛军又占领了重要城市莱里达，打开了通向加泰罗尼亚的门户。然后直插地中海海边，占领了维纳罗斯城，将共和国政府控制下的领土分割为两半，切断加泰罗尼亚和西班牙中部以及南部地区的联系，完全包围了加泰罗尼亚。马德里周围的通路被切断了，成了一个"孤岛"。接着，叛军分兵出击，南攻巴伦西亚，北进巴塞罗那，共和国处境危殆。

进攻巴伦西亚的叛军沿着海边向卡斯特利翁——萨贡托推进，一路遭到顽强的阻击，进展缓慢。1938 年 7 月 25 日至 11 月 16 日，双方军队在埃布罗河地区进行了一场大规模的会战。

埃布罗河战役是西班牙内战中规模最大的一次战役。双方都投入了大量兵力：叛军方面集中了摩洛哥兵团和外籍军团的雇佣兵 10 多万人，还有 5 万多意大利兵和数千名德国兵，动用了几乎所有的摩托化部队、坦克、炮兵和飞机；共和国军方面，投入战斗的是由共产党人莫德斯托、利斯特等率领的第 5 团和国际纵队的大部分人马，也有 10 多万人，但在坦克、大炮以及飞机支援方面处于劣势。在持续 3 个多月的浴血鏖战中，共和国军队收复失地 300 多公里，打死打伤叛军和德、意侵略军 8 万多人，击落击伤敌机 200 余架。共和国军伤亡也很大。因人力物力的消耗得不到及时的补充，加上混进共和国军政机关的敌特破坏了原定的作战计划，致使埃布罗河畔的战士只能孤军奋战，逐渐支持不住，最后陷于弹尽粮缺的境地，不得不于

1938 年 11 月 16 日撤出战斗。在共和国处境日益险恶的情况下，战士们昂扬的斗志和英雄的业绩曾经振奋过人心，但是，战役的最后失败不免给士气带来了不良的影响。原先预定要在爱斯特利马都拉和其他一些地区进行阻击战的计划未能有效地进行，致使 30 万叛军和德、意侵略军在飞机、坦克的支援下，以压倒优势长驱直入，进逼加泰罗尼亚。当时防守加泰罗尼亚的共和国军队不足 12 万人，步枪只有 3.7 万支，飞机和叛军相比是 1：20、坦克 1：35、枪关枪 1：15、大炮 1：30，无法挡住敌人的进攻。1939 年 1 月 26 日，加泰罗尼亚首府巴塞罗那失陷。2 月 11 日，加泰罗尼亚全境被占领。叛军和法西斯军队进抵法、西边境，数十万共和国军民涌进了法国境内。

加泰罗尼亚陷落后，共和国的处境急剧恶化。国际上，"慕尼黑阴谋"之后，英、法对德、意的绥靖政策正处于高峰，它们把西班牙的继续抗战视为进一步和德、意搞缓和的障碍，急于要扼杀共和国以结束西班牙战争。

早在 1938 年 10 月，在伦敦的"不干涉委员会"就作出一项决定：要求一切外国军队撤出西班牙。当时在西班牙战场上的意大利军队至少还有 4 万人，德军也有数千人，它们是不会真正听从这个撤军决定的，可是内格林政府却毫无保留地执行了。1938 年 10 月 28 日，国际纵队服从西班牙政府的决定全部撤离西班牙。这一天，巴塞罗那举行隆重的欢送仪式，西班牙人民用鲜花与眼泪送走这些并肩战斗过的国际主义战士。两年多来，他们实现了自己的誓言：为了反对法西斯侵略，为了西班牙和全世界的自由，不惜流尽最后一滴血。有 5000 多人长眠在西班牙的土地上，用生命和鲜血谱写了一曲无产阶级国际主义的凯歌。他们的英雄业绩将永远为人民所传颂。

国际纵队撤出后，共和国方面的战斗力又进一步削弱了。接着，英国和法国就公开出来帮助佛朗哥。1939 年 2 月 9 日，英国军舰协助叛军占领共和国海军要塞梅诺卡岛。法国政府将逃入法国境内的西班牙军队和难民全部解除武装，关进了集中营，然后交给佛朗哥；还将所冻结的西班牙共和国政府储存的黄金如数移交给佛朗哥。2 月 27 日，英、法政府相继宣布承认佛朗哥政权，而且断绝和内格林为首的西班牙合法政府的外交关系。

在国内外各种反动势力的联合夹攻下，尽管西班牙共和国手里还有首都马德里，还控制着大约 900 多万人口的地区，拥有一支约 70 万人的军队，但是处境艰难，被围的马德里严重缺枪少粮，居民每人每天只配给三盎司面包；大批"第五纵队"特务钻进共和国军政机关内部，猖狂活动，煽动不满和失败情绪。内格林虽然最后下定决心继续作战到底，委派坚决作战的共产党将领莫德斯托、利斯特等去替换一些动摇的不可靠的军事将领。但为时已晚，这些投降分子和阴谋分子已经抢先下手。

3 月 3 日，海军基地卡塔黑纳首先发生武装叛乱，虽然共产党领导的军队很快就平息了叛乱，但接着在 3 月 5 日，首都马德里爆发反革命武装政变，由中央战区司令卡萨多、马德里城防司令米亚哈和右翼社会党人贝斯泰罗等组成的"国防委员会"宣布接管政权。接着到处搜捕和屠杀抗战派和共产党员。内格林逃往法国。3 月 18 日，所谓"国防委员会"向佛朗哥乞降，要求给予"光荣和体面的和平"，并释放在押的大批法西斯分子，搜捕爱国者，杀害或交给佛朗哥处置。为了配合这场政变，佛朗哥的军队全线出击，牵制在前线的共产党部队，使之无法回师救援。3月28日，马德里终于在内外敌人夹攻下陷落子。这座英雄的城市经历了2年8个月的战斗洗礼，没有被叛军和法西斯军队的炮火所征服，却从内部被攻破，这是一个沉痛的教训。

"国防委员会"的委员们在屠杀大批共产党员，消灭坚持抗战的力量，打开首都马德里的大门，迎进佛朗哥和德、意侵略军之后，便坐1艘英国派来的军舰溜走了。

西班牙共和国终于失败了。据统计，在这场内战中，约有70万人死于战场，3万人被枪决或杀害，1.5万人死于空袭。

从此，在西班牙开始了长达40年之久的佛朗哥独裁统治，而欧洲也面临新的战祸，第二次世界大战已经迫在眉睫了。

马德里保卫战

德、意法西斯的武装干涉，英、法政府的"不干涉"政策，使西班牙战争中双方的力量对比发生了不利于共和国的变化。叛军得以重新集结力量，于7月30日在布尔戈斯成立了名曰"国防洪达"的政权机构，并开始发动新的进攻。8月5日，叛军占领巴达霍斯，南北方叛军得以汇合。不久，叛军又占领伊伦和圣塞瓦提两个据点，隔断了共和国北部和法国的联系。从9月起，叛军开始向马德里进逼。10月1日，佛朗哥被叛军推举为"西班牙国家元首"和叛军最高统帅。

叛军进攻马德里前夕，德、意两个法西斯国家在武装干涉西班牙的过程中实现了新的勾结。10月25日，意大利外交大臣齐亚诺访问柏林，双方达成在西班牙采取共同行动的协议，从而形成了"罗马—柏林轴心"。德、意开始派出正规军团以"志愿人员"的形式到西班牙作战。11月初，拥有一百余架战斗机和五千名士兵的德国"秃鹰军团"开进西班牙，佛朗哥扬言要在十月革命节占领共和国首都。担任进攻指挥的叛军将领摩拉也夸口说：马德里将由四个进攻的纵队在市内"第五纵队"的协助下加以占领。"第五纵队"从此就成了内奸和间谍的代名词。

9月4日，希拉尔政府因无力抵抗法西斯的进攻而辞职，社会党人拉戈尔·卡巴列罗组成新政府。人民阵线各党派，包括共产党代表都参加了政府。为了动员群众保卫共和国，人民阵线政府采取了一系列社会改革措施：实行土地改革，没收参加叛乱的地主近500万公顷土地，无偿地分给无地农民，并废除农民的债务；对企业主离开的工厂企业，由政府代表领导工人监督和管理生产，实行劳保制度，提高工资；改革国家机构，保安、警察和其他机关都补充了人民代表。最重要的是，人民阵线政府建立了正规军。这些措施的实施，增强了人民阵线的基础，激发了西班牙人民群众捍卫民族独立和抗击法西斯的斗争热情。由于马德里局势危急，西班牙政府迁至巴伦西亚。但广大爱国军民万众一心，决心保卫首都。

1月7日清晨，佛朗哥叛军在德国坦克的配合下，对马德里发起总攻，马德里保卫战开始了。共和国刚刚组建的30万人民军投入战斗。马德里凡能拿起武器的群众几乎都上前线，各种党派的人在一条战壕里抗击法西斯。西班牙共产党在这场保卫战中起到了中流砥柱的作用。共产党人参加了"马德里保卫委员会",实际上掌握了首都军事活动和经济生活的几乎全部领导权。共产党提出了"不让敌人前进"的口号,马德里的25000名共产党员中有21000人在战壕里战斗,她所组建的人民军第五团在战斗中发挥了突击队的作用。11月8日,刚刚组成的国际纵队第十一国际旅在战斗最炽烈的时候到达前线,第十二国际旅也于11月17日投入战斗。战斗进行得残酷而激烈,市郊的大学镇被摧毁,曼萨纳雷斯河的河水被鲜血染红,但法西斯分子未能前进一步。11月11日,马德里的保卫者由守势转入反攻。11月25日,法西斯的进攻被击退。马德里城巍然站立在反法西斯斗争的前哨。

第一次马德里保卫战之后,敌对双方都加紧积蓄力量,准备继续战斗。德国和意大利进一步加强了对叛军的援助,11月18日正式承认佛朗哥政权。11月28日,意大利与叛军达成一项秘密协议,意大利保证继续援助"西班牙民族主义政府"。这时,西班牙的主要反动力量——保皇派、卡洛斯派和长枪党合并为统一的"西班牙传统长枪党与国家工团主义者进军洪达",佛朗哥正式成了西班牙法西斯主义的领袖,并建立了一支相当强大的、装备精良的正规军。共和国方面继续实行经济、军事、政治和文化的改革,以增强反法西斯的力量。

1937年2月,意大利远征军以四个师的兵力在南线马拉加地区发起攻击,企图合围马德里。意军攻破分散在该地区的共和国部队的抵抗,于2月8日占领马拉加。随后,法西斯军队在德国坦克、炮兵和航空兵支援下,从马德里以南的哈拉马河发动大规模进攻,再次企图包围和占领马德里。驻守在这里的共和国军队和国际纵队经受住了法西斯的攻击,并在2月18日转入反攻,把敌人赶回出发地。哈拉马河之战是共和国军队赢得胜利的第一次重大战役。敌人对首都的第二次进攻又归于失败。

3月8日,法西斯军队从北面的爪达拉哈拉地区对马德里发动了第三次进攻。这次进攻以意大利远征军为主。墨索里尼派遣亲信罗阿塔直接担任指挥。在德国飞机、坦克和大炮的支援下,五万名意军一度突破防线,向马德里推进。共和国军队用顽强的防御消耗了敌人的力量,然后实施反突击,于18日攻克爪达拉哈拉东北的布里乌埃加镇,使意大利法西斯侵略军遭到惨重损失。马德里再次经受了考验。

马德里保卫战从1936年11月6日开始,到1937年3月18日,前后经历了133天,谱写了英勇反击法西斯的光辉篇章。

"日不落帝国"

19世纪时,得意忘形的英国殖民者曾狂妄宣称:"大英帝国无落日。"就是说,大英帝国的领地布满全世界,无论地球怎样旋转,总有一部分领地向着太阳。当时英国倚仗其经济和军事实力,运用炮舰政策,疯狂地推行强权政治,侵略魔爪伸到了世界各地,按照"我的是我的,你的也是我的"的强盗逻辑,把凡是能够抢到的土地都攫为己有。1876年,英国的殖民地面积已达2250万平方公里;1914年更扩大为3350万平方公里,人口也达到3.9亿多万,分别为其本土面积和人口的110倍和9倍,超过了其他帝国主义国家殖民地面积的总和,建立了一个地跨五大洲的殖民大帝国，可谓盛极一时。但是，"千里搭凉棚，没有不散的筵席"，随着无产阶级革命的胜利进军，随着被压迫民族、被压迫人民解放运动的蓬勃发展，特别是经过第一次和第二次世界大战，英帝国很快土崩瓦解，无可挽回地衰落下去了。1952 年7月，英国首相丘吉尔在一次会议上发出了"流水落花春去也"的慨叹："曾经是伟大辉煌而今仍然相当可观的英帝国，以它的威力、尊严、统治地位和权力，竟然不得不担心我们是否能支付每日的开支，这种景象确实悲惨。想到这一点我心如刀割。"

大英帝国的兴衰，也是与海上霸权的得失紧密相连的。

火与血的道路

英帝国为了争得海上霸权，征服和掠夺海外殖民地，从 15 世纪末到 19 世纪初，对外发动了近二百次战争，走过了一条火与血的道路。这个过程，大体上可以分为四个阶段，即：一、资产阶级革命前；二、资产阶级革命时期；三、资本主义制度确立后；四、工业革命以后。

在第一阶段，即 1640 年之前，英国还不是世界瞩目的大国。它虽然野心很大，但是其力量还不足以与别的殖民大国相匹敌。它在这个时期的海上活动主要是利用海盗抢劫和贩卖奴隶。但是，有时为了争夺殖民利益，它也不惜与强敌一决雌雄。比如，1588 年，英国就孤注一掷地与西班牙"无敌舰队"进行了一场大海战，结果大获全胜。

在第二阶段，即从 1640 年爆发资产阶级革命到 1688 年资产阶级的统治在英国确立的近五十年中，虽然复辟与反复辟的斗争非常激烈，但是，不管是资产阶级还是封建贵族当权，都没有放松对外侵略扩张。由于对西班牙和荷兰战争的胜利，他们谋求海上霸权的野心更大了。

在第三阶段，由于资本主义制度的确立，英国的经济得到很大发展，使它有了在世界范围内争霸的力量，于是，英国便与其他殖民大国展开了更大规模的争夺。这个阶段，英国的主要对手是法国。17 世纪末，法国已发展成欧洲大陆最强的军事封建国家，它不但有称霸欧洲的野心，而且在亚洲和美洲大抢殖民地，这当然是英国所不能容忍的。1688 至 1697 年，法国与荷兰作战，英国乘机加入荷兰方面。经过九年的战争，法国失败，被迫退回了以前从西班牙夺去的许多土地。

1700 年，西班牙国王查理二世死后无嗣，法国与奥地利爆发了争夺西班牙王位的战争。英国害怕西班牙余下的海外殖民地被法国夺去，加入奥方对法作战。1713 年，战争以法国失败而结束，英国割去了法国在北美的广大殖民地，并夺得了地中海战略要地直布罗陀。

1740 年至 1748 年，法国与奥地利又进行了争夺奥地利王位的战争。英国再一次站在奥地利一边，同法国作战。战争在美洲、印度、非洲、地中海等地同时进行。英国在海上摧毁了法国海军，击沉了大部分法国的主力舰和巡洋舰。战争结束后，法国只剩下了 67 艘大型舰艇，比英国少了 73 艘。英国取得了二比一的海上实力优势。

法国不甘心失败，决心寻找机会夺回失去的殖民地。1756 至 1763 年，英法两国又展开了争夺霸权的大决战。这次战争历史上称为"英法七年战争"，它波及的范围更广。法国把奥地利拉到自己一边，英国则和普鲁士勾结在一起。在欧洲，英国在大陆上取战略守势，让普鲁士牵制法国的主力；在海上则取攻势，用海军封锁法国的海岸，并利用突然袭击的手段，歼灭了停泊在海港中的法国舰队的主力。在北美，英国对法国猛烈进攻，步步紧逼。1759 年，攻占法国的主要据点魁北克，1760 年又占领了另一个大城市蒙特利尔。法国被迫一退再退，最后在加拿大全军溃败，加拿大全部落到英国手里。在印度，1761 年英军攻克了法国在印度的最后一个堡垒本地治里。

在这一阶段，英国为它长达一百多年的海上霸权地位奠定了基石。

在这之后不久，英国开始进行工业革命，广泛采用机器生产，生产力得到了迅速提高。新的经济实力，为英国称霸海上提供了更雄厚的物质基础。英国国会一再通过大规模加强海军的法案，规定英国海军实力要等于两个其他海上强国实力的总和，叫做"双强标准"，在全世界展开了更疯狂的掠夺。在这第四阶段，英国与俄国进行了争霸战争。

19 世纪初，沙皇俄国成了"欧洲宪兵"，到处进行干涉和侵略。它骄横不可一世，妄图建立一个统治全世界的大斯拉夫帝国。它把侵略的矛头首先指向中东地区，而英国想独吞这个地区也为时已久。这样，俄、英便发生了尖锐冲突。当时，统治中东地区的奥斯曼帝国已经衰落，双方都想利用这个时机大捞一把，英，俄关系日趋紧张。开始，老奸巨猾的英国并不自己出面，而是联合法国策动土耳其与沙俄争夺克里木半岛和南高加索。1853 年 10 月，俄、土战争爆发，俄国海军在土耳其北部黑海沿岸摧毁了土耳其舰队。英国见势不妙，才联合法国正式参战。英法联合舰队同时在黑海、波罗的海、白令海和堪察加半岛东岸对俄军大举进攻，但都遭到了激烈的抵抗。从 1854 年秋起，英、法把兵力集中起来，在克里木半岛与俄军决战。在兵力和技术上占优势的英法军队把俄国海军围困在塞瓦斯托波尔港，经过将近一年的战斗，终于攻克该城，决定了俄国的败局。1856 年 3 月，战争双方签订了巴黎和约，俄国被迫拆除黑海沿岸的要塞，失去了在黑海保有舰队的权力。

这次战争后，英国控制了土耳其，加强了在巴尔干半岛和西亚的势力。它的海军在黑海已无可匹敌，更加巩固了海上霸主地位。

英国就是这样，按照弱肉强食的资产阶级法则，用数量越来越多的舰队和口径越来越大的火炮，打开了一条通向霸主地位的道路。

在称霸的日子里

殖民主义、帝国主义称霸海上的目的，就是要最大限度地奴役和掠夺各国人民。英国在称霸海上的日子里，正是发财最多，掠夺最多的一个殖民帝国。

在美洲，英国于 1733 年就在东起大西洋沿岸西至阿巴拉契山脉的整个狭长地带，建立了十三个殖民地。在英法七年战争后，法属加拿大以及阿巴拉契山脉以西到密西西比河的辽阔地区都升起了英国的米字旗。

英国殖民者在美洲大陆对土著居民——印第安人的压榨和屠杀是极其残暴的。他们强迫印第安人从事最繁重的劳动，随意杀戮。在印第安人的累累白骨上，英国殖民者建起了一个个城市和工业中心。为了巩固海上霸权，他们利用美洲廉价原料和劳动力，大力发展造船业。18世纪中期，英国的船只有三分之一是在美洲殖民地建造的。利用这些船只，英国殖民者从北美运走了数百万公斤黄金和上亿公斤白银，以及无以计数的木材、皮革、粮食等等物品。

在印第安人大量死亡，英国殖民者感到劳动力缺乏时，他们同其他殖民国家一样，也做开了罪恶的奴隶贸易，从非洲往美洲贩卖黑人奴隶。在欧洲装运价值十英镑的一百加仑甜酒，在西非就可换一个奴隶，而这个奴隶在美洲奴隶市场上，卖价却高达500英镑左右。1783年至1793年，英国利物浦商人贩卖奴隶30万，获得暴利1500万英镑。由于有大利可图，英国利用其海上霸权垄断了资本主义世界全部奴隶贸易的一半以上。它从非洲贩走的黑奴数目，等于所有其他贩奴国家总和的四倍。利物浦和普利茅斯的繁荣，乃至英国舰队的强大，都是建立在罪恶的奴隶贸易之上的。这种灭绝人性的贸易，构成了英国历史上最黑暗、最可耻的一页。

英国和其他殖民国家所进行的奴隶贸易，使至少一亿黑人丧失了生命。但是，不屈的黑人奴隶从来没有向殖民者低过头，他们英勇地进行了无数次激烈的反抗。仅见于文字记载的，从黑人奴隶制度开始推行到最后被废除的近二百五十年间，黑奴的反抗就不下二百五十次，而这个数字，只不过是反抗总数的很小一部分而已。

英国还对非洲的领土蚕食鲸吞，先后占领了纳塔尔（现属南非）、贝专纳（现名博茨瓦纳）、南非、苏丹、桑给巴尔、肯尼亚、乌干达、尼亚萨兰（马拉维）、塞拉利昂、黄金海岸（现名加纳）、尼日利亚等地。

为了取得具有重要战略地位的埃及，控制连通欧亚海上交通的苏伊士运河，缩短军舰和商船掠夺亚洲的航程，英国殖民者使尽了卑鄙野蛮的手段。1875年，英国利用埃及的财政困难，以四百万英镑廉价购得了埃及在苏伊士运河的全部股份，占运河股票总额的44%，从而在很大程度上取得了控制运河的特权。1876年至1882年，英国又勾结法国，把埃及财政置于它们直接控制之下，由英国管理国家收入，法国管理支出。1878年，它们又得寸进尺，组成"欧洲人内阁"，英国人担任财政部长，法国人担任公共工程部长，使埃及的主权丧失殆尽。这种无耻的控制和干涉激起了埃及人民的强烈反抗。

1881年初，农民出身的青年军官阿拉比领导开罗卫戍部队起义，要求撤换内阁，召开国会。英、法企图收买阿拉比，遭到拒绝。于是，他们又舞起了"炮舰政策"这根大棒。于1882年5月派舰队到亚历山大港示威。但是，炮舰吓不倒埃及人民，他们举行示威，对阿拉比表示坚决支持。阿拉比在人民的支持下准备和敌人决战，下令修建亚历山大港炮台。蛮横的英国政府7月10日向埃及发出最后通牒，限二十四小时内停止炮台修筑。第二天就派舰队向亚历山大港炮轰了十小时，接着派2.5万名士兵登陆，大肆劫掠。阿拉比领导人民对侵略者进行了坚决抵抗，但是，最后终于在内外敌人的夹击下失败。埃及被英国全部占领。

英国殖民者把印度作为侵略亚洲的基地，印度便首当其冲地受到了英国的浩劫。

1760 至 1780 年间，英国用从孟加拉搜刮的捐税，向印度"购买"了价值高达 1200 万英镑的原料和粮食。英国东印度公司占领孟加拉后，从国库抢走了 3700 万英镑的财富，还有 2100 万英镑落入公司高级职员的腰包。英国强盗克莱武一人就抢走了 20 万英镑和无数珍宝。他后来在英国国会上说："富裕的城市在我脚下，壮丽的国家在我手中，满贮金银珍宝的财宝库在我眼前。我统共只拿了二十万英镑。直到现在，我还奇怪那时为什么那样留情。"这是何等无耻，何等嚣张！从 1757 到 1815 年，英国共从印度榨取了约十亿英镑的财富。19 世纪初，英国在继续加强税收掠夺的同时，又开始把印度变成英国商品的倾销市场，用新的资本主义方式剥削印度人民。从 1814 到 1835 年，英国对印度输出的棉织品从不足一百万码增加到 5100 万码以上。从 1818 到 1836 年，英国对印度输出的棉纱增加了 5200 倍。在英国的残酷掠夺和商品倾销的打击下，印度的社会生产力遭到了严重破坏，使大批手工业工人失业，大批田园荒芜。印度的纺织品曾远销亚洲和欧洲市场，但是，到了 1840 年，一直非常繁荣的印度纺织业中心达卡城人口从十五万减到三、四万，满城野草，瘟疫流行。连英国总督也不得不承认："这种悲惨的境况，在商业史上是无与伦比的。棉织工人的白骨使印度平原都白成一片了。

面对英国的残暴侵略和掠夺，印度人民的反抗斗争从来没有停止过。1857 至 1859 年爆发的印度民族大起义，震撼全世界。起义军曾攻克德里，狠狠地打击了英国在印度的殖民统治。

18 世纪六十年代，英国殖民者强迫印度农民种植鸦片，用以到中国"换取"白银和毒害中国人民。这种罪恶的鸦片贸易也是靠炮舰政策支持的。英国在两次鸦片战争中，用海盗舰队打败了清政府，使中国成了英国鸦片的倾销地。英国从鸦片贸易中获得的纯收益，在鸦片战争前每年已达几十万到一百几十万英镑，鸦片战争后每年更增加到二百至四百万英镑。1835 至 1872 年间，英国在中国倾销鸦片所获的暴利达一亿四千多万英镑。无怪乎英国殖民者无耻地叫嚷："万物莫好过于鸦片。"对于英国利用鸦片攫取暴利、毒害中国人民的罪恶行径，中国人民进行了坚决抵抗和斗争。1841 年，广东三元里数万群众奋起反抗，围歼英军二百余名。1900 年又爆发了轰轰烈烈的义和团运动，使英国等殖民者吓破了胆。

鸦片战争后，英国侵略军在亚洲又先后侵占了克什米尔、亚丁港、阿富汗、缅甸等地。

18 世纪末，英国殖民者把大批苦役运到澳大利亚殖民地去发展养羊业。1840 年又迫使新西兰承认英国为宗主国。这样，英国殖民者的侵略魔爪就把整个地球都包起来了。

对殖民地人民的掠夺和剥削，大大刺激了英国经济的膨胀。从 1845 到 1870 年，英国工业的棉花用量差不多增长了一倍，棉织厂由 1900 家增加到 2400 家。1855 到 1864 年，煤的产量由 6000 万吨增加到 9000 万吨。1848 到 1870 年，铁的产量由 200 万吨增加到 600 万吨。煤、铁的产量都占世界总数的一半左右。1850 到 1870 年，英国输出的机器总值由 100 万英镑增加到 530 万英镑。英国为了改进它的舰队，还第一个由用木材造船改用金属造船。

一个英国大资本家在 1895 年说过："我们应当占领新领土，来安置过剩人口，为工厂和矿山生产的商品找到新的销售地区。我常常说……要是你不希望发生内战，你就应当成为帝国主义者。"这就是英国殖民者的无耻自白！

海上霸权的丧失

当英国殖民者把自己的国家称为"日不落帝国"的时候，他们是何等骄横跋扈啊！但是，历史的发展规律毕竟是任何人也无法抗拒的。挂在军舰炮管上的大英帝国的"太阳"，随着海上霸权的丧失，很快就陨落了。

首先是在第一次世界大战中，英国的海上霸权受到了沉重的打击。

19 世纪末 20 世纪初，世界进入了帝国主义阶段。列宁指出："帝国主义的一个重要的特点，是几个大国都想争夺霸权"。由于英国等老牌的殖民国家已把世界分割完毕，美国和德国等后起的帝国主义国家就强烈要求重新瓜分世界。特别是德国，它拥有的殖民地还不到英国的十分之一，殖民地人口仅及英国的百分之三，因此，急切地想得到新的市场和原料基地。德国首相皮洛夫气急败坏地叫嚷："让别的民族去分割大陆和海洋而我们德国人只满足于蓝色天空的时代已经过去了，我们也要求日光下的地盘。"其争霸的矛头，首先指向英国。所以，英德矛盾成了当时帝国主义国家之间的主要矛盾。为了战胜英国，德国拼命扩充海军。德皇威廉二世露骨地宣称："德国的殖民目的，只有德国已经成为海上霸主的时候，方能达到。"我们的未来在海上。"1898 年，德国制定了一个为期二十年的海军建设计划，一年后又把这个计划扩大了一倍，大大加快了发展海军的步伐。1905 年，英国拥有普通型装甲舰 65 艘，德国已拥有 26 艘。德国发展海军的计划和速度使英国大为震惊。同年，英国建造了新型的号称"无畏舰"的主力舰，认为这是自己海军力量的一个飞跃，德国在几年之内是无法建造的，可以粉碎德国争霸海洋的梦想。但是，德国毫不示弱，也马上建造了"无畏舰"。到 1908 年，英国建成十二艘，德国建成九艘，德国的海军力量迅速赶了上来。

在疯狂扩军的同时，英国又企图用谈判的办法来压德国就范，维持自己的海上优势。在 1907 年海牙召开的世界和平会议上和 1908 年英王爱德华七世和德王威廉二世的谈判中，英国都提出了有利于自己的所谓限制海上军备的建议，但是，德国根本不买账。双方的军备竞赛更加剧烈了。

为了加强各自的争霸地位，德国和奥、匈、意等国结成同盟，形成了"同盟国集团"；英国和法、俄等国缔结协约，形成了"协约国集团"。两个集团尖锐对峙，愈演愈烈，终于在 1914 年夏季爆发了第一次世界大战。先后参加这次大战的国家有三十多个，卷入的人口达十几亿，占当时世界总人口的四分之三。战争主要在欧洲大陆进行，在海上的争夺也十分激烈。

战争开始时，以英国为首的协约国在海军方面占优势。协约国拥有主力舰 23 艘，而同盟国只有 17 艘。在其他水面舰艇和潜水艇方面，协议国领先更多。在这种情况下，德国舰队被迫以防御为主，英国舰队则积极活动，封锁德国海岸，保卫交通线。1914 年 8 月 28 日，英国海军在北海赫耳果兰岛击沉德国三艘巡洋舰，一艘驱逐舰。12 月 8 日，英国又在马尔维纳斯群岛（福克兰群岛）附近全歼了德国的一支舰队。1916 年 5 月 31 日到 6 月 1 日，想突破封锁的德国舰队发动了日德兰大海战。德国出动了 101 艘军舰，英国以 151 艘截击。激战中英国被击沉 14 艘，德国被击沉 11 艘。但德国舰队仍无法突破封锁，被迫败退。这些战斗表明，英国海军在第一次世界大战中还基本上控制着制海权。

对此，英国人得意洋洋。1918 年 11 月当第一次世界大战以协约国的胜利而结束时，英国外交大臣大吹大擂："目前，不列颠的旗帜，已飘扬在一个强大而统一的帝国领土之上！我们的意见，对于各国人民的意志，或是对于决定人类的命运，有着极大的影响，这都是前所未有的。"

但是，这位傲慢的外交大臣夸的海口再大，也掩盖不了问题的实质：英国赢得了战争，但失掉了优势，特别是失掉了海军优势。战争大大削弱了英国的经济和军事力量。英国的商船在战争中损失了百分之七十，而美国和日本的造船业和海军力量却在战争期间有了巨大的增长。英国的海上霸权没有被德国抢去，却越来越被后起的美国夺取了。

1917 年，伟大十月社会主义革命的胜利，动摇了整个资本主义制度。英国殖民者对这一胜利恨得要死，怕得要命，在直接武装干涉失败后，就纵容希特勒重新武装德国，企图祸水东引，让法西斯德国扼杀苏维埃政权。1935 年 6 月 18 日，根据德国要求，英、德签订了"海军协定"，规定德国与英国海军舰只总吨位为 35：100百。当时英国拥有 120 万吨位的舰艇，而德国只有 7.86 万吨。这样一来，德国海军可以增加四倍多，给了德国一个疯狂扩军的借口和机会。但是到头来，英国搬起石头砸了自己的脚，德国扩充起来的军队，在东侵之前，首先把矛头指向了西方。1939 年 9 月 1 日，德国法西斯突然大举袭击波兰。在国内外舆论的强大压力下，英、法被迫对德宣战。第二次世界大战全面爆发。1940 年 5 月 10 日，当德军进攻荷兰、比利时、卢森堡时，几十万英法联军不堪一击，节节败退。6 月初，英国派出 860 多艘舰船，把退到法国敦刻尔克的 30 万英军和一些法军撤往英国。在撤退中，有 243 艘舰船被德国飞机炸沉，还丢失大炮 2400 门，各种机动车 8.2 万辆，弹药 7000 吨。后来，只是由于希特勒忙于准备集中力量进攻苏联，英国才幸免于灭亡。但是，希特勒却用飞机对英伦三岛狂轰滥炸，用潜艇在海上严密封锁。德国潜艇在战争初期就击沉英国商船 670 多艘，使英国惊恐万状。为了输入粮食和原料，这个昔日的海上霸王不得不向美国屈膝求援，甚至要求用美洲东岸的一些岛屿，换取美国 50 艘超龄的破旧军舰。1941 年 12 月，日本又乘英国之危，袭击马来亚英国海军基地，炸沉了英国大型主力舰"威尔士亲王号"和"击退号"，接着，又从英军手中夺取了新加坡等地。英国首相丘吉尔惊叫道："新加坡的陷落对于英国是历史上从来没有过的最大灾祸。"1945 年 8 月，当德、意、日等法西斯在世界人民的打击下先后投降时，英国已经是一个百孔千疮的破落户了。

无可挽回的衰落

英国的衰落从 19 世纪末就开始了。英国资产阶级为了从海外攫取高额利润，大量输出资本，不但使国内工业技术装备的更新受到严重阻碍，而且造成了上百万靠"剪息票"过活的食利阶层。1899 年，英国从海外投资中得到了近一亿英镑的收入，而同年的对外贸易利润只有 1800 万英镑。主要靠剥削殖民地过日子的英帝国，典型地反映了帝国主义的寄生性和腐朽性。加之由于受资本主义经济政治发展不平衡规律的支配，后起的帝国主义国家与英国激烈竞争，使它不可避免地从顶峰上跌落下来。19 世纪 90 年代，美国的工业产值就超过了英国。20 世纪初，德国也超过了英国。英国炮舰政策在第一次世界大战中的破产，使这种衰落更加迅速和无可挽回了。

第一次世界大战后，英国由原先的债权国变成了债务国，不得不变卖四分之一的海外投资还债。由于靠炮舰政策掠夺的财富大量减少，战后不久，1920 至 1921年，英国就发生了严重的经济危机。工业生产下降了 46％。由这次危机开始，英国经济陷于长期的萧条之中。1924 年，英国在资本主义世界工业中所占的比重，由第一次世界大战前的 14.5％下降到 9％；而同期美国却从 36％上升为 48.5％。

第二次世界大战对英国的打击更甚于第一次，战争期间，它的国内资本共减损40 亿英镑，还变卖了 10 亿英镑的海外投资，积下了 30 亿英镑的外债。战后，英国经济长期发展缓慢，除早已落后于美国外，1955 年又被西德超过，1964 年又被法国超过，1965 年又被日本超过，使英国在资本主义各国中，退到了第五位。

在这同时，这个当年的"海上霸王"的海军力量也无足轻重了。1946 年，英国造船总吨位占资本主义国家总数的 53％，到 1957 年下降为 17％。它甚至把当年引为骄傲的两艘八万吨级邮船——"玛丽皇后号"和"伊丽莎白皇后号"卖给了美国，以"皇后"还债。1974 年，英国只有主要水面作战舰艇七十四艘，而美国有 177艘，苏联有 221 艘。两个超级大国已完全不把英国放在眼里，它们到处挖英国的墙脚，攫取它的利益。

两次世界大战还促进了民族解放运动的蓬勃发展，许多殖民地纷纷独立，使"日不落"帝国土崩瓦解。第一次世界大战后，英属阿富汗、爱尔兰、埃及、伊拉克等先后独立；第二次世界大战后，亚、非、拉人民的反殖斗争更加风起云涌，缅甸、印度、巴基斯坦以及非洲和拉丁美洲数以十计的国家，也先后赶走了英国殖民者，赢得了民族独立。现在的"英联邦"，已经成了个名存实亡的空架子。

当年自称"日不落"的海上霸王，就这样"日落西山，气息奄奄"了。

英国 1926 年总罢工

"红色星期五"

第一次世界大战是英国从强盛走向衰落的重要转折点。战争严重地削弱了英国在世界上的政治和经济地位。英国在战争中损失了 1/3 的国家财富，而且还从美国的债权国变成了债务国。到 1919 年，英国欠美国的债务达 8.5 亿英镑，内债比战前增加了 9 倍，在经济上陷于困境。由于缺乏资本，采煤、纺织、造船等老工业部门的设备得不到更新，生产效率很低，处于衰落状态。

大战过程中和战后，英国殖民地的民族解放运动高涨起来，民族工业有了发展。而且，美国和日本等国资本，趁战争之机渗入到英国的一些殖民地。法国和德国从战争的打击下复苏后，重新成为英国的竞争对手。战时和战后发生的这些变化，使英国在世界市场上的竞争能力相对削弱，海外市场逐渐缩小。这些外部原因加剧了国内的经济困难。战后，经济陷于长期萧条状态，直到1929年，工业总产值才勉强达到1913年的水平。而煤产量还没有达到战前水平，1928年，英国煤产量比1913年还低17%以上。

资产阶级企图把困难转嫁到劳动人民身上。一位保守党经济学家认为，"提高工业中的工作效率，减少工资，增加工时，就能使英国重新获得它在4年战争中所失去的大部分东西。"资本家增加工时和降低工资的企图，导致阶级矛盾激化和阶级斗争的高涨。

1923年，法国出兵占领德国的重要产煤区鲁尔。德国煤炭的生产和出口急剧减少。这给英国煤炭业造成了一个短暂的繁荣机会。矿工通过斗争，于1924年6月同矿主签订了新的工资协议。矿工的处境得到了一些改善。同年，法国从鲁尔撤兵。德国借助美国资本，使鲁尔地区的煤炭生产迅速恢复，出口增加。英国煤的出口锐减。国际竞争的加剧使英国采煤业的景况更加恶化。矿工失业人数增加到12万以上，至少有50%的矿工不能整周工作。矿主们为了降低生产成本，决定降低工资和增加工时。1925年6月30日，矿主们宣布从7

火柴厂女工罢工

月31日起，停止实行1924年的工资协议，废除全国统一的工资率，而以地区性的工资合同取而代之；保证矿主12%的最低利润率；把工作日从七小时延长到八小时。如果实行这一办法，矿工们的工资将削减13—47%（视各地区的条件而定）。矿主们威胁道，如果矿工拒绝上述建议，他们就将于7月13日开始同盟歇业。矿工们愤怒地拒绝了矿主们的建议。

这次矿工们得到了兄弟工会的支援。7月18日，职工大会总理事会通过了充分支持矿工反对降低生活水平的正义斗争的决议。总理事会还指定了一个特别工业委员会，同矿工联合会执委会保持经常的联系。7月30日，各工会执委会代表会议通过了对煤炭实行禁运的决定。代表会议授权总理事会给予矿工以财务支持和号召工会罢工。当天夜晚，3个铁路工会的执委会向它们的成员分发指示，于从矿主总同盟歇业开始生效的7月31日午夜12时起，停止煤炭装卸和运输。在全国停止煤炭供应，将使国家经济受到严重影响。保守党鲍德温政府对工人阶级联合行动缺乏准备，不得不暂时让步。7月31日（星期五），政府决定给煤矿工业为期9个月的补助（到1926年4月30日为止），使矿主维持矿工的工资水平和劳动条件。政府指定了一个以赫伯特·塞缪尔爵士为首的皇家委员会，调查煤矿工业的情况。矿主接受了政府的建议，矿工们取得了重大的胜利，这一天被称为"红色星期五"。

两个阶级的较量

5月2日夜间，白厅发出了"行动"的电报信号。同一天，"供应维持组织"声明，整个组织移交政府指挥。在此以前，民政专员及其下属已各就各位。

5月3日中午，从唐宁街10号发出正式通知，总理事会同政府的谈判结束。当天午夜，总罢工开始。5月4日，被列为第1线的各部门工人纷纷停止工作。群众的战斗热情超过了总理事会的估计。计划罢工的只有250万人，可是还在头几天，罢工人数即超过400万。一些地方的工人尚未得到关于罢工的正式通知，就自动地停止了工作。许多不属于"第1线"的工人和非工会会员也参加了罢工。英国大部分企业停产。平时喧闹的工厂、码头、车站寂静下来，火车、电车和汽车停驶，交通运输陷于瘫痪，全国经济生活一片混乱。印刷工人的罢工使全国大部分报纸停刊，在1870种日报中，只剩下40种继续出版。报纸的运送需要经过罢工机关的许可。在爱丁堡等城市，各种报纸的停刊使统治阶级丧失了重要的舆论工具。工人举行浩大的示威游行，在他们的脸上流露出必胜的信心。全国失业工人运动委员会决定支持罢工，坚决不当工贼，在爱丁堡，因爱丁堡大学部分学生破坏罢工斗争，该城的面包工人拒绝为他们烤制面包。

由于总理事会对罢工未作严密部署，罢工缺乏统一指挥，领导罢工的主要责任，落到了地方工会组织的肩上。在5月2日到10日之间，各地工会都成立了罢工组织，它们有的叫罢工委员会，有的叫行动委员会，在有些地方，罢工由地方工会理事会领导。这些委员会吸收了各工会执委会和地方工会的罢工委员会的代表参加，具有广泛的权力，罢工领导机构组织了群众性的纠察队，以防止工贼的破坏。经过罢工机构批准运送食物的汽车，都贴着写有"经职工大会许可"的通行证。

部理事会对罢工的态度与普通工人截然不同。普通工人对共同事业充满了高度的热情，而总理事会的领袖们则把这次罢工看成是一场未能避免的灾难。罢工开始后两天，总委员会才建立了5个委员会，分别处理交通运输、情报、食品供应、管理指导和财务等事项。

许多地方的罢工领导机构显示了很高的工作效能。在煤炭工业的重要基地诺森伯兰—达勒姆地区，罢工的领导机构是由各地工会理事会的代表组成的行动委员会，它出版了《工人记事报》，向工人们提供有关罢工的正确消息。该报提出了"不减少一个便士的工资，不增加一分钟的工作时间，不要任何妥协"的口号，在罢工中起了积极作用。行动委员会控制了交通和供应，行使了地方政权的许多职能。纽卡斯尔地区的民政专员金斯利·伍德也不得不请求行动委员会协助。

工人纠察队与工贼们进行了英勇的斗争。在格拉斯哥、利兹、爱丁堡等大城市，罢工工人用石头砸碎工贼的汽车车窗，破坏汽车发动机，割断输油管。工贼们不得不用木板钉住车窗，用铁丝网封住引擎箱。

英国共产党在罢工过程中始终站在斗争的最前列。共产党提出了"矿山无偿国有化和工人监督"、"保守党政府辞职和建立工党政府"等主张，呼吁建立工人自卫队以对付供应维持组织和法西斯分子。共产党告诫工人不要局限于自卫，"既然战斗已经打响，取得胜利的唯一道路就是勇往直前，狠狠地打"。共产党出版了打印的《工人通报》，广泛地进行政治鼓动。

英国工人阶级的斗争得到了国际无产阶级的同情和支持。4月16日，国际矿工联合会声明，一旦英国发生罢工，将对输往英国的煤炭实行禁运。4月17日，红色工会国际向阿姆斯丹国际建议，组织各国工人和国际工人组织援助英国矿工。这个建议遭到阿姆斯特丹国际的拒绝。之后，红色工会国际又向英国职工大人理事会提议，由红色工会国际倡议，召开愿意援助英国矿工的各国工会组织的国际会议，以协调和安排对矿工的援助和支持。4月30日，红色工会国际号召所属工会和各国工人采取行动，一旦英国矿主开始同盟歇业，就立即将以下口号付诸行动："不许给英国一克煤！"

各国工人积极响应了红色工会国际的号召。苏联工人在全国各地举行了声援英国工人兄弟的集会和示威游行，并募集了200万卢布的捐款（但遭到职工大会的拒绝）。德国汉堡的码头工人、海员对开进港口的船舶，实行严格的监督措施，阻止把煤运往英国。法国、荷兰等国的工会也表示要采取措施，阻止向英国运煤。美国、加拿大、墨西哥、日本、爱尔兰、比利时、捷克斯洛伐克、印度等国工人也以不同方式对英国工人阶级的斗争表示支持。处在苦难中的中国工人阶级节衣缩食，为英国罢工工人募集捐款。上海工人举行群众集会，通电声援英国工人兄弟。

在总罢工的强大压力下，资产阶级营垒开始出现裂痕，他们中的一些代表人物主张向工人阶级让步。纽卡斯尔市议会呼吁首相，在原有基础上结束同盟歇业。5月7日，坎特伯雷大主教出面调停，他请求双方"以团结合作的精神，为共同的利益……"而靠拢。他建议停止总罢工和同盟歇业，把政府补助延长一个时期，在此基础上，在矿主和矿工之间重开谈判。一些资产阶级集团亦支持这项建议。自由党议会党团主席劳合·乔治说："我相信，如果我们支持政府在罢工尚未停止时就拒绝进行谈判，斗争就可能变成长期的，并且会给整个国家造成严重损失。"

可是，当时以财政大臣丘吉尔为代表的资产阶级强硬派在政府中占了主导地位。政府动员了手中的一切力量，对罢工进行镇压。政府派海军战舰运送必需物资，派士兵到电厂、码头顶替罢工工人。军队帮助运送邮件、运输和分配汽油。5月8日，伦敦一个粮食运输队从码头向海德公园的政府粮食仓库运粮时，政府调动了20辆装甲车，大批士兵和警察押运。第二天，汽车载着钢盔的士兵和警察在伦敦街头示威，企图吓唬罢工工人。在罢工期间，政府大量扩充警察力量，特别警察的人数从罢工前的9.8万人增加到22.6万人。警察大批逮捕罢工积极分子。印刷、传播和保存用复印机印刷的罢工公报被视为非法，遭到禁止，违者处以3个星期到3个月的监禁。工人纠察队经常遭到袭击。英格兰和威尔士有3000多人以"煽动叛乱罪"和因"暴力行动"被判处徒刑。格拉斯哥有200人因"阻碍交通"而遭逮捕，有1000人被判刑，伦敦共产党总部几乎天天遭到袭击，各地有许多共产党员被捕。

政府控制的广播电台和报纸大肆进行反对罢工的宣传，煽动中、小资产阶级仇视罢工的情绪，涣散工人的斗志。5月5日，政府利用工贼的力量出版了《不列颠公报》，丘吉尔直接控制该报。鲍德温于5月6日在《不列颠公报》上发表的文告称："立宪政府正受到攻击"，"总罢工是对国会的挑战，而且是通向无政府主义的道路"。他号召全国人民支持政府，以维护人民的"自由和特权"。统治阶级的代表人物不断地进行威胁和恐吓。5月6日，约翰·西蒙爵士在下院叫嚣说，这次罢工是"完全违反宪法和非法性质的……每一个劝诱和推动罢工过程的工会领导人，要拿出他财产的最后一文来赔偿破坏的损失"。5月9日，有消息说，政府要逮捕总理事会和地方罢工委员会成员，废除劳资争执法，并准备把宣布总罢工为非法的一项法律草案提交国会审查。

工人阶级勇敢地接受了统治阶级的挑战。面对资产阶级宣传机器对罢工的诽谤和攻击，纽卡斯尔行动委员会的通报回答说："工人阶级还没有对宪法发起有意识的革命进攻，但如果资本家们声明，宪法禁止工人们为保卫自己的面包而进行斗争，那么宪法就需要迅速地、彻底地改写"。

罢工的失败

罢工运动的空前规模和工人群众高涨的战斗热情，使总理事会的工会官僚们惊慌失措，来自统治阶级的镇压和恐吓更使他们非常害怕。他们惟恐运动失去控制而转入政治斗争的轨道，更谈不到站在运动前面积极领导。总理事会没有很好进行捍卫罢工的宣传，只是在政府出版了《不列颠公报》以后，才于5月5日晚出版了《英国工人报》。《工人报》受到总理事会的种种限制，仅限于消极防守，而不敢揭露政府镇压罢工的种种罪行。报纸对警察和工人的冲突闭口不谈，惟恐刺激工人情绪。《工人报》不是号召罢工者积极行动，而是要他们离开街头，呆在家里，或者举行文娱、体育活动，遵守"秩序"。加的夫罢工委员会劝告工人们："保持微笑，不要受挑动。回到你们的园子中去，看看妻子和孩子们。如果你家没有园子，那就到郊外去。到公园和公共游乐场去。"

英国伦敦的士兵庆祝历史上最大的罢工结束

工党和总理事会的头目们内心是反对总罢工的。在罢工刚刚开始那天早晨，工党议会党团的领袖拉姆齐·麦克唐纳就公开扬言，他"不喜欢总罢工"。5月9日，在罢工的高潮中，总理事会成员托马斯也说："我从不掩饰我不赞成总罢工的原则"。这充分暴露了他们在统治阶级进攻面前的怯懦心理和推卸责任的企图。《曼彻斯特卫报》对总理事会成员们的心理状态作了生动的描述："总理事会是和革命的行动委员会完全相反的。聚集在这里的是一群萎靡不振的工会官僚，……由于害怕可能发生混乱而意志颓丧，他们经常受到各种耸人听闻的传说的影响，他们与大工业中心的联系逐渐削弱，而他们最害怕的，是自己发动起来的力量会脱离自己的控制"。罢工开始不久，工会首领们就开始与官方代表秘密接触，企图尽快结束罢工。5月7日，麦克唐纳声明："我正在尽一切努力，保证把每一分钟都用以争取和平解决这一冲突，并达成协议。"

从 5 月 8 日开始，总理事会开始背着矿工联合会同赫伯特·塞缪尔爵士进行秘密谈判。塞缪尔实际上是政府手中的工具。他在罢工的关键时刻出面调停，目的在于瓦解工人斗志，加深总理事会与矿工联合会之间早已存在的裂痕，起武力镇压所不能起到的作用。塞缪尔曾明确声明，他并未得到政府授权，因此不能代表政府作任何保证。总理事会急于通过谈判结束罢工，所以根本不顾及塞缪尔的地位。塞缪尔于 5 月 11 日起草了一份关于停止罢工的条件的备忘录（所谓《塞缪尔备忘录》，其中包括恢复谈判、暂时恢复政府津贴、降低工资等内容。总理事会决定接受《塞缪尔备忘录》，停止总罢工，并于 5 月 11 日召来矿工联合会的负责人赫伯特·史密斯、阿瑟·库克等，企图把总理事会的意志强加于他们。矿工代表对事先未征求他们的意见就接受《塞缪尔备忘录》一事向总理事会提出抗议，并拒绝接受总理事会的决定。后来库克说，总理事会的决定是"日复一日的怯懦的顶点"。

就在这一天，根据总理事会事先的安排，"第 2 线"的机器制造工人和造船工人也投入罢工，使罢工人数达到近 600 万人，总罢工进入最高潮，运动方兴未艾。这一天，官方广播也承认，"罢工还没有削弱的迹象"。这是一次力量的较量，也是一次意志的较量。总罢工只要坚持下去，就可能迫使政府和矿主们让步，罢工就有可能获胜。可是，第 2 线工人投入罢工的指示生效刚刚 12 小时，5 月 12 日午后 1 点，无线电广播传来了停止罢工的消息。工人们简直不敢相信自己的耳朵。他们被总理事会出卖了。

5 月 12 日正午，托马斯和贝文等总理事会代表到唐宁街 10 号求见首相。他们通知鲍德温，总理事会已决定停止罢工。托马斯和贝文企图从首相那里得到某些保证，以便使事情"重新走上正确轨道"，使雇主让罢工工人不受阻碍地恢复工作。但鲍德温摆出一副受降者的姿态，对总理事会代表的讲话表现得很不耐烦。他以忙为借口，轻蔑地把他们打发走了。

次日，《英国工人报》发表了总理事会的公告。公告说，总理事会得到保证，煤矿问题将得到解决，因此宣布结束罢工。这纯粹是一种欺骗。政府的正式公告说，政府将不强迫雇主让参加过罢工的工人复工，政府并未承担这样的义务，由于罢工使生产下降，以及由于雇主对"自愿劳工"（工贼）承担了义务，解雇罢工工人势在难免。这对总理事会不啻是一记响亮的耳光。

停止总罢工的决定在工人群众中引起了惶惑和愤怒。地方罢工组织纷纷向伦敦的总理事会发电报、写信，询问到底发生了什么事情。许多工会都要求对停止罢工的原因作出解释。木器工人联合会要求召开特别会议，讨论停止罢工的问题。铁路工人问道：为什么在罢工明显要取得胜利的时候，他们要忍受失败的耻辱？许多地方的工人都拒绝复工。罢工仍在好多地方继续着。

总理事会宣布停止罢工以后，资本家趁机反攻，他们纷纷降低工资，解雇罢工工人。5 月 13 日，铁路公司宣布，铁路工人的罢工破坏了协定，所以参加罢工的人都被解雇，他们只有在单独签订合同的基础上才能重新受雇，企图借此大幅度削减工资。为反击资本家的进攻，有些地方的罢工委员会致电部恒事会，要求恢复总罢工。铁路、码头、旅客运输和印刷等行业的工人又继续罢工了好几天。由于工人们的坚决斗争，资本家降低工资和延长工作时间的企图，才未能完全得逞。

经过若干后卫战后，其他行业的工人们都陆续复工了，但矿工们拒绝接受屈辱性的条件，继续顽地战斗着。他们孤军作战，处境十分艰难。资产阶级开动宣传机器，对矿工发动猛烈的进攻。6月1日，宣布延长《紧急权力法》，数以百计的矿工纠察队和罢工积极分子遭到逮捕。矿工的集会受到冲击，矿工遭到殴打。政府千方百计地阻止国外援助的金钱和物资到达矿工手中。地方当局断绝了对矿工家属的救济。矿工向"三角同盟"的铁路工人和运输工人会求助，希望他们停运煤炭，但未得到响应。矿工们请求阻止转运煤炭和禁止外煤输入英国也受到总理事会阻挠。矿工们坚持罢工近七个月，工会基金耗尽，矿工及其家属受着饥饿的煎熬，最后被迫于11月30日停止罢工。

总罢工的失败给英国工人运动造成了严重的后果。资产阶级趁机降低工资、延长工作时间和限制工会权利。1926年7月1日，国会废除了1919年颁布的七小时工作日法，在煤矿重新恢复八小时工作日制。1927年7月，国会通过《劳资争议与工会法》。宣布总罢工为非法。凡是发展为一个行业或是工业部门以外的"图谋直接地或以使社会遭受困难的方法来强迫政府"的罢工，都在禁止之列。群众性的纠察活动受到限制。法律禁止工会用工会经费支持他们在公共团体中的代表，禁止国家机关工作人员和邮务人员参加职工大会和工党，限制工会为工党筹集政治基金。这一反动立法极大地削弱了工人阶级在长期斗争中争得的权利。

由于总罢工的失败，工会会员的工党党员人数急剧下降。工会基金减少，工会的行会习气得以保存下来。工会右翼首领们利用总罢工和矿工罢工的失败，来证明他们的降投主义的正确性，公开号召工人同资本家合作，以消除萧条的根源和创造繁荣的条件。以帝国化学托拉斯领导人阿尔弗雷德·蒙德为代表的垄断资本家，对工会右翼首领的态度大加赞赏。1928年，以蒙德为首的垄断资本家使团通过同职工大会首领的谈判，使通过调解解决纠纷的方法制度化，成立了有双方代表参加的工业理事会，以调解劳资冲突，于是产生了臭名昭著的蒙德主义。

1926年大罢工失败的原因是多方面的。统治阶级为对付这次罢工作了长期的、周密的准备，并动用了军队、警察和整个国家机器反对工人阶级。工人方面虽然人数众多，但工会的最高领导权掌握在右翼领导人手中，他们随时准备同资本家妥协，不愿领导工人群众进行坚决的斗争。右翼领导人推行阶级投降主义政策，破坏了工会运动的团结。另外，改良主义在工人队伍中有根深蒂固的影响。英国共产党人数少，在工人中影响不大，起不到领导核心的作用。

这次大罢工暴露了英国资本主义深刻的矛盾和存在着尖锐的阶级斗争，戳穿了改良主义者鼓吹的资本主义已进入国内和平时期的神话，总罢工对统治阶级是一次沉重打击，它使资本家损失了1.6亿个工作日。资本家所遭受的物质损失难以计算。据拉姆齐·麦克唐纳估计，到1926年10月为止，煤矿业争端和总罢工造成的损失不下5亿英镑。从这个意义上来说，这次总罢工的结局，也算不上是统治阶级的胜利。

1926年总罢工是第一次世界大战后英国工人运动中左翼势力发展的结果，是两次大战之间，矿工和其他行业的工人同资本家阶级斗争发展的顶峰。总罢工显示了工人阶级在对国家政治和经济制度进行革命改造方面的潜在力量，为以后的斗争积累了宝贵的经济。在罢工过程中，工人群众的先进部分逐渐认清了工会官僚们的叛卖嘴脸，认识到以革命领导取代改良主义领导的重要性。在 1927 年 1 月 20 日举行的工会执委会特别代表会议上，许多代表对总理事会在罢工前缺乏准备，在罢工斗争中同塞缪尔进行秘密谈判，和在未从政府提到任何许诺的情况下就停止罢工等问题进行的批评，就表明了基层工会对总理事会投降主义政策的认识。工人阶级的先进部分从痛苦的经历中认识到，政府是有产阶级利益的忠实捍卫者，当劳资冲突影响到整个统治阶级利益时，政府就会动用整个国家机器，来捍卫资本的利益。因此，工人阶级要捍卫自身的利益，就必须团结一切可以团结的力量，同资产阶级进行顽强的斗争，方有可能取得胜利。

1926 年总罢工虽然失败了，但它显示了工人阶级团结战斗的伟大力量，在英国工人运动史上写下了光辉的一页。

罗斯福新政

1920 年，资本主义世界爆发了第一次世界大战后首次经济危机。经济危机是资本主义经济发展到一定程度的必然产物。最大的一次经济危机发生在 20 世纪 30 年代，那次危机导致了第二次世界大战的爆发。但是美国在罗斯福总统实行新政以后，逐渐摆脱了困境，成为第二次世界大战反对纳粹胜利的重要保证。

事件概况

1929 年 10 月开始，美国等资本主义国家爆发了一场世界规模的经济危机。从美国纽约股票市场开始，此次经济危机很快波及了欧洲、日本等主要国家，还影响了很多殖民地和半殖民地国家的经济。

从 19 世纪末到 20 世纪初，垄断成为主要资本主义国家全部经济生活的基础，各国也相继进入了帝国主义发展时期。从此，资本主义经济处于迅速发展时期，促使整个社会的生产盲目扩大。而社会财富则更加集中于几个大的财团中，洛克菲勒、卡内基、摩根等大家族的财富迅速增长。而在经济繁荣的后面，则是贫困人口的增长。1929 年，占美国人口数量 5％的富人的收入几乎占全部个人收入的 1/3，全年收入低于两千美元的贫困家庭占了全部家庭的 60％。

此外，股票市场已经开始成为生活中的重要部分。由于经济发展势头非常猛，股票市场的投机非常严重，股票价格和公司价值之间的差距越来越大，很多股票的价格高出价值几十倍。整个资本主义世界都认为经济会朝着更好的方向发展，从不怀疑经济会崩溃。因此，他们还是大量买进各类股票，期望通过股票价格的再次提升而获得收益。

美国政府大部分经济学家也对这种经济形势过于乐观。总统胡佛甚至说："美国已经达到了历史上最舒适的程度，接近于消灭贫困的最后胜利。"美国财政部长安德鲁·W·梅隆也于 1929 年 9 月向公众保证："现在没有担心的理由。这一繁荣的高潮将继续下去。"

但是在 1929 年 10 月 24 日（星期四），发生了人们怎么都不会相信的事实。美国纽约证券交易所的开盘锣刚刚敲过，就有人大量抛售股票，一天之内转手的股票超过了 1300 万股，超过了平常的 100 万股。随着股票的大量抛出，股票的价格也迅速降低。整个交易所大厅内好像成了疯人院，一大批绝望的投资者在看到自己的财富一天之内化为乌有而发出了绝望的吼声。

这个"黑色星期四"致使投资者损失了原来辛辛苦苦赚来的财富，很多投资者承受不了这个刺激而跳楼自杀。花旗银行、摩根财团等几个华尔街财团的总裁们在摩根大厦策划买进 2.4 亿美元的股票进行市场干预，期望能够阻止股市的下滑，但是无济于事。到 12 月底，纽约股市的股票价值缩水了 40%，达到 450 亿美元左右。

股票市场的缩水，带来了整个经济领域的衰败，一场空前的资本主义经济危机开始了。由于股票市场的波动，动摇了企业界的信心，阻碍工、农业发展，缩小海外购买和投资，使经济陷入停滞状态。

仅美国而言，从 1929 年至 1932 年，银行破产 101 家，企业破产 109371 家，全部私营公司的利润从 1929 年的 84 亿美元降为 1932 年的 34 亿美元；工业生产指数下降了 53.8%；农业总产值从 1929 年的 111 亿美元，降低到 1932 年的 50 亿美元；进口总值从 1929 年的近 40 亿美元，降低到后来的 13 亿美元，出口总值则从 53 亿美元降低到 17 亿美元。1929 年，通用汽车公司生产了 550 万辆汽车，但在 1931 年，它们仅生产了 250 万辆。

经济的萎缩，导致大量工人的失业。到 1933 年 3 月，美国完全失业工人达 1700 万，失业率达到 25%；约有 101.93 万农民破产，许多中产阶级也纷纷破产；1933 年的商品消费额，下降到 1929 年水平的 67%。

危机期间，出现了历史上从来没有过的一个经济现象：一方面企业的生产过剩，造成商品积压，最后不得不销毁大量农产品和牲畜；另一方面广大劳动人民却又缺少足够的食物和衣服。

美国全国有 3400 万成年男女和儿童，即约占全国总人口的 28% 无法维持生计，这还不包括 1100 万户农村人口；200 万人到处流浪。尤其是在早期阶段，由于当时受托负责救济的是一些资金不足的私人机构和地方机构，工人们的生活条件更是差。这是一个排队领救济面包、寻找施粥所、退役军人在街角卖苹果的年代。成千上万的男人，甚至还有些女人，从东岸到西岸来来回回地"偷乘火车"，希望找到工作。更多的人则离开了得克萨斯和俄克拉何马的干旱尘暴区，前往加利福尼亚州，期望获得工作。

有一段描述当时美国煤矿工人生活的对话，展示了当时下层劳动人民在大萧条期间的贫困生活。

一个小女孩瑟瑟发抖地问她的妈妈："妈妈，天气这么冷，咱们为什么不生起火炉呢？"

妈妈叹了口气说："因为我们家里没有煤。你爸爸失业了，我们家没有钱买煤。"

小女孩又问："那爸爸为什么会失业呢?"

妈妈无奈地说："因为煤太多了。"

这就是当时工人的生活状况。

和工人没有足够的食物和生活来源形成对比的是,农场主们把一桶桶的牛奶倒入河中,把一车车的大肥猪倒进河中。仅 1933 年,就有 640 万头猪被活活扔到河里淹死,有 5 万多亩棉花被点火烧光。此外,整箱的桔子、整船的鱼、整袋的咖啡豆被倒进大海。从北卡罗来那州到新墨西哥州,地里的棉花没有人摘,而果园里则是挂在枝头、没有采摘而烂掉的葡萄、苹果。而没有东西吃的贫苦群众,却不能进去吃这些东西。

从美国开始的经济危机很快就波及了世界其他各国。德国的股票指数在危机期间下降了 32%,日本下降了 45%。1931 年 5 月,奥地利维也纳最大的、最有声誉的奥地利信贷银行宣布它已无清偿能力,随之引起了银行挤兑风潮,从而在整个欧洲大陆引起了一片恐慌。7 月 9 日,德国丹纳特银行也遭受了挤兑风波,随后两天里,德国所有银行都被命令放假;柏林证券交易所被迫关闭了两个月;7 月 13 日,德国四大银行之一宣布破产。1931 年 9 月,英国放弃了金本位制,两年后,美国和几乎所有大国也不得不这样做。

英国的经济似乎受到了更大的打击。由于在整个 20 世纪 20 年代中,英国就长期存在着失业,因此这次大萧条更是给英国带来了致命的打击。整整一代人中,相当大一部分人是在几乎没有生活机会、没有希望找到工作的情况下成长起来的。更有一些人痛苦地将他们无目的的生活称作"活地狱般的生活"。另一些人则放弃了希望,变得听天由命:"任何人现在找到工作的机会都不会比爱尔兰抽彩中奖的机会要高。"

1930 年,美国宣布提高关税税率,限制国外商品的进口。此后,英国、法国和意大利等 76 个国家也都相继提高税率。此外,为了更好的销售本国的商品,几十个国家实行货币贬值,导致国际金融体系更加混乱。

世界著名经济学家凯恩斯曾这样描述这场经济大危机:"今年我们正处于现代历史中一次最严重经济灾难的阴影之中,而世人对此却感觉迟钝。现在几乎每一个人都清楚地明白正在发生的一切,但是他不理解其原因所在,于是同以前风波乍起时的情形一样,内心充满了事实证明是过分了的恐惧心理,同时,还存在一种缺乏理性控制的焦躁情绪。"

伴随着经济危机的出现,整个资本主义世界出现了混乱,社会主义思潮迅速在各个国家兴起,大规模工人运动此起彼伏,各国面临着严重的经济危机。

1930 年 3 月 6 日,美国爆发了有 125 万工人参加的游行示威;1931 年,俄亥俄州和宾夕法尼亚州等各地工人提出"不要饿死,起来罢工"口号,和工厂主、政府发生冲突,导致几千名工人受伤、被捕;1932 年,美国两万名退伍军人向华盛顿挺进,遭到政府武力镇压。在英国,几万水兵发生暴动。在法国,仅 1930 年就有 1700 次罢工。在西班牙,发生了民主革命。

经济危机还带来了法西斯在各个国家的兴起,以德、意、日尤为明显。在日本,军国主义者发动"二二六事变"，建立了法西斯政权；并于 1931 年 9 月 18 日发动"九一八事变"，在亚洲形成了第二次世界大战的战争策源地。在德国，以希特勒为首的纳粹分子于 1933 年控制了政府，并逐步建立法西斯专政，最终走上了发动第二次世界大战的道路。在法国，火十字团、法兰西行动等法西斯右翼极端团体在 1934 年发动武装示威游行，妄图发动武装政变，实行法西斯专政。

与此同时，美国垄断资本家企图利用组建法西斯政权来遏制工人斗争，以挽救经济危机带来的后果。美国当局还建立了"非美活动调查委员会"，以迫害共产党和进步力量。因此，美国的法西斯势力开始抬头，出现了大批法西斯团体。美国黑色军团、三K党、德美联盟等法西斯团体经常出来鼓吹战争，破坏工人运动，屠杀工人领袖。

为了更快脱离这场经济危机，各个资本主义国家还倾向于向殖民地国家转嫁经济危机，本来可以最大限度避免这场资本主义经济危机的殖民地国家由此也遭受了一定程度上的经济损坏。由于世界市场的商品价格大为降低，使那些以原料和食品为主要出口物的殖民地经济受到沉重打击。例如，糖的价格下降了 74%，橡胶价格下降了 93%。

除了对经济、政治造成影响外，大萧条还对国际政治形势造成了很大的影响。在大萧条爆发后不久，各国政府由于被经济衰退推到崩溃的边缘，已不能履行几年前所做的承诺。1931 年 7 月，在美国总统胡佛的提议下，各强国同意延缓偿付所有政府间的债务。

另外，在大萧条中，各国为了提高经济而各自采取了诸如提高关税等措施降低进口产品、严格结算协定、采用货币管制条例和双边贸易协定之类的形式，引起各国间的经济摩擦和政治上的紧张关系。

此外，1929 年—1933 年经济大萧条还使得各国为裁减军备所做的种种尝试逐渐停止，取而代之的，是各国大规模重整军备的计划。1932 年 8 月，几个军事大国召开了裁军会议，但是这个会议断断续续开了 20 个月，最后以没有任何结果而结束。

事实上，各国将扩张军备作为解决经济衰退和降低失业率的重要措施。德国的希特勒正是因为实行了庞大的重整军备计划，才迅速解决了德国所面临的前所未有的失业问题，同时使得希特勒获得了德国民众前所未有的爱戴。原因很简单，经济衰退造成很多工人没有活路，因此，各地民众都欢迎新的工作，哪怕是军工厂里的工作。

1929 年爆发的这次经济危机，是世界历史上破坏力最强、持续最久、最为严重的经济危机。在这 4 年中，资本主义国家的经济价值损失了 2500 亿美元，比第一次世界大战所带来的损失还大。此外，这次经济大萧条使得法西斯主义在德国、日本和意大利建立并得到巩固，并最终形成了导致第二次世界大战爆发的战争策源地。由于此次经济危机，凯恩斯主义经济思想开始流行于世界，并马上为美国罗斯福采用。随之，该经济政策成为各国调整经济的主要思想之一。

英国外交大臣奥斯汀·张伯伦将 1932 年的国际形势与前些年的国际形势做了比较，然后说道："我察看了当今的世界，并将现在的情况与那时的情况做了对比，我不得不承认，由于某种原因，由于某种难以确切指出的东西，世界近两年正在倒退。各国相互之间不是更加接近，不是在增进友好的程度，不是在向稳定的和平迈进，而是又采取危及世界和平的猜疑、恐惧和威胁的态度。"

空前的危机

1929 年 10 月 24 日被称为"黑色星期四"，这一天纽约证券市场在经历了几次小小的预震后出现了坍塌，几十种主要股票价格垂直狂跌，绝望的人们疯狂地抛售，当天就有 1289 万股易手。崩溃的高潮终于在 10 月 29 日来到了：大批的股票涌到市场上来，不计价格地抛售……这一天疯狂交易以 1641 万股的最高纪录而收盘。根据《纽约时报》的统计，50 种主要股票的平均价格几乎下跌了 40 档。与此同时，在另一些市场——外国股票交易所、谷物市场，价格惨跌也接近恐慌程度。到 11 月中旬，股票价格又一次惨跌，"柯立芝——胡佛繁荣……处于垂死状态。在这种惊慌的冲击下，许多一向不受人注意或被证券市场乐观情绪掩盖的病害，开始围攻整个经济躯体，好像当某一关键性器官不再起正常作用时，病毒细菌渗入整个人体一样。"

漫画经济危机比作一只笼罩全球的章鱼

事实确实如此，这次暴跌只不过是经济全面而持续衰退的一个开端。在此后三年多的时间里，金融业、商业、工业的指数依次成比例地剧烈下降，作为 20 世纪 20 年代经济繁荣支柱的钢铁、汽车、建筑等行业的衰退情况更是惊人，许多知名企业在逐渐消失。农民的总收入下降了 57%，对外贸易总额下降 70%，失业人数最多时高达 1320 万人。所有这些逐步构成了一次标志着美国经济生活分水岭的大萧条。

人们无法说清究竟是城市失业工人还是广大农民遭受萧条之害更为严重。农民们一如既往地从事长时间的艰苦劳作，但生产出来的东西或者卖不出去，或者所卖抵不上所耗成本。蒙大拿的一位牧场主好不容易赊到一批子弹，将牛羊全部射杀，然后扔进山沟，因为饲料昂贵，而运往市场的运费大大超过了卖掉它们的价钱。从南北卡罗来纳一直延伸到新墨西哥，地里的棉花没有采摘，果园里挂满正在溃烂的葡萄和橄榄。1 车小麦卖到城里仅够买一双 4 美元的鞋，用玉米棒子当燃料比卖玉米买煤还合算，而千百万的城市人却买不起那贱到使农民破产的农产品。没有失业的工人拿的是名曰"饿不死人的工资"。《时代》周刊指出："无法无天的雇主已经把美国工人的工资压低到中国苦力的水平了。""从来就是最后受雇，最先解雇"的黑人的境遇更坏，中产阶级也因纷纷破产、失业而加入赤贫的行列，朋友和熟人之间都遮遮掩掩地过着窘迫的日子。"那个衣冠楚楚每天按时早出晚归的律师说不准拣个偏僻地方去挨家推销低档大路货，甚至说不准干脆换一套破衣服，在另一个市区向路人行乞"，其实他的邻居境况也好不到哪里去。无数的家庭主妇为了省钱度日、细水长流，想出了许多听来让人心酸的绝妙办法。身为一家之长的男人们的浑身打扮竟像歌舞杂耍剧中的流浪汉，他们从前的体面、优雅、财富、尊严，连同道德羞耻感一起都被大萧条的飓风刮得荡然无存，他们在巨大的失落和空洞的绝望中倍感愤怒，最后凝成一个凌驾一切的问题：究竟谁应对这一切负责？

大萧条给美国的人口、家庭、教育、道德、信念、生活水平等方面造成了严重的危害。结婚率和出生率大幅度降低。这期间出生的孩子成为著名的"萧条的一代"，其特征是身材瘦小。"失业与失去收入已经破坏了无数个家庭，使这些家庭成员精神颓丧，失去自尊心，摧毁了他们的工作效率和可雇佣性，夫妻、父母子女暂时或永远地离散。"

胡佛的反危机措施

1929 年 3 月，共和党人胡佛就任总统。胡佛曾以"每家锅里有一只鸡，每户车房里有一辆汽车"作为竞选口号，并以"伟大的社会工程师"自诩。正当垄断资本家们高唱"繁荣"赞歌的时候，经济危机已悄悄地袭击了美国。农业危机从 1927 年即已发生，有一百多万个农场破产。作为 20 年代美国经济繁荣三大支柱的建筑、汽车和钢铁工业，从 1928 年 11 月、1929 年 5 月和 6 月，也分别开始出现生产停滞的现象。从 1929 年 9 月起股票价格开始下跌，并继续发展，10 月 21 日发生了第一次股票惨跌，股票持有者大量抛售，到 10 月 29 日纽约证券交易所仅开盘半小时，股票出售达 1600 万股，创造了美国证券抛售的最高记录。股票市场全部崩溃。月底，股票所有人损失已达 150 亿美元。股票行市是资本主义经济的晴雨表，证券交易所股票市场的崩溃，正是生产过剩危机加深的信号。垄断资本家惊呼："黑色的星期五"又来临了！经济危机立即遍及各部门，美国经济出现了总崩溃局面。

大萧条的严重程度在美国史上是空前的，1929 年至 1933 年，私人投资由 160 亿美元减至 3.4 亿美元，工业生产在 1929 年夏至 1932 年下降 50％。1929 年至 1933 年，国民收入由 878 亿美元降至 402 亿美元，人均收入由 681 美元降至 495 美元。有 10 万家企业倒闭。1929 年 10 月至 1932 年底，有 5500 家银行破产。1929 年非农业工人失业率为 1/20，1930 年为 1/7，1931 年为 1/4，1932 年为 1/3 以上。在职工人工资低，且只能部分时间作工。1929 年至 1933 年，薪金减少 40％，红利减少近 57％，制造业工资减少 60％。分期付款购买汽车、房屋的人仍需按原价和利率付款，债务沉重。城市中付不起房租的人被赶出住房，拥挤在被讽喻为"胡佛村"的临建棚中，许多人靠马铃薯，乃至野草度日，死亡相继。农场主同样受到大萧条的打击，农产品价格下降比非农产品更甚。1932 年农产品下跌 55％。而非农产品下跌 27％。农场总收入由 1929 年的 120 亿美元降至 1932 年的 53 亿美元。全国至少有 40％的农场被抵押。1930 年至 1933 年，全国约有 1/3 农场易手。许多佃农的土地被地主收回。最大的现代资本主义国家美国的经济陷于一片混乱。

经济危机爆发后，信奉"自由企业"和"极端个人主义"的胡佛总统，减少私人和企业、公司的所得税，采取扶持私人企业以摆脱危机的政策。1929 年 6 月，通过农产品销售条例，设立联邦农产局，以低息向农场主贷款，收购数百万美元的农产品，以提高农产品价格。一年半内购进 2.5 亿蒲式耳小麦和 130 万包棉花，但并没能改变农产品价格状况，遂在 1931 年下半年抛售存货，使市场更加混乱。1930 年 6 月，胡佛不顾 1000 多名经济学家的反对签署关税法案，对 890 项商品，提高进口税率 31％到 34％，结果影响了必要商品的进口，并引起其他几十个国家采取报复措施，展开了激烈的国际关税战。1932 年 2 月组成以道威斯为总经理的复兴金融公司，以 5 亿美元为基金，发行为期 5 年的 15 亿美元的证券，以便对银行、保险公司、信托公司、铁路公司提供贷款，在流通领域调节和扩大信贷。1932 年 7 月，复兴金融公司的资金增加到 38 亿美元，扩大业务范围到各州政府、政府附属单位和私营机构。

1932 年在救济和货币政策上政府存在意见分歧。国会中的进步派和通货膨胀派联合起来，组成了跨党派集团，要求通过发纸币，立即支付退伍军人的退伍金；要求联邦实行直接救济计划。但这些建议未能在国会通过。在救济方面，胡佛虽然作了妥协，由复兴金融公司贷给各州 30000 万美元帮助失业者过冬，另拨给各州 15 亿美元偿付公共工程的费用。但这些措施只不过是杯水车薪，无济于事。当时胡佛不是大大增加货币供应量，进行大规模的救济活动和扩大公共工程计划，以缓解危机，而是强调平衡预算，奉行通货紧缩政策，削减政府开支 10％。1932 年的《岁入法》提高了公司税、消费税和个人所得税。而摩根和其他金融家、企业家却利用法律的漏洞在 1931 年和 1932 年逃避交付所得税。胡佛不赞成综合开发田纳西河的计划，以防其廉价电力同私人公司生产的电力竞争。这些政策均不利于美国经济的复苏。

胡佛并不恪守传统的极端自由放任主义，主张以"不屈不挠的个人主义"代替极端个人主义。他强调政府通过鼓励和促进"自愿合作"的精神间接地进行干预。政府干预应在放任主义范围之内进行。20 年代是美国私人垄断资本主义继续向国家垄断资本主义过渡的年代。胡佛所推行的合作自由主义并不足以对付经济大萧条。他在加强国家对经济的干预这个重大问题上趑趄不前，只是被迫采取了一些小规模的国家干预的行动。比如，他在四年任期中，公共建筑的费用是过去整个 28 年的费用的三倍，在道路和国家公园上的投资也达到前所未有的程度。胡佛的某些反萧条措施为后来富兰克林·罗斯福总统的"新政"所继承。

胡佛政府的反危机措施虽有利于垄断资本家，但无法阻止危机的进一步发展。1933 年 3 月，美国信用危机总爆发，银行倒闭，整个金融系统瓦解。在经济危机风暴袭击下，美国经济紊乱到了顶点，劳动人民承担危机的恶果，处于饥寒交迫，流离失所的悲惨境地。

罗斯福新政

正当胡佛政府处于困境的时刻，举行了美国新总统的竞选。1932 年，民主党人罗斯福（1882—1945）在选举中击败了胡佛，当选为美国的第三十二届总统。1933 年 3 月，罗斯福正式就任。当时，最迫切的要求是收拾经济和政治上的危机，他在就职演说中提出："这个伟大的国家将会坚持下去……它将会复兴，将会繁荣昌盛，"罗斯福在这样的信念下，开始了他的"新政"，即用调整、改良的方法来扭转当时美国的困境。他组织了一批经济学家，即所谓"智囊团"，共同研讨了几百个缓和经济危机的方案，并经国会通过为法案。从罗斯福就任总统至美国 1941 年参加第二次世界大战的九年，被称为"新政时期"。

"新政"分为两个阶段。第一阶段是从 1933 年 3 月至 1935 年初,目标是力求消弭严重经济危机造成的灾难,提出复兴经济的法案和计划。1933 年 3 月 6 日,罗斯福发布全国银行休假日的命令,接着国会于 3 月 9 日通过了《紧急银行救济法》授权财政部长调查所有银行的情况,有偿付能力的银行尽快复业,对缺乏偿付能力的银行进行改组。该法也禁止囤积黄金和出口黄金。3 月 12 日,罗斯福发表第一次炉边谈话,有 6000 万人通过收音机聆听了他的讲话。他宣布银行将保证存户储蓄的安全。到仲夏,有 4/5 的银行营业,恢复了银行的信誉。国会通过的《格拉斯·斯蒂高尔法》是一项改革银行业的措施,增加了联邦储备委员会对信贷系统的控制,要求商业银行与投资银行分开,以避免把存户的存款用于投机事业。接着成立了联邦储蓄保证公司,保证 5000 美元以下(现为 10 万美元以下)存款的安全;要求联邦储备体系的所有成员银行都属联邦储蓄保证公司,其他银行如符合要求也可加入。1933 年 3 月 6 日,美国废除了金本位制,以便使美元在国际汇兑中贬值。到 1933 年 10 月,美元贬值约 30%,国内物价上升 19%。1934 年 1 月 31 日,罗斯福根据国会早已授予的权力将黄金价格定为每盎司 35 美元。美元的含金量为 1933 年前的 59.06%。美元贬值未同时大量增加国内货币供应量和银行信贷,故并未急剧刺激通货膨胀。1933 年的《证券真实价值法》规定保险人和经纪人对所售证券的真实价值提供充分情报。按 1934 年《证券交易法》成立证券交易委员会,以控制和监督股票市场。3 月 20 日,国会通过《节约法》,为平衡预算,削减退伍军人的退伍金共 40000 万美元和联邦雇员薪金 10000 万美元。罗斯福政府的另一措施是《啤酒和葡萄酒岁入法案》使销售低度酒精的葡萄酒和啤酒合法化,并对之征税,以增加岁入。"新政"初期的金融政策是紧缩通货的经济政策,减少而非增加货币流通量,尚未采取大量增加政府开支的办法来刺激经济的恢复。而在"新政"第二阶段时,1935 年《银行法》对 1913 年的《联邦储备法》作了重大的修改,把权力集中于联邦储备体系管理委员会,通过销售和购买政府证券,确定法定储备金比例、贴现率和存款利息率以及存款保证金制度等,直接和间接地把全国绝大部分私人商业银行联结一起,形成一种银行体系。1935 年 8 月的《公用设施控股公司法》规定在五年内解散大的电力控股公司,对小的控股公司实行联邦管理。控股公司的金融活动受证券交易委员会的控制。至此,"新政"的金融改革遂告完成。美国政府通过联邦储备体系控制货币和信贷的供应。同时,国家与垄断资本融合,增加了银行业的集中和垄断。

　　"新政"的农业政策是国家对全国农产品的生产和销售进行调节。1933 年 5 月通过《农业调整法》,目的是限制主要作物、牛奶和肉类的生产,以克服生产过剩并提高农产品的价格,期能恢复到 1909 年至 1914 年农业繁荣时期的农产品与工业品的有利比价。按该法成立了农业调整署,财政部对削减产量的农场主给予补贴。而补贴资金来自为市场而加工农产品的工业所征的税收。这一农业政策是用数以百万计的美国人忍受饥饿时而限制生产力的办法来削减生产。《农场信贷法》和《紧急农场抵押法》给农场主提供新的信贷。农业改革政策对农业的复苏起了一定作用。

　　为恢复工业而采取的重要措施是 1933 年制订的《全国工业复兴法》,并成立了全国复兴署,暂时取消了反托拉斯法对垄断的限制,由政府领导和监督建立"工业卡特尔"，即在工业中成立各种同业公会，制定规约，以协调各工业的企业活动和消灭"不公平"的竞争。实际上，大企业在制定规约中起决定性作用。这是依靠国家和垄断组织联合的力量来规定产量和价格，缓和生产过剩，以使工业摆脱危机。同时，这一法律也是为了缓和劳资矛盾、遏制激进工人运动而制定的。该法第七节规定由国家调节雇主和工人的关系，雇员有组织起来的权利和通过自己选择的代表进行集体议价的权利。新的劳工政策是经济危机时期政府作出的让步。但为执行全国工业复兴法中的劳工条款而成立的全国劳工委员会只是调解机构。许多雇主根本不理睬全国劳工委员会的调解，使它失去应有的效力。

罗斯福于 1932 年 11 月竞选总统获胜至 1933 年 3 月 4 日入主白宫的 117 天中，失业人数由 132 万人增至 150 万人，而且有数百万名工人只是部分时间工作。失业问题的严重性迫使罗斯福政府实行联邦直接救济。1933 年 5 月 12 日，国会通过了《联邦紧急救济法》，成立了联邦紧急救济署。国会向联邦紧急救济署拨款 5 亿美元，由各州实施救济。1934 年 2 月，又拨款 95000 万美元。到这年年底，有 200 万个家庭即人口的 1/6 得到救济。到联邦紧急救济署于 1935 年结束时，共花了 30 亿美元。

罗斯福政府也实行了以工代赈计划。"民间资源保护队"是最先建立的公共工程机构，给 18 岁至 25 岁之间的 25 万年轻男子提供工作。1935 年它吸收的人数增加了一倍。全国工业复兴法第二节规定庞大的公共工程计划，以刺激工业复兴和让更多的失业者就业。随即成立了公共工程署。

1933 年 10 月罗斯福总统下令成立了民政工程署，开办民用工程，帮助许多失业者渡过严冬。接着又成立了工程进展署。该署在最初五年中花了 110 亿美元，雇佣了约 800 万工人。与此同时，公共工程署也从计划阶段转入实施阶段，每周一般雇佣 20 万至 30 万人。最宏伟的公共工程是田纳西流域的水利工程。1933 年成立了田纳西流域管理署，改善了田纳西河的航运、控制了洪水和建立了对整个田纳西河流域的电力生产和销售的垄断，促进了这一流域的农业和工业的发展。罗斯福政府的以工代赈局部地解决了失业问题，所办的公共工程改善了美国的道路、机场、电力、供排水系统等基础设施，保护了森林、水力资源，防止了水土流失，提高了防洪能力。但以工代赈并未从根本上解决失业这一根本问题。

第一阶段"新政"取得了一定的成效：失业率有所下降，1934 年下降到 1140 万人，1935 年下降到 1060 万人，1936 年下降到 900 万人；农场净收入由 1972 年的 25 亿美元增至 1933 年的 30 亿美元，1934 年增至 35 亿美元，1935 年增至 58.5 亿美元；制造业的薪金和工资总额由 1933 年的 62.5 亿美元提高到 1935 年的 95 亿美元，1937 年增至 130 亿美元，但离大萧条前的水平仍相差很远。第一阶段"新政"把政策重点放在消除生产相对过剩上，但真正的问题是由于失业、工资下降和农场以及由家庭收入下降而引起的严重消费不足。因此，第一阶段"新政"刺激经济复兴的作用是有限的。

"新政"的实施并非一帆风顺。阻挠首先来自保守的最高法院。罗斯福任总统时，最高法院的 9 名法官多半年逾古稀，被称作"九老院"。他们历来信奉自由放任政策，敌视"新政"立法。1935 年 5 月 27 日，被称为"黑色的星期一"的这天，最高法院在审理一起案件中宣布全国工业复兴法违宪，说什么国家工业复兴法广泛授予立法权力就是"授权胡闹"。1936 年 1 月，又判定农业调整法侵犯了各州政府的权利，因而违宪。

"新政"还遭到来自国内右翼分子的挑战。1934 年 8 月，一批对"新政"不满的大亨们及保守的民主党人，成立了"美国自由同盟"，其目标是阻止"新政"向左转。操纵者是北部工业家，特别是杜邦公司和通用汽车公司的董事和经理们。与企业界反新政浪潮相呼应的是一些右翼分子。

除了上述来自右的攻击之外，"新政"还面临广大工人要求深入改革的压力。"新政"第一阶段，劳工的真正困难远未得到解决。1935 年全国就业工人虽比 1933 年多了 400 万，但失业者仍达 900 万之多。从 1933 年起，工人依靠罢工手段，以进一步捍卫自己的切身利益。1934 年，全美各地罢工持续不断，并以要求承认工会为主要目的。罢工打破了行业的界限，深入到过去很少发生罢工的诸如汽车工业、纺织工业等大批量生产的工业部门。

"新政"第一阶段遇到的日益增多的挑战和不满，推动罗斯福政府深化"新政"改革。1935 年起，罗斯福政府除继续推行"以工代赈"等救济措施外，制定了一些有着深远影响的侧重改革的新的立法，从而把"新政"推进到第二阶段。从 1935 年起，罗斯福政府继续采取救济措施的同时，制定了某些有深远意义的、侧重改革的新立法。

首先是罗斯福于 1935 年 4 月签署的《紧急救济拨款法》。该法授权总统实施大型公共工程计划，给失业者提供就业机会。工程进展署后改名为工程规划署，在总计 140 万个工程中雇佣 850 多万人，到 1943 年，共建设了 105 万公里公路和道路、12.5 万座公共建筑和 8000 座公园以及许多桥梁、机场和其他建筑物。联邦戏剧计划、联邦音乐计划和联邦作家计划等活跃了美国的文化。此外，紧急救济拨款法也给其他救济计划和公共工程提供资金。再安置署进行贫穷家庭和低收入工人的安置工作。农村电气化署给农村输送电力。全国青年管理署实施青年救济计划。不过，工程规划署所雇佣的人数从未超过失业者总数的 40%。

国会于 1935 年 6 月 27 日通过《全国劳工关系法》即《华格纳法》。该法第七条规定：

雇员应拥有为了集体议价或其他互助或保护的目的而自我组织起来的权利，拥有组成、加入和帮助劳工组织的权利，拥有通过他们自己选择的代表进行集体议价的权利，有从事共同活动的权利。"第八条规定：雇主不得"1. 干预、遏制和威胁雇员履行第七条保证的权利；2. 控制或干预任何劳工组织的组成和管理或给予它以财政支持或其他支持……；3. 在雇佣或就业期或在就业的条件或情况方面实行歧视，以鼓励或阻碍任何劳工组织的会员……；4. 因雇员根据本法提出控告或作证而被解雇或被歧视；5. 拒绝按第九条（a 项）同雇员的代表进行集体议价。

对于违反该法者处以罚款或监禁，或两者同时并行。根据该法成立的全国劳工关系委员会是调节劳资关系的联邦机构。这一法律适应了劳联的工联主义的主张和要求。而集体议价是工会同资本家或资方代理人之间围绕着提高工资和改善劳动条件而展开的谈判。雇佣劳动者争取到比较有利地出卖自己劳动力的某些条件。这一法律是试图把工人斗争限制在工联主义和法律的范围之内。曾任全国劳工关系委员会主席的劳埃德·加里森称赞这个法令是"一种安全措施，因为我把这个国家的有组织的劳工看作我们反对共产主义和其他革命运动的主要堡垒。"

国会又分别于 1935 年和 1938 年通过了《社会保障法》和《公平劳动标准法》。这两项法律都属于社会改革和资本主义福利主义的范围。社会保障法包括养老金制度、失业保障制度和对盲童、孤儿和其他残废儿童的资助。社会保障法尚不是推行于全国的法律，除养老金外，社会保障均由各州管理，而大多数州只为社会福利提供少量的资金。退休金制度有不公平的地方：一是约有 1/4 的劳动力不享有这种福利，包括农场工人、家庭仆役和医院、餐厅工人。妇女和有色人种也被排除在外；二是养老金的基金来源是对雇员和雇主的工资征税，实际上这是一种强迫性保险计划，而非由政府保证公民在进入老年时享有一定的生活标准；三是要到 1940 年才能支付第一次养老金。在此以前，雇员和雇主的工资税贮存于华盛顿，而在急需扩大消费的时候却减少了购买力。这一法律尽管有其缺点，但却是美国历史上福利主义的里程碑。1938 年的《公平劳动标准法》（工资时数法）规定自该法律生效之日起的第二年后的工作周不得超过 40 小时，在生效之日起七年后，每小时工资不少于40 美分。这一法律是政府对雇员集体议价的进一步支持。但该法应用范围不包括商店、零售业、商船、运输业、罐头业、农场或办公室的雇员。

1936 年的总统竞选中罗斯福再次获胜，而且民主党人在新的国会中控制了 3/4 席位和参议院中的 4/5 席位。由于最高法院保守派多数将主要的"新政"法律宣布违宪，罗斯福很担心最高法院会宣布全国劳工关系法和社会保障法为违宪，因此，他于 1937 年 2 月 5 日向国会提出改组联邦最高法院计划即《司法改组法案》，借口联邦法院人手不够，法官年事过高，体力衰弱，不堪胜任工作，要求授权总统让联邦法院的法官中年逾 70 岁者退休，由总统另外增派 50 名联邦法官，包括向联邦最高法院增派 6 名法官。但因其侵犯了司法的独立，遭到共和党人和保守的民主党人乃至自由派的反对，未能在国会通过。该项法案虽未成为法律，但迫使联邦法院退却。原来联邦最高法院九名法官中，对"新政"的态度可分为保守派四名，中间派二名和自由派三名。现在两名中间派法官倒向自由派，保守派有一名自动辞职，总统补派支持"新政"的法官，使联邦最高法院多数法官赞成"新政"。4 月，最高法院在一起判决中宣布全国劳工关系法符合宪法。5 月，最高法院又宣布社会保障法符宪。

罗斯福实行"新政"使美国经济有所转机，失业率大大下降，但这主要是靠以工代赈，而非经济复兴所造成的。1937 年至 1938 年，经济再次发生衰退，生产下降，失业率增长。这主要是由于罗斯福从未放弃平衡预算的经济思想。1937 年他开始削减政府开支。从 1937 年 1 月至 8 月，工程规划署减了一半就业人员，由 300 万人减至 150 万人。政府也削减了其他救济计划。联邦储备体系为降低通货膨胀率3.6%，要求成员银行增加储备金额。信贷的紧缩造成了经济混乱。失业率由 1937年的 14.3% 增至 1938 年的 19.1%。由于新的经济衰退，罗斯福政府恢复赤字财政，赤字又增至相当于 1936 年的赤字 440 亿美元的水平。但 1939 年失业率仍有 17.2％。1938 年通过了新的《农业调整法》。它同 1933 年的农业调整法大致相同，不同的是没有征收农产品加工税，也没有直接规定生产的限额。联邦最高法院在一起判例中肯定了这一法律，认为联邦政府有实施州际贸易的管理权，包括管理生产和商品。经过同联邦最高法院的较量，联邦行政权力有了扩大，而行政权力的扩大主要不是通过修改宪法，而是通过对宪法的从宽解释来实现的。

罗斯福从开始实行"新政"起，是持正统观念，依然想保持平衡预算。1936 年英国经济学家约翰·梅纳德·凯恩斯出版了《就业、利息和货币通论》。罗斯福会见了凯恩斯，但并不完全赞成凯恩斯所主张的国家采取干预的政策并把财政赤字政策作为杠杆，以实现充分就业。罗斯福"新政"采取的一些措施却与凯恩斯的主张不谋而合。即使罗斯福要采取庞大联邦赤字政策，也不易说服国会。1939 年美国民意测验表明不到 1/3 的公众相信赤字财政，而国会中赞成赤字财政的人可能更少。更重要的是，在当时资本主义经济中，主要投资决策是由私人投资者和机构决定。投资者在经济萧条时一般不会甘冒风险进行大量投资。赤字财政不可能大大刺激萧条的经济。私人投资的减少会抵消赤字财政对经济复兴的刺激作用。例如 1929 年公司投资 54600 万美元于新建筑工程，1933 年降为 12800 万美元，1937 年上升到 31400 万美元，1938 年又下降到 12100 万美元。罗斯福的"新政"是在资本主义范围内对于资本主义的某些弊病加以改革。他于 1938 年谈到"新政"时说："作为一个国家，我们拒绝了任何彻底的革命计划。为了永远地纠正我们经济制度中的严重缺点，我们依靠的是旧民主秩序的新应用。"罗斯福的"新政"开辟了一条通过国家干预经济来缓和危机的暂时出路。但只是欧战爆发，美国依靠增加军工开支，才根本地摆脱了经济危机。到第二次世界大战全面爆发，凯恩斯学说的信奉者才日趋增多，政府管制和大量财政开支才使原来束手无策的失业问题得到解决。

深远的影响

新政刚一推出，就引起美国社会上下的普遍关注，不同政治集团对其给予了不同的评价。罗斯福的坚决反对者、报业大王赫斯特说"新政"就是苛政；不是榨取富人，而是榨取成功者。美国著名新闻记者、作家约翰·根室说他所听到的关于新政的最好定义，是说"那是一些没有骨气的自由派为了那些失魂落魄的资本家而去拯救资本主义的一种企图"。另外还有人谴责新政是披上自由主义外衣的法西斯主义。

罗斯福新政是 20 世纪资本主义发展历程中的重大事件，帮助美国的资本主义制度度过了 1929—1933 年的一场空前大灾难。美国的资本主义制度得救了，世界资本主义体系也缓过气来了。这就使得新政能够在美国历史和世界历史中获得一席之地。

在大危机爆发之前，资产阶级主流派经济学家普遍认为，资本主义经济有一种自我调节机制，它自然会给劳动者提供充分就业的机会。这种良好的结局是由可以平衡供求的工资和物价的自由运动而产生的。大危机的爆发使这一理论受到严峻挑战。危机之初，美国胡佛政府信奉自由放任的思想，对经济采取不干预政策，认为危机很快就会过去。但事与愿违，大萧条日益加剧。严酷的事实证明，自由放任已不符合时代的要求。罗斯福的"政府干预的扩张性"新政策就是在这种背景下产生的。

罗斯福"新政"的实质是在不触动资本主义私有制的前提下，运用国家机器干预社会再生产，对国民收入进行再分配，对发展国民经济的重要环节予以促进，并对不利于总体经济发展的明显弊病进行改革。因此，它的一系列举措使美国原本十分尖锐的社会矛盾得以缓和，社会生产力也得到了一定的恢复和发展。1937年，美国的国民收入从1933年的396亿美元大幅增至736亿美元，物价从1934年起止跌回升，失业率也出现大幅下降。

罗斯福政府推行的"新政"对整个西方国家经济政策的制定也产生了深远的影响。欧洲主要国家普遍认为，美国实行的政府干预经济的做法是成功的。因此，二战结束以后，"政府干预经济"即按照这一思路进行，到现在已经成了保持经济稳定发展不可缺少的一种手段。而且罗斯福新政挽救了美国经济，使美国避免走上了法西斯的道路，反而奠定了良好的经济基础，为第二次世界大战打败法西斯打下了坚实的基础，美国也成为世界的大工厂。二战结束以后，美国就成为世界上最为强大的国家。

日本"二二六事件"

概况

明治维新，使日本迅速走上了资本主义经济的发展道路。但是由于明治维新并没有完全彻底地废除封建主义，因此封建残余在日本演变成封建军国主义，强烈要求日本政府扩大军备，通过战争向外扩张。

法西斯主义在日本早就存在。第一次世界大战刚刚结束，日本法西斯分子大川周明就组建了第一个法西斯组织"犹存社"，此后日本出现了大量的法西斯团体，例如"黑龙会"、"大日本国粹党"等。

1929年的资本主义经济危机，迅速席卷了日本。由于日本是个岛国，资源贫乏，因此对外贸易对它来讲显得尤为重要。由于这次经济大萧条是世界性的，其他资本主义国家也都受到了影响，因此日本的出口受到了很大影响，经济下降非常快。1930年，日本的进出口数量分别比1929年下降了30％和32％，次年再次下降了57％和53％。

从1929年到1931年，日本的工业总产值下降了32.9％，有些工业部门的开工率只有原来的1/2。虽然日本在1929年出现过农业丰收，但是由于世界米市场的价格下跌，导致农业总收入大幅度下降，部分农作物的价格甚至抵偿不了运输费用。

为了降低经济危机给日本带来的负面影响，日本政府通过法律的形式规定：加强工人的劳动强度，同时降低工人的工资，加紧对外侵略扩张。而广大工人和农民由于生活条件日益下降，也起来反抗政府。1931年，日本共发生了2415次罢工，同时发生了农民要求减租的斗争 3400 多起，打破了历史纪录。同时，工会和农会的力量在不断加强。

经济危机的出现，促使日本更多人倾向于法西斯主义。1930 年，日本先后成立了"樱会"、"神武会"、"爱国社"和"国家社会党"等右翼法西斯团体。和意大利、德国的法西斯团体不同，这些民间法西斯团体封建性非常强，奉行家族主义和自我个人主义，团体数目最多时曾达到了 501 个，团体之间的关系松散，而且没有共同纲领。因此，这些团体在日本法西斯化过程中并没有起到很大的作用。

真正对日本的法西斯化起到作用的是日本军部。军部是一个独立于政党政治之外的特殊政治团体。军队中的年轻军官非常不满当时日本政党的腐败统治，对议会和民主政治感到厌倦和非常惊恐。趁着经济危机，法西斯分子提出"打倒财阀和政党"、"重点解决满蒙问题"等口号，鼓吹向国外转嫁经济危机。他们积极要求对日本进行"国家改造"，取消议会制，实行军事独裁统治，进行扩军备战以达到对外侵略的目的。

所以，军部是日本法西斯化的主要决策者和推动者。他们的目标是在天皇的名义下建立法西斯独裁政权，实行对外侵略扩张。为了达到这一目的，军部法西斯分子制造了一连串暗杀、政变等恐怖事件。日本一步步走上了对内独裁、对外扩张的道路。

从 20 世纪 20 年代开始，在民间法西斯分子大川周明等人的影响下，军部内部形成了两个对立的派别，他们分别是"皇道派"和"统制派"。"皇道派"的代表人物包括荒木侦夫和岗村宁次等，以陆军中下层军官为主。这个派别形成于荒木侦夫出任陆军大臣之后，由于他们经常口称"皇道"和"皇威"而得名。"统制派"的代表人物包括东条英机、宇恒一成等。这个派别以陆军中下级官员为骨干，主要是参谋本部和陆军省的一批上层军官和关东军的一些将领。

罗斯福成为欧洲同盟国的亲密战友

在推行法西斯统治、建立法西斯独裁、向外进行军事扩张方面，"统制派"和"皇道派"是没有任何分歧的。但是在某些手段的使用上，这两个派别就存在一定的分歧了。"皇道派"主张通过暗杀、政变等手段进行法西斯化，他们还主张取消朝廷的重臣和元老，实现"一君和万民直接相结合"。"统制派"和老财阀、旧有官僚关系紧密，认为军部的势力已经非常强大，因此不需要使用暴力去改变现状，强调在维护现有天皇统治的前提下，通过合法手段建立法西斯独裁统治。

中国成了法西斯分子对外扩张的首选目标。日俄战争后，东北三省成了日本的势力范围，但是日本还没有拥有对东北三省的主权。中国发生辛亥革命后，以军阀张作霖为首的奉系占据着东北，而且势力日益强大。鉴于奉系军阀成为日本占领东三省的障碍，日本想方设法炸死了张作霖。

张作霖死后，他的儿子并没有像日本人想象的那样将东北交给他们，而是宣布

"东北易帜"，投靠南京蒋介石。同时，张学良计划引入资金和技术，修筑西满铁路，和日本人控制的南满铁路竞争。日本人对此咬牙切齿，准备采取一切措施尽快夺取东北。

参谋部和陆军省制定了攻占东北的计划。1931年9月18日，日本关东军按照计划炸毁了沈阳北部的柳条湖段铁路轨道，然后说是中国军队故意破坏。在此借口下，关东军向沈阳发动突然袭击。由于蒋介石政府采取"不抵抗"政策，关东军在三个月之内就占领了东北全境。1932年3月1日，日本在东北建立了以末代皇帝溥仪为首的"满洲国"，实行傀儡式统治。

在中国政府的多次要求下，国联理事会通过决议，要求派调查团到中国东北调查中日问题。1932年1月，由英、法、美等五国代表组成的调查团开始着手调查"九·一八事变"，以英国代表李顿为团长。经过八个月的调查，这个代表团出具了调查报告，即"李顿报告"。报告声称，中国抵制日货运动是导致这场冲突的重要原因，同时也不承认满洲国的合法性。

日本军国主义者在看到国联的报告后非常不满。因此，虽然国联在1933年通过了这一报告，日本还是拒不接受。1933年3月27日，日本宣布退出国联。

"九·一八事变"之后，法西斯分子在日本的地位得到了很大的提升，同时也鼓舞他们夺取国家政权的野心。1931年10月18日，"统制派"准备发动武装政变以建立军人政权，但是由于军部首脑开始对此次暴动举棋不定，导致阴谋破产，主谋分子被捕。

1931年冬和1932年春天，是日本农村最为贫困的时候。与此同时，由于日本财阀看到英国等先后废除了金本位制而担心日本也会发生类似事情，而发生了财阀抢购美元的事件，群众对此非常愤慨。著名法西斯团体"血盟团"的海军军官决定在此时采取行动，暗杀财团。从1932年2月开始，前藏相井上准之助、三井以及日本财界首脑团琢磨等先后被暗杀。但是凶手也很快被捕，"血盟团"的阴谋败露。

1932年5月15日，在"血盟团"的领导下，"皇道派"再次发动武装暴乱。这次暴动的参与者包括海军军官、一些陆军士官和"血盟团"的成员。在这次行动中，法西斯分子分头袭击了三菱银行、警视厅、首相官邸等处，暗杀了首相犬养毅。在《告国民书》中，法西斯分子提出了"打倒政党和财阀"的口号，要求实行"昭和维新"。

由于参加暴动的人随后就向日本宪兵队自首，暴乱当晚就被平定了。但是军部上层军官却利用这次政变向政府施加压力。事后，陆军发表声明，反对继续通过议会进行组阁，要求在日本建立"举国一致"的内阁。日本政府最后接受了这一要求。5月26日，海军大将斋腾实组织了包括军部、官僚和政党代表在内的"举国一致内阁"。在这个内阁中，政党成员只占少量次要职务，军部的势力占了多数。至此，日本历史上短暂的政党政治正式结束。

"五一五事变"发生后，以陆军省军务局局长永田少将为首的统制派核心人物在处理皇道派军官残余政变的事情上，极力打压皇道派，引起皇道派军官的不满。此后，皇道派和统制派的矛盾日益尖锐，经常排斥异己。

在荒木侦夫卸任陆军大臣之后，军部大权落到了统制派手中。1935 年，属于统制派的陆军大臣林铣十郎罢免了皇道派真崎甚三郎的总监职务。皇道派对此十分不满，认为是统制派核心人物永田所策划，因此伺机报复。不久，皇道派军官相泽三郎闯进永田的办公室劈死了永田。

双方的矛盾此时已经到了不可调和的地步。为了进一步打击皇道派，新上任的陆军大臣、统制派代表人物之一的川岛义之下令将以皇道派军官为主的东京第一师团调往满洲。这引起皇道派军官的强烈不满。于是，皇道派决定在东京第一师团调往中国东北之前发动武装政变，夺取以统制派为主的陆军省，建立由皇道派控制的军事独裁政府。

1936 年 2 月 26 日凌晨，皇道派军官率领 1400 名士兵发动了政变。政变官兵占领了首相官邸、陆军大臣官邸、陆军省、警视厅、藏相府等地方，杀害了藏相高桥、教育总监渡边锭太郎、首相冈田的妹夫等人。

其实，在皇道派政变之前，就有一名少佐告了密，陆军省知道了这件事情。同时，第一师团的一个小分队竟然集体跑到东京警视厅的门前去撒尿。但是陆军省没有予以足够的重视，只是采取了几项很一般的措施，例如监视嫌疑分子、给政府要员加派应付紧急情况的保镖、用钢筋和铁条加固首相官邸和其他重要机构，在重要办公大楼里面安装直通警视厅的报警器等。

2 月 26 日上午，政变官兵占领了东京市内一平方英里的地方。他们利用山王旅馆作为临时指挥部，在此发表他们的"宣言"。"宣言"声称，政变的目的，是要"清君侧，粉碎重臣集团"，认为"元老、重臣、军阀、财阀、官僚、政党均为破坏团体的元凶"。此外，政变者还提出惩办统制派，任用皇道派军官，充实国防以扩大军备等要求。

由于海军担心军事政变会导致陆军独裁，天皇、财阀和一些官僚也反对皇道派的这次行动，使得政变者非常孤立。在天皇的支持下，首相冈田马上采取措施，于 29 日召集 24000 名政府士兵包围了政变者，不费一枪一弹镇压了政变。

"二二六事变"之后，统制派在军部占了绝对优势，荒木侦夫、真崎甚三郎等皇道派军官被迫退出现役，参与政变的一些下级军官被处死。从此，皇道派一蹶不振直到销声匿迹，以东条英机为首的统制派完全掌握了陆军的主导权。

随后，冈田内阁垮台，原外交大臣广田弘毅上台组阁，内阁官员全部都是能够听命于军部、忠实执行国家法西斯化和对外侵略的人。不久，广田弘毅恢复了军部大臣的现役武官制，使军人控制政府合法化，并废除了议会多数的政党内阁制，取消议会对内阁的监督权，修改选举法等。

此外，广田内阁还接受了陆海军提出的扩大军队预算的要求，军费支出在国家预算中占了 46.6%，而当时保证"国民生活安定费"才占 1.6%。到 1937 年初，日本陆军常备军已经达到了 45 万人，并且大搞军事演习，准备全面的侵华战争。

通过"二二六事件"，日本建立了军事法西斯独裁统治体制，为后来大规模的军事扩张道路奠定了基础，第二次世界大战的亚洲战争策源地在日本最终形成。不久，日军就侵占了中国热河省。1937 年 7 月 7 日，日军发动"卢沟桥事变"，发动了全面侵华战争。此后，日本对亚洲各国犯下了滔天罪行，特别是中国。中国人民此后经历了八年的抗日战争时期，中国经济遭受彻底破坏，人民生活处于水深火热之中。因此，"二二六事件"是日本走向军事侵略扩张、开始法西斯战争道路的开始。

事件始末

二·二六事件，是由日本法西斯军人、皇道派军官发动的一次武装叛乱，它的发生有着深刻的历史背景。

三十年代初，在世界经济危机的冲击下，日本陷入严重的经济危机。工业生产降低 30—70％，几十万工人失业。加上农村失业者，失业人数高达 300 万人以上。受经济危机影响最深的是农村，全国农民负债累累，总额从 1929 年的 40 亿日元，剧增到 1931 年的 60 亿日元。农民的困难成了严重的社会问题，出现了要求救济农村的请愿运动。

严重的经济危机，加深了政治危机，它不仅使国内阶级矛盾逐步尖锐化，而且激化了日本同朝鲜和中国台湾的民族矛盾。面对如此严重的局势，日本统治阶级力图以扩大军阀势力，对内加强剥削和镇压，对外加速发动侵略战争的步伐，来寻求出路。

1931 年九·一八事变后，日本并没有摆脱危机，相反危机更加深刻了，统治集团建立法西斯专政的步伐更加快了。早在 1930 年 10 月，参谋本部和关东军中的少壮派军官就曾谋划政变未遂。1931 年 3 月，大川周明及桥本欣五郎等"樱会"分子打算举行政变，推倒政党内阁，拥戴陆相宇垣一成组织军部独裁政权，结果因宇垣"中途变心"而流产。10 月，大川周明再度会同桥本等樱会分子及西田税等人筹备发动"十月事件"。面对当时的紧迫局势，政友会总裁、内阁首相犬养毅表示要坚持政党政治，甚而抨击军部的法西斯活动，但并不能阻止事态的发展。1932 年 5 月 15 日，海军军官和陆军士官学校中的一伙人，抱着所谓"对政党及其财阀伙伴予以袭击，促进国家改造的气氛"的目的，闯进了首相官邸，杀死犬养毅，发动了五·一五事件。相继发生的三月事件、十月事件和五·一五事件，都是法西斯右翼军人所为。这几次事件，对日本政治产生了很大冲击。它们反映出政党势力的腐败无力，表明了法西斯势力正在猖獗。五·一五事件后，军部借口"时局非常"，拒绝政党继续组阁，恢复由元老出面商得军部首脑同意，提出组阁人选，由天皇任命组阁。自此，护宪三派内阁以来持续的"政党内阁时代"（1924—1932）结束，军部对政治的影响力迅速加强，它意味着军事法西斯体制正在形成。到 1933 年，日本已有数百个法西斯团体，其中较大的就有 80 多个。1934 年 7 月，以海军大将斋藤实为首相的内阁辞职，另一个海军大将冈田启介继任首相。其内阁中虽有政党出身的大臣参加，但不过是在军部控制下，装潢"举国一致"内阁的门面而已。

随着国际战争危机的加深，特别是侵略中国华北的步步得逞，日本法西斯势力的气焰更加嚣张。为扩大对外侵略，

东条英机

国内加紧强化战争体制。当时盛行的"非常时期"的论调，就是为了进一步实行高压政策，以便把人民驱赶到战场上去。1934年10月，陆军省发表了一本题为《国防的根本意义和提倡强化国防》的小册子，其基本内容是阐述国防的概念、国防力的构成以及把物质和精神力量集中于国防的必要性。它叫嚣："战争是创造之父，文化之母"，鼓吹法西斯独裁政治，认为日本"必须芟除无视国家的国际主义"，动员建立国防国家的总体战体制，表明了加强军部法西斯独裁的倾向。

在如何建立军部法西斯独裁的问题上，日本法西斯军人内部分成两大派，即皇道派和统制派。两大派系之间的抗争，到三十年代中期激化起来。双方都要建立军部法西斯独裁统治，但皇道派以"新兴财阀"为靠山，强调以天皇为中心的绝对精神主义，认为对政党、重臣的势力必须给予坚决的打击。他们主张用政变、暴力以至暗杀等恐怖手段，来实现这一目标。这一派以荒木贞夫、真崎甚三郎等为中心，在军队青年军官中颇有影响，其成员主要是少壮军人。与之对立的统制派，同旧财阀合作，以树立国家"总体战体制"为其特点。他们主张用合法手段，在陆军中央机关将校的统制下，注意策略，实行"断然改革"。他们强调加强现有国家机关，使天皇制法西斯化。《国防的根本意义和提倡强化国防》小册子，就集中代表统制派的政治军事观点。这一派以永田铁山和东条英机等人为中心。皇道派攻击统制派是财阀的走狗，应予打倒；统制派企图镇压皇道派，加强以它为核心的军队的统一。两派的对立，由于人事上的勾心斗角而变得更加激烈。

1934年11月，皇道派军官策划军事政变未遂。虽因证据不足未予起诉，但第二年，参与策划政变的村中孝次、矶部浅一等仍以乱发怪文之罪被免职。这在皇道派少壮军官中种下了仇恨的种子。皇道派认为这是统制派捏造出来的。1935年7月，荒木贞夫辞去陆相职务，代表统制派的新任陆相林铣十郎，又罢免了在皇道派军官中享有很高威望的真崎甚三郎的陆军教育总监的职务，由渡边锭太郎接任。皇道派认为，这是陆军省军务局局长永田铁山策划的，便散发了攻击永田铁山的秘密文件，使两派的对立更加激化。1935年8月12日，皇道派军官相泽三郎中佐闯入军务局局长办公室，杀死了统制派的核心人物永田铁山少将。这一事件标志着两派的对立已达到顶点。皇道派军官策划把公审相泽三郎的军法会议改变为攻击统治派的舞台。

正当两派斗争白热化的时候，1936年1月，日俄战争后常驻东京的第一师团接到秘密派往中国东北的命令。这个师团是皇道派军官的巢窟。他们认为，正当审判相泽三郎之际，调走该师团，是调虎离山。当时国内形势对法西斯军人集团也极为不利。1936年2月，在冈田内阁之下举行了大选，这次大选中所有的法西斯组织都遭到惨败，它们总共得到26万张选票，在议会中只占有五个议席。而社会大众党，由于提出了反战、反法西斯的口号，获得52万张选票，在议会中占有18个议席。民政党也由于提出了"反对法西斯主义，建立立宪政体"的口号，而增强了自己的地位。在日本政界影响很大的政友会，由于提出了法西斯口号，一下子失掉了150万张选票。昭和会和国民同盟等右派组织也都遭到失败。大选表明：法西斯军人冒险政策遭到广大群众和社会各阶层越来越强烈的反对。面对如此严重的形势，加上相泽三郎事件的刺激和派往"满洲"的行期将近，皇道派军官决定立即起事，建立以真崎甚三郎为首的法西斯独裁政权。

1936 年 2 月 26 日拂晓，皇道派军官，以"昭和维新"的目标，发动武装叛乱。晨 5 时，村中孝次、野中四郎、矶部浅一、安藤辉三大尉和栗原安秀中尉等，率领东京驻军步兵第一师团第一联队、第三联队、近卫师团第三联队和野战重炮兵第三联队的 1473 名官兵，分几路袭击东京市内的首相官邸、内大臣私邸、教育总监私邸、侍从长官邸、大藏（财政）相私邸、警视厅、朝日新闻社以及在汤河原的前内大臣牧野伸显所住的旅馆等。冈田启介首相侥幸从官邸逃出。他的妹夫、私人秘书松尾传藏大佐等被杀。内大臣斋藤实、教育总监渡边锭太郎、大藏相高桥是清等均当场被害。天皇的侍从长铃木贯太郎也身负重伤，第一步袭击成功后，叛乱部队迅速占据包括首相官邸和国会议事堂在内的东京政治活动中心——麴町区水田町一带，切断以永田町为中心的麴町区西南部的交通。叛乱者拟就了《奋起趣意书》，包围了《朝日新闻》社等各报社，阻止报纸的正常发行，要各报社发表他们的《奋起趣意书》，并对陆军上层开展政治攻势。

26 日晨 6 时许，叛乱部队的代表会见陆相川岛义之，向他宣读了《奋起趣意书》。该文件阐述了叛乱者对形势的看法、起事的原因以及要达到的目的。其核心是"诛戮破坏国体之不义逆臣、铲除遮蔽皇威、阻止维新之奸贼"，说他们的行动"体现了国体之真姿"，等等。叛乱者要陆相"迅速奏闻陛下，仰待圣上之裁断"。与此同时，还要陆相对统制派以至反皇道派的将军、幕僚们予以"保护性"的拘留，等等。当时任军事参议官的真崎甚三郎和荒木贞夫大将，都站在叛乱者一边，称颂叛乱部队为"维新部队"，统率第一师团和近卫师团的东京警备司令官香椎浩平，对叛乱者也深表同情。

在真崎甚三郎，荒木贞夫等起草的文件基础上，陆军统帅部于 26 日午后 3 时 30 分，公布了含有五项条款的《陆军大臣告示》，承认叛乱者的行动。《告示》宣称："一、关于起事的宗旨将上奏天皇"；"二、承认各位行动之真意，基于显现国体之深情"。并宣布："五、上述之各项静待圣上之意决"。

此时，日本内阁处于一片混乱状态。后藤新平内相被任命为临时代理首相，因为传说冈田启介首相已在叛乱中被杀。27 日晨 3 时，根据紧急敕令，东京地区宣布实行戒严。叛乱部队在东京警备司令官香椎浩平的指挥下，成为麴町地区的"警备队"，叛乱者所占领的地区成为他们的守备区。

陆军军官的叛乱，极大地震动了日本统治集团。陆军统帅部虽然最初有过动摇，甚至发表了《陆军大臣告示》那样的文件，但很快做出了对叛乱部队进行讨伐的决定。这是多种因素促成的。

首先，具有"绝对尊严"的天皇，因部队叛乱和亲信近臣被杀，感到十分震惊和愤怒。他曾言道："将朕最信赖之老臣，悉数杀害，如同把绞索套在朕的颈上一样"。故而从一开始就主张坚决镇压。事件发生后，天皇每隔二、三十分钟就召见一次侍从武官本庄繁，要他督促尽快平息叛乱。27 日，当天皇知道对叛乱部队尚未采取行动时，愤怒地对本庄繁说："朕将亲率近卫师团，平息叛乱"。这当然要对军队首脑产生影响。

其次，作为日本军队重要组成部分的海军，从一开始就对叛乱部队极为仇视。这不仅因为几个被杀或被袭击的大臣、如斋藤实、铃木贯太郎、冈田启介等都是海军大将，更主要的是，他们担心叛乱成功，军政权建立，会导致陆军的独裁。所以他们在军令部总长伏见宫博恭王的主持下，断然采取坚决镇压方针，把正在九州训练的联合舰队开进东京湾和大阪湾，并从横须贺调来海军陆战队为海军省警卫，以此牵制陆军。

政界和财界都反对叛乱，并通过宫廷集团提出了严厉镇压的意见。广大国民也反对这次事件，他们通过这次事件更加感到法西斯和战争的威胁，从而增加了对陆军的反感。

陆军内部意见并不一致。陆军参谋本部次长杉山元和作战课长石原莞尔大佐以及武藤章大佐等军内主流派，坚决主张对叛乱部队实行讨伐。他们掌握着戒严司令部的实权。由于以他们为首的陆军省幕僚层，主要是属于统制派和倾向于统制派的势力，因而对真崎甚三郎等人一贯抱有反感。这些人迅速地集结在一起，实行坚决镇压的方针。上述这些错综复杂的因素，促使陆军省首脑部门迅速地采取了讨伐方针。

从叛乱者来说，其致命之弱点在于，叛乱发动后没有任何明确的行动方针。27日午前9时许，杉山元进宫，接到天皇的敕令。敕令要求"戒严司令官务必占领三宅坂附近，迫使军官以下人等迅速撤离，回归各所属师团管辖之下"。天皇敕令一下，叛乱军官们立刻陷于混乱状态。"归顺"还是"抵抗"？举棋难定。而天皇则再三要求本庄繁严厉下达平息叛乱的命令，不准违抗。

叛乱军官们经过一段摇摆后，决定抵抗。这期间，同情政变的香椎浩平司令官曾向参谋本部提出，如果能得到天皇"昭和维新"的"圣旨"，就可以使事件和平解决，遭到杉山元的坚决反对。青年军官方面，说是要抵抗，甚至要以"剖腹自刃"向天皇"谢罪"，实际已开始撤退。叛乱部队的这种行动，使香椎浩平极为愤怒，于是决心以武力伐之。

28日下午5时30分，戒严司令官香椎浩平向第一师团和近卫师团下达了如下命令："叛乱部队终于不服圣上之命，故坚决采取武力，以恢复治安"。为执行此项命令，调集仙台的第二师团和宇都宫的第十五师团来东京。29日晨，戒严司令部出动大约2.4万多官兵，包围了武装叛乱部队的驻地。在战斗的态势下，从飞机、战车和"无线电"广播里，发出了《告下级官兵书》，要求叛乱部队立刻放下武器投降，并警告说："凡抵抗者全部视为逆贼，格杀勿论"。本来就不理解这次起事意图、也没有战意的士兵们，在天皇敕令的"召唤"下，很快就"归顺"了。29日下午2时，领导这次武装叛乱的军官们，聚集在陆相官邸。结果，除野中四郎大尉自杀外，其他均被逮捕。这样，经历了四天的武装叛乱，未经任何抵抗就被镇压下去了。他们的法西斯主义的理论指导者、参与策划并进行指挥的北一辉和西田税，也相继被捕。

二·二六武装叛乱失败后，皇道派军官们，曾期待法庭公开进行审判，以便把法庭变成攻击统制派和宣传法西斯主义的讲坛。但是，由统制派控制的陆军首脑部，却策划借机打击皇道派势力，为避开非难，根据天皇的紧急敕令，由非公开的特设军法会议对叛乱的头头们实行强行审判，且实行一审制，不设辩护人。审判从 4 月 28 日开始，进行到 7 月 5 日才结束。17 名武装叛乱的"首犯"被处死刑，北一辉和西田税以"思想主谋"的罪名处死。杀死永田铁山的相泽三郎也同时被处死。另有 70 名"少壮军人"被判处不同期限的徒刑，很多军人被调充后备役，或被派往边远地区。久原财阀头面人物久原房之助，也曾因与此案有牵连而被"检举"，结果无罪释放。这次事件后，皇道派亦随之瓦解。

二·二六事件的发动者、皇道派军官，是些狂热的天皇主义分子。当时，在国情恶化、内外交困的形势下，特别是自日本帝国主义发动"九·一八"事变侵占中国东北后，不断扩大侵略，从 1935 年又以种种借口侵入华北，制造傀儡政权，引起中国人民更加激烈的反抗，到处受到沉重的打击，仅侵占中国东北的日军关东军的死亡人数，到 1935 年就达到 54700 多人，连日本统治者都不得不承认："满洲非日'满'提携之国，乃日'满'斗争之国"。由于侵略活动的升级，军费和扶持傀儡集团的费用则不断增加，这导致国内经济状况开始恶化，对国内各方面产生了深刻的影响，致使二·二六事件前，反军反法西斯的情绪不仅在国民中间已相当强烈，就是在政界公开批判军方言行者亦不乏其人。在这种形势下，加之军方内部矛盾的公开化和白热化，他们就产生了一种天皇制军队"势将崩溃"的危机感，认为日本八纮一宇之"国体"已遭破坏，"维新"已被阻止，而"元老重臣军阀官僚政党"则是"破坏国体的元凶"，势应诛灭。这些人也反对垄断，但他们的目的是要使垄断资本和国家结成一体，由绝对主义天皇制机构的核心——军部独揽大权，即由皇道派军人来建立军部的法西斯统治，断然进行"昭和维新"，以打破日本所处的"内外重大危机"的严重局面。叛乱者的目的就在于此。

二·二六事件是日本法西斯化的开始，是日本军部法西斯力量的重新组合和调整，是它逐步上台执政的起点。二·二六事件虽然以失败而告终，但皇道派军官们所要求的，由军部掌握国家大权的天皇制法西斯专政政权，却由统制派法西斯军阀建立起来了。

广田法西斯独裁内阁

二·二六事件后，军部最初曾企图最大限度地利用政变的结果，来成立一个军事独裁内阁。由于种种因素使其未能得逞。但表现在政变上面军部的压力已非常明显，各政党，不待说对于继任内阁人选问题已完全丧失了发言权，元老、重臣和宫廷势力也不得不在考虑军部意图的前提下进行决定继任内阁人选的工作。也就是说，作为继任首相的首要条件，必须是军部所同意的人物。广田弘毅正是在这种形势下，经过军部同意被推出组阁的。军部对组阁进行了露骨的干涉，在它的控制下，寺内寿一大将被任命为陆相。广田内阁一开始就接受了军部提出的"庶政一新"和"广义国防"的要求，开始推行准战时体制。

1936 年 3 月 17 日，广田内阁发表政纲，提出了所谓"全面革新政治"的任务。

这是以军部提出的加强国防、明征国体、安定国民生活（农村政策）和刷新外交四条大纲为中心的。其实质是要建立用天皇权威来统制一切，以军部为轴心，大力加强军事和国防的准战时体制，为在亚洲的侵略扩张铺平道路。至于陆军提出的充实军备、调整税制、加强国防、明征国体、统制经济机构、振兴民间航空事业、加强情报宣传等项"改革"要求，广田内阁也一一予以接受，从而开辟了军部操纵政府干预政治的道路。

广田内阁成立后，陆军内部，特别是陆军的中央层进行了"整肃"。这当然是取得军部的同意、按军部意图进行的。在"整肃"的名义下，统制派排斥和打击皇道派，迫使皇道派的上层支柱、军事参议官真崎甚三郎和荒木贞夫大将等7人引退，一扫皇道派掌握军部高级领导权的形势。对军队实行整肃，本来是二·二六事件后最重要的政治问题。但这种以打击皇道派势力为目的的"整肃"，与当时日本广大民众在二·二六事件后，为杜绝军队干预政治和阻止日本法西斯势力发展而实行肃军的要求，有本质的不同。实践证明，经过广田内阁"整肃"后的军部，对日本政治的支配力非但没有减弱，反而更加强了。

军队内部清算派系后，寺内寿一陆相以及杉山元、梅津美治郎等为首的新统制派，作为主流派掌握了军部的实权。这一班人趁势要求实现国家全面法西斯化，并且毫不隐讳地要挟政府："政治主导权如不让给军部，就会发生第二、第三个'二·二六'事件"。

通过肃军，军部和广田内阁完全成为一体，推动了广田内阁走向战争和法西斯化的道路，这突出地表现为军部大臣现役武官制的恢复。陆海军大臣现役武官制从明治时期以来就是军阀干预政治的最有力的武器。经过大正初期开始的第一次护宪运动的斗争，于1913年（大正二年）把它废除了，其目的就是力图使内阁摆脱军部的控制。现在，在军部的强烈要求和高压下，广田内阁于5月18日决定修改陆、海军两省的官制，即恢复被一度废除了的军部大臣现役武官制：任命现役的大、中将担任陆、海军大臣，中、少将担任次官，以保障军部特权。从此，法西斯军阀便可以通过陆、海军大臣左右内阁，从而掌握了后来内阁的存亡命运。他们有了对政府的控制权，即可以对内放手实行法西斯独裁统治，又可以对外随意扩大战争。

广田内阁还顺从军部之命，公布了"危险文件临时取缔法"、"思想犯保护观察法"，解散了军事企业的工会组织，禁止五一国际劳动节的纪念活动，并缩小了议会权限，等等。

这一系列反动措施的制定和实行，反映了二·二六事件后军部的要求和国家法西斯化的政治倾向。

二·二六事件后的广田弘毅内阁，标志着日本军部法西斯独裁政权的确立。这一独裁政权，从一开始就为夺取亚洲和太平洋地区的霸权，建立"大东亚共荣圈"，加紧制定对外扩张的根本国策。

二·二六事件发生前后，日本所处的国际环境发生了重大变化。1933年日本退出国际联盟。1936年6月它又退出伦敦裁军会议。日本的举动严重地打击了凡尔赛—华盛顿体系，也加深了同欧美一些国家之间的矛盾。侵入华北更激化了中国人民的反抗情绪。面对这种纷繁的国际局势，日本统治集团亟待制定出下一步的行动方针。

如前所述，二·二六事件后，军部同意以天皇为首的政界、财界提出的"整肃"军队的要求。并以此为条件，强化军部政治上的发言权，迫使政府建立战时体制，按照军部的国防方针，来决定国家的国策原则和外交政策。然而关于国防方针，陆军和海军持有不同的修改意见：陆军把对苏作战作为第一目标，海军则把对美作战作为第一目标。双方经过激烈争吵和秘密讨论，意见方始趋于一致。1936 年 6 月，它们共同拟定了《帝国国防方针》第三次修改方案，并据此提出了《用兵纲领》，6月 30 日又制定了《国防国策大纲》。上述文件，对帝国战略目标、扩军备战、作战方针，以及帝国战时国防所需要的兵力等，都做了新的决策。这是陆军和海军经过长时间的讨价还价，相互妥协的结果。

修改后的《帝国国防方针》，决定"以美国、俄国为目标，并防备中国和英国"，即把苏联和美国并列为第一位的假想敌国，同时准备进攻中国和英国的属地。为实现这一方针，确定国防所需的兵力：常备师团为 20 个，战争初期所需兵力陆军为50 个地面师团，陆军航空兵为 142 个飞行中队；海军对外作战部队，应配备战列舰12 艘，航空母舰 10 艘，巡洋舰 28 艘，其他舰只 179 艘，海军常备基地航空兵为 65个飞行队。陆军以此兵力为目标制定了扩充军备的六年计划，海军制定了在五年内充实必需兵力的第三次补充计划。为了实现陆海军的这个扩充计划，必须实行以大规模扩充军需产业为中心的经济战时体制化。这样，日本的国策必须也来个大转变。正是在这种形势下，广田召开了五相会议。

五相会议

1936 年（昭和十一年）8 月 7 日，广田弘毅首相召开了有陆相寺内寿一、海相永野修身、外相（广田兼）、藏相马场瑛一等参加的五相会议，决定在新形势下实行国策的大转变，五相会议以军部提出的《国防国策大纲》为基础，通过了一个决定日本国策的纲领性文件——《国策基准》。

《国策基准》一开头便提出：日本国的根本国策是"在大义的名分下，内求国基之巩固，外谋国运之发展，使帝国在名义上和实质上都成为东亚的安定势力……"。一言以蔽之，就是要牢固确立日本帝国主义在东亚的统治地位。从这一点出发，《国策基准》确定的基本国策是，"在外交国防密切配合之下，在确保帝国在东亚大陆地位的同时，向南洋发展。"为此，《国策基准》提出了四项原则性纲要，分别规定了大陆政策和海洋政策的基本方针。大陆政策的基本方针在于："谋求满洲国的健全发展，巩固日满国防，消除北方苏联的威胁，并防范英美，实现日满华三国的紧密合作"。海洋政策的基本方针在于："向南洋，特别是向外南洋方面，谋求我国民族的经济发展，力图避免刺激其他国家，逐步以和平手段扩张我国势力"。

《国策基准》所规定的大陆政策和海洋政策，明确地肯定了海军长期以来所力主的"南进"要求，清楚地表明了侵略南洋，以至进行太平洋战争的计划。实际上，这正是根据修改过的新的《国防方针》，不折不扣地采纳了陆军的"北进"和海军的"南进"，南、北并进的国策方针。

五相会议所制定的《国策基准》，是日本帝国主义总体战的根本国策。它在规定侵略扩张的基本方针的同时，还提出"以上述根本国策为基础"，"统一调整内外各项政策，以期适应现今的形势而全面革新政治"。《国策基准》在扩充陆海军国防军备、外交和"庶政一新"等方面，提出了八项具体纲要，规定"陆军军备以对抗苏联在远东所能使用的兵力为目标，尤其要充实驻在满洲的兵力，使其能在战争开始时，立即对苏联远东兵力予以痛击"；"海军军备应以对抗美国海军，确保西太平洋的制海权为目标，充实足够兵力"。

日本统治集团在认识到同美英的对立愈来愈尖锐的情况下，仍然这样提出问题，当然不是"出于单纯的军人的征服欲望，而是侵略满洲以来的战时经济的必然结果"。日中战争对于日本来说，不论在军事上还是在经济上都是难以负担的。随着战争的扩大，军需物资需求的迅速增加，和国内经济状况的不断恶化，日本统治集团不能不决定到南洋去谋求"民族经济的发展"以"充实和加强国力"，为此不惜激化同美英法荷等帝国主义各国之矛盾。这正是五相会议决定"防备英美"之原因所在。

《国策基准》提出要在外交政策上"全面加以革新"，其实质就是使外交活动完全操纵在法西斯军阀手中。此外，《国策基准》在行政、教育和舆论宣传等方面也提出了旨在强化军人政权的原则性规定。

在举行五相会议的同一天，还举行了一个四相（首相、陆相、海相、外相）会议。四相会议进一步地确认了《帝国外交方针》。它在把"粉碎苏联侵犯东亚的企图，特别要消除军备上的威胁，阻止赤化的发展"作为当前"外交政策的重点"的同时，还提出了与德意志"相提携"的方针。

五相会议所通过的《国策基准》，是法西斯军人依靠和利用天皇制，推行国家法西斯化的必然产物，它充分暴露了日本帝国主义称霸远东进而向太平洋扩张的狂妄野心。

五相会议标志着日本帝国主义已经走上了国家战争总动员的道路。

五相会议后，日本军部法西斯政权，根据《国策基准》和新修订的《帝国国防方针》等规定的原则，加紧对中国扩大侵略。五相会议后不久，即 8 月 11 日，广田弘毅内阁根据《国策基准》通过了《对中国实行的策略》和《第二次处理华北要纲》，进一步重申要使华北五省"特殊化"，以达到对华北五省实行"政治分治"的侵略目的。《第二次处理华北要纲》还提出了对中国侵略活动的具体方案，规定要在中国华北地区内策划"成立一个牢固的防共、亲日'满'的地带，以便取得国防资源，扩充交通设施，借以防备苏联'侵入'和奠定日'满'华三国互助的基础"。方案规定了扶持"冀察政务委员会"和"冀东防共自治政府"等傀儡政权的"指导方针"，分别规定了对山东、山西、绥远三省的"指导方针"，所有这些都是为了达到"分而治之"和"经济开发"的侵略目的。

五相会议后，为扩大对外侵略，实现《国策基准》的要求，陆军以大力充实与加强空军和在中国东北的兵力为中心；海军制定了包括"大和"号和"武藏"号在内的 73 艘军舰的庞大造舰计划。军部法西斯政权还制定了惊人的军事预算，提出：1937 年度的军事预算将为前一年度的 1.3 倍，占当年度国家总支出的一半。这些措施使日本在建立高度国防化的国家体制方面又大大前进了一步。

五相会议所确定的基本国策，也使日本军事法西斯主义集团向国际法西斯主义集团靠近了一大步。五相会议后不久，在国际上深感孤立的广田弘毅内阁，为摆脱孤立地位，并在未来的世界大战中实现它的称霸野心，于 1936 年 11 月 25 日，同在欧洲和苏、英、法、美对立的希特勒德国缔结了《日德反共产国际协定》。一个月后，日本和欧洲另一个法西斯国家意大利缔结了承认意大利占有埃塞俄比亚，意大利承认伪满洲国的协定。1937 年 11 月 6 日，意大利正式加入《反共产国际协定》。这样，日、德、意三个法西斯国家公开结成政治同盟，从而加剧了世界大战的危险。

《反共产国际协定》的签订

1931 年"九·一八事变"后，日本帝国主义悍然侵占了我国东三省，并不断扩大侵略战争，企图独霸中国。这不仅激起了中国人民的反抗，也加剧了日本与欧美列强在中国的矛盾。1932 年 1 月，美国国务卿史汀生发表"不承认主义"的声明，表示美国"不能承认"日本侵华所造成的"任何既成事实的合法性"。1933 年 2 月，由英法操纵的国联通过决议，申明不给以伪"满洲国"以事实上或法律上的承认。日本随之于 1933 年 3 月 27 日退出国联，在国际上的处境比较孤立，为了同欧美列强相抗衡，进一步发动全面的侵华战争，日本急需在国际上寻找盟友。其目光投向正在欧洲崛起的希特勒德国，当日本退出国联时，外务省欧亚局长东乡茂德便提议："在日德关系上，利用（德国）极右党掌权的机会，努力使它了解我国在远东的立场，……以便把德国引向我方"。1934 年 3 月，日本派出"德国通"大岛浩为驻德武官。临行前，陆军参谋本部情报部欧美课长饭村穰曾指示大岛，要着重探索日德间进行情报合作的可能性。

希特勒德国也有与日本接近的愿望。1933 年 1 月希特勒上台后，德国还受到凡尔赛和约的重重束缚，军事上孱弱，外交上孤立。希特勒还刚刚上台，羽毛未丰，他早在《我的奋斗》一书中将自己对内政策的主要任务规定为"铸造神剑"，对外的任务是寻觅战友"，所谓"铸造神剑"，就是扩军备战；所谓"寻觅战友"，就是寻找同盟者，组织侵略性集团。1933 年初，希特勒曾与后来出任德国外长的里宾特洛甫商讨过与日本结盟的可能性。1933 年 10 月德国退出国联前夕，希特勒在同德国驻日大使狄克森的谈话中表示，德国"要与日本建立更为紧密的联系"。当时，意大利作为第一次世界大战的战胜国，同英法等国还保持着比较密切的关系。意大利法西斯头子墨索里尼向来以奥地利的"保护

丘吉尔、斯大林、罗斯福的代表阿佛拉·哈里曼在莫斯科签订了《对俄供应第一友好议定书》

者"自居，不许希特勒德国染指奥地利，对于希特勒建立"大德意志"的叫嚣很不以为然，1934年7月，当奥地利总理陶尔斐斯被纳粹分子暗杀时，墨索里尼曾下令在勃伦纳山口增兵；德意在巴尔干的南得罗尔和的里雅斯特问题上也有利害冲突，一时还妨碍着德意接近。于是，德日之间首先开始勾结的尝试。

1935年5月、6月间，日本驻德武官大岛浩同里宾特洛甫的助手哈克就德日结盟问题开始接触。哈克提议在两国间缔结针对苏联的防务协定。大岛向日本参谋部请示后表示，不反对德国的建议，希望就协定的范围、内容和形式作更详细的研究。1935年底，日方派出参谋本部情报部欧美课德国组组长若松前往德国活动，先后与里宾特洛甫和德国国防部长勃洛姆堡进行了会谈。里宾特洛甫提出缔结《反共产国际协定》的建议。若松表示，日本陆军方面亦有同样意图。回东京后，若松向参谋本部汇报了会谈情况。

1936年2月26日，日本发生"二·二六政变"。一小撮法西斯军人集团"皇道派"的青年将校发动叛乱，杀死前首相斋藤等人，政变失败后，"统制派"在军部占了上风，日本国内政治和社会生活进一步法西斯化。为了发动全面侵华战争，日本与德国勾结的愿望更加迫切。日本陆军主动与外务省联系，以推进与德国的谈判。同军部关系密切的有田八郎于4月2日出任日本外相后，日德之间的谈判便由日本驻德大使武者小路和里宾特洛甫通过正式外交途径进行。7月上旬，德方正式向日方提出经希特勒亲自审定的《反共产国际协定》草案和秘密附件。8月7日，日本广田弘毅内阁五相会议通过《基本国策纲要》，确定了"一方面确保帝国在东亚大陆的地位，另一方面向南方海洋发展"的侵略方针。同日，又通过《帝国外交方针》，决定"实行日德合作"。于是，日本对与德国合作表示了十分积极的态度，德日谈判也进展顺利。

1939年11月25日，德国与日本签订《反共产国际协定》。协定包括序言、三项条款和一个附属议定书。规定：双方"相约对于共产国际的活动相互通报，并协议关于必要的防止措置"；双方将邀请"因共产国际的破坏工作而国内安宁感受威胁的第三国"加入协定；协定有效期为五年。据第二次世界大战后远东国际军事法庭审讯日本战犯时揭露，德日双方同时还

墨索里尼与希特勒（左）

签订了一个秘密附属协定，规定缔约的一方同苏联作战时，另一方不得采取实质上会改善苏联处境的任何行动，双方并保证不同苏联缔结同《反共产国际协定》精神相违背的政治协定。

德日签订《反共产国际协定》是双方在侵略道路上开始勾结的一个重要步骤。这一协定显然是公开针对苏联的。同时，也是打着"反共"旗号针对英、法、美等西方民主国家的。里宾特洛甫在协定签订后曾表示："形式上我们还要把俄国作为敌人。然而实际上，我们完全应该把英国作为敌人。"日本驻英大使吉田茂直言不讳地说："尽管军部说防共协定只不过是反共的意识形态问题，但这完全是表面上的借

口。骨子里显然是和德意联合起来对抗英法并进而对抗美国"。

在德日进行谈判的同时，德意关系也开始接近。促成这种接近的契机是两个重大的国际事件：1935 年 10 月意大利入侵埃塞俄比亚和 1936 年 7 月后德意共同干涉西班牙内战。意大利悍然入侵埃塞俄比亚后，只有德国对意大利的侵略行径表示公开支持。而英法虽然对意大利提出谴责，却并没有采取有效的制裁行动。这就使素来有"食尸兽"之称的意大利帝国主义窥破英法的虚实，决定更快地与希特勒德国联合起来。1936 年 7 月西班牙内战爆发后，英法采取不干涉政策，而德意法西斯都站在佛朗哥叛军一边进行公开的武装干涉，双方的立场更趋接近。在这种情况下，双方都感到有必要调整在奥地利和巴尔干问题上的利害冲突，以便为发动重新瓜分欧洲和世界的战争而加紧合作。

1936 年 10 月下旬，意大利外交大臣、墨索里尼的女婿齐亚诺访问柏林。希特勒在同齐亚诺谈话时表示，意大利和德国联合起来，不仅可以对付"布尔什维主义"，而且可以同包括英国在内的西方对抗。如果德意联合起来，英国"不仅将抑制住自己不同我们打仗"，"还将寻求同这一新政治体制（指德意联盟）"的妥协。齐亚诺访德期间，于 10 月 25 日同德国外长牛赖特签订了一份秘密议定书。其主要内容为：德国承认意大利对埃塞俄比亚的吞并，而意大利在德国吞并奥地利问题上"听其自然发展"，不再干预；德意两国在多瑙河流域和巴尔干划分势力范围；两国在重要国际问题上采取共同方针，并承认西班牙佛朗哥政权，进一步加强对西班牙叛军的军事援助。这个议定书是德意两国建立侵略同盟道路上的重要里程碑。几天后，墨索里尼在米兰发表演说，公然把这个协定称之为构成了罗马—柏林的"轴心"。

1938 年 3 月 13 日，希特勒进入吞并后的奥地利

德国与日本缔结《反共产国际协定》后，意大利曾表示希望加入。它并为此作出一个重要的姿态：在沈阳开设总领事馆，事实上承认伪"满洲国"。可是，日本有自己的打算。它担心过早与意大利接近会给西方民主国家以不必要的刺激，因而没有立即同意让意大利加入协定，但同意两国于 1936 年 12 月订立协定，彼此承认对中国东北和埃塞俄比亚的占领。1937 年"七·七事变"后，意大利对日本的侵略行径表示声援，不仅在布鲁塞尔九国公约会议上替日本辩解，还停止向中国输出武器。日本为了打破在国际上的孤立处境，终于在 10 月 20 日同意接受意大利参加《反共产国际协定》。11 月 6 日，意大利正式加入《反共产国际协定》。

严格地说，《反共产国际协定》还算不上军事同盟，缔约各方尚未承担在军事、经济、外交等各方面合作的义务。但它的签订表明，德日意三个法西斯国家在各自对外侵略扩张的过程中，感到互相接近和联合的必要，并逐步付诸行动。希特勒把这个联盟说成是"伟大的政治三角"，"三个国家联合起来了。起初是欧洲轴心，现在是世界的大三角"。因此，《反共产国际协定》的签订，是德日意侵略同盟初步形成的标志。

德日军事同盟

1937 年 7 月，日本发动了全面的侵华战争。希特勒在 11 月 5 日召集由纳粹德国军事、外交核心人物武装部队总司令勃洛姆堡、陆军总司令弗立契、海军总司令雷德尔、空军总司令戈林、外交部长牛赖特参加的秘密决策会议上，提出了发动世界大战的战略计划和时间表。德日两国都希望加快相互勾结的进程。

对德国和日本来说，两国在华利益的冲突还阻碍双方进一步勾结。从 20 年代开始，德国便同中国国民党政府保持着较密切关系。德国向中国派遣军事顾问、供应武器装备，德国以此换取所缺乏的工业原料和外汇。日本发动全面侵华战争后，1937 年 7 月，德国国务秘书魏茨泽克对日本驻德大使武者小路指出，德国不能"帮助日本进行可能导致""鼓励中国的共产主义"和使中国与苏联接近的活动，日本威胁说，如果德国不停止向中国提供军用物资，日本准备废除《反共产国际协定》，但并没有起到什么作用，德国仍继续对华提供军事援助。

英、法、德、意在慕尼黑举行会议，签订阴谋瓜分捷克斯洛伐克的《慕尼黑协定》

1938 年 1 月 2 日，里宾特洛甫向希特勒呈送了一份重要备忘录，其中提出，德国以武力改变中欧现状的行动，势必导致与英法的冲突。为了牵制英国的军事力量，使其无法给法国以有效的支持，德国必须同日本和意大利结成紧密的军事同盟。希特勒对这一备忘录极为赞同，并于 2 月 4 日任命里宾特洛甫为德国外长。德国为了维护在华利益和改善同日本关系，1938 年 2 月正式承认伪"满洲国"，7 月停止向中国出售武器，召回军事顾问；另一方面，从 1938 年 1 月开始，通过日本驻德武官大岛浩，向日本提议缔结一个既针对苏联，又针对西方列强的德日意三国军事同盟条约，德国提出"缔约双方应当无条件地对进攻缔约一方的敌人宣战。"

接到德方的提议后，在近卫首相、宇垣外相、池田大藏相、板垣陆相和米内海相参加的五相会议上，讨论了有关德日同盟条约的问题，日本统治集团内部产生了严重的意见分歧。外务省和海军认为，日本发动全面侵华战争已深陷于"中国泥淖"，外交上十分孤立，不宜再同西方国家为敌。他们希望同盟条约只针对苏联，不应针对英法。陆军认为，日本要独占中国，必然导致其与苏联及西方国家的矛盾尖锐化。同德国结成军事同盟，利用德国牵制苏联和西方国家，将有助于日本顺利解决"中国事变"，并进而在东亚放手行动。这实际上反映出，日本统治集团在陷入中国人民抗日战争汪洋大海的情况下，战略指导思想上发生了严重的混乱。

经过激烈的争论，外务省等方面的意见占了上风。1938 年 8 月下旬，日本五相会议决定了关于缔结日、德、意军事同盟的方案，其实质内容是：把同盟的目标只限定于苏联，这是日本的保留条件；在德国与苏联或其他国家开战时，日本将不承担"自动参战"的义务，是否提供军事支援，则要"协商决定"。会议还决定由驻德大使而不是武官同德国进行谈判。可是，外务省和陆军在会外各自向驻德大使和武官下达了不同的指令，致使日方未能形成统一的方案，日德谈判也就无法顺利地进行。

这时，欧亚两大洲局势都发生着重大变化。在欧洲，希特勒通过1938年9月的慕尼黑协定，兵不血刃地控制了捷克斯洛伐克的苏台德区，完成了占据中欧战略要地的战略步骤。德国下一步的侵略计划将要在西线同英法正面对峙，以建立在整个欧陆的霸权地位。希特勒清楚意识到，无论德国的下一个具体目标是什么，都必然会导致德国与英国矛盾的尖锐化。再要重演"不流血的征服"也将变得极为困难，因而，希特勒希望利用日本牵制英国。

在亚洲，日本近卫内阁于1938年11月3日发表建立"东亚新秩序"的声明，其独霸亚洲—太平洋地区的意图暴露无遗。美、英法等国先后发表声明，抗议日本的行动。1939年1月3日，近卫内阁辞职，新首相是平沼，他竭力主张和德、意合作，缔结军事同盟。在这之后，日本对三国同盟的态度有些改变。

早在1938年10月27日，里宾特洛甫为打破德日谈判的僵局，曾非正式地向日本新任驻德大使大岛浩提出德国新方案，在坚持德、日、意军事同盟应针对英法的同时，又在提供军事支援问题上对日本作了让步，同意日方原先提出的视情况"协商决定"的意见。1939年1月6日，德方正式向日方提出这一方案，只是文字上略有修改。1月19日，日本五相会议通过了日方的对策，其主要内容为：三国同盟主要是针对苏联的，但根据情况也可以针对第三国；在针对苏联的情况下，缔约国互相提供军事援助是不成问题的；在针对第三国时，是否互相提供军事援助，则须视情况而定。这表明，德日双方对于条约内容的态度都有改变，但仍存在重大分歧，因而谈判依然进展缓慢。

1939年3月，德国公然撕毁慕尼黑协定，出兵侵占捷克斯洛伐克剩余部分，接着又对波兰发出战争威胁。英、法向波兰等国作出安全保证。英、法、苏也开始就制止德国侵略扩张问题展开谈判。在欧洲局势急遽紧张，大战迫在眉睫之际，德国与日本缔结军事同盟的愿望更为强烈。5月，德国外交部条约局局长高斯向日方提出妥协案，其中包括两套供选择的方案。第一套以日方意见为基础，加进一些德方要求；第二套以德方意见为基础，加进一些日方要求。5月7日，日本五相会议基本上同意以第一套方案为谈判基础。

6月5日，日方向德方提出最后提案，其要旨为：如发生德意反对苏联一国或与苏联结合在一起的其他国家的战争，日本将明确地站在德意一边，并提供军事支援；如发生德意反对苏联以外国家的战争，日本将支持德意而不是英法，但在苏联未就此表态前，为有利于阻止苏联参战，日本也可能不表态，并就表态问题同德意协商；在发生德意反对苏联以外国家的战争时，日本无力提供有效的军事援助，但将就此问题同德意协商。

日方的提案显然仍未满足德方的要求，因为德意坚持要求日本无条件加入三国军事同盟。虽然德国对日本加紧施加压力，日本的一些军方法西斯分子催促政府同德国缔结同盟条约，坚决主张满足德意提出的一切要求。直到1939年8月7日，陆军大臣板垣还晋见平沼首相，要求重新考虑三国条约问题，他提出，"军方认为，局势的变化表明有必要缔结进攻和防御条约"，否则板垣将宣布辞职。与此同时，欧洲形势又发生巨大变化。希特勒为了避免发动欧战时陷于两线作战的困境，主动向苏联伸出橄榄枝。苏联为了打破英法挑动苏德战争的阴谋，确保自身安全，于1939年8月23日同德国签订了互不侵略条约。这样，德国暂时已无必要继续与日本的结盟谈判。日本则"象打开信箱却猛地碰上一群黄蜂飞来一样"，不啻挨了当头一棒。平沼政府把苏德条约的签订，看成是德国对《反共产国际协定》的背叛和拒绝同日本结成军事同盟，社会舆论对该条约表示震惊。8月25日，日本五相会议决定停止三国同盟条约的交涉。德日结盟谈判暂时中断。

轴心国的形成

德国入侵波兰后，凭藉经济、军事装备和战术上的优势，不到一个月便以"闪电战"打垮了对手。随后，它又趁英法对德宣而不战之机，调兵北上，征服了丹麦和挪威，然后于1940年5月，在西线向荷兰、比利时、卢森堡和法国发动大规模进攻。号称欧陆"第一军事强国"的法国，同德国正面交锋一个多月于6月22日就投降了。20多万英国远征军在敦刻尔克丢盔弃甲，退到英伦三岛。希特勒德国在军事上取得暂时的胜利。

希特勒打败法国后，根据其既定的侵略计划，准备挥戈向东，入侵苏联。7月31日，他在高级军事会议上宣布了第二年春天进攻苏联的决定。于是，对德国来说，同日本缔结军事同盟，利用日本的力量牵制美、英，夹击苏联的问题又提上了日程。意大利看到德国在西欧的胜利，在法国败局已定的时刻，于6月10日匆匆向英法宣战，完全站到了德国一边。

法国败降后，日本对于缔结三国军事同盟问题的立场也发生了重大变化。1939年8月苏德签订互不侵犯条约，使日本外交政策受到猛烈冲击。德国入侵波兰后，日本政府奉行"避免卷入"的政策，实际上是企图等欧洲局势明朗化以后再作决断。随着法国败降，

墨索里尼到前线部队视察

日本统治集团一方面为德国在欧洲发动"闪电战"的战果所鼓舞，认为南洋一带殖民地已由于法国、荷兰等宗主国的败降而成为"真空地带"，因而是实行"南进"、建立"大东亚共荣圈"的天赐良机，另一方面，侵华战争使数十万日本军队被拖在中国战场上，造成日本战略上的严重失调和经济上的沉重负担，日本侵略者又企图通过"南进"，攫取东南亚丰富的战略资源，维持侵华战争，促进"中国事变的解决"。在这样的背景下，日本统治集团内部的"南进"论甚嚣尘上，与德意缔结军事同盟重新成为紧迫的问题。

1940 年 7 月 22 日，发动侵华战争的罪魁之一近卫文麿组成第二届近卫内阁。就在受命组阁前三天，近卫同即将上任的外相松冈洋右、陆相东条英机和海相吉田善吾在东京的近卫官邸举行了一次重要决策会议。会议留下了一份题为《组阁中四巨头会议决定》的文件，决定要加强日、德、意轴心关系，实行"南进"方针。7 月 22

充满狂热气氛的纳粹党卫军大会

日，在日本政府与大本营联席会议上，通过了《适应世界局势发展处理时局要纲》。其中规定："首先要把对德、意、苏三国的政策作为重点，特别要迅速加强同德意两国的政治团结"。

德日之间再次开始关于缔结军事同盟的谈判。7 月 30 日，日本外务省制订了德日合作的新方案："如德意方面要求军事援助以对付英国，帝国将在原则上表示同意"。8 月 1 日，日本外相松冈邀请德国驻日大使奥特参加茶会，围绕同德国结盟问题进行了试探。此后，德日双方在东京和柏林通过外交途径进行了一系列会谈。为了加速谈判的进程。9 月 7 日，德国派遣特命全权代表施塔默尔前往东京，9 月 9 日，施塔默尔和驻日大使奥特代表德国同松冈外相举行会谈。德方的基本立场是：德日缔结军事同盟后，日本应在东亚牵制美国，并阻止其投入欧战，并吸引苏联的几十个师和空军；德国则同意向日本提供武器和军事物资，并承认日本在东亚的"政治领导权"。这是日本方面大致可以接受的。因此，德日谈判进展顺利。9 月 19 日，日本天皇裕仁在全体内阁成员和陆海军最高首脑出席的会议上，认可了施塔默尔—松冈会议所产生的三国同盟议定书。

9 月 19 日至 22 日，德国外长里宾特洛甫访问罗马，同墨索里尼、齐亚诺举行会谈，就德意双方在政治上和军事上进一步互相支持达成了协议，并说服意大利接受三国同盟条约。

墨索里尼和希特勒走到一块

1940 年 9 月 27 日，德、日、意三国在柏林签订了为期 10 年的同盟条约。其主要内容为：日本承认并尊重德国和意大利在欧洲建立"新秩序"的领导权；在缔约国一方遭受尚未参与欧战或中日冲突的国家攻击时，三国保证以政治、经济、军事之一切手段互相支援。

1939 年春，德军在奥地利进行军事演习

谈判期间，德日两国就南洋问题签署了秘密协定，商定一旦日本与英国发生冲突，"德国将尽其可能，以所拥有的一切手段援助日本"。德国同意曾处于日本委任

统治下的德国过去在南洋的殖民地，仍由日本管辖，但德国得到一定的补偿。

与此同时，德日意三国还签署了建立三个委员会（总委员会、军事委员会和经济委员会）的协议。总委员会的任务在于协调三国的大政方针；军事委员会和经济委员会的任务则是解决三国间协同作战和相互进行经济援助的问题。

这样，德、日、意三国终于在发动侵略战争的道路上全面勾结起来，结成了比较紧密的军事同盟。此后，1940 年 11 月 23 日罗马尼亚安东尼斯库政府签署了罗马尼亚加入三国条约的协定书；1940 年 11 月 20 日匈牙利霍尔蒂政府签署了加入三国条约的协定书；斯洛伐克傀儡政权也于 1940 年 11 月 24 日宣布加入三国条约；1941 年 3 月 1 日保加利亚正式宣布加入；南斯拉夫则在 1941 年 3 月 25 日签署了加入这个条约的议定书，两天后又宣布取消。另外，西班牙佛朗哥政权虽然没有正式签署协定，但在实际上参加了这个集团。从而形成了一个以德、日、意为核心的侵略集团。

德、日、意之所以能结成侵略性军事集团，原因是多方面的。

从历史上看，德日意三国走上资本主义道路后，其社会政治制度仍在不同程度上都带有军事封建专制主义的色彩。第一次大战后，法西斯主义与法西斯运动的祸水分别在三国国内泛滥开来。从 20 年代到 30 年代，三国又以不同的方式先后建立起了法西斯专制统治。

从一次大战后形成的国际格局来看，德国是第一次大战的战败国，在战争中失去了全部殖民地和传统势力范围。日本和意大利虽然是战胜国，但在战后对世界的重新瓜分中未能达到自己的要求和目标，自认为吃了大亏。因此，它们在不同程度上对第一次大战后形成的、由英、法、美等国所操纵的凡尔赛—华盛顿体系极为不满。随着法西斯政权的建立，德日意三国都把以武力改变世界现状、重画世界地图，规定为自己的基本战略目标。它们因此而成为新的世界大战的策源地。

再从经济、军事潜力来看，德日意三国同英、法、美等国比较起来，它们的财政经济力量有限，军事力量起初也并不雄厚。更何况，它们的侵略行动与战争政策势必使它们遭到全世界一切爱好和平或希望维护和平的力量的反对。这就决定了谁都没有力量单独从一开始就发动一场世界性的全面战争，而须在采取局部性侵略行动、发动局部战争的过程中勾结起来，结成侵略性的政治军事同盟。

如果说，以上所述揭示了德日意三国在采取侵略行动、发动侵略战争时结盟的可能性与必要性的话，那么，在历史的实际发展中，这种结盟又并非一下子便由可能变为现实的。这还要取决于诸多的因素，如整个国际局势的发展变化，遭受侵略的弱小国家的抵抗，西方"民主国家"的反应，以及法西斯国家自身各个时期的实际战略需要与内外处境等等。因此，德日意三国从最初采取侵略行动时基本上各自为战，然后逐步接近，最终结成了侵略性的政治军事同盟，经历了一个复杂而曲折的历史过程。

三国同盟条约签订的第二年，德国法西斯就悍然发动侵苏战争，接着日本发动了太平洋战争。1942 年 1 月 18 日，德日意又签订军事协定，以东经 70 度为界，划定了各自的作战区域。第二次世界大战的战火终于燃遍了全球。

二战爆发

开战概况

第二次世界大战从 1939 年 9 月德国入侵波兰开始，到 1945 年 9 月日本签署无条件投降书结束，历时整整六年。它经过法西斯国家的战略进攻、交战双方攻守互易的战略转折、反法西斯同盟国的战略反攻三个发展阶段，最终以法西斯轴心国的彻底失败而告结束。

慕尼黑协定签订不久，希特勒就开始准备侵占波兰。

波兰位于欧洲东部，东接苏联，西临德国，南接捷克斯洛伐克，北濒波罗的海，战略地位十分重要。

法西斯德国对波兰的侵略战争，是希特勒妄图称霸世界战争总计划中的一个重要组成部分。波兰是当时英、法在欧洲诸盟国中军事上最强大的一个国家。德国若占领波兰，不仅能获得大量的军事经济资源，而且还能大大改善自己的战略地位。即可消除进攻英、法的后顾之忧，又可建立袭击苏联的基地。

1939 年 3 月 21 日，德国向波兰发出通牒，要求将格但斯克"归还"给德国，并将在"波兰走廊"建筑公路、铁路的权利也转让给德国。这遭到波兰政府的拒绝。

随着德波关系的日益紧张，波兰加紧向英、法靠拢。3 月 22 日，波兰向英国建议，立即缔结一项英波协定。3 月 31 日，英国首相张伯伦宣布，"如果波兰受到进攻并进行抵抗的话，英国和法国将给予波兰政府全力支持。"这使希特勒大为恼火。4 月 1 日，希特勒发表演说，警告英法，恫吓波兰。4 月 3 日，德国统帅部下达了关于制定对波兰作战计划，代号为"白色方案"，定于 9 月 1 日以前做好一切作战准备。4 月 28 日，德国废除了德波互不侵犯条约，并再次向波兰提出了领土要求。

为了进攻波兰，希特勒在大战之前，首先在外交上孤立波兰。从 1934 年 1 月与波兰签订互不侵犯条约到 1939 年以睦邻合作为名义拉拢波兰，破坏波兰与英、法和苏联的关系。与此同时，希特勒大搞军事欺骗活动，使波兰丧失警惕，攻其不备。

"白色方案"制定后，希特勒建立了南北两个集团军群：由伦德施泰特上将指挥的南方集团军群，辖 3 个集团军共 36 个师；由博克上将指挥的北方集团军群，辖 2 个集团军共 21 个师。这两个集团军群分别由凯塞林将军指挥的第一航空队和勒尔将军指挥的第四航空队担任配合。德军的基本兵力集中在进攻集团的第一梯队。战役预备队是在战局过程中从德国抽调业已动员的师建立起来的。德军用于对波作战的兵力总共有 62 个师（其中 7 个坦克师、4 个轻步兵师和 4 个摩托化师），160 万人，2800 辆坦克，6000 门火炮和迫击炮，约 2000 架飞机。

1939 年 5 月 23 日，希特勒在总理府召集有 14 名高级军官参加的会议。会上，希特勒分析了欧洲的形势，提出了发动战争的战略部署。

张伯伦虽然为了应付国内的压力，宣布对波兰的保证，但他还是继续推行绥靖政策，幻想以波兰为筹码，与希特勒会谈达成瓜分欧洲的协议。就在希特勒进行总体战动员之后的第六天，即 6 月 29 日，哈里法克斯发表演说，否认英国的对外政策有孤立德国的意图，并说如果德国放弃使用武力即采取和平解决办法，那么"殖民地问题，原料、贸易障碍问题，生存空间、限制军备问题，以及其他影响欧洲各国公民的问题"都可以讨论。接着，英德举行秘密谈判。在谈判中，英国代表向德国代表提出英德缔结互不侵犯协定，这样英国"就能卸脱它对波兰所承担的义务"。这样，就使希特勒看

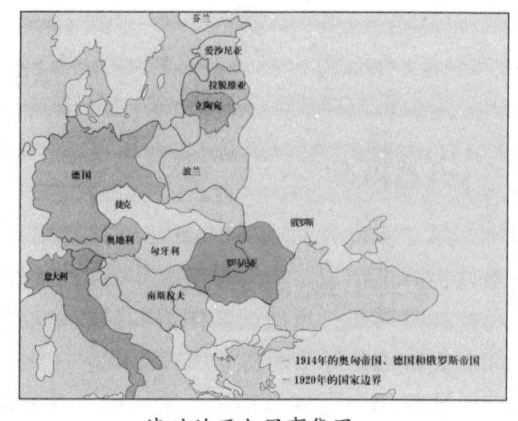

1914年的奥匈帝国、德国和俄罗斯帝国
1920年的国家边界

战时的两大军事集团

出了英国对波兰保证的实质，于是他就更加放心大胆地对波兰发动进攻了。

开战前夕，希特勒纳粹党卫队首领海因里希·希姆莱要求德军总参谋部提供若干套波兰军服。尽管疑惑不解，总参谋部仍将这一要求视为圣旨，接受了希姆莱的要求，并以德军素有的高效率很快弄到并交付了这批军服。

1939 年 8 月最后两个星期的某一天，13 名德国囚犯突然从德国东部的一个集中营押送到了附近的一个学校，关在校舍中。8 月的最后一天，除一名囚犯以外，其余 12 名都被命令穿上波兰军队制服，并给他们注射了一种致命药物。接着，他们被带到靠近德国—波兰边境的一片小树林击毙。他们的尸体被人作了伪装，看上去他们好像是在进攻德国时被打死的波兰士兵。

当天晚些时候，13 名囚犯中唯一幸存的那位也被匆匆送往格利维策附近的一座小镇。他身着波兰便服，同随行的其他德国党卫队保安人员一起，占领了当地的广播站。当然，党卫队的成员也作了相应的装扮。他们播送了一纸颇具煽动性的声明书，宣称波兰正在进攻德国，号召所有的波兰人都参加这场战斗。接着，他们演出了一场与广播站工作人员的"搏斗"，扮演广播煽动性声明的"波兰"播音员被当场击毙，死在播音室的地板上。这一切都被一个通电工作的麦克风如实地记录了下来。

次日，也就是 9 月 1 日上午 10 点，希特勒在柏林的德国国会大厦前作讲演，他直言不讳的举出了格利维策发生的掩饰得并不高明的"波兰袭击德国"事件，作为波兰侵略德国领土的例证。事实上，就在他讲演的时候，德国向波兰的军事进攻的第一阶段已经开始。9 月 1 日凌晨 4 时 45 分，德国发起了陆、海、空多方面的袭击。

希特勒在国会大厦前发表演说几小时之前，战争便在东普鲁士与德国分界的波兰之角的但泽打响了。此前两天，德海军"石勒苏益格—荷尔斯泰因"号教练舰以所谓礼节性访问名义开进了但泽港。9 月 1 日晨，这艘友好访问的教练舰毫不含糊地将 11 英寸口径的大炮对准了但泽港的韦斯特普拉特，用炮火袭击了波兰海军基地。

德军在地面部队开进波兰以前，空军出动 1400 架战斗机和轰炸机对前沿阵地、纵深军事设施和交通枢纽进行破坏性轰炸。开战头两天，德军就掌握了制空权。在

空军的掩护下，德军机械化部队越过国境线，很快就突入波境纵深。

德军的快速部队在波兰广阔的国土上到处袭击，很快就把波兰军队打得七零八落。被分割开来的每支部队都面临悲惨局面。波兰人从一开始就与各种困难进行着艰巨的斗争。波兰工业基础薄弱，战前又没有进行充分动员，无法集中和展开兵力，武器装备也大大落后于德军。9 月 1 日开战那天，波军可以使用的只有 935 架飞机和 500 辆坦克，而且大部分是过时装备。这样一支军队，却需要坚守连绵 1750 英里长的国境线，而且没有自然的河流山脉可作屏障。

德军突破波军防线后，以每日 50—60 公里的速度向波兰腹地突进，从南、北两路向华沙迂回包抄。9 月 6—7 日，南路德军在波克率领下攻占克拉科夫，北路德军在隆斯特德率领下占领波兰走廊，渡过维斯瓦河。9 月 17 日，南北两路德军在布列斯特立托夫斯克地区会师。波兰政府无力挽回败局，于 9 月 16 日撤离华沙经罗马尼亚，先到达巴黎，后流亡伦敦。华沙军民拒绝投降，在极端困难的条件下顽强抗击德军。德军直到 9 月 27 日才占领这座孤立无援的城市。号称陆军居欧洲第五位的波兰，顷刻之间覆亡了。

在这一战争中，德军投入战斗的陆军共 65 个师（160 万人），1 万多门大炮，2800 辆坦克，2000 多架飞机。德波军力的对比是：德军的步兵为波军的 1.8 倍，炮兵为 5 倍，坦克为 6.5 倍，飞机为 7 倍。波兰政府要求盟国英法立即履行对波的保证，在西线出兵，以减轻德国对波的压力。英法在 9 月 1 日晚向德国提出抗议，警告德国如不从波撤军，英法将出兵。2 日上午，意大利建议：双方军队留在目前原地停火，举行英、法、波、德、意 5 国会议，解决德波争端。法国对此表示赞成，但英国再也不能容忍希特勒破坏慕尼黑会议形成的欧洲格局，提出要以德军撤军作为开始谈判的条件。3 日上午 9 时，英国送给德国一份通牒，提出到上午 11 时，德国如不撤退，"英德两国即处于战争状态"。11 时 20 分德国复照，拒绝接受英国的最后通牒，随后法国向德国表示，9 月 3 日下午 5 时起，法国政府将充分地履行对波兰的义务。英国的自治领地澳大利亚、新西兰、南非联邦和加拿大也相继对德宣战。这样，欧洲的几个大国全都卷入战争，第二次世界大战终于爆发。

波兰是德国通过战争占领的第一个国家，波兰成了德国的"总督管辖区"。德国在波兰，特别是在华沙，进行大规模的报复性屠杀，驱赶千千万万波兰人到德国进行低贱劳役，或迁到贫困地区，为德国移民腾出地方。德国实行种族灭绝政策，对犹太人进行惨无人道的迫害，法西斯暴行特别疯狂。

德国进攻波兰以后，希特勒一面虚伪建议召开和平大会，讨论欧洲和平问题，一面下达秘密指令，准备大规模进攻西欧（"黄色方案"）。但进攻计划的实施一再拖延。英、法虽对德宣战，但对战争并没有充分准备，又指望能引起德、苏冲突。9 月 12 日，英、法举行第一次最高军事会议，由法国甘末林将军担任盟军总司令。10 至 11 月，英、法制定了一个全面进攻德国及其两侧的"D字"作战计划，之后就陷入旷日持久的准备中。因而，除了海上和陆地发生过一些小型战斗外，西线半年多没有大规模战事，被称为"奇怪的战争"。

但泽危机

　　但泽危机是纳粹德国为了侵略扩张，利用复杂的民族、归属和权益问题而蓄意制造的。

　　但泽（今称格但斯克），位于波兰西北部，南扼维斯瓦河河口，北濒波罗的海，是一个战略重镇。它早在 12 世纪就已属波兰管辖。以后波兰三次遭到俄国、普鲁士和奥地利瓜分，但泽也屡经战事，归属几经改变，民族构成发生重大变化，渐渐以日耳曼人为主。第一次世界大战前，它匍匐在德皇的脚下。1917 年俄国革命推翻沙皇的统治，1918 年德国在第一次世界大战中失败，被列强瓜分了近 150 年的波兰终于复国。根据凡尔赛和约和波（兰）但（泽）协定，但泽被划为国联保护和监督下的"自由市"，其关税和外交隶属波兰，允许波兰使用港口设施，内政保持独立，由国联派员协助草拟新宪法，并充当波但之间的仲裁者。该地区的东边（东普鲁士）和西边都是德国的领土，波兰只得到一条狭长的地带作为出海口，直通波罗的海，这一地带叫但泽走廊或叫波兰走廊。

　　这种处理并没有能防止 20 年代德波双方在但泽的归属和权益问题上的争执。

　　到了 30 年代，但泽的纳粹分子逐步掌握内政大权。那时希特勒德国的羽毛未丰，它的扩张目标首先指向奥地利和捷克斯洛伐克，然后才轮到波兰。所以它采取了安抚波兰的政策，多次保证尊重波兰在但泽现有的民族权利。波兰被希特勒的

意大利军队向埃及发动进攻

"和平"言辞所迷惑，而且觉得法国不太可靠，决定调整亲法的外交方针，于 1934 年与纳粹德国签订互不侵犯条约，德波关系一时趋向缓和甚至亲近起来。1938 年捷克斯洛伐克危机中，波兰当局竟在希特勒的拉拢下，对邻国趁火打劫，侵占了捷克斯洛伐克的特申地区，德波关系达到"高峰"。

　　但是好景不长。经过德奥"合并"和慕尼黑的肮脏交易，希特勒德国占据了中欧战略要地，实力大增，战略地位明显增强。它加快了侵略扩张的步伐。波兰既是东侵苏联的必经之路，又是西攻法国的战略后方，具有重要的战略价值。但泽是波兰的咽喉，是一个由纳粹掌权、日耳曼人居绝大多数的"自由市"，无论从制服还是侵占波兰的角度考虑，它都是下手的最佳地点。1938 年 10 月 24 日，即慕尼黑协定签订不到一个月，纳粹德国外交部长里宾特洛甫向波兰驻德大使约瑟夫·利普斯基提出，德国要求"收回"但泽，并在但泽走廊修建享有治外法权的公路和铁路运输线，"报酬"是延长德波和约，保证德波边界现状和共同反苏、反犹，这标志着存在已久的但泽问题，已越出德波之间一般的领土和权益纠纷的范围，演变成但泽危机。1939 年 1 月 5 日，希特勒在接见波兰外长贝克时明确说："但泽是德国人的"，"而

且迟早要成为德国的一部分"。在希特勒的扩张计划中，宰割的屠刀该指向波兰了。

波兰已故"国父"毕苏斯基曾严肃指出，但泽是衡量德波关系的试金石。波兰政府慑于人民的反对和舆论的压力，拒绝了德国的无理要求，贝克回答说，他"看不出有什么可能达成协议"，此后的几个月，德波要人多次会晤，始终没能达成妥协。德波关系从"合作顶峰"上跌落下来。

1939年3月15日，纳粹德国武装占领捷克斯洛伐克的残余部分，开始腾出手来对付不肯让步的波兰。手段也从诱骗转为威逼。3月21日，里宾特洛甫第一次以非常严厉的口气向利普斯基重提10月24日的要求。高压并没有见效，反而迫使波兰实行局部军事动员，并加快向英国和法国靠拢。英国为了尽早组建以波兰为主体的"威慑"德国的东部战线，于3月31日破例对波兰的独立和安全承担保证义务。张伯伦在下院宣布，如果波兰受到进攻并进行抵抗，英法"将给予波兰政府全力支持"。波兰外长贝克马上出访伦敦，于4月6日签订了英波临时互助协定。与法国也达成了类似的协议。波兰匆匆忙忙地钻进英法的保护伞，这是其外交方针的又一次重大调整。

德军对南斯拉夫实施地空协同攻击作战

纳粹德国吞噬整个捷克斯洛伐克以后，抛开了不流血制服波兰的念头，决定一举摧毁主要敌手英法在欧洲大陆的这个战略侧翼。4月3日，希特勒下达了一个代号为"白色方案"的绝密指令。它指出："目的是歼灭波兰武装力量，并且在东方造成一种能满足国防要求的局面"。指令规定德国武装部队的任务是："为达到这一目的，必须准备进行突然袭击。"政治上的任务"是在可能范围内孤立波兰"；军事准备"务须做到能在1939年9月1日以后的任何时间内发动军事行动。"4月28日，希特勒在国会宣布，废除1935年英德海军协定和1934年德波和约，并首次公布德国对但泽的要求和准备给波兰的"报酬"。

但泽危机的公开化、国际化和尖锐化，使德波关系也朝着对抗的方向急速滑去。

闪击波兰

1939年9月1日清晨，54个德国精锐师团在2000架飞机和2800辆坦克的掩护下越过波兰边境，自西南和西北两个方向迅速朝波兰内地挺进。第二次世界大战开始了！仓促应战的波兰仅能动员39个师和870辆轻型坦克来对付德国入侵，并在德军锐利的攻势下节节败退。

遭到德国侵略的波兰理应得到它的西方盟国的援助。对此，英法曾作过多次慷慨允诺：1939年3月31日，张伯伦在下院宣布英国将保障波兰的独立；4月6日，英波签订互助协定（不久法国也加入）；8月25日，英波签订同盟条约，答应给波兰"一切可能的援助和支持"；5月，法波军方达成协议，规定一旦德国进攻波兰，法国空军应立即出动支援，至迟在开战后第十五天，法国陆军也应转入进攻。然而在整个波兰战争期间，英法的所谓"援助"却始终停留在口头和纸面上。英国外交大臣哈利法克斯对波兰大使拉钦斯基表示，英国政府"不能分散为采取决定性行动所需的兵力"。法军总司令甘末林于9月3日致电波兰政府，声称将于次日在陆上发动攻势，但9月4日依然是"西线无战事"，这是明目张胆的欺骗。在波兰政府的一再催促下，英国政府竟然回答说，只有到次年春天，英法才能提供有效的援助。但是9月17日，随着波兰政府流亡罗马尼亚，波兰作为一个独立国家已不复存在。

希特勒命令纳粹军队向波兰发动进攻

这对一向自我标榜为小国保护者的两个西方大国英法来说，该是一个多么辛辣的讽刺。

现在已经有足够的史料表明，就在德国进攻波兰后，英法仍然希望再一次用牺牲小国的办法去制造新的"慕尼黑"。两国政府都曾通过意大利外交大臣齐亚诺和瑞典资本家达列鲁斯祈求德国停止在波兰的军事行动。英国政府为顾全面子，还要求德军全部撤出波兰，然后再开始和平谈判。法国方面连这一点最起码的条件也放弃了。希特勒早在签署慕尼黑协定时，就曾恶意讥笑张伯伦和达拉第，现在则更傲慢地声称，假如他们胆敢到贝希特斯加登来，就毫不客气地将他们赶走，还要让尽可能多的记者来看热闹。只有在和谈的大门都已关闭后，英法两国才硬着头皮于9月3日向德国宣战。

希特勒像

英法和德国既已处于战争状态，那么在德军主力投向东线的情况下，自然就为英法在西线发动攻势创造了有利的条件。9月1日驻守在所谓齐格菲防线内的德军一共只有31个师，9月10日才增至43个师，并且几乎一辆坦克都没有。面对着它们的，则是配备有近两千辆坦克的法军90个师。戈培尔大事吹嘘的齐格菲防线尚处于初建阶段，根本谈不上什么"固若金汤"。不少深知内情的德国军官都认为，如果法军大举进攻，"那么，他们几乎毫无疑问会突破边界……可以肯定毫无困难地推进到莱茵河，还很可能越过莱茵河，以后战争的进程也就会很不一样了"，因而对法军的按兵不动均深感奇怪。即使希特勒身边的高级将领对此也不讳言，如希特勒最高统帅部作战部长约德尔说："我们之所以能摆脱困境，完全是由于在西线没有军事行动"。希特勒最高统帅部长官凯特尔则声称："假如法国进攻，那么他们所遇到的将只会是一道德国的军事纸屏，而不是真正的防御。"

的确，自9月1日后在西线出现了人类战争史上少见的现象：成百万配备精良的盟军稳坐在工事里，面对着近在咫尺的敌人，几个月内几乎一枪不发。英法两国不仅坐视波兰的覆灭，而且在此以后也毫无作为。9月9日，甘末林为欺骗舆论，下令法国在萨尔地区的10个师向前推进了3至8公里。尽管没有遇到任何抵抗，但12日英法最高军事会议还是作出决定，把这次象征性的攻势也中止了。直到12月9

日一支英国巡逻队遭到流弹袭击，才开始了联军在西线伤亡的记录。

波兰各城市、村庄惨遭德国空军轰炸

曾经到过前线的法国记者多热莱斯对那里的情况作过以下的记述："……我对那里的宁静气氛感到惊讶。驻守在莱茵河畔的炮兵悠闲地观望着德国运送弹药的列车在河对岸来往行驶，我们的飞行员从萨尔区工厂冒烟的烟囱上空飞过也不投掷炸弹。"为了使成千上万的士兵不致在战壕里感到过分乏味，法国政府特地在军队中设立"娱乐服务处"，决定增加士兵的酒类配给，还为他们购买了一万多个足球。于是在德军的炮口下，盟军便以看电影、踢球、进行各种文娱活动来消磨时光。人们唱着"我们要到齐格菲防线去晒衬衣"的轻松歌曲，逐渐对这场战争是否真会继续下去产生了怀疑。这和1941年的边境血战和马恩河上的拼搏恰成鲜明对比，无怪乎大家要用"奇怪的战争"、"静坐战"或"假战争"，来称呼这种微妙的"对峙"了。

耀武扬威的纳粹军队

不管如何去称呼这场"战争"，它实质上仍是英法战前推行的绥靖政策的继续。绥靖主义者虽已多次碰壁，但在两国统治集团内，妄图用牺牲苏联的办法同德国达成妥协的顽固派确仍大有人在。1939年11月底苏芬战争爆发后，英法掀起了新的反苏浪潮。英法对芬兰慷慨解囊，给予大量经济和军事援助。1940年1月19日，达拉第责成甘末林和达尔朗共同制定袭击苏联油田的方案。2月22日甘末林建议通过黑海进攻苏联南方，并在高加索穆斯林中策动反对苏维埃政权的叛乱。4月5日，法国空军参谋部进一步计划在短期内摧毁巴库等地的炼油设施和码头。1940年2月27日，英法最高军事会议决定组成所谓"援芬志愿军"，打算直接插手苏芬战争。3月12日苏芬和约的签订，导致达拉第下台和雷诺组阁。德国对北欧的入侵，完全打乱了英法的部署。

英法隔岸观火与苏联趁火打劫

德国军队按照希特勒的计划，在9月1日凌晨出动，一星期内，德军已深入波兰国境，波兰失败的命运已经注定。

波兰政府长期以来奉行均衡外交，对德军的进攻缺乏准备，直到德国入侵的前一天，总统莫希切斯基才宣布总动员，命令6个军和1个后备军分散地防守西郊1600公里的防线。这种错误的战略布局很容易让敌人突破，但波兰政府仍信心十足，相信它的盟友英国和法国不会见死不救。

9月3日，英法分别向德国宣战，波兰军事代表团兴致勃勃地赶到伦敦，请求与英国商议援波计划。万万没料到的是，英帝国总参谋长艾恩塞德将军竟闭门不见。波兰军事代表团多方活动，艾恩塞德将军才在一周后接见他们，但是宣称："英国总参谋部没有任何援波计划，你们还是到中立国去购买武器吧。"

波兰人在英国这位朋友面前碰了一鼻子灰，转而求助于当时号称欧洲一流陆军强国的法国。法国曾在1939年5月19日的法波军事协定中保证：法国将在总动员令下达后三天内逐步对有限目标发动攻势。承诺"一旦德国以主力进攻波兰，法国将从其总动员开始后第十五天起，以其主力部队对德国发动攻势"。但是，此时，法国却在昔日盟友面前要手段，法军总司令甘末林将军在9月1日波兰遭到进攻的当天宣称："迅速而有效的帮助波兰的唯一办法是由法军取道比利时去同德国交战，但法国不愿破坏比利时的中立。"

美英两国首脑在纽芬兰阿金厦港军舰上在讨论对德政策

9月6—7日晚，在波兰政府一再的恳求和抗议下，甘末林将军在西线发动了"萨尔攻势"。轻装的法军沿萨尔布吕肯东南的卡登布伦突出部，在一条24公里长的战线上越过边界。法军行动十分谨慎，以营为单位向前推进，兵寡势微的德军掩护部队只好向位于边界以北13公里的齐格菲防线撤退。

呆在指挥所等候好消息的希特勒，接到法国进攻的消息后，顿时绝望地瘫坐在椅子上。他仿佛感到末日的来临，他非常清楚，德军在西线的兵力是不堪一击的：以后备役师占多数的26个师要抵挡85个装备精良的法国师谈何容易，何况还有德法前线的1500架英国飞机相助。

但是，希特勒的恐惧没有维持多久。法国人为他解除了困境，9月12日下午，在英法盟国最高军事会议上，甘末林通知英国：鉴于波兰战局的发展，他要取消萨尔攻势。法国自己承认，萨尔攻势不过是装装样子而已。

张伯伦

波兰人不得不孤军奋战，但却不是希特勒的对手。9月28日，华沙陷落。当天，甘末林下令法军全线退却。此后，法军一直躲在钢筋水泥铸成的"马其诺防线"之后，等待末日的来临。而英军直到10月11日，即波兰灭亡已两个星期之后，才派出四个师在法国登陆。丘吉尔称它是"一种象征性的贡献"。到12月9日，英国远征军才第一次有了伤亡：一名士兵在巡逻时被打死。

西线的这种战争，西方人称为"假战争"，德国人称之为"静坐战"。正如英国将军富勒所说："世界上最强大的陆军，对峙的不过26个（德国）师，却躲在钢筋水泥的工事背后静静地坐看一个唐吉诃德式的英勇的盟国被人消灭了。"

德国将领后来承认，在波兰战争期间，西方国家没有在西线发动进攻是错过了千载难逢的良机。德国陆军参谋总长哈尔德将军在纽伦堡法庭上承认："对波兰作战的成功，全靠将我国西部边境的兵力几乎全部抽光才办到。如果法国人利用我们几乎全部兵力被牵制在波兰这个机会，本来能够在我们无从防备的情况下渡过莱茵河，而且威胁到鲁尔，这个地区对德国进行战争是有决定性意义的。"

德国最高统帅部作战处处长约德尔说得更具体："如果说我们在 1939 年没有崩溃的话，那是由于在波兰战役期间，西线的法国和英国的大约 110 个师完全没有用来同德国的 23 个师作战。"

静坐战的出现不是偶然的，根本原因在于英法两国的军事战略保守落后，英法人认为：防御优于进攻，进攻一方要突破防御就需要集中大量的兵力和兵器，而防御一方在削弱敌人并耗尽其物资技术资源之后，就可以在关键时刻转入进攻并取得胜利。

其次，英法两个盟友之间彼此缺乏信任，法国人感到英国人在共同的斗争中没有竭尽全力，因此不愿单独打这场战争。他们想拖延时间，等待英国大批部队的到来和美国的参战。

此外，希特勒的和平烟幕也蒙蔽了喜欢玩弄绥靖政策的英法人。9 月 19 日，希特勒在但泽工会厅发表演说时装腔作势地说："我没有要与英国和法国打仗的目的。……我很同情法国的普通士兵。他们不知道为什么要打仗。"负责宣传的戈培尔也在 9 月 26 日宣称："法国和英国为什么现在还要打呢？没有什么可打的，德国在西方毫无要求。"

在这种情况下，当东边的波兰败亡时，西线竟出现这样的镜头：白天，双方士兵用高音喇叭互相叫喊，双方飞机虽不断飞临对方上空，但不是扔炸弹，而是撒小册子和传单。莱茵河两岸，隔河对峙的双方部队，彼此都看得见，都安然地在野战工事或者炮兵掩体中干活。法国士兵在闲时还兴致勃勃地踢起了足球，隔岸的德国士兵则聚集观看，不时发出喝彩声。夜晚，前线安静如墓地，士兵们睡得像死猪似的。只有偶尔走过的巡逻兵的声音打破夜晚的宁静。有些士兵常常瞒着长官，偷偷跑到对方的防线中交换食品和饮料。一些法国士兵酒过三巡后向德国士兵透露：长官禁止向德国人开枪。

9 月 17 日凌晨 5 时 40 分，波兰东部边境突然出现了大批苏军，直接闯入波兰境内，波兰守军命令他们止步。苏军中有人喊："别开枪，我们是来帮助波兰人打德国人的。"这时，波军在德军的猛烈打击下已经成了一盘散沙，失去了统一指挥，守军与最高统帅部联系不上，不知道怎么处理，只好自作主张，将苏军放了进来。

但是，他们很快就发现自己是引狼入室。60 万苏军迅速蜂拥而入，越过几乎毫无防备的波兰东部边境，以排山倒海之势向西猛进，攻占城市，解除波军武装。波兰清醒过来后，在维尔纽斯、比亚威斯托克和奥兰纳等地与苏军展开了浴血拼杀，但毕竟势单力孤，很快就败下阵来。

苏联趁火打劫，给了波兰人背后一刀。苏联向世人说明它采取这一行动的"理由"是：由于波兰国家已经归于瓦解而不复存在，因此，同波兰缔结的一切协定也归于无效。第三国可能会利用目前出现的混乱局势。苏联政府认为自己有责任进行干预，以保护乌克兰和白俄罗斯族同胞，使这些不幸的人民有可能在和平的环境中安居乐业。这一"理由"是苏联外交部在 17 日凌晨 3 时向波兰驻苏大使格日博夫斯基递交的照会中提出的。

　　就是这样一个照会，却引起了希特勒的不快，因为照会中所说的"第三国"说明就是指的德国。德国驻苏大使舒伦堡对此提出反对，苏联外交人民委员莫洛托夫急忙解释说，苏联提供的这个理由的确会使德国感到不快，但苏联既要对波兰采取军事行动，又要避免落个侵略者的名声，总得找个借口，只有以"苏联有责任援助受德国威胁的乌克兰人和白俄罗斯人"这个借口最好，请德国体谅苏联政府的苦衷。

　　希特勒只好忍气吞声，因为是他主动邀请苏联与德国对波兰采取共同军事行动的，只好由斯大林漫天要价了。

　　原来，在 9 月 3 日英法对德宣战后，为了减轻德国的压力，希特勒邀请苏联出兵，从东面打击波兰军队，与德国对波兰形成夹攻。但莫洛托夫表示行动的时机尚未成熟，如果操之过急，会有损苏联的事业。其实，斯大林是想坐山观虎斗，等到两败俱伤时好坐收渔人之利。同时，他还想看看英法是不是真的会出兵进攻德国，如果德国同时与英、法、波等国进行战争，那苏联就得慎之又慎。

　　但是，局势的发展使斯大林很快就坐不住了。德军迅速逼近波兰首都华沙，而英法政府继续维持对德国的宣而不战的状态。形势对德国非常有利，如果德军进展顺利，就可能将在苏德条约中划给苏联的势力范围据为己有。9 月 10 日，莫洛托夫向德国人表示苏联准备出兵。14 日和 15 日，苏联的《真理报》和《消息报》先后发表文章，指责波兰人压迫乌克兰人和白俄罗斯人，开始为占据波兰东部领土找借口。

　　9 月 17 日凌晨 2 时，斯大林接见了舒伦堡，他告诉德国大使，苏联红军将在当日凌晨 6 时沿波洛茨克—卡美涅茨—波多斯基一线全线出击，为避免意外事故，请德国飞机于当日不要飞越比亚威斯托克—布列斯特—里托夫斯克—伦堡的东侧。

　　德国同意后，苏军迅速采取行动，进展神速。第二天，苏军与德军便在布列斯特—里托夫斯克会师了。人们不会忘记，21 年前，苏联人和德国人也在这里见过面，那是刚诞生不久的苏维埃俄国与德国在这里签订了《布列斯特—里托夫斯克和约》，苏俄政府以牺牲大片国土的代价换得了和平。而今天，苏联和德国都作为波兰的征服者在这里握手拥抱。

　　两个征服者刚刚亲热完毕，接着又在瓜分波兰等问题上展开了较量。斯大林一直怀疑德国人是否会恪守协定而退回到双方原来划定的分界线上去，德国人费尽口舌，总算让多疑的斯大林放了心。

　　接着，莫洛托夫暗示舒伦堡：斯大林想以皮萨河—那累夫河—维斯杜拉河—散河为界瓜分波兰，并希望就这一问题与德国谈判。

　　9 月 25 日晚，斯大林在克里姆林宫召见了舒伦堡，提出用已经被德国占领的两个波兰省来交换波罗的海各国。很明显，斯大林觉得他已经帮了希特勒一个大忙，现在该是希特勒作出回报的时候了，他要利用这个机会狠敲竹杠。另外，斯大林还存了一个心眼：让德国人把所有的波兰人都接手过去。他从以前俄国和普鲁士几次瓜分波兰的历史中得出教训：波兰人在丧失独立后决不甘心做亡国奴，必然会给统治者带来麻烦，让德国人去伤脑筋吧。

希特勒再次尝到了斯大林的厉害，但他不能得罪斯大林，那样他就得同时在东西两条战线作战，搞不好前功尽弃，因此只好再次忍气吞声。

9月27日，里宾特洛甫飞赴莫斯科。当晚与斯大林进行谈判，斯大林提出两个方案：第一个方案是接受原先苏德协定中划定的分界线，立陶宛归德国；另一个方案是把立陶宛让给苏联，交换条件是让德国取得更多的波兰领土（卢布林省和华沙以东的土地），这样，全部波兰人就几乎全部归于德国。

斯大林竭力劝德国选择第二种方案。里宾特洛甫在28日上午发电报征求元首的意见，希特勒表示同意。

29日凌晨5时，莫洛托夫和里宾特洛甫正式签署了德苏边界友好条约。与上次的德苏之间的交易一样，这个条约也有"秘密议定书"，主要内容是：立陶宛划归苏联，卢布林和东华沙两省划归德国；双方在各自的领土内不得容许波兰人从事影响对方领土的活动，双方将在自己的领土内扑灭此种活动的一切萌芽，并将为此目的而采取的适当措施通知对方。

这样，波兰遭受了同奥地利和捷克斯洛伐克同样的命运，从欧洲地图上消失了。

德国进攻丹、挪、荷、比、卢、法

德国灭亡波兰之后，利用"奇怪的战争"时期加紧扩军备战。七个多月时间，德国武装了一百五十六个师，制造了四千架飞机，并把大批部队从波兰调往西线。

希特勒决定在进攻英法之前，首先闪击北欧，侵占丹麦和挪威。希特勒之所以作出这种决策，其意图是：第一，占领丹麦和挪威，可以打破英法对德国的海军封锁，使德国海军舰艇能畅通无阻地进入北海和大西洋，免遭第一次世界大战被英国海军封锁之苦；第二，占领丹麦和挪威，在挪威西海岸建立海空军基地，可以限制英国海军活动，从北面威胁英国；第三，保证瑞典铁矿砂安全运到德国。当时瑞典是德国铁矿砂的重要供应国。1940年1月27日，德国统帅部制定了一个陆海空三军协同作战，进攻丹麦、挪威的军事计划，代号叫"威塞演习"。2月16日，德国供应舰"阿尔特玛克号"装载299名被俘英国船员，从南大西洋返航德国时驶入挪威领海，被英国侦察机发现，英海军舰艇进入挪威领海截搜"阿尔特玛克号"，救出被俘英国船员。为此挪威政府向英国提出抗议。"阿尔特玛克号"事件刺激了双方，英、法和德国都把注意力转向北欧，准备采取军事行动。

4月8日，英、法宣布在挪威海域敷设水雷，以阻止德国船只通过。英国本土舰队向挪威出动，以便占领挪威沿海港口，防止德军登陆。

但是，希特勒抢先实施"威塞演习"计划。德国以防止英、法入侵，保卫丹麦、挪威中立为由，提出最后通牒，要丹、挪政府接受"德国的保护"。同时，从海上、空中运送部队，于4月9日清晨5时许，对丹麦、挪威发动了突然袭击。德军一个营登陆丹麦首都哥本哈根，空降部队着陆后立即包围王宫。丹麦国王下令投降，停止抵抗，德军在一天之内就占领了丹麦全境。

挪威国王哈康七世拒绝德国要求，坚持抵抗。挪威前国防部长、民族叛徒吉斯林充当希特勒的"第五纵队"，在国内进行破坏和颠覆活动。德军占领了挪威沿海主要港口和首都奥斯陆。4月10至13日，英国舰队进攻北部港口纳尔维克的德国舰队，击毁击伤德国十几艘军舰，德军损失惨重，仍坚守纳尔维克。4月30日，德军攻占铁路枢纽当博斯，控制了挪威南部，挪军和英军向北撤退。5月28日，英军攻占纳尔维克。在争夺挪威沿海港口的战斗中，英国虽然给德国海军以严重打击，但未能阻挡住德军的攻势。6月7日，英军从纳尔维克撤出挪威，哈康七世逃亡伦敦建立流亡政府。6月10日，德军占领挪威全境。在德军刺刀保护下，吉斯林组成傀儡政府，从此"吉斯林"成了内奸卖国贼的同义词。德国占领挪威，加强了德国战略地位，取得了从海上进攻英国的前哨基地。

未等挪威战役完全结束，希特勒于1940年5月10日在西线对荷兰、比利时、卢森堡三个中立的小国发动了大规模的进攻，即"曼斯坦因"（"黄色方案"的修改物）计划。希特勒进攻荷、比、卢，既是他称霸欧洲计划的一部分，也是进攻英法的序幕。就在德军在西线发动进攻的当天，绥靖政策的代表人物张伯伦被迫辞去英国首相职务，主张对德国采取强硬路线的保守党人丘吉尔出任首相，组成有保守党、工党和自由党人参加的联合政府。1940年5月10日清晨，德国出动3280架飞机、136个师、2600辆坦克，从瑞士边境到北海岸边800公里的西方战线上，发动了空前规模的"闪电"攻势。首先出动大批飞机猛烈轰炸荷兰、比利时和法国北部的72个机场，摧毁了几百架飞机。荷、比两国对德国宣战，并向英、法呼吁求援。英、法联军开入比利时境内，与比军配合作战抗击德军。但英、法联军未及赶到荷兰，德军已进占荷兰主要城市和地区，5月13日，荷兰威廉明娜女王及政府大臣逃亡伦敦，5月15日荷军投降。艰苦作战的比利时军队由于布鲁塞尔于5月17日的陷落而处境困难，英、法联军被迫西撤。5月26日，比王利奥波德三世突然下令投降，20万比军成为俘虏，已迁至巴黎的比利时流亡政府谴责比王的卖国行为，宣布停止其国王职权。

5月13日，丘吉尔发表演说，指出德国已威胁到英国的生存，他向全国呼吁奋起打败德国。

敦刻尔克大撤退

敦刻尔克是一个具有一千多年悠久历史的古城堡，滨于多佛尔海峡法国一岸。

如今它已发展成为重要的工业中心，而且还是一个拥有现代化设备的优良港口。第二次世界大战中，在这里曾发生过一幕惊心动魄的大撤退场景，至今还使人记忆犹新。

1940年5月，纳粹德国以迅猛的攻势分别用五天和十八天就征服了荷兰与比利时。然后绕过法德边境上的马奇诺防线，从防御薄弱的法比边境出其不意地攻入法境。5月14日，德军主力由色当沿圣康坦、亚眠一线直向英吉利海峡扑来。这天下午六点，法国总理雷诺打电话给英国首相丘吉尔，要求英国援助。第二天雷诺又给丘吉尔写了一封充满绝望情调的信。5月16日，丘吉尔亲自飞抵巴黎和雷诺等人会谈。这时，英、法两国各有打算，双方互不信任，丘吉尔猜疑法国制造走投无路的假象是想放弃比利时和沿海地区，以便撤走部队保卫巴黎，把德国的进攻矛头引

德军绕过法国所谓"不可逾越的"马奇诺防线

向英国方面来，而自己则从战争中抽身出去；法国人怀疑英国一心只想保存实力，正准备将法国出卖给希特勒。从这次会谈中双方都得出各自的结论：法国人认为，英国不想援助法国；英国人认为，应赶快从欧洲大陆撤军。

这一切，都是英法两国在战争前期执行的政策有关。正当德国加紧准备向西方国家进攻时，英法两国都没有采取相应措施，他们还沉醉在绥靖政策的迷梦中，仍然玩弄"祸水东引"的阴谋。在绥靖政策的影响下，英国战争初期的军事战略计划是在1938—1939年根据这样的假想提出来的：战争将是长期的，在战争头几年英国实际上将不参加积极的军事行动。事实果然如此，奇怪的战争期间，英国本土道路上因车祸而死亡的人数比在前线因战争伤亡的人数还要大几倍。

法国政府长期追随英国奉行绥靖政策，不做临战准备。它一方面封锁了德国的西部边界，另一方面则拿波兰甚至还准备拿匈牙利、拿罗马尼亚为礼物引诱德国，推动德国放弃苏德互不侵犯条约，进攻苏联。就是在大战爆发后，"慕尼黑的精神"仍然没有消失，一方面德国紧急移兵加速准备，一方面

法军精心构筑的马奇诺防线

巴黎仍然是一派和平景象，法国资产阶级荒淫堕落达到了惊人的程度。同时，在西线上，英法的百万大军数着一列列德国的运兵火车而无动于衷，他们悠然地看着自己的盟国被敌人消灭，看着德国士兵在前线装卸枪炮辎重，丝毫不去打扰他们，这是一幅多么奇怪的战争场面啊。他们唯一的活动就是派出法国第四集团军的兵团于1939年9月在萨尔布吕肯地域发动局部出击，楔入德国的齐格菲防线八至十公里。虽然德军在这段防线的兵力并不十分强大，但是法军在10月初竟又撤回到马奇诺防线。德国人除了空中侦察外，没有对英国采取其他空中行动，同时对法国也没有空袭。总之，从1939年9月到1940年4月，交战双方都没有在西部战场采取积极的战斗行动，前线异常安然。英法联军司令部的人员在和敌人对峙时，互相争夺巴黎

1940 年，敦刻尔克海岸，等待渡海撤退的盟军

大饭店的名厨师，酒足饭饱之余，则忙于组织部队检阅和战地联欢。巴黎的歌舞明星出奇地活跃在前线。而在另一边，德军只要竖起写着"我方不开枪"的标语牌，就可以不用掩蔽地进行作业。有时德军也寻寻开心，在扩音器里喊话："英国人是叫法国人打到最后一个人吧！"然而，英法联军既没有赶走在工事中的德国兵，也没有去打哑使士气低落的扩音器。在战火点燃三个月后，英军才有了第一次伤亡——一个巡逻班长被流弹打死。

英法军搭乘准备撤退的船只

　　好戏到头终有散，七个月的奇怪的战争给希特勒充裕的时间，使他得以武装了 146 个师，制造了 4000 架飞机，并把重兵调到西线，一直生活在迷梦中的英法统治者力图避免而没有避免成功的战火首先烧到了他们自己的头上，纳粹德国对法国发动了猛烈的进攻，直到这盆冷水浇头，他们方才惊醒过来，但是为时已晚，法国已走到失败的边缘了。不足六周，法军在德军的强大攻势面前崩溃了。1940 年 6 月 22 日，希特勒叫法国贝当政府的代表在 1918 年德国被迫签订停战书的康边森林的同一节车厢里签订了投降书。

　　奇怪的战争是英法绥靖政策在大战初期的继续。他们玩弄"奇怪的战争"给了德国法西斯向西欧扩大侵略之机，法国不仅由此失败，就是英国也为此遭殃。玩火者落得个自焚下场，张伯伦之流也在万人唾骂声中下台了。

贝当，法国第一次世界大战中的英雄

　　正当英法陶醉在西线的和平气氛中时，德国参谋部已在忙于制定西进计划了。波兰战役刚结束，希特勒就力主乘胜挥师西进，达到他独霸西欧的目的。

　　1939 年 10 月 19 日，德国制定了"黄色计划"的初步方案，打算集中 43 个师的兵力突破比利时境内的防线，直抵索姆河。这不过是第一次世界大战中"施里芬计划"的翻版。但在德军进攻计划落入英法手中，以及德方不在阿登地区设置重兵后，根据德军 A 集团军参谋长曼施泰因的建议，果断地改变了这一设想，决定主攻方向改在阿登山区。1940 年 2 月 24 日，经过修订的"黄色计划"规定，由龙德施泰特上将率领的 A 集团军群担任主攻，它应越过位于卢森堡和比利时南部境内的阿登山区，进抵马斯河，并在迪南和色当间强渡，进而突破法军防线。该集团军群由

45 个师组成，其中有 7 个坦克师、3 个摩托化师，机动性强，战斗力居三个集团军群之首。阿登山区及马斯河虽为天险，但法军在那里的防务特别薄弱，一旦奇袭得手，即可实现将分割开来的敌军驱向海边的计划，以便歼灭英法联军的主力。由包克上将率领的 B 集团军群共 29 个师，应占领荷兰，将联军逐过安特卫普及那慕尔一线。而李勃的 C 集团军群仅有 19 个师，其任务为牵制坐守在马奇诺防线内的英法大军。

农民在旗帜上画着一鞋子，表示决心与穿长靴的贵族对抗

　　英法方面的迎战计划纯从防御角度出发，如果说德国的进攻方案已摆脱了"施里芬计划"的旧模式的话，那么英法的战略思想依然停留在第一次世界大战的水平上。按联军总司令甘末林主持制定的"D"作战计划，英法联军共 103 个师，分三面迎敌。第一集团军群辖法军第七、第一、第九、第二集团军和英国远征军，共 51 个师，配置于法比边境，由布朗夏尔将军指挥；由普雷塔将军指挥的法军第三、四、五集团军组成第二集团军群，共 25 个师，配置在从瑞士到卢森堡的马奇诺防线之后；第三集团军群由贝森将军指挥，辖法军第六、八集团军，共 18 个师，配置在瑞士边界。另外还留有 9 个师的预备队。

盟军士兵登上战船，开始撤退

　　德国仍把制胜的希望寄托在闪电战上，但在它发起进攻前已有种种迹象表明暴风雨即将在西线来临。1940 年 1 月 10 日，德国空军少校赖因贝克的座机因气候恶劣迫降于比利时境内，从他身上查获未及销毁的"黄色计划"的残片。1940 年 3 月，法国情报机构获悉德军可能选择阿登山区作为突破口，并向法国军方提出过警告。所有这些动向，未引起英法政府的重视。德国一面加紧准备实施"黄色计划"，一面千方百计制造假情报，散布所谓 1940 年"施里芬计划"的谣言，完全迷惑了对方。

　　1940 年 5 月 10 日清晨，在如法炮制了类似格莱维茨事件的丑剧后，德国在西线发动了大规模进攻。数以千计的德国轰炸机发出雷鸣般的轰响掠过天空，把成吨成吨的炸弹倾泻在大地上。成百万装备精良、训练有素的法西斯士兵在数千辆坦克的掩护下横冲直闯，践踏着荷、比、卢等国的领土。投入

1941 年 4 月 20 日，英军开始从希腊撤退

这一战役的德军多达 136 个师，拥有 2580 辆坦克、3824 架飞机和 7378 门火炮；应战的联军共为 147 个师（其中法军 104 个师、英军 10 个师、比军 23 个师和荷军 10 个师），共拥有 3099 辆坦克、3791 架飞机和 14544 门火炮。尽管关于两军的实力迄今仍有着不同的说法，大体上是旗鼓相当，而且联军在人数和准备上还略胜一筹。然而只要对比一下双方的具体部署就可看出，德军在主攻方向上占有压倒优势，而在其他方向上则"以少胜多"。与马奇诺防线内 50 个联军师对垒的德军仅有 19 个师。

德军在西线发动攻势有如晴天霹雳，这时英法政府才从迷梦中清醒过来，发现祸水东引未成，反而出现在自己的家门口。长期推行绥靖政策的张伯伦只得下台。匆匆组阁的丘吉尔通过电台向英国人民宣称："我能奉献给你们的只有热血、汗水和眼泪"。法军总司令甘末林在开战后还蒙在鼓里，依然不慌不忙地摆开阵势，命令第一集团军群按原计划进入比利时去迎击来犯之敌。然而从荷兰和比利时很快就传来了令人不安的消息。

德军攻入南斯拉夫，路边停满了南军遗弃的运输车辆

5 月 10 日，德军 B 集团军群向荷兰、比利时北部展开进攻；A 集团军群在阿登地区实施突击。在第一天的战斗中，德军虽未能一举占领海牙，却使荷兰政府乱成一团。到处出现的德国伞兵全盘打乱了荷军的部署，使他们无法进行有效的抵抗。英法援军迟迟未到，德军锐利攻势导致荷兰防务迅速解体。14 日，荷兰女王威廉明娜登上英舰，仓皇避难伦敦。残余的荷军宣布投降。尽管荷兰已停止抵抗，但 14 日那天，德国仍出动大批飞机，对鹿特丹狂轰滥炸，造成近两千市民死亡。德国法西斯显然企图通过大规模屠杀和平居民的办法来迫使整个欧洲屈服于它的淫威。这样，在既没有出现长期的消耗战，也没有出现开放水闸使全国变成一片汪洋的悲壮情景的情况下，荷兰就退出了战争，这对英法自然是一个沉重的打击。

德军通过凯旋门

比利时动员了 60 多万军队，抵抗的决心比荷兰大。由于英法联军未能及时驰援，它一开始就陷于被动地位。艾伯特运河边上的埃本—埃迈尔炮台地势险要，驻有 1200 余名守军，系比利时边境的著名要塞。10 日凌晨，85 名德国伞兵乘坐滑翔机出其不意地在要塞区降落，并于次日中午将其全部占领。埃本—埃迈尔炮台的陷落迫使比军全线退却。5 月 13 日，德法两军坦克部队首次遭遇。结果法军损失 105 辆，德军则有 164 辆被击毁，这是第二次世界大战中第一次大规模的坦克战。

这时，整个战线的中部出现了更紧迫的形势，战局发生重大的转折。龙德施泰特的 A 集团军群挟其强大的装甲部队，克服重重障碍，迅速穿越阿登山区。亲率坦克先行的克莱斯特将军在其手令中说:"不得休息,不得松懈,不得左顾右盼,只得随时警戒,日夜兼程前进,利用首战出奇制胜,务使敌人乱作一团……心中只有一个目标:突破"。12日,德军几乎未遇抵抗即抵达马斯河。乔治将军向甘末林报告说:"目前马斯河整个战线的防御已有可靠的保障"。但13日深夜,霍特将军和克莱斯特将军的坦克便分批在迪南和色当地区渡河成功。14日,德军继续以迅雷不及掩耳之势向西挺进。这时甘末林才意识到德军主攻的方向原来在战线的中部,慌忙下令进入比境的英法联军向后撤退。遭到突然打击的法军纷纷溃散,同大批被迫离开家园的难民混杂在一起,涌向法国内地。

面对这种局势,法军指挥部顿时惊慌失措。甘末林除责怪乔治将军无能外,竟报告本国政府说防线已被突破,无法对巴黎的安全负责。雷诺急电丘吉尔:"……通向巴黎的路已打开。请你们把可以调动的全部飞机和军队都派来。"5月16日发生的两件事可以说对整个战争的进程产生了很大的影响。一是雷诺把年逾八十三岁的驻西班牙大使贝当和七十三岁高龄的驻中近东法军司令魏刚紧急召回。这两个投降派的回国以及他们不久后的独揽军政大权无疑加速了法国的败亡。二是丘吉尔带着他的幕僚匆匆赶到巴黎。他一方面对法军的迅速溃败和甘末林手中竟然没有预备队深表惊讶,另一方面强调英国为了自身的安全已无兵可派。英法两国本系仓促结盟,除最高军事会议外,连一个统一的指挥部都没有,在法国境内作战的英国远征军事实上只听本国政府的调遣。一旦战局恶化,英法同盟随即出现了裂痕,丘吉尔首先考虑的自然是大英帝国本身的利益。

5月18日,法国政府进行改组。雷诺除总理一职外还兼任国防部长,这似乎表示他要继续抗战的决心,但贝当出任副总理却无疑加强了投降派的势力。5月19日,魏刚奉命取代甘末林,就任法军总司令一职。他立即飞往前线,匆匆制订了所谓反击计划,扬言"德军坦克师已坠入陷阱,只要盖子一关上,它们必将就歼"。然而不到两天,这个反击计划就告吹了,大批联军纷纷向北溃退,很明显,整个战线已被分割为两部分,被逐向海边的英法部队正面临着覆灭的命运。

5月23日古德里安指挥的德军坦克部队进抵距敦刻尔克二十余公里的地方。5月25日和26日,布伦和加莱经过血战相继易手。敦刻尔克遂成为英法联军渡海北逃的唯一途径。

面对严峻的局势,英法两国矛盾越演越烈,这时德军前锋已逼近海岸,在索姆河以北截断南北交通线,英军进退维谷处境危险。5月18日,英军向伦敦紧急呼救,英国政府闻讯,马上命令海军部拟订一个紧急撤退大量部队的计划,这个计划后来被定名为"发电机"。

正当英法都为自保性命而争得不可开交的时候,德军已经手痒难耐,恨不得一口把盟军生吞下去。5月19日,希特勒发出只许进行"大规模侦察"的命令后,由七个坦克师组成的强大的楔形队伍以轰炸机为先锋,伴随着大炮的轰鸣声,像一群斗红了眼的野牛冲向海岸。英法集团军被分割为南北两段。陷入三面包围的北方盟军,唯一的希望是转向西南,突破海峡沿岸的德军战线与索姆河北面的法军汇合。但是,由于指挥人员无能,错过良时,铸成大错。

德军的胜利使希特勒大喜过望，他调集重兵投入战斗，巩固和扩大坦克部队的战果。德军经过的市镇村庄，如入无人之境。大量法军成了战俘，他们乖乖地把武器交给德国人，眼看着成批的枪支被放在坦克下面压得粉碎。5月22日，德军向海峡挺进，彻底切断了英国远征军与法军之间的防线，盟军处境更加险恶。5月24日，沿英吉利海峡向北多佛尔海峡一岸方向推进的德国部队攻占布伦，包围了加莱，兵临距敦刻尔克仅三十多公里的格拉夫林。被逼到敦刻尔克周围的几十万盟军，挤在一块很小的三角形地带。这个三角形底部是沿多佛尔海峡从格拉夫林到敦刻尔克以北的尼乌波特，顶端在发隆西纳，距离海岸一百一十多公里。英法大军前临强敌，背靠大海；欲战不敢，欲逃无路，面临绝境，眼看成了"瓮中之鳖"。他们唯一的生路就是经敦刻尔克港横渡多佛尔海峡撤退到对面的英伦三岛上去。

敦刻尔克距英国最近处为100公里左右。被围困在这里的英军有22万人，法军20万人。在短时间内要把这样多的部队运过海峡并非易事，英国政府为此伤透了脑筋。最初拼凑起来的可以用于运载部队的船只仅有36艘，难解燃眉之急。最后丘吉尔只好叫海运官员将英国各港口凡是可以适用的船只，即便是游艇也要登记下来，以应"特殊的需要"。

这时，德军的坦克已经望见敦刻尔克，并在盟军前沿阵地摆开架势准备实施最后打击。英国远征军和法国第一军团被围在15里宽，距海岸50多里长的袋形阵地上。如果德军实行左右夹攻，便可一举歼灭盟军。战局的发展使英法军队的命运危在旦夕，在这紧要关头，希特勒突然命令坦克部队停止追击，盟军得到一个喘息之机，从而加强了敦刻尔克外围的防线。两天后希特勒发现海岸附近运输舰只活动频繁，暗叹失策，急忙下令部队从西面和南面恢复进攻，但为时已晚，德军受阻于加莱港，盟军利用洪水泛滥暂时挡住了敌人的坦克。

就在德军恢复进攻的这天，敦刻尔克也忙成一团。26日晚6时57分，英国海军部下令开始执行"发电机"撤退计划。850多艘船只组成的船队陆续涌到敦刻尔克，从巡洋舰、驱逐舰到内河用的拖船、渔船、驳船和客轮，甚至伦敦码头上的救生艇、汽艇和各种各样的游艇都被搜罗在一起。为了撤退，英国政府也顾不得什么脸面，海军部通过广播呼吁周末业余水手和游艇主人驾船，加入他们撤退的"舰队"行列。在德国飞机和大炮的轰炸下，运载部队的船只艰难地渡过波涛汹涌、水面宽阔的多佛尔海峡，5月27日撤走了非战斗人员和后勤人员7669人。

5月28日，全部英军和大部分法军乘夜色逃出了德军的合围，大批运输车辆和部队涌进了滩头阵地。当他们正庆幸自己虎口脱险时，一支比利时军队投降了，英法联军骤然失去后卫掩护部队，在原比军防守的伊普尔到大海之间一侧露出30多公里宽的空白地带，德军经此可直抵敦刻尔克。在这关键时刻，刚撤下来的英军重新填补了空隙，组成一条所谓"逃避走廊"，与德军展开激战，迫使敌人暂时退却。29日，盟军紧缩防线，并造成一个五里宽的洪水区，水淹德军，挡住了他们的进攻，减缓了阵地的压力。但是，德国空军的飞机整天在敦刻尔克上空俯冲轰炸，严重地威胁着撤退。于是，英国皇家空军把凡是可以动用的战斗机都投入了敦刻尔克上空的战斗，控制了制空权，使德国飞机不敢毫无顾忌地轰炸渡海的船只。

敦刻尔克本来拥有可供巨轮停泊的七个大型船渠、四个干船坞和八公里长的码头，现在已被德军炸成一片废墟，唯一可以利用的是靠木桩搭起的1200米长的东防波堤。这样，撤退不得不在海滩上同时进行。一行行等待撤退的士兵，五十人为一组，惊恐地站立着等候上船。最前面的士兵泡在齐下巴深的海水里，飘浮的尸体不时地撞在他们身上，伤亡数字与日俱增。德军的轰炸还在进行，数万名士兵挤在狭小的桥头阵地里，待待渡船的队列密密麻麻站在海滩上，处境十分困难。英国海军又拼凑了三十多条船只应急。为了尽快撤退，狭小的驱逐舰居然装载七八百人。由于空间小，只好让士兵呆在甲板上，凭借航海技术，摇摇晃晃作"之"字形航行保持平衡，冒着风浪和轰炸驶过海面，有时还遭到德国潜艇渔雷的袭击。就是这样，到30日还是只撤退了12.6万多人，尚有一多半士兵等待撤退。

5月30日，德军把敦刻尔克围得水泄不通，英军被迫紧缩防线，拼命阻止德军的突破。直到这时，德军统帅部才明白事情真相，希特勒气急败坏地命令继续加强攻势。6月1日，德国空军全面出动狂轰滥炸，海面上到处漂浮着沉船的油污。风浪中运兵船颠颠簸簸地航行，士兵被面前的景象吓得惊恐万状。6月2日拂晓，最后4000名英军由10万名法军掩护准备撤离。这时，盟军防线越来越小，德军大炮已能打到敦刻尔克，白天的撤退工作被迫停止，全部改在夜间进行。德军的轰炸造成大量重伤员滞留，撤走重伤员的活动陷于停顿。此时，英军指挥部发出命令，规定每一百名伤员留一名医官和十名医务人员，其余的全部撤走。谁走谁留只好听天由命，这就出现了英国陆军史上一次空前绝后的抽签活动。医务人员把自己的姓名写在纸上一起放在帽子里，然后抽签决定去留。这对曾经在世界上煊耀一时的英国军队是个绝妙的讽刺。

到6月3日晚，剩下的英军和6万名法军仓皇撤出阵地逃离欧洲大陆。6月4日，最后一批法军撤离海岸，后卫部队眼巴巴地看着再也不会回来的船只起航伤心不已。经过八天八夜苦斗，总共有338226名英法士兵撤退到英伦三岛，其中包括英国远征军22.4万人，一部分法军和少量波兰军队。在敦刻尔克被英国抛弃的4万名法军全部被俘；700辆坦克、2400门大炮、7000吨军火弹药和全部军械装备都成了纳粹德国的战利品。在撤退过程中，英国7艘驱逐舰被击沉，20艘受到重创，8艘客轮被毁，另外8艘陷于瘫痪。

敦刻尔克撤退是英法长期推行绥靖政策所造成的必然结果。在撤退中，英国为了保全自己，不惜抛弃昔日的盟友。帝国主义国家之间的"友好"关系这时已经一钱不值，历史记下了他们各自的丑态。

贡比涅和约和法国败降

敦刻尔克撤退后，英国在大陆上只留下一支象征性的军队：一个步兵师和一个不满员的装甲师。法国被迫以残存的71个师来迎击德国的140个精锐师。战局急转直下，所谓"魏刚防线"很快就被突破。更为严重的是法国统治集团内早就弥漫着失败主义的情绪，高级将领内的投降派比比皆是。战争伊始，普雷塔拉将军就丢下所指挥的四个军，只身逃往尼斯，第一集团军群司令布朗夏尔将军还在 5 月 26 日就公开谈论向德国投降。贝当就任副总理后，露骨地鼓吹必须保留一支军队来"维持内部秩序"，否则"就不可能有真正的和平"。6 月 8 日，魏刚在见到戴高乐时对面临的失败处之泰然。但是却忧心忡忡地说："啊！要是我能有把握使德国人给我留下必要的部队来维持秩序的话，那就好啦！"这位在前线屡战皆北的败将竟公然散布多列士已夺取爱丽舍宫的谣言。巴黎公社的历史困扰着法国的上层人物，他们宁愿蒙受战败的奇耻大辱，也不愿再看到巴黎落入起义人民的手中，当然也就对法国共产党在 6 月 6 日提出的进行全民抗战的建议全然置之不理了。

6 月 10 日，法国政府仓皇逃离巴黎，先后迁都图尔和波尔多。同一天，意大利宣布对法作战。作为法西斯德国的伙伴，墨索里尼一直在窥伺着参战的最好时机。1939 年 8 月 25 日，他感到跟随希特勒进攻波兰会冒过大的风险，便以准备不足为理由拒绝立即卷入战争。在这以后，墨索里尼摆出一副待价而沽的架子。1940 年 5 月 10 日后，英法竞相讨好意大利，向后者建议就地中海地区划分势力范围问题进行谈判，并且表示"什么都可以讨论"。丘吉尔也宣称他"从不与意大利的强盛和伟大为敌。"然而这一切都满足不了墨索里尼的贪欲。他认为随着法军的溃败，攫取胜利果实的时机已到，私下对人说："……我只要付出几千条生命作代价，即可作为战争参加者坐到和会桌旁"。为此意大利动员了 32 个师，计 325000 余人从勃朗峰到地中海约 200 多公里的战线上向法国大举进攻。法国只能以 6 个师，共 175000 余人来与之相抗。在十多天的时间内，毫无士气的意大利军队竟不能越雷池一步。这更进一步暴露了意大利帝国主义的虚弱。

处于南北夹击中的法国接连向英国告急。丘吉尔曾于 6 月 11 日和 13 日两次来法紧急磋商，并宣称即使在敦刻尔克后也愿与法国共存亡。但他并不增派一兵一卒。自 6 月 15 日起，又陆续将所有英国士兵全部调遣回国。6 月 16 日，正值法国崩溃前夕，丘吉尔建议英法合并，成立所谓"两元帝国"，遭到法国拒绝。

雷诺也曾一再向美国求援。他在 6 月 14 日致罗斯福的急电中更是大声疾呼："拯救法兰西民族的唯一希望……是今天就将举足轻重的强大美军投入战争"。美国政府除空头的同情和安慰外，只是再三告诫法国在任何情况下都不得将它的舰队和殖民地交给德国。这事实上也正是英国政府唯一真正关心的事。

尽管孤立无援，法国仍可依靠自己的力量继续为民族的独立和生存而战。著名的抗战派如内政部长芒代尔等便主张将政府迁至北非继续抵抗。当时法国在北非有 10 个师，国内另有 50 余万后备兵，可以重建一支有战斗力的军队。法国在非洲的殖民地幅员辽阔，资源丰富，又拥有舰队和黄金，完全可以自成一体，凭借地中海的天险与德国对抗。但是投降派越来越占上风。6 月 12 日，魏刚在内阁会议上公开要求停战，并且威胁说："……假如不立即要求停战，对军队以及对老百姓和难民就将失去控制"。次日，贝当向内阁提出一份备忘录，断然反对以任何形式继续抵抗。一向动摇的雷诺虽曾在 5 月下旬建议退居布列塔尼，并在那里筑垒固守，以待时机，此时不仅全然放弃这一计划，而且屈服于投降派的压力，于 6 月 16 日宣告辞职。贝当立即就任总理，并在当天晚上通过西班牙大使向德国试探停战条件。17

日，他在电台发表讲话，命令法军放下武器，同时正式向德国求和。

贝当的讲话在全国引起极大的混乱，还在各地坚持战斗的法军被迫放下武器。而德国故意不立即作复。直至 20 日，双方才就停战问题进行正式会晤。6 月 22 日，在贡比涅森林的雷通车站，也就是 22 年前德国向协约国投降的地方，在当年福煦所乘坐的同一辆车厢内（由德军特地从历史博物馆内拖出），法国代表亨茨格将军和德国代表凯特尔元帅签订了停战协定。同一地点，同一车厢，只是战胜国和战败国互换了位置。停战协定将法国的东部、北部、中部划为占领区；西南部则为非占领区，亦即此后贝当傀儡政府偏安之处。占领区包括巴黎在内，约占全国总面积的 2/3，集中了 65％的人口，并是煤、铁、钢、小麦的主要产地。法国的主要工业也都位于这个地区。德军控制整个占领区，强迫法国人民支付沉重的占领费用。除一支"维持社会秩序"所必需的军队外，法国应全面解除武装。即使在非占领区，所有的武器和弹药也均交德国管理。法国政府投降后，7 月 1 日迁都维希，这就是所谓的维希政府，它实际上是德国的附庸。

希特勒没有一口把整个法国都吞下去，那是由于他认为："假如法国政府拒绝德国的建议，并退到伦敦继续抵抗，那么情况就要糟得多……"。通过贝当还可控制住法国的舰队。不占领全部法国对德国有利。从里宾特罗甫的一次谈话中，可以清晰地看到希特勒的想法："领袖希图用这种办法得到用其他手段无论如何也得不到的东西。关键是利用贝当使非洲殖民地不致脱离维希，因而也不致脱离西班牙和德国，因为否则就只有在反对英法军队的苦战中才能把它们重新夺回"。那时希特勒确实想使贝当发挥作用，在"欧洲新秩序"中占一席位。但一年以后，希特勒就恶狠狠地对德国驻巴黎高级专员阿贝茨说，只要一解决苏联问题，他就准备同"那些维希先生们坦率地讲话了。"

6 月 23 日，法国和意大利签订停战协定。墨索里尼想攫取里昂、阿维尼翁等城市，并企图吞并科西嘉、突尼斯和法属索马里，后来只得到法意边境上的一小块土地，面积为 832 平方公里。这位意大利的法西斯头子懂得，既然在战场上未能前进一步，那么也就休想在和谈判桌上捞到太多的东西。

6 月 21 日，希特勒曾亲自到雷通车站参加同法国代表团会晤的仪式，他在离开时情不自禁地跳了一段小步舞。他为意想不到的胜利而兴高采烈，有点飘飘欲仙了。战胜法国可以说是法西斯德国达到了它势力的顶峰。

不列颠之战

法国的败降使希特勒的冒险生涯达到了顶峰，他已经为德国征服了欧洲大部分地区，现在阻挠他在欧洲建立霸权的只有英国和苏联。苏联是肯定要被消灭的，但必须在对苏动手之前保持西线的平静。办法是利用英国目前的孤立无援处境与英国媾和，条件是够优惠的：归还德国的原海外殖民地并让德国在欧洲大陆自由行动。希特勒推测，现在法国是完了，英国当然会明白个中道理，也会承认"一败涂地，绝无希望"而考虑谈判。于是他从 6 月中旬到 7 月中旬频频向英国摇晃橄榄枝，还通过瑞典、美国和梵蒂冈教廷向伦敦做出和平试探。但是他听到的回答始终是一个坚决的"不"字。

丘吉尔

　　法国沦陷后，英国的处境确实不妙。英伦诸岛，孤悬海上，岌岌可危。它的各自治领、殖民地和印度都不能给它有力的支援和及时的供应；得胜的德国军队装备完善，后方还有缴获的大量武器和兵工厂，现在又在大批集结准备对英国最后一击；意大利也已向英国宣战；西班牙随时可能与英国为敌；维希法国时时会被迫对英作战；远东的日本居心叵测并趁火打劫，直截了当地要求英国关闭滇湎公路，断绝对中国的物资供应。英国的敌人真是不少，它正遭到有史以来最强大的军事力量的围攻，而自己差不多

在挪威奥斯陆峡遭英军空袭起火的德军物资船

是在赤手空拳地孤军在欧洲作战。但是英国人明白，现在是在为自己的民族生存而斗争，因此要豁出性命去与纳粹德国决一死战。这种精神在丘吉尔 6 月 18 日的下院讲演中表达得十分清楚："……'法兰西之战'现在已宣告结束。我预计'不列颠之战'就要开始了。……我们英国人自身的生存以及我们的制度和我们的帝国是否能维系久远，也取决于这场战争。……因此让我们勇敢地承担我们的责任，我们要这样勇敢地承担，以便在英帝国和它的联邦存在一千年之后，人们也可以说：'这是他们最光辉的时刻'。"

　　丘吉尔断然拒绝妥协的态度使希特勒有点进退两难。他念念不忘进攻苏联，对英国既不想打又不能不打，看来还是要先打一下逼它讲和，然后再转身攻苏。7 月 16 日希特勒终于下令准备实施对英登陆作战的"海狮作战计划"，确定 8 月中旬完成准备工作。该指令称："由于英国不顾自己军事上的绝望处境，仍然毫无愿意妥协的表示，我已决定准备在英国登陆作战，如果必要，即付诸实施。"这其中"如果必要，即付诸实施"几个字，正表明了希特勒没有把握。

　　的确，"在英国登陆作战"，说起来容易，做起来难。希特勒和最高统帅部以及陆海空三军的参谋总部从未认真考虑过同英国的仗怎么打和怎么取得胜利的问题，他们不知道如何进攻英国。当然，靠德国现在的陆军力量，他们能在一周之内击溃英国软弱无力的陆军，但他们必须渡过由英国占优势的海军日夜守卫的多佛尔海峡，尽管它的最狭处只有 30 公里，在万里晴空的秋天里法国的加来和英国的多佛尔能清

晰地隔海相望。但是德国不仅海军处于劣势，而且陆海军在水陆两栖作战方面都是既无经验也没受过训练，看来只有先掌握海峡地区的制空权才谈得上登陆作战。希特勒命令空军元帅戈林以猛烈轰炸削弱英国的防务，戈林则夸下海口：只用空袭便可征服英国。于是"登陆作战"实际降到了配角地位，空战变成了这一战役的主要特点和唯一特点。

德国的空军在数量上占有 2∶1 的优势，当时戈林集结了约 2660 架战斗机和轰炸机，而英国的战斗机起初不到 700 架，轰炸机仅 500 架左右。但英国空军的飞机性能更为先进，并拥有约 1800 门高射炮和沿东海岸线设立的一系列雷达站、观察哨等防空措施，加上全国军民同仇敌忾斗志昂扬地进行战斗，便使德军的优势大打折扣。再加上英国破译了德方的通讯密码，致使德国的"空中闪击战"一开始就未奏效。

英军飞行员

8 月 10 日，德空军开始大规模连续不断地空袭英伦本土，进攻目标从海峡舰队、港口到机场和重要军事设施，从而拉开了不列颠之战的第一阶段的战幕。8 月 15 日两国发生第一次大规模空战，戈林派出大约 1500 架德机实施为消灭英国空军而策划的"飞鹰行动"计划，但英国空军沉着应战，在雷达配合下猛烈反击，双方在长达 500 海里的战线上进行了 5 次大战，这一天德军共有 75 架飞机被击落，英国损失飞机 34 架。

德国难以忍受这次失败，从 8 月 24 日重又开始发动大规模进攻，使战事进入决定性阶段。德军平均每天出动 1000 多架飞机，集中破坏英国南部的机场和雷达站，几乎摧毁了南方整个通讯系统，英国损失激增，2 周之内飞机损失近 300 架，100 多名飞行员被打死。但英国军民靠着非凡的忠勇顽强渡过了这个最艰险的阶段。

德方意识到要在短期内获得全面制空权实为不易，便于 9 月上旬开始转而对伦敦等城市不分昼夜地狂轰滥炸，企图瓦解英国人民的斗志，逼其就范，不列颠之战进入第二阶段。德国攻击目标的改变，使英国空军得到喘息之机，而伦敦人民则经历了血与火的考验。9 月 7 日德空军出动 1000 多架飞机对伦敦首次大规模空袭，使不少街区化为灰烬，主要商业区损失惨重，但人民坚忍不拔，妇孺老人撤退秩序井然，国民军警戒救援，对空监视哨坚守岗位……。更为重

数千名伦敦妇女和儿童被迫向安全地区转移

要的是英国空军也从溃败边缘恢复过来，当 9 月 9 日第二次大规模空袭伦敦时，便只有不到一半的德机冲过英军防线，而且慌忙投弹后无功而返。15 日德空军大举出动，对这个已炸得残破不堪的首都实行最后也是最大的冲击——连续昼夜大轰炸。这一天成为整个战役中战斗最为激烈紧张的一天，皇家空军共击落德机 60 架，自己仅损失 26 架。几千名英勇无畏的英国飞行员用他们的汗水和鲜血挽救了祖国，难怪

丘吉尔赞叹道："在人类战争的领域里，从来没有过这么少的人对这么多的人作过这么大的贡献。"

9月15日的战斗证明了德国无法对英取胜。17日希特勒无可奈何地无限期推迟实施"海狮计划"；10月12日又正式下令把入侵推迟到来年春天；1941年7月元首再次把它推迟到1942年春，以为"到那时对俄国的战争就将结束"，这不过是一个美妙而徒然的幻想；1942年2月整个计划被完全搁置起来。"海狮"就这样完蛋了，而9月15日正是它的真正断命之日。英国则把这一天订为"不列颠战役日"，每年都举行庆祝活动。9月15日以后，德军仍对英国的一些工业城市实行空袭，并曾把考文垂夷为平地，但这都不过是"海狮"的回光返照而已。

德军飞行员

在这场二战史上历时最长、规模最大的空战中，英军以915架飞机的代价击毁了1733架德机，使希特勒的侵略计划第一次未能得逞，在反法西斯的历史上谱写了光辉的一页。

飞越英吉利海峡的德国容克 JU88A －1 轰炸机

攻英不成，元首西线受挫，只有望洋兴叹。在海军元帅雷德尔的劝说下，希特勒转而考虑打击英帝国最易受攻击的地方——地中海和北非地区，但这时意大利已经在这里惹是生非了。

征服巴尔干

无论对轴心国还是对同盟国来说，巴尔干都是块必争之地。希特勒始终想控制它，因为它不仅是从南翼包围苏联的进攻基地，从地中海遏制英国的战略要地，也是德国获得扩大战争的战略物资供给地，尤其是罗马尼亚的石油对德国来说更是不可缺少。

苏联建立东方战线的行动，特别是对罗马尼亚的领土要求使希特勒极为担心，于是他开始插手巴尔干的复杂事务。他先利用匈牙利和保加利亚与罗马尼亚的领土纠纷，支持匈、保向罗提出领土要求，然后以向罗提供安全保证的方法迫其满足匈、保的领土要求，把半个特兰西瓦尼亚给匈牙利，把多布罗查南部给保加利亚。接着他支持罗国内法西斯分子安东尼斯库发动政变，镇压国内不满情绪，终于使德军于1940年10月进驻罗马尼亚的产油区和战略要地。于是罗马尼亚成了德国的一个卫星国。匈牙利的霍尔蒂政权因倚仗德国之势扩大了领土，保加利亚还想靠德国获得希腊领土，因此两国进一步投靠希特勒，允许德军过境。

德500架飞机对英工业区空袭

然而较为强悍的南斯拉夫人不那么听话，希特勒好容

易利用其领导层的软弱和意见分歧使该国依附于己，不料南国内反对势力发动政变，废止德南联盟，并得到丘吉尔的赞扬和支持。希特勒在大怒之下作出推迟对苏战争而进攻南斯拉夫的决定。报复的行动既迅速又残酷，4月6日德军出兵侵南，接连三昼夜对贝尔格莱德的狂轰滥炸使该地成为硝烟弥漫的一堆

德机飞越雅典

瓦砾，仅十一天南斯拉夫便被迫投降，国王和首相先逃希腊，后流亡英国，希特勒终于把罗、匈、保、南握在手里。

　　但是历来把巴尔干视为自己势力范围的墨索里尼，早在1939年4月便出兵侵占了阿尔巴尼亚，现在他对德国势力在该地区的增长十分担心，更对德国不经与他事先商量便进入罗马尼亚深为不满。墨索里尼的虚荣心受到极大伤害，极力要显示实力，于是在德军进驻罗马尼亚后，便于10月28日从阿尔巴尼亚进攻希腊，同样没有向元首先打招呼。但意军失败的消息就像他们突袭的行动一样来得太快。希腊军队不仅把意军赶回阿尔巴尼亚，横扫阿1/4土地，还以自己的16个师把意军27个师围困数月之久。墨索里尼好不丢脸，不得不再次求希特勒。

　　元首对"领袖"的自行其事大为恼火，但为保住法西斯集团在巴尔干的影响，便答应把准备进攻苏联的主要装甲部队调往巴尔干以助意军，尽管他在背后大骂这个忘恩负义的不可靠的朋友。因此德军在4月6日侵

被英国空军击中的德军军型飞机

入南斯拉夫的同时，派了另一支部队从保加利亚进攻希腊，实施"马丽他计划"。由于丘吉尔从北非派来的援希英军尚未进入阵地，已开始进攻的德军立即从侧翼对英军实行了包抄，同时切断了仍在阿尔巴尼亚的希腊军队的退路。于是不但雅典城于4月27日失守，威尔逊将军率领的英军也几乎一仗未打就开始连续向伯罗奔尼撒半岛撤退，并再次重演了"敦刻尔克"一幕，5万英军丢掉装备从卡拉梅撤至克里特岛和埃及。希特勒的坦克部队遂以不可阻挡之势席卷希腊。克里特岛成为希、英军队最后的阵地。

　　德军利用该岛守军只有军舰掩护而缺少飞机、坦克和其他重武器的弱点，于5月20日上午8时派3000伞兵在克里特岛从天而降，获得巩固的立足地，以后又在不断用空投、滑翔机和运输机空降的增援部队配合下进行海空激战，不但抄了英军后路，英地中海舰队也损失巨大：3艘巡洋舰和6艘驱逐舰被击沉，13艘其他舰只破坏严重，其中包括2艘战列舰和当时该舰队仅有的一艘航空母舰。英军再遭败绩，

岛上的 2800 多守军只有 1600 百多人仓皇撤出，其余的人或阵亡或沦为俘虏。德国由此获得了在东地中海进一步展开军事行动的基地。

克里特岛之战是二战史上最引人注目最大胆的空降战，并对二战中的空降作战产生了重要影响。希特勒虽取得胜利，但是以德军死 4000 人伤 2000 千人为代价换来的，更为重要的是他唯一的一个空降师在这一战役中被歼

"不列颠战役日"后的伦敦

灭，这使元首痛心不已，并认为伞兵作战的时代已经过去。但对英美军方来说却是个重要启示，他们加强组建自己的空降部队，并在以后的登陆战和近距离地面进攻中不断实施大规模空降作战。

希特勒对南斯拉夫和希腊的胜利，使他最终获得了对巴尔干的全部控制。现在他可以考虑进攻苏联了。但由于南、希人民的英勇抵抗，使他把原计划的 5 月 15 日进攻苏联推迟了 5 个星期，从而在相当程度上决定了对苏作战的成败。

苏德战争

占领社会主义苏联是希特勒侵略计划的一个重要目标。1939 年 8 月苏德互不侵犯条约的签订，并不意味着希特勒侵苏计划的改变。当时，希特勒决定首先向英法及其盟国开刀，为了避免两面作战，才与苏联签订上述条约，而把对苏联的侵略放在了下一步。希特勒曾明确地指出：他同斯大林结盟，"纯粹是为了取得但泽市和走廊而采取的一个策略步骤"。"只有我们在两线腾出手来的时候，才能够反对俄国"。

法国投降后，希特勒于 1940 年 7 月 16 日下达"海狮作战计划"，企图征服英国。但因英国握有制海权，英吉利海峡是难以逾越的障碍，致使"海狮计划"搁浅。6 月和 7 月，希特勒几次向英国提出和平建议，遭到丘吉尔政府拒绝。8 月，希特勒对英国发动大规模空战，遭到重大损失。在这种情况下，希特勒决定暂时放弃征服英国的计划。

1940 年 11 月和 1941 年 3 月，德国胁迫罗马尼亚、匈牙利和保加利亚先后加入德意日三国同盟条约，随后又同意大利一起占领了希腊和南斯拉夫，控制了整个巴尔干半岛，形成了对苏联的半月形包围。至 1941 年 6 月，德国占领欧洲 14 个国家，实力大增，基本上消除了后顾之忧。这时，希特勒认为，进攻苏联的时机已经成熟。他指望一举攻下苏联，利用苏联丰富的资源来加强自己，然后再回过头来攻打英国。

1940 年 7 月 21 日，希特勒向三军总司令指出："必须密切注意苏联动向，应该考虑制订一个进攻苏联的计划"。希特勒曾打算在 1940 年秋对苏联发动进攻，但因

尚未准备就绪，于 7 月 29 日把进攻日期改为 1941 年春天。7 月 31 日，希特勒亲自向三军总司令和总参谋长宣布了这一决定，特别指出，占领俄国大片领土是不够的，"要消灭俄国生存的力量！这才是目的！"负责制订侵苏战争计划的是陆军总参谋部、最高统帅部的作战局以及经济和军备局。7 月中旬开始工作，到 11 月已基本完成。11 月 28 日至 12 月 3 日，德军统帅部进行了战役演习，以检验作战计划的可靠性。1940 年 12 月 5 日，希特勒与陆军总司令勃劳希契和陆军总参谋长哈尔德共同解决了制订侵苏计划中出现的分歧意见。希特勒特别强调，进攻苏联时，"计划应该是把苏联战线分割为几段，迫使他们投降当俘虏，因此必须找好可以进行大规模围剿战的出发位置"。

德国外长里宾特洛甫、苏联外长莫洛托夫和斯大林在一起

1940 年 12 月 18 日，德国元首大本营发布 21 号指令，即代号为"巴巴罗沙计划"的侵苏战争计划。"巴巴罗沙"是红胡子之意，是德意志国王、神圣罗马帝国皇帝腓特烈一世（1125—1190）的诨号，用它作为代号，意即要实现腓特烈一世妄图征服周围国家、称霸欧洲的野心。

"巴巴罗沙计划"总的战略目的是："在对英国的战争结束以前以一次快速的战役击溃苏联。"准备工作应在 1941 年 5 月 15 日以前完成。1941 年 5 月中开战。计划规定，"用装甲部队纵深楔入的大胆作战摧毁俄国西部的俄国陆军主力"，攻占列宁格勒、莫斯科和顿巴斯，推进到阿尔汉格尔斯克，囊括伏尔加河至古比雪夫、斯大林格勒至阿斯特拉罕一线，并在那里建成防线，入冬前结束战斗。计划规定在三个方面发动进攻："北方"集团军群自东普鲁士的哥尼斯堡以东向陶格夫匹尔斯、普斯科夫、列宁格勒总方向进攻，歼灭波罗的海沿岸苏军，阻止苏军东撤，在有利的条件下向列宁格勒推进。"中央"集团军群自波兰华沙地区向布列斯特、明斯克方向突击，围歼白俄罗斯的苏军，再向斯摩棱斯克方向进攻，直指莫斯科。"南方"集团军群自波兰的赫尔姆、热舒夫向科罗斯坚、基辅方向进攻，占领基辅和第聂伯河渡口，沿右岸向东南进攻，协同从罗马尼亚开来的军队，消灭右岸乌克兰的苏军，再强渡第聂伯河，进攻顿巴斯。

为了严格保密，"巴巴罗沙计划"只印了九份，三军各一份，其余由最高统帅部保存；对高级战地指挥官，也只能口头传达。希特勒采取了一系列迷惑手段，以掩护"巴巴罗沙计划"。德军最高统帅部于 1941 年 2 月 15 日下达了《制造假情报欺骗敌人的命令》，执行这一命令的德军总参谋部情报处和反间谍处策划了多种活动，制造入侵英国的假象。完成"巴巴罗沙计划"军事部署的德军大量东调，被说成是"为了隐蔽入侵英国的最后准备工作而采取的有史以来的最大行动"。德国大量出版英国地图。军队配备了英语翻译。到处流传着那个不存在的空降军的消息。海岸上配置了假火箭。军队流传一种说法是，他们正在进行入侵英国以前的休整，另一种说法是军队将经过苏联进攻印度。为了使人相信登陆英国之说，制定了暗号为"鲨鱼"和"鱼叉"的特别作战计划。宣传完全中止了平常那种对苏联的攻击。

希特勒发布消灭布尔什维克政委、苏联国家政治保卫局人员和共产主义组织分子的《政治委员命令》，为发动反苏战争在军队中制造舆论。

希特勒采取了一系列外交和军事

希特勒空军狂轰乱炸苏联本土

措施，创造对苏战争的有利条件。

1940年9月27日，德国同日本和意大利在柏林签订三国军事同盟条约，企图利用这一条约牵制苏联远东军的军事力量。1941年3月5日希特勒签署的《关于同日本合作》的24号指令明确规定："三国同盟的合作旨在促使日本在远东尽快采取积极的行动"。1940年6月至1941年上半年，希特勒与墨索里尼和齐亚诺进行了多次会谈，并在北非、希腊、南斯拉夫和阿尔巴尼亚同意大利采取共同军事行动，帮助意军挽救了败局。这些行动使意大利增加了对德国的依赖，德国则乘机渗透控制，维持德国在北非和欧洲的优势，把意大利的军事行动纳入德国的计划，以保证"巴巴罗沙计划"的实行。

希特勒竭力拉拢苏联的周围国家以孤立苏联。德国挑拨芬兰与苏联的关系，1940年9月，德芬参谋部之间达成协议，共同进行侵苏战争准备，使芬兰成了德国发动反苏战争的伙伴。德国胁迫瑞典同意将铁矿砂的80%运往德国，允许德军和军用物资过境运入芬兰。德国对土耳其施加压力，迫使其于1941年6月18日与德国缔结《友好和互不侵犯条约》，允许德、意军舰通过黑海海峡。

为了保证"巴巴罗沙计划"的实施，希特勒不顾海空军关于增产飞机、鱼雷和潜艇的强烈要求，给托特下达命令：要千方百计地增加陆军装备的生产，为1941年发动侵略战争作准备。

德国攻占欧洲大片领土后，经济实力大为增强。1941年，德国生产钢1900万吨，生铁1400万吨，煤25700万吨，飞机11030架，坦克4000辆，火炮34000门（比1940年增加2.4倍），冲锋枪325000支（比1940年增加1.9倍），步骑枪1359000支。如果加上已占领的国家的人力物力，就远远超过上述数字。1941年德国及其占领国共生产钢3180万吨，生铁2430万吨，煤43900万吨。此外，德国从战败的英、法、荷、比、挪等国军队那里缴获的武器装备可装备150个师。德国可从它占领和控制的地区取得它所缺乏的战略物资。德国利用雄厚的经济潜力，为对苏战争作了比较充分的准备。

德国在西线取得胜利后，军事力量大为增强。德国在陆军和空军的人数、装备及作战经验方面，都超过了任何资本主义大国。为了准备发动侵苏战争，德国在1941年上半年又扩建陆军58个师，到1941年6月，德国陆军共214个师又两个旅（其中有19个坦克师和14个摩托化师），约500万人；空军有5个航空队、国土防空军和空降兵，约168万人，海军共3个联合编队，约40.4万人；此外还有党卫军15万人。以上陆海空三军正规军加上党卫军，总计723.4万人。如果加上陆军中的90万编外人员和35万其他部队，德国的武装部队总人数达850万人。德军拥有5639辆坦克、1万余架飞机、6万余门大炮和迫击炮、217艘舰艇。这就是发动侵苏战争前夕，德国战争机器的实力情况。

希特勒进攻苏联的军事准备，早于"巴巴罗沙计划"的出笼。德军的军事部署有两个阶段：

(1) "巴巴罗沙计划"出笼前的军事部署：

1940年8月9日，武装部队最高统帅部发布了"奥托"指令，实际上是为东线作战制定运输和给养计划，其中包括在波兰总督区建立后勤军事设施；开辟训练场地；改进公路网和铁路网；在东普鲁士建立一个指挥作战的总部。1940年7月起德军开始开进东普鲁士、波兰、挪威北部和罗马尼亚等地。至1941年1月，向东线集中了共44个师（其中有3个坦克师）和12个军的司令部。

(2) 1941年1月至6月的军事部署：

参加"巴巴罗沙计划"的德军，分为五个梯队调至苏德边境，除第五梯队为预备队外，其他四个梯队都是直接参加进攻的部队。第一梯队有7个步兵师和1个摩托化师，要在2月4日至3月12日集中在但泽、卡托维兹一线。第二梯队有18个步兵师，要在3月16日至4月3日抵达哥尼斯堡、华沙、塔尔努夫一线。第三梯队有16个步兵师，要在4月10日至5月10日调至沃耳希廷、腊多姆一线。第四梯队有19个步兵师和28个坦克和摩托化师，要在5月25日至6月初到达各指定地点，这是实施首次突击的主力。当上述调遣完毕，在入侵苏联前的最后几昼夜，各突击集团才进入进攻出发地区。第五梯队有19个步兵师以及3个坦克师和摩托化师，6月22日后才开始调集。

6月19日晚，德军共300万人进入邻近苏联边界的阵地。

6月21日，德军及其仆从军队全部进入阵地，完成了进攻苏联的军事部署。

德国发动侵苏战争的准备

征服前苏联，独霸欧洲，夺取世界霸权，这是法西斯德国蓄谋已久的国策，也是希特勒梦寐以求的目标。早在1925年，希特勒在其臭名昭著的《我的奋斗》一书中就写道："当我们今天谈到欧洲的新领土的时候，我们主要必须想到俄国和它周围的附庸国家。"1936年11月25日，德国和日本签订了"反共产国际"协定；次年11月6日，意大利也参加了这一协定。顾名思义，这主要是为了反对社会主义的前苏联。1939年8月23日苏、德签订互不侵犯条约，但是这个条约并没有改变希特勒的侵略野心。条约签订后不久，他便在一次会议上说道："现在俄国并不可怕，因为我们已同俄国缔结了条约。但是条约只是在对我们有用的时候才有遵守它的必要。

一旦我们在西方腾出手来，我们就可以对俄国作战。"德国统治集团正是根据这个总的方针，不断加紧发动侵苏战争的准备。

希特勒、凯特尔和杰德尔
在研究进攻苏联的计划

　　1. 拼凑侵略集团，造成有利的战略态势

　　法国投降后，法西斯德国加紧对苏作战的准备，进一步加强与意大利和日本的勾结，并诱逼与前苏联邻近的国家参加侵略集团。1940年9月27日，德、意、日在柏林缔结军事同盟条约。条约第三条规定：德、意、日三国中，如有一方受目前尚未参加欧战或中、日争端之国家攻击时，则三国应以一切政治、经济或军事手段彼此互相援助。"显然这一条主要是针对前苏联和美国的。日本与德、意结成军事同盟，严重威胁苏联远东地区的安全。

　　希特勒在欧洲采取威胁利诱、挑拨离间等各种卑鄙手段，搜罗侵苏战争的伙伴。芬兰在苏芬战争后对前苏联怀有强烈的对立情绪，德国乘机拉拢，将其纳入侵苏战争的行列。1940年9月，德、芬两国总参谋部之间，达成了共同准备和进行侵苏战争的协议。芬兰统治集团倒向德国后，前苏联西北部波罗的海的出海口也随时有被封闭的危险。罗马尼亚自从失去比萨拉比亚和北布科维纳后，对前苏联极为不满。希特勒需要罗马尼亚的石油，便积极支持反苏的安东尼斯库上台，在罗马尼亚建立亲德的军事独裁制度。1940年10月，德军进驻罗马尼亚后，前苏联的黑海出口受到严重威胁。匈牙利、罗马尼亚、斯洛伐克、保加利亚相继加入德、意、日军事同盟，大大加强了德国进攻前苏联的南翼力量。

　　至于西班牙、瑞典、土耳其等国，形式上虽保持中立，但实际上都站在亲德反苏的立场上。佛朗哥统治的西班牙，不仅是德国的供应基地，而且还成了德国准备侵苏战争的训练场。由西班牙长枪党党徒组成的志愿军"蓝色师团"，就是在西班牙进行训练后被派去对前苏联作战的。瑞典政府从1940年7月起公然允许德国军用物资和军队过境运入芬兰，并向其输出大量战略原料。1940年，瑞典出产的铁矿有80％被运往德国。土耳其虽与英、法结盟，但自法国投降后便开始靠拢希特勒统治集团，并于1941年6月18日与德国缔结了"友好和互不侵犯条约"，允许德意两国的军舰通过土耳其海峡，并在与前苏联接壤的高加索边境集中大量军队。

　　法西斯德国在入侵前苏联前夕已形成很有利的战略态势。波兰灭亡后，德苏之间的"缓冲地带"业已消失，被德军占领的那部分波兰领土，成了德国进攻前苏联的军队集结地区。德国占领丹麦、挪威后，不仅改善了对西欧作战的战略态势，同时也有了东侵前苏联的跳板。荷、比、卢、法投降，英国退守英国本土，使希特勒基本上消除了东进的后顾之忧。至1941年6月初，法西斯德国占领了希腊等巴尔干国家后，最后完成了对前苏联西部月牙形的包围。至此，前苏联由远东进出太平洋，由芬兰湾进出波罗的海，由黑海进出地中海的航道，均有被封锁的可能，仅有北方的阿尔汉格尔斯克和摩尔曼斯克尚可用来经巴伦支海与美、英等国保持联系。

2. 加强军事经济力量，不断扩充军队

法西斯德国原为工业化的国家，并在第二次世界大战爆发前早就将国民经济纳入了战时体制。大战爆发后，随着占领地区的不断扩大，德国的经济和军事能力都有很大提高。至1941年6月，德国已控制约90万平方公里的土地和1.17亿人口。希特勒残酷压榨本国人民，掠夺被其占领国的人力、物力资源。1941年德国及其占领国共生产钢3180万吨、生铁2430万吨、煤4.39亿吨、石油480万吨，德国本身生产钢1900万吨、生铁1400万吨、煤2.57亿吨，但石油产量很少，主要靠从罗马尼亚进口。德国的化学、电机、无线电技术工业和机器制造业很发达，拥有大量现代化设备，可以迅速转入军工生产。1940年德国共有机床117.8万台，而当时的美国也只有94.2万台。但是，德国的资源严重不足，一些重要的战略物资大部分依靠国外输入。德国虽然可以进口罗马尼亚的石油，南斯拉夫的锌，波兰的铅、铜，捷克斯洛伐克、丹麦、挪威的木材，匈牙利的铝矿砂，法国的煤、铁矿砂，意大利的汞，以及瑞典、瑞士、西班牙和土耳其的各种各样的原料，但仍难满足军工生产部门对这些物资日益增长的需要。石油、橡胶、粮食等尤感缺乏。人造汽油及各种代用品的生产，也未能从根本上解决供需之间的矛盾。

希特勒为了满足战争的需要，不得不采取削减其他部分开支的办法来不断增加军事拨款。德国的军费开支1941年已增至710亿马克，占整个国民收入的58%。国民经济的高度军国主义化，加速了军事工业的发展，提高了武器装备的产量。1941年生产的飞机为1.103万架、坦克400辆、火炮3.4万门。

此外，法西斯德国还将缴获的大批武器、装备补充部队。德军共缴获了6个挪威师、18个荷兰师、22个比利时师、12个英国师和92个法国师共150个师的武器装备。缴获的汽车足可装备92个德国师。由此可见，法西斯德国在入侵苏联之前已拥有大量先进的武器和技术装备。特别是在飞机、坦克和自动武器的数质量方面已达到当时的最高水平。

1940年西欧战局结束后，德国武装力量在人数、技术装备和作战经验等方面均已超过任何一个资本主义国家。为了进攻前苏联，德国又进一步动员和扩充军队，大力改进武器装备，以提高部队的作战能力。至1941年6月，德国武装力量的总人数已达723.4万人，装备各种坦克5639辆、飞机1万余架、火炮和迫击炮6万余门、舰艇217艘。其中陆军约500万人，共214个师又2个旅（内19个坦克师和14个摩托化师）。空军为168万人，由5个航空队、国土防空军和空降兵组成。海军为40.4万人，编成3个联合编队。此外，还有党卫军15万人。

德国统治集团认为，就其战略态势、军事经济状况和军队的实力来说，已经具备向前苏联发起进攻的有利条件，并认为："如果我们进攻他们，斯大林的俄国将在8星期内从地图上抹掉。"

3. 确定战略目的，拟制作战计划

希特勒妄图消灭前苏联的野心由来已久，但制定侵苏战争的计划还是在法国投降以后。1940年7月21日，他要求陆军总司令布劳希奇为此进行准备。10天以后，希特勒在伯格霍夫举行的一次会议上公开表明了自己主要的战略目的。他说："如果俄国被摧毁,英国的最后的希望就被粉碎。那时,德国就将成为欧洲和巴尔干的主人。"他设想"最初将发动两个攻势:一个是在南方向基辅和第聂伯河进攻,第二个是在北方通过波罗的海国家,然后向莫斯科进攻。两支军队在莫斯科会师。在这以后,必要时将进行一次特殊的作战,以获得巴库油田。"从这次会议后,拟制入侵计划的工作就逐步展开。

制订计划的工作由陆军总参谋部、最高统帅部的作战局以及经济和军备局负责。陆军总参谋长哈尔德指令第十八集团军参谋长马尔克斯负责草拟作战计划。8月5日,马尔克斯拟就了一份意见书,提出战争的目标是击败红军,夺取西德维纳河—伏尔加河中游—顿河下游一线以西的全部领土。他设想从普里皮亚特沼泽地以北向奥尔沙和莫斯科发起主攻,同时向波罗的海国家和列宁格勒发动攻势,保障主攻的翼侧。他还建议,在南部向基辅和第聂伯河发动辅助攻势,然后使之扩大到高加索地区的巴库。最高统帅部参谋长凯特尔也草拟了一个作战方案,据说是为了对陆军总部的计划进行"评头品足"。9月拟就的凯特尔方案,设想这次进攻将使用3个集团军群,在普里皮亚特沼泽地以北使用2个、以南使用1个。凯特尔认为,在越过奥尔沙—斯摩棱斯克地区以后,能否继续向莫斯科进攻应视肃清斐罗的海苏军的情况而定。托马斯领导的经济和军备局,详细调查前苏联的工业、运输和石油中心的情况,作为以后轰炸的目标和统治苏联的指南。8月9日,德军最高统帅部发布了所谓"奥托"指令,要求在与前苏联西部接壤的领土上成立和训练新的兵团、建立后方军事设施、开辟训练场地、改进公路和铁路网、完善通讯线路。

1940年11月28日至12月3日,德军统帅部在措森进行了一次大规模的战役导演,以检查作战计划的可靠性和现实性。这次导演后,德国的高级军事领导人认为自己能取得胜利。与此同时,他们还感到有许多困难,特别是空间和人力上的困难。前苏联西部形若喇叭,突入越深,正面就越宽,除非在贝帕斯湖—明斯克—基辅一线以西将苏军主力歼灭,否则德军就没有足够的力量扼守深入腹地时不断拉长的战线。此外,后备力量不足,现有的后备军不到50万,只够补充夏季战役的损失。车辆燃料非常紧张,只有3个月的汽油储备。有些高级将领还担心,进攻前苏联可能会重犯第一次世界大战中两线作战的错误,因而企图说服希特勒放弃这种冒险。但是,希特勒认为,除非英国停止抵抗,否则就休想使前苏联永远按兵不动,而要击败英国,首先必须扩充海军和空军,结果势必要削减陆军,但当所谓"苏联威胁"仍然存在时,这种削减又是不可能的,因此,只有把"海狮"计划暂时搁置,集中力量先击败俄国,然后再解决英国的问题。12月5日,希特勒审定陆军总部的作战计划时,哈尔德主张"中央"集团军群主要突击方向应指向莫斯科。但希特勒认为前苏联将死守波罗的海沿岸地区和乌克兰,因为那里有海港,在经济上有重要意义,而夺取"莫斯科倒不是那样很重要"。"中央"集团军群的坦克部队应准备向北进入波罗的海沿岸地区,或向南进入乌克兰。布劳希奇支持哈尔德的意见。他指出斯摩棱斯克—莫斯科这条交通要道在历史上的重要性。但结果被认为这是一种"陈旧的见解"。1940年12月18日,希特勒发布第二十一号训令,代号为"巴巴罗萨"计划。希特勒所以要用12世纪神圣罗马帝国皇帝菲特烈·巴巴罗萨的名字来为其反苏战争的侵略计划命名，无非是想给这次战争涂上圣战的色彩。

"巴巴罗萨"计划总的战略目的是：在对英战争结束以前以一次快速的战局击溃前苏联。该计划的制定者企图以大量坦克部队、摩托化部队及航空兵实施"闪电"式的突然袭击，分割围歼前苏联西部苏军主力，尔后向战略纵深发展进攻，攻占列宁格勒、莫斯科和顿巴斯，前出到阿尔汉格尔斯克、伏尔加河、阿斯特拉罕一线，并于 1941 年入冬前结束战争。为此，德军最高统帅部集中了 152 个师又 2 个旅，连同芬兰、罗马尼亚等仆从国家的 29 个师又 18 个旅共 181 个师又 20 个旅，约 4300 辆坦克、4.7 万余门火炮和迫击炮、4980 架飞机、192 艘舰艇，总兵力 550 万人，编成三个集团军群和三个独立行动的集团军，准备在三个战略方向上实施进攻。

"北方"集团军群，由莱布元帅指挥，辖第十六、第十八集团军和坦克第四集群，共 29 个师，在第一航空队 1070 架飞机支援下，自东普鲁士的哥尼斯堡（今加里宁格勒）以东向陶格夫匹尔斯、普斯科夫、列宁格勒总方向实施进攻，消灭波罗的海沿岸地区的苏军，占领沿海的港口，使前苏联舰队失去基地。同时该集团军群应阻止苏军从波罗的海沿岸向东部撤退，以便在有利条件下向列宁格勒推进；

"中央"集团军群，由博克元帅指挥，辖第四、第九集团军和坦克第二和第三集群，共 50 个师又二个旅，在第二航空队 1600 架飞机支援下，自波兰华沙地区向布列斯特、明斯克方向突击，割裂苏军防御的战略正面，围歼白俄罗斯境内的苏军，尔后向斯摩棱斯克方向进攻，直指莫斯科；

"南方"集团军群，由龙德施泰特元帅指挥，辖第六、第十七、第十一集团军，罗马尼亚第三、第四集团军，坦克第一集群和匈牙利一个快速军，共 57 个师又 13 个旅，在第四航空队和罗马尼亚空军共 1300 架飞机的支援下，自波兰的赫尔姆、热舒夫向科罗斯坚、基辅方向进攻，夺占基辅及其以南地域内的第聂伯河渡口，然后沿第聂伯河右岸向东南发展进攻，以便协同自罗马尼亚境内进攻的军队，消灭右岸乌克兰的苏军，强渡第聂伯河，向顿巴斯发展进攻；

德军的"挪威"集团军以及芬兰的东南集团军、卡累利阿集团军，共 21 个师又 3 个旅，在挪威和芬兰境内展开，由德军第五航空队和芬兰空军 9000 余架飞机进行支援。"挪威"集团军应攻占摩尔曼斯克、波利亚尔内，芬军则应沿拉多加湖两岸进攻，配合德军"北方"集团军群夺取列宁格勒。德军陆军总部预备队由第二集团军组成，共 24 个师。

"巴巴罗萨"计划规定，各项准备工作"必须在 1941 年 5 月 15 日以前完成"。后来，由于巴尔干战争不可能在 5 月中旬结束，希特勒决定将原定入侵的日期推迟到 6 月 22 日。

4. 进行欺骗和伪装，竭力荫蔽军队的集中和展开

法西斯德国为了荫蔽进攻前苏联的战略企图，对各项战争准备工作，特别是对军队的集中和展开，采取一系列的政治欺骗和战略战役伪装措施。在外交上通过各种形式表示要与前苏联"友好"，主动与前苏联政府签订互不侵犯条约，并一再声称要恪守这一条约。1940 年 2 月和 1941 年 1 月又与前苏联签订贸易协定，并以此作为苏德两国"和平友好的范例"，大肆进行宣传。在"巴巴罗萨"计划签署后，希特

勒一反常态，批准出售给前苏联新式飞机和一些先进的技术兵器，因为他很清楚，进攻前苏联已为期不远，对方的国防工业来不及利用他们的新技术，而这种表示"信任"的姿态，倒可迷惑一下前苏联。在军事上德军统帅部故意制造准备执行"海狮"计划的舆论。在英吉利海峡东岸的港口，张贴了"打到英国去，活捉丘吉尔"的标语，并给部队大量印发英国地图，配备英语翻译，在海峡沿岸集结大量渡海、登陆器材，配置假火箭，还进行了频繁的登陆演习，以此来掩饰"巴巴罗萨"计划。为了避免前苏联对德军东调产生疑虑，希特勒指令德国驻苏的外交人员向前苏联进行所谓"解释"：如向波兰调集军队时，德国使馆通知前苏联说这是为了派新兵去接替即将退伍的老兵；当其部队进驻罗马尼亚时，诡称只是派了一些"教官"去协助该国进行军队训练。德军还利用实施"马利他"战役（入侵希腊）和"向日葵"战役（在北非发动战争）的掩护，将"A"集团军群调到东线，并散布假情报，扬言要实施"黑葡萄"战役（占领直布罗陀）、"阿提拉"战役（占领法国南部）和"鱼叉"战役（从挪威入侵英国），企图把人们的注意力吸引到上述地区，以保障德军荫蔽地向东线调集。

法西斯德军进攻前苏联的战略集中和展开早在法国投降后就已开始，按其时间和内容大致可划分为二个主要阶段：

第一阶段从 1940 年 7 月至 1941 年 1 月。在这一阶段中，德军掩护梯队向东普鲁士、波兰、挪威北部和罗马尼亚等地开进和展开。向东线集中的部队和司令部有："B"集团军群的司令部，第四、第十二、第十八集团军的司令部，坦克集群司令部，12 个军的司令部，以及罗马尼亚的所谓"军事代表团"，共 44 个师，其中有 8 个坦克师；

第二阶段从 1941 年 2 月至战争爆发。在这一阶段中，德军的基本兵力约 113 个师（内 32 个坦克和摩托化师）从德国及欧洲各占领国调至苏德边境。军队的调动分五个梯队依次进行。第一、二、三、四梯队是战争第一天直接参加进攻的部队，第五梯队为陆军总部的预备队。第一梯队 7 个步兵师和 1 个摩托化师，从 2 月 4 日至 3 月 12 日调遣完毕，集中在但泽、卡托维兹一线。第二梯队 18 个步兵师，从 3 月 16 日至 4 月 8 日到达哥尼斯堡、华沙、塔尔努夫一线。第三梯队 16 个步兵师，从 4 月 10 日至 5 月 10 日调至沃耳希廷、腊多姆一线。第四梯队 19 个步兵师和 28 个坦克和摩托化师，于 5 月 25 日开始调遣和集中，6 月初调遣完毕。第五梯队约 19 个步兵师和 3 个坦克和摩托化师，从 6 月 22 日以后开始调集。第一、二、三梯队的铁路运输仍按平时时刻表运行，第四梯队改用战时时刻表。第四梯队到达预定地域后，实施首次突击的主力集中即告结束。突击集团向进攻出发地域开进，是在入侵前的最后几昼夜。

前苏联抗击法西斯侵略的准备

前苏联是当时世界上唯一的社会主义国家，它处于帝国主义和资本主义国家的包围之中。早在 1934 年 1 月，斯大林在联共（布）第十七次代表大会上就已说过，国际形势要求党"采取一切措施保卫我们的国家以防备突然事迹，随时准备捍卫我们的国家以抵御侵犯"。1939 年 3 月，在法西斯侵略业已开始的形势下召开的联共

（布）第十八次代表大会上，斯大林又明确指出德、意、日结盟的侵略性，以及西方帝国主义国家企图"祸水东引"，怂恿德国发动侵苏战争的危险性，并强调前苏联必须从各方面作好反侵略战争的准备。

1. 前苏联政治、军事、经济和国防力量的加强

前苏联原主张与英、法等国建立欧洲集体安全体系，共同对付法西斯德国的侵略行径。1939 年 8 月，在与英、法关于组织共同抗击侵略的谈判未达成协议后，前苏联从自身的安全出发，与德国签订了苏德互不侵犯条约。1941 年 4 月，前苏联又与日本缔结了"苏日中立条约"，以消除两线作战的危险。前苏联还与土耳其签订协定，规定双方在遭受第三国进攻时保持中立，这对保障南部边境的安全具有重要意义。从 1939 年 9 月至 1940 年 8 月，前苏联通过军事、政治、外交等各种途径，将西部国界线向西推移，并认为由于国界线的向西推移，"致使希特勒军队向东进犯时，不是从纳尔瓦—明斯克—基辅一线开始，而必须从更西几百公里的线上开始"。

前苏联加快了作为国防基础的社会主义经济建设的步伐，至 1937 年已由一个落后的农业国变成了一个工业化和农业集体化的社会主义强国。前苏联的机器制造工业、拖拉机制造工业和石油工业的总产量跃居欧洲第一位，世界第二位。1940 年，前苏联生产钢 1830 万吨，与德国相接近，生铁 1490 万吨，比德国多 50 万吨，原油 3110 万吨，大大超过德国，但电力为 483 亿度，比德国少。前苏联极为重视在内地建立战略上具有重要意义的工业基地：在乌拉尔建成了第二个煤炭冶金基地乌拉尔—库兹涅茨克综合企业，在哈萨克建立了第三个煤矿基地卡拉干达煤田，在伏尔加河流域和南乌克兰建立了石油基地。1940 年，上述工业基地提供了全国煤产量的 36％、钢产量的 32％、生铁产量的 28.5％、石油产量的 12％。这些工业基地战时成了苏军武器和装备的强大供应地。前苏联的农业实行了集体农庄制度。至 1941 年初，前苏联共有 23.6 万个集体农庄，4200 个国营农场，7069 个拖拉机站。粮食产量逐年提高，战前的储备粮已达 600 余万吨。农业生产的布局也已发生了很大的变化。在西伯利亚、乌拉尔、伏尔加河流域、哈萨克和中亚等地区建立了谷物、肉品、奶品、羊毛和经济作物的加工厂。这些地区的粮食作物约占全国的 25％。1940 年集体农庄和国营农场拥有 53 万台拖拉机、18.2 万台联合收割机、22.8 万辆载重汽车。几十万名拖拉机手、联合收割机手和汽车驾驶员是苏军坦克兵、机械化兵以及其他部队的重要后备力量。

前苏联共产党和前苏联政府在制订和执行国民经济发展计划时强调要优先发展重工业，特别是国防工业。因此，军工产品的增长速度超过了民用工业产品的增长速度。按照第三个五年计划（1938—1942 年）的要求，整个工业年产量平均增加 13％，而国防工业的年产量则增加 39％。随着国际形势的变化，一批大型军事工厂开工生产，许多机器制造厂和其他工厂转产国防技术装备。1940 年 6 月 26 日，前苏联最高苏维埃主席团通过了《关于改行每天工作 8 小时、实行 7 日工作周和禁止企业、机关职工任意旷工的命令》，从而提高了劳动生产率。国家机关和工业领导部门进行了机构改革。国防工业人民委员部分成了航空工业、造船工业、弹药、军械等四个人民委员部，进一步加强了对国防生产的领导。前苏联人民委员会所属的经

济委员会也进行了改组，在它的基础上建立了国防、冶金、燃料、机械制造等经济委员会，具体指导与国防有密切联系的工业生产。1938—1940年，苏联约有3000个新的工业企业和军工企业投入生产。国家的战备物资储备总值在1940年已达40亿卢布，1941年上半年则增至76亿卢布。军事拨款逐年在增加，1939年占国家预算的25.6%，1940年为32.2%，1941年已达43.4%。

随着国防工业的迅速发展，军队的武器装备有了较大改善。从1939年1月到1941年6月22日，苏军获得了7000多辆坦克。至于新型坦克，因设计投产较迟，战前只生产出KB型坦克639辆和T—34型坦克1225辆，实际上从1940年下半年起才开始装备部队。在此期间，前苏联工业部门为军队提供了2.9637万门野战火炮、5.2407万门迫击炮、1.7745万架作战飞机，其中新式飞机为3719架。造船工业加快了舰艇的建造。仅1940年就有各级舰艇100艘下水，还有270艘正在建造。海军的总吨位从1939年至1941年增长了近16万吨。弹药的生产也在不断增长。前苏联在和平建设年代为改善军队的武器装备作了巨大努力。但是，由于对德国发动战争的时间判断不准，对武器装备的大量生产，特别是对新式飞机、坦克和火箭炮的成批生产抓得较晚，致使迅速发展的武装力量在战争开始时未能获得足够的技术装备和新式武器。

前苏联在兵员潜力上对德国占有绝对的优势。但是，它横跨欧亚，幅员辽阔，交通不够发达，是个多民族国家，西部部分领土又并入不久，因此对武装力量的动员和扩充仍有不少困难。前苏联对动员体制进行了多次改革。1938年废除了民族部队，实行了全国统一的兵员补充制和服役制度。1939年9月颁布了《普遍义务兵役法》，延长了服役期。至苏德战争开始时，前苏联的动员体制已日臻完善，从而保证了征召工作的顺利进行。前苏联武装力量人数不断增长。1939年1月1日，苏军的编制人数为194.3万人；1940年6月1日，为360.2万人；1941年1月，增至420万人；到1941年6月1日，已达500余万人。苏军根据战时的需要，大规模地组建、改编和改装了几百个部队和兵团。1939年陆军只有98个师，到1941年春已增加到303个师。机械化军在1940年只有9个，至1941年3月决定组建20个。但大部分兵团和部队在战前均未达到齐装满员。按1941年4月实行的战时编制，1个步兵师应有1.4483人万，编成3个步兵团、2个炮兵团、1个工兵营、1个通讯营以及后勤部队和机关，应装备78门野炮、54门45毫米反坦克炮、12门高炮、66门82和120毫米迫击炮、16辆轻型坦克、13辆装甲车、300多匹马。而在实际上内地军区大多数师仍保持简编师的编制，许多步兵师才开始组建和训练。就是西部边境军区的170个师和2个旅，也都没有满员。其中144个师每师只有8000人，19个师每师只有600至5000人，而7个骑兵师平均每师只有6000人。由于武器装备的生产跟不上新建部队数量的增长，步兵师缺乏足够的火炮、防空兵器和反坦克兵器，坦克部队没有按编制数装备应有的坦克。空军的扩建工作也有进展。1939年初，前苏联空军共有3个集团军、38个旅。在1939年至1940年期间，为了提高空军的作战能力，航空兵旅改编成航空兵师、团。1941年2月25日，联共（布）中央通过了《关于改编红军空军的决定》，计划在1年内组建25个航空兵师的指挥机关和

106 个航空兵团,其中半数应装备新式飞机。但至战争爆发时,只有 19 个航空兵团完成了改装。前苏联根据未来战争的特点大力扩充空降兵。1941 年 4 月着手组建 5 个空降军。按编制,1 个空降军应由 3 个空降旅和一个个独立轻型坦克营组成。至 6 月 1 日人员已配齐,但技术兵器严重不足,因此新建的兵团大部分人员在战争爆发时被当作步兵使用,苏军进一步加强了防空部队的建设,战前已拥有 3659 门高射炮、1500 具探照灯、850 个阻塞气球。空军还抽调出 40 个歼击航空兵团(1500 架飞机)担任防空任务。全国按军区划分了防空区。但至 1941 年 6 月,新的防空作战体系没有最后完成,装备新式技术兵器的工作也只是刚刚开始。前苏联海军进行了调整和扩充。1939 年已建立 4 个舰队(波罗的海舰队、黑海舰队、北方舰队、太平洋舰队)和 5 个区舰队。至 1941 年 6 月,海军已拥有各种军舰 1000 多艘,其中包括战列舰 3 艘、巡洋舰 7 艘、驱逐舰 54 艘、潜艇 212 艘、护卫舰 22 艘、扫雷艇 80 艘、鱼雷艇 287 艘,以及 250 架海军航空兵飞机、260 个海岸炮兵连。前苏联海军建设上的严重缺点是:对将要在战争中担负重要任务的北方舰队重视不足,对于海岸防御和对空防御,以及水雷和鱼雷武器缺乏应有的关注。

前苏联在大力扩充武装力量的人员和技术兵器的同时,不断加强对军队的战斗训练。1940 年 3 月,联共(布)中央召开了政治局会议,会上总结了苏芬战争的经验教训,指出了军队战斗训练和政治教育中的严重缺点,批评了军事干部理论学习和实际训练脱离现代战争要求的错误倾向,以及在军事训练中严重存在的形式主义、弄虚作假和简单化的作风。4 月中旬,总军事委员会召开了扩大会议,确定了从当前需要出发组织部队训练的原则。根据联共(布)中央和前苏联政府的决定,组成以日丹诺夫和沃兹涅夫斯基为首的专门委员会,检查国防人民委员会的工作。接着,铁木辛哥于 5 月 8 日接替伏罗希洛夫担任国防人民委员。各级领导根据新的要求加强了对部队的整训。1940 年 12 月底至 1941 年 1 月 11 日,在莫斯科召开了苏军高级指挥人员会议,检查了 1940 年的军事训练工作,并对军事学术上的一些起理论问题作了探讨。会后又在国防人民委员的主持下进行了战役战略演习,进一步研究军队的作战方针。苏军的军事院校进行了教学改革,根据欧战的经验传授现代军事理论,培训了大批学员。此外,还广泛开展了群众性的国防活动。至 1941 年 1 月 1 日,前苏联支援国防和航空化学建设协会已拥有 1300 万会员。每年有好几万名飞行爱好者、跳伞员、射手在各类俱乐部和航空学校接受训练。总之,战争前夕苏军的军事训练已有改进和加强,但由于对德军"闪击战"缺乏充分的研究,部队的训练未能完全适应未来敌人作战的新特点。

2. 苏军的战略计划和兵力部署

苏军总参谋部在战前制订作战计划时判断,西方的法西斯德国和东方的军国主义日本,虽都可能成为自己的作战对象,但是,主要的战场在欧洲,主要的敌人是德国。德国可能同芬兰、罗马尼亚、匈牙利、意大利、土耳其相勾结,向前苏联进攻。日本可能在德国发动侵苏战争的同时进犯前苏联,也可能先保持中立,待时机有利时才开始行动。因此,苏军的基本兵力应集中在本国的西部,而在远东只需保持必要的兵力。苏军总参谋部还认为,德军的主要进攻方向可能指向西北,所以苏军西部的主力应展开在波罗的海沿岸地区到波列西耶。1940年9月，总参谋部在修改作战计划时对原先的判断有所改变，认为德军的主要进攻方向可能是指向基辅，并确定将苏军的主要力量集中在西南方向。1941年2—4月，总参谋部再次修改作战计划时，仍判断德军的主要进攻方向是乌克兰和顿河流域，以夺取前苏联最重要的经济地区，掠夺乌克兰的粮食、顿涅茨的煤、高加索的石油。

战前，苏军总参谋部对于战争初期新的作战方法，没有进行充分的研究。当时判断，德国进攻前苏联不可能一开始就投入主力作战。可能还像第一次世界大战那样，战争开始后，双方在边境交战几天以后主力才进入交战。敌军主力同苏军主力一样，至少需2个星期才能完全展开。因此，在这段时间里，苏军的掩护部队能够完成抗击敌人首次突击的任务，并保障准备实施反击的全部兵力的集中和展开。

前苏联判断战争可能爆发的时间时认为，苏德之间的战争是不可避免的，但是只要行动上小心谨慎，就有可能将战争推迟到1942年。因而它要求苏军加快改装和扩建部队的速度，同时在行动上要极为谨慎，以便在前苏联完成军事准备以前，不给德国以任何挑动战争的借口。

1941年春，德军向前苏联西部边境毗连的邻国大量集结军队，形势日趋紧张。苏军总参谋部认为西部各军区兵力不足，必须从内地军区紧急动员和抽调若干集团军去加强西部边境的防御力量。根据国境掩护计划，决定将2个简编的集团军以野营训练为名调往乌克兰和白俄罗斯。5月13日，总参谋部又下令从内地军区向西部增调4个集团军和1个步兵军：第二十二集团军从乌拉尔调往大卢基地区；第二十一集团军从伏尔加河沿岸调往戈梅利地区；第十九集团军从北高加索军区调往白策尔科夫斯克地区；第十六集团军从后贝加尔调往乌克兰的舍佩托夫卡地区；步兵第二十五军从哈尔科夫军区调往西德维纳河一线。同时，令第二十、第二十四和第二十八集团军作好调防的准备。按计划，战略第二梯队应由上述这7个集团军编成。但至战争开始时，除第十九集团军的几个兵团已到达规定地区外，其余大部分兵团还在半路或原地。在从内地向西部调动军队的同时，西部边境军区内部也开始变更部署，各兵团以夏季野营训练为名向掩护计划规定的展开地域靠近。由于缺乏现代化的交通工具，调运的速度缓慢，战争爆发时，只有几个兵团到达指定地域。

至1941年6月，前苏联西部边境的5个军区共有170个师又2个旅（其中115个步兵师又2个独立旅、32个坦克师、16个摩托化师和7个骑兵师），约有268万人，1540架新式飞机和大量老式飞机、1800辆重型和中型坦克（其中1475辆新型坦克）、3.4695门火炮和迫击炮，在北起巴伦支海南至黑海，宽达4500公里，纵深400公里的广大地区进行防御。由于所有的海岸线都只是靠海岸防御的海军负责掩护，所以陆军占领的防线为3300多公里。西部诸军区的兵力和任务区分如下：

列宁格勒军区（司令员波波夫中将）辖第十四、第七和第二十三集团军，共21个师又1个旅，其任务是掩护苏芬国境从雷巴奇半岛至芬兰湾一线，正面宽1200公里。军区的基本兵力集中在拉多加湖以南。拉多加湖以北的边境只以第十四集团军掩护各重要方向。按照苏芬条约，独立步兵第八旅驻守汉科半岛。军区的预备队由1个机械化军编成。

波罗的海沿岸特别军区（司令员弗·伊·库兹涅佐夫上将）辖第八、第十一和第二十七集团军，共 25 个师又 1 个旅，其任务是掩护前苏联与东普鲁士的边境（从帕兰加至立陶宛南部边境），正面宽 300 公里。从塔林至利耶帕亚的波罗的海沿岸，只有 2 个步兵师担任防守。独立步兵第三旅防守莫昂宗德群岛。军区的预备队由第二十七集团军（共 6 个师）编成。

西部特别军区（司令员巴甫洛夫大将）辖第三、第十、第四和第十三集团军，共 44 个师，其任务是掩护从立陶宛南端至乌克兰北端的国境线，正面宽 450 公里。军区的预备队由 6 个独立军编成，其中 2 个为机械化军。

基辅特别军区（司令员基尔波诺斯上将）辖第五、第六、第二十六和第十二集团军，共 58 个师，其任务是掩护从多玛切夫，经索卡耳、普热米什尔至利朴卡纳的国境线，正面宽 820 公里。军区的预备队由 4 个机械化军、5 个步兵军和 1 个骑兵师编成。从兵力编成来看，这个军区的力量最强大。

敖德萨军区（司令员切列维钦科中将）辖第九集团军、独立步兵第九军，共 22 个师，在滨海方向展开，正面宽 450 公里。第九集团军掩护前苏联同罗马尼亚的边境。独立步兵第九军防守克里木。军区的预备队由 2 个步兵军组成。

前苏联海军在西部共有 269 艘水面舰艇和 127 艘潜艇，编成 3 支舰队（北方舰队、波罗的海舰队、黑海舰队）和 2 支区舰队（平斯克区舰队和多瑙河区舰队），分别停泊在港口，尚未进入预定的阵地。

西部边境诸军区以 2/3 的兵力，即 107 个师担任掩护任务，并以 1/3 的兵力，即 63 个师为预备队。第一梯队各师的防御正面平均宽达 60 公里，有的师宽达 100 公里以上。而防御的纵深却很浅。预备队配置在距边境 100—400 公里的纵深内。西部边境军区预先均未在国境线展开自己的主力和占领各防御地区。战争爆发时，只有少数师直接在国境线上担负宽大正面的防御。大部分师最多的也只有 1 个团配置在边境工事内，而其主要兵力都驻扎在距边境 8—20 公里的野营或兵营内。驻守在边境军区纵深内的军队，刚开始向边界附近集中，离边界还有 150—500 公里。这在很大程度上，造成战争初期在边境一带的兵力、兵器对比上对苏军不利。

1941 年 6 月 13 日，前苏联国防人民委员铁木辛哥鉴于战争已迫在眉睫，曾要求下令边境军区部队进入战争准备，并根据掩护计划展开第一梯队。但是，前苏联最高领导人因恐敌人借故挑衅，没有立即同意下达命令。直至 6 月 21 日午夜，当大量的情报和事实业已确证德军将于翌日凌晨发动进攻时，斯大林才指示铁木辛哥下令各边境军区所有部队立即进入战争准备，荫蔽占领国境筑垒地区。但是，这已为时太晚。苏军大部分部队还未接到命令，德军的炮火准备却已经开始了。

苏德战争的爆发

1941 年 6 月 22 日凌晨，希特勒撕毁苏德互不侵犯条约，未经宣战，向苏联发起全面进攻。德方进攻的兵力，有德军 153 个师（其中有 19 个是坦克师），芬、罗、匈三个仆从国家 37 个师，共 190 个师；坦克 3700 辆，飞机 4900 架，大炮与迫击炮 47000 多门，舰艇 193 艘。战争是以突然袭击开始的。在地面部队越过国境之前，炮兵猛轰苏军的工事和驻地，空军则深入纵深轰炸机场、港口、交通枢纽等战略要地。德机在 3 时零 7 分袭击黑海舰队，3 时 30 分袭击白俄罗斯城市，3 时 33 分袭击乌克兰城市，3 时 40 分袭击波罗的海沿岸的考那斯等城市，在半天之内就炸毁了 66 个机场和 1200 架飞机。4 时左右，在波罗的海到匈牙利的苏联边界线，有多处被突破。24 小时内，德军在不同战线侵入苏联境内 25—50 公里。

6 月 22 日 5 时半，德国驻苏大使舒伦堡才向苏外长莫洛托夫递交宣战书。此后，芬兰、罗马尼亚、匈牙利和意大利相继对苏宣战。6 月 23 日，希特勒到达东普鲁士拉斯登堡以东的大本营（"狼穴"）指挥战争。

苏军向德军发射喀秋莎火箭炮

法西斯侵略军根据"巴巴罗沙计划"，由北方集团军群、中央集团军群和南方集团军群分三路向苏联领土推进。

北方集团军群由第十八集团军、第十六集团军、第四装甲集群和 3 个保安师组成，共计 29 个师，还有第一航空队 1070 架飞机的支援；冯·李勃元帅任指挥。这一路德军从东普鲁士哥尼斯堡向苏联波罗的海沿岸地区进攻，它的任务是歼灭波罗的海地区的苏军，进攻列宁格勒。

中央集团军群由第四集团军、第九集团军、坦克第二集群、坦克第三集群（共 50 个师又两个旅）组成，还有第二航空队 1600 架飞机的支援；冯·包克元帅任指挥。它的任务是围歼白俄罗斯的苏军。

南方集团军群由第六、第十七、第十一集团军，坦克第一集群，以及罗马尼亚第三、第四集团军和匈牙利 1 个快速军（共 57 个师又 13 个旅）组成，还有第四航空队和罗马尼亚空军共 1300 架飞机的支援；由冯·龙德斯泰特元帅指挥。它的任务是进攻基辅，在第聂伯河以西歼灭在乌克兰的苏军主力。

德军将领古德里安不赞同希特勒的作战理论

战争初期的胜利，使希特勒认为三个月征服苏联的美梦即将实现。希特勒的得意忘形，使"狼穴"内充满了欢乐气氛，一些法西斯将军们一度失去了理智。哈尔德"甚至认为对苏战争在 14 天内即使不能结束，至少也能胜利。"7 月 19 日，希特勒成立了新的"东方部"，专门管辖俄国和巴尔干地区，任命罗森贝尔为部长。

战局并没有按照希特勒希望的那样发展。德国进攻开始以后，以斯大林为首的苏联政府，立即采取了一系列紧急措施，动员全国一切人力、物力资源，进行伟大的卫国战争。

6 月 22 日 7 时 15 分，苏联国防人民委员发布第二号命令，要各军区立即用所有的兵力歼灭入侵之敌。但当时的实际条件已不可能执行这一命令。上午 10 时，斯大林提交最高苏维埃主席团批准动员令：从 6 月 23 日起，除中亚、外贝加尔和远东军区外，在 14 个军区，对 1905—1918 年出生的有服兵役义务的公民实行动员，并在欧洲部分实行军事管制。12 时，莫洛托夫发表广播讲话指出，德国背信弃义，撕毁苏德互不侵犯条约，对苏突然袭击，是侵略者；他号召苏联全体军民粉碎法西斯的进攻，将侵略者赶出国土。12 时左右，国防人民委员发布第三号命令，要求苏军转入反攻，粉碎主要方向上的敌人，并向敌人国土挺进。这一命令当时实际上是办不到的，朱可夫后来说下达这样的命令是犯了错误。12 时许，波罗的海特别军区改组为西北方面军，西部特别军区改组为西方方面军，基辅特别军区改组为西南方面军。13 时，统帅部派朱可夫到西南方面军任统帅部代表，派沙波什尼科夫和库利克去西方方面军任统帅部代表，以加强方面军的领导力量。

6 月 23 日，组成苏军统帅部：铁木辛哥任主席，其他成员为朱可夫、斯大林、莫洛托夫、伏罗希洛夫、布琼尼和库兹涅佐夫。同日，总参谋部预先制定的动员计划、弹药生产计划开始生效。

6 月 24 日，列宁格勒军区改编为北方方面军。此外，还组建了南方方面军。同日，联共（布）中央和苏联人民委员会决定，建立疏散委员会，领导全部疏散工作，其中包括大企业的东迁。

6 月 26 日，斯大林命令组成预备队方面军。

6 月 27—29 日，联共（布）党中央动员共产党员和共青团员上前线，加强苏军的政治思想工作。

6 月 30 日，成立国防委员会，斯大林任主席，领导战时的全部工作。

至 7 月 1 日，已动员了 530 万人组建新的战略预备队。在列宁格勒、莫斯科等城市建立了民兵组织。在沦陷区成立游击队，开展游击活动。

7 月 3 日，斯大林代表党中央发表广播演说，说明前线情况，号召全国人民立即重新安排全部生活和国家经济，以适应战时要求，号召党和人民奋起保卫祖国，捍卫每一寸苏联国土，为保卫苏联的城市和乡村战斗到最后一滴血。

法西斯德军的突然袭击，使苏联边境线上的防御体系陷于瘫痪。苏军仍然奋战，打击敌人。希特勒的副官尼·冯·贝洛在回忆录中写道："头几天的交战表明，苏联对战争的准备工作比我们预料的要充分"。"苏联人的仗到处打得很漂亮，有些打得很顽强、很坚决，迫使我军不得不与之激战。""南方的俄国人抵抗是剧烈的，仗也打得漂亮。在那里指挥作战的龙德斯泰特说，在整个战争中还没有遇到如此精良的对手。"战争开始后，西方方面军面对的"中央"集团军群，在所有主要突击方向上，敌人都拥有五至六倍的优势，又不断地得到空中支援。其他方面军面临的敌我力量对比，与此类似。在这样力量对比悬殊的情况下，苏军节节败退。

德军的闪电战在战争初期取得了很大成功。德北方集团军群于 6 月 26 日夺取了西德维纳河的渡口，7 月 1 日占领里加，7 月 5 日攻占奥斯特罗夫。6 月 29 日，德中央集团军群攻占白俄罗斯首府明斯克，合围苏联两个集团军，苏军损失惨重。6 月 30 日，德南方集团军群攻占利沃夫和罗夫诺，7 月 9 日攻占日托米尔，直趋基辅。

6 月 22 日至 7 月中旬，德军的各集团军群推进 300—600 公里不等，占领了拉脱维亚和立陶宛的全部，白俄罗斯、乌克兰、摩尔达维亚的大部和第聂伯河以西的乌克兰地区，威胁着列宁格勒、斯摩棱斯克和基辅。苏军被歼 28 个师，遭受重大损失的 70 个师，30 万人被俘，损失大炮 3000 门、坦克 1500 辆、飞机 2000 架和2000车皮的军火。在苏军的反击下，法西斯德军丧失近 10 万人，损失了 1000 多架飞机和 1500 辆坦克。

为了扭转战场的被动局面，苏联当局及时地调整了指挥机构和战略部署。7 月 10 日，国防委员会把统帅部改组为最高统帅部，由斯大林任主席。7 月 19 日，斯大林被任命为国防人民委员。8 月 8 日，斯大林被任命为苏联武装力量最高统帅。国防人民委员部也进行了改组，建立了新的机构。斯大林出任最高统帅，受到了人民和军队的热烈欢迎。

在斯大林领导下，最高统帅部总结了卫国战争开始以后战略策略方面的错误，并及时地予以纠正。6 月 22 日至 7 月 9 日的战斗历程表明，第一线的苏军无法阻止德军的全面进攻，也不能消灭入侵之敌。苏军采用的迅速反攻将战争推向敌国领土上的战略，是不符合卫国战争初期的实际需要的。苏军最高统帅部及时地改变了战略指导思想，由实施战略进攻改为战略防御，彻底地修改了作战计划。新的作战计划是破坏敌军的进攻，进行积极的防御，稳定战线，赢得时间以组建战略预备队，不断地消耗敌人的有生力量，不断地削弱敌人的暂时优势，改变力量对比，夺取主动权，为战略反攻创造条件。

为了适应战略防御的需要，调整了军队的组织结构、后勤机关及其工作，加强了战时生产和政治工作。在斯大林为首的联共（布）中央领导下，这些问题都很快地得到解决。"一切为了前线，一切为了胜利"已成为全体军民的发自内心的呼声和衡量自己工作和思想的准绳。苏联进入了战略防御阶段。在这一战争阶段中，苏军彻底粉碎了法西斯的闪击战，取得了几次重大防御战的辉煌胜利，沉重地打击了敌人，为最后反法西斯战争的胜利奠定了基础。

法西斯德国侵略苏联，遭到了全世界人民的反对和反法西斯各国政府的谴责。苏联的伟大卫国战争，得到全世界人民的支持和反法西斯各国政府的声援。1941 年 6 月 22 日 21 时，英国首相丘吉尔发表声明，支持苏联对德作战。23 日，美国代理国务卿桑奈尔·威尔斯代表美国总统罗斯福发表声明，支持苏联的反法西斯斗争。6 月 23 日，中国共产党发布了毛泽东起草的《关于反法西斯的国际统一战线》文件，提出组织反法西斯国际统一战线，支援苏联的反法西斯战争，号召用将日本帝国主义驱逐出中国的实际行动来支援苏联。

苏德战争使第二次世界大战进入一个新阶段。苏联人民的伟大卫国战争大大地加强了反法西斯阵营的力量，从而使国际反法西斯统一战线迅速形成和加强。

德国进攻前苏联，第二次世界大战进入新阶段

1941 年 6 月 22 日 4 时 30 分，法西斯德国撕毁了苏德互不侵犯条约，未经宣战就向前苏联发动了全线进攻。5 时 30 分，当大批德军已侵入前苏联国境后，德国驻苏大使舒伦堡才向前苏联外交人民委员莫洛托夫宣布德国已开始对苏作战。接着，

意大利、匈牙利、斯洛伐克、芬兰追随希特勒德国，相继对前苏联宣战。战争第一天，莫洛托夫代表前苏联政府发表广播演说，号召前苏联军队和各族人民奋起反击侵略者。当晚 9 时，英国首相丘吉尔发表声明，支援前苏联对德作战，他说："任何对纳粹帝国作战的个人或国家，都将得到我们的援助，任何跟着希特勒走的个人或国家，都是我们的敌人。"翌日，美国代理国务卿桑奈尔·威尔斯代表罗斯福总统发表了美利坚合众国支持前苏联的声明。各国共产党和工人党纷纷发表声明，动员全世界各国人民支援前苏联的反法西斯斗争。前苏联的参战，大大加强了反法西斯阵营的力量，使全世界反法西斯国际统一战线迅速形成，鼓舞了世界各国人民为保卫国家和民族的独立自由而顽强战斗。从此，正如周恩来所指出的那样，"世界战争进入到苏德战争的新阶段。"

　　法西斯德国是以突然袭击的方式开始这场战争的。德军首先以大量的航空兵对前苏联西部的重要城市、交通枢纽、军事基地以及正在向国境线开进的军队进行猛烈轰炸，并在苏军防御纵深内空降伞兵，夺占要地，同时以数千门火炮对苏军的边防哨所、防御工事、通讯枢纽和部队集结地域实施猛烈轰击，然后以优势的坦克和摩托化兵团为先导，从波罗的海至喀尔巴阡山宽约 1500 公里的正面上，发起全线进攻。前苏联西部的 66 个机场遭到猛烈的轰炸。苏军半天之内就损失了飞机 1200 架，其中 800 架未及起飞迎战，即被毁于机场。许多重要城市、通讯设施、交通枢纽和海、空军基地，在德军航空兵和特务分子袭击下，遭受严重破坏。边境军区指挥机构基本上陷于瘫痪，部队出现了混乱。边防值班部队虽也进行了抵抗，但因得不到及时增援，防线迅速被突破。战争第一天，德军就前进了 50—60 公里。前苏联国防人民委员，在战况不明的情况下，于 22 日 7 时 30 分发布了第二号命令，要求边境军区实施猛烈反击，消灭入侵之敌。当时 21 时 15 分，国防人民委员又根据所谓"敌人已被击退"这一不确切的战况报告，下达了第三号命令，再次要求苏军转入反攻，粉碎主要方向上的敌人，并向敌国邻土挺进。苏军的反击没有达到预期的目的，损失巨大，前线战况更加恶化。

　　德军"北方"集团军群，其任务是歼灭波罗的海沿岸地区的苏军，攻占列宁格勒。6 月 22 日，该集团军群在大量航空兵的支援下，从东普鲁士的哥尼斯堡向前苏联波罗的海沿岸地区发起进攻。至黄昏时，坦克第四集群的先遣部队已前出到杜比萨河。苏军西北方面军决定对突入第八和第十一集团军接合部的德军实施反突击。6 月 23 日和 24 日，苏军向施亚乌利亚伊方向实施反突击的 3 个坦克师，与德国优势兵力遭遇，受损后被迫退却。6 月 26 日，德军一股伪装成苏军的伤员，加入苏军运输队的行列，到达西德维纳河后，夺占了渡口，使德军的机械化部队顺利地渡过了西德维纳河，攻占了陶格夫匹尔斯。6 月 29 日，德军在克鲁斯特皮尔斯地域渡过了西德维纳河，7 月 1 日占领了里加，7 月 5 日攻占奥斯特罗夫。苏军在奥斯特罗夫地区和普斯科夫接近地实施的反突击失利后，于 9 日放弃普斯科夫。苏军的坦克损失很大，有些新型坦克也落入了德军的手中。苏军红旗波罗的海舰队被迫从利耶帕亚撤至塔林。至此，德军"北方"集团军群在 18 天内已侵入前苏联境内约 400—450 公里，前出到列宁格勒州。

德军"中央"集团军群的任务是围歼白俄罗斯的苏军。德军计划分南、北两路实施钳形突击：北路第九集团军和坦克第三集群，从东普鲁士的苏瓦乌基地区发起进攻；南路第四集团军和坦克第二集群从布列斯特地区实施突击。两路德军应在白俄罗斯的首都明斯克会合，并在消灭被围的苏军后继续向斯摩棱斯克挺进。6月22日晨，德军"中央"集团军群以约40个师的兵力向苏军发起攻击。苏军西方方面军右翼第三集团军，被尼维尔纽斯方向上进抵湟曼河右岸的德军坦克第三集群包围后，于6月23日被迫放弃格罗德诺。西方方面军左翼第四集团军，在德军空军和炮兵的袭击下，其第四十二师和第六师未能按计划占领规定的防御地带，并在德军优势兵力的攻击下，开始从科布林撤退。这样一来，西方方面军的两翼就面临被德军坦克兵团深远包围的威胁，而其中央的第十集团军在比亚威斯托克突出部也有被合围的危险。在战争的头几天，西方方面军曾以机械化第十四军、第十一军和第六军分别向布列斯特和格罗德诺方向实施反击，虽取得了一定胜利，但因缺乏空中掩护，油料、弹药得不到补充而告失败。这时，德军坦克第三集群的基本兵力在占领维尔纽斯后，继续向明斯克推进。与此同时，德军坦克第二集群也已逼近期卢茨克。明斯克已危在旦夕。6月25日，西方方面军司令员巴甫洛夫根据统帅部指示，命令第三集团军和第十集团军从比亚威斯托克突出部向东撤至利达、斯洛尼姆、平斯克一线。但由于缺乏车辆和燃料。苏军未能摆脱德军。6月29日，德军第二和第三坦克集群的部队在明斯克会师，在比亚威斯托克和斯洛尼姆地区包围了苏军2个集团军。苏军被合围的部队，在激战中突围，受到很大损失。7月2日，苏军统帅部决定，将统帅部预备队集团军群编入西方方面军，并解除了西方方面军司令员巴甫洛夫的指挥职务，送交军事法庭审判。一起交法庭审判的还有参谋长克里莫夫斯基、通信兵主任格里哥里也夫、炮兵主任克里奇等。国防人民委员铁木辛哥被任命为西方方面军司令员、叶廖缅科为副司令员、马兰金为参谋长。但是，撤换方面军的领导后，该方向上的局势仍在继续恶化。7月3日，德军由明斯克向东和东北发展进攻。至9日黄昏，其坦克部队在从波洛茨克到日洛宾的正面上逼近了西德维纳河和第聂伯河地区，并攻占了维捷布斯克。从6月22日至7月10日，德军在这一方向上深入前苏联国境450—600公里，几乎占领了白俄罗斯全部领土，斯摩棱斯克受到严重威胁。

德军"南方"集团军群，其任务是向基辅总方向实施进攻，把乌克兰的苏军主力消灭在第聂伯河以西。德军的计划是：第六集团军和坦克第一集群从卢布林东南地区向东挺进，攻占基辅后转向东南，沿第聂伯河向黑海方向进军，夺取第聂伯河上的渡口，阻止苏军东撤；第十七集团军向利沃夫、文尼察方向发展进攻；第十一集团军和罗马尼亚军队取道卡缅涅茨—波多利斯基和莫吉廖夫—波多利斯基攻入乌克兰，牵制那里的苏军。德军"南方"集团军群于6月22日发起进攻后进展较慢，直至24日，才有几个师突破苏军西南方面军的防御正面，向杜布诺前进。西南方面军司令员基尔波诺斯为了肃清在第五和第六集团军接合部上突入的德军坦克第一集群的部队，先后以机构化第八、第九、第十五、第十九和第二十二军实施反突击。从6月24日到29日，在卢茨克、杜布诺、勃罗德一带进行了一场战争初期最大的坦克交战。苏军由于缺乏统一指挥，不能协调一致地行动，反突击终于失败。30 日利沃夫和罗夫诺失守。德军坦克第一集群激战后调整了部署，于 7 月 4 日突入奥斯特罗格，7 月 9 日攻占了日托米尔。个别坦克部队已进至通向基辅的接近地。德军第十一集团军和罗马尼亚军队也于 7 月 3 日进抵莫吉廖夫—波多利斯基。这样一来，不仅基辅受到威胁，而且西南方面军的主力有被德军包围的危险。于是，西南方面军决定将第六、第二十六和第十二集团军撤至科罗斯坚、沃伦斯基新城、舍佩托夫卡、旧康斯坦丁诺夫、普罗斯库罗夫和卡缅涅茨—波多利斯基老筑垒地域一线。南方方面军的右翼撤至卡缅涅茨—波多利斯基以南，至此，德军在西南方向已推进300—350 公里。

战争头几天，苏德战场两翼（从巴伦支海到芬兰湾和从喀尔巴阡山到黑海）没有发生激烈的战斗。北翼德军"挪威"集团军于 6 月底才开始行动，半月后前进 25 至 30 公里。南翼德军于 7 月 1 日发起进攻，5 日开始向基什尼奥夫方向前进。

苏德战争一开始，前苏联共产党和苏维埃政府立即采取了一系列紧急措施：在军事上建立和改编军队的组织机构和战略指挥机构。6 月 22 日，波罗的海沿岸特别军区、西部特别军区和基辅特别军区相应改为西北方面军、西方方面军和西南方面军。6 月 24 日列宁格勒军区改编为北方方面军。此外，还组建了南方方面军。6 月23 日前苏联政府决定建立苏军统帅部，6 月 30 日成立以斯大林为首的国防委员会。在全国进行公开动员，至 7 月 1 日，共动员了 530 万人，组建了新的战略预备队。在列宁格勒、莫斯科等城市建立民兵组织。在沦陷区成立游击队，开展游击活动；在政治上确定了伟大卫国战争的政治军事目标，对前苏联人民进行政治动员。7 月 3日，斯大林发表了广播演说，动员全国人民"挺身捍卫自己的自由、捍卫自己的荣誉、捍卫自己的祖国"。加强军队和居民中的群众性政治思想工作，动员共产党员和青年团员参加军队，提高苏军的组织性、纪律性和士气。前苏联政府还广泛开展外交活动，建立反希特勒同盟；在经济上进行改组，以保障战争的需要。从受威胁的地域向东疏散物资和居民。改组国家机关以保障动员全国的人力物力支援前线作战。

在苏德战争初期，从 6 月 22 日至 7 月 9 日，德军在西北方向推进约 400 至 450公里，在西方方向推进 450 至 600 公里，在西南方向推进 300 至 350 公里，夺占了拉脱维亚、立陶宛全部，白俄罗斯、乌克兰、摩尔达维亚大部，侵入了俄罗斯联邦西部各州，进抵列宁格勒远接近地，威胁了斯摩棱斯克和基辅。在此期间，苏军遭到重大损失。西部边境军区 170 个师中有 28 个师被歼灭，70 个师人员武器损失过半。法国亨利·米歇尔在其《第二次世界大战》一书中指出，经过为时 18 天的战斗，"俄国人丢掉了 2000 车皮的军火，30 万人被俘，损失火炮 3000 门、坦克 1500辆和飞机 2000 架。"至于德军在这期间的损失，据前苏联元帅朱可夫在《回忆与思考》一书中记载，"希特勒军队已经丧失将近 10 万人、1000 多架飞机、近 1500 辆坦克。"

前苏联为什么在战争初期遭受如此严重的失利？前苏联有些史学家认为，主要是由于在欧洲没有第二战场；西方国家有人则把它说成是仅仅由于斯大林拒绝了丘吉尔关于德国即将向前苏联发动进攻的忠告，没有及时作好迎战准备的结果；赫鲁晓夫则把失利的原因归罪于所谓"斯大林在干预战争进程中所表现的那种神经质和歇斯底里性"，这些说法，有的属于偏见，有的属于别有用心。前苏联在战争初期的严重失利。其原因是多方面的。

以马列主义为基础的前苏联军事思想，从总体上看，是先进的，但苏军在战前研究战争问题时也有形而上学的东西，在研究战争初期等问题时未能摆脱第一次世界大战旧观念的影响。前苏联元帅朱可夫也承认，当时国防人民委员部和总参谋部认为，"像德国和苏联这样的大国之间的战争，可能还像从前那样开始：先在边境交战几天以后双方主力才进入交战。"认为法西斯德国在集中和展开主力的时间方面将和前苏联一样，需要 15 到 20 天的时间。德军在使用兵力上，也只能以 50% 的兵力用于前苏联战场，其余兵力要驻守在西方被占领国。由此可见，苏军根本没有料到德军一开始就投入 75% 以上的主力，并大量集中使用坦克和飞机这些技术兵器，同时向大纵深实施突击。苏军战前关于战争初期的理论，仅仅研究了实施强大的进攻性回击，忽视了对战略防御问题的研究。至于在强敌突击下的战略退却、反合围战斗和遭遇战等也没有很好研究。这些军事理论上的错误，集中反映在前苏联 1941 年春季制定的国境防御计划中。该计划规定，"如果战略第一梯队不仅击退了敌人的首次突击，并且在主力展开之前已将战斗行动推至敌人领土，那么，战略第二梯队（预计在第聂伯河一带展开）根据总的战略企图应当加强第一梯队并实施反击。"这个严重脱离战争初期实际的计划，导致前苏联领导人在战争爆发的当天两次下令苏军转入反攻，并要求他们向敌国领土挺进，从而造成了严重的恶果。

战前，前苏联作了大量的战争准备工作。但是，由于对战争爆发的时间判断错误等原因，未能抢在战争爆发之前准备就绪。例如：前苏联没有及时安排武器装备，特别是新式技术兵器的大量生产。部队武器装备陈旧，而且缺额很大。苏军的飞机80% 已陈旧，辅助设备很差。坦克大部队也很陈旧，临战前，20% 的坦克在大修，47% 的坦克正在进行或需要中修。新型坦克数量很少，且刚装备到部队。火炮，特别是防空武器和防坦克武器尤为缺乏。弹药储备不足，只能满足 1 个月的作战需要。苏军没有独立的国防通讯网，各种通讯手段的运用和维修均借助于邮电人民委员部，而该部的通讯手段远不能满足战争的需要。平时没有建立紧急报知系统，上级的指令无法迅速传至部队。从 1941 年 6 月 21 日 17 时斯大林召见铁木辛哥、朱可夫准备下达一级战备的训令，到 6 月 22 日 4 时 30 分德国发动进攻，中间将近 11 个小时；但是，由于没有建立报知系统，加上逐级传达训令迟缓，大多数部队均未及时接到进入战备的训令。战场建设的速度太慢。旧国境线上的工事大部分已拆除，新国境线上的筑垒地域尚未构筑完成，原定在西部修建 170 个机场，到战争爆发时大部分都没有完工。各级领导统率机关均未构筑地下指挥所。西部边境的交通条件差，不能满足调运大量军队的需要。部队的改编抓得太迟，缺额很大，西部边境军区的170 个师和 2 个旅均不满员，战备训练脱离现代战争的实际，忽视了对预想敌人作战特点的研究。平时缺乏对打集群坦克、反空袭和组织诸兵种协同作战的训练。各级指挥人员和司令部人员指挥能力和文化科学知识较差，大部分还没有具备与其职务相称的战役、战术素养，因而在战争爆发后不能迅速适应德军那套闪击战法，一时找不出相应的对策。

　　前苏联对希特勒的侵略野心虽早有察觉，但对爆发战争的时间作了不符合实际的判断，不相信法西斯德国会背离俾斯麦东方政策的传统，在结束西线战事以前会向东对前苏联发动战争，并指望通过外交活动，使自己不致过早地卷入战争，并认为德国正忙于对英作战，无力在两线上同时打仗。政治局委员和高级将领们与都坚信可以避免在 1942 年以前卷入战争。他们估计，德国可能要在征服英国，或与英国议和后才会发动侵苏战争。1941 年 3 月以后，前苏联从各种渠道获得德军即将进攻前苏联的大量情报，但前苏联以为这可能是英国在故意挑拨苏德关系，企图"火中取栗"。希特勒的副手鲁道夫·赫斯于 1941 年 5 月飞往苏格兰后，前苏联更加怀疑来自英国等资本主义国家的情报。尽管德国飞机不断侵犯前苏联的领空，大量的德军正向前苏联的边境集结，满载战争物资的火车日以继夜地向东方开进，但被德国"海狮"计划挡住了视野的前苏联领导人，还认为这仅仅是希特勒在向前苏联施加压力，不相信德军真的会进攻前苏联。1941 年 6 月 14 日，即在战争爆发的前 1 周，塔斯社还受权发表了一项只能是麻痹自己的声明。声明说："德国和苏联一样，也在认真遵守苏德互不侵犯条约，有鉴于此，德国企图撕毁条约和进攻苏联的传闻是毫无根据的。"前苏联由于在判断战争爆发的时间上犯了严重错误，临战动员失之过迟，边境军区部队未及展开便遭到德军强大的突然袭击，战争一开始就陷于极为被动的局面。

　　战前，苏军对德军的主攻方向判断错误。苏军总参谋部认为，"最危险的战略方向是西南方向的乌克兰，而不是西部方向的白俄罗斯。"因而在西南方向上配置了 80 个师，占西部边境苏军总兵力的 47％，而在德军实施主要突击的西方方向上，只部署 40 个师，占 23％。直至战争爆发几天后，苏军统帅部才发现自己判断失误，急忙将战略第二梯队的防线向中央收缩，并将配置在乌克兰地区第十六和第十七集团军转移到白俄罗斯，从而增加了苏军的被动和混乱。

　　前苏联在战争初期虽然遭受了严重损失，但是经受了严峻考验的前苏联人民和武装力量，在前苏联共产党的领导下，及时吸取了失利的教训，从政治、经济、军事上全面加强了反法西斯斗争，经过长时间的英勇奋战，终于打破了纳粹德国妄图以一次快速的战局击溃前苏联的迷梦。

苏军的战略防御

　　侵苏战争初期，法西斯德国取得了暂时性的胜利。至 1941 年 7 月 10 日，德军完成了战略突破任务，渡过西德维纳河，进逼第聂伯河。苏军节节后退，遭到重大损失。德军统帅部为其初期的胜利欣喜若狂。苏军在被迫退却的过程中转入战略防御，德军的进攻遭到苏军日益增强的抵抗。

　　为歼灭向东退过别列津纳河和退向第聂伯河的苏军，德军出动 182 个师继续在全线进攻，7 月 8 日，希特勒给各集团军群规定的任务是："北方"集团军群继续向列宁格勒方向推进，从东和东南切断该市与前苏联内地的联系，夺取列宁格勒，歼灭波罗的海沿岸地区的苏军；"中央"集团军群应合围并消灭斯摩棱斯克地域的苏军，为尔后进攻莫斯科创造条件；"南方"集团军群以主力合围第聂伯河右岸乌克兰地区的苏军，并以部分兵力向基辅方向进攻；芬兰集团军沿拉多加湖两侧进攻，歼灭卡累利阿南部和卡累利阿地峡的苏军，打通从芬兰到列宁格勒的道路。

6月底到7月初，苏军统帅部鉴于苏军在全线失利的情况下已不可能对敌实施战略进攻，因此，决心改变战略指导思想，修改作战计划，由企图实施战略进攻改为实施战略防御，通过战略防御首先迟滞、疲惫和削弱德军，破坏其进攻锐势，稳定战线，赢得组建和集结战略预备队的时间，逐渐改变力量对比，为转入战略反攻创造条件。

自1941年6月22日德国入侵前苏联，至1942年11月18日苏军在斯大林格勒胜利结束防御战役，为苏联卫国战争第一阶段。在这一阶段，苏军进行了近17个月的战略防御作战，经受了严峻的考验。

在战略防御开始时，摆在前苏联面前的一项重要任务是改组国民经济体制，使之转入战时轨道，动员工业、农业和人力，发展军事工业；为捍卫祖国的每一寸土地而英勇战斗，忘我劳动。

7月10日，苏军统帅部改组为总统帅部，并成立了中间战略领导机关，即西北方向指挥部、西方向指挥部和西南方向指挥部，分别由前苏联元帅伏罗希洛夫、铁木辛哥和布琼尼领导。7月19日，斯大林被任命为前苏联国防人民委员，8月8日又被任命为前苏联武装力量最高统帅，总统帅部改名为最高统帅部。

苏军最高统帅部判明，德军仍在三个战略方向发展进攻，其主要方向指向莫斯科，因此决定：在受威胁的方向迅速展开战略预备队，建立战略防线，在战略纵深建立坚固的防御，构筑防御地区和筑垒地域；将战略第二梯队转隶给第一梯队各方面军，在普斯科夫、波洛茨克、基辅、赫尔松一线抗击德军；集中主力在西方向阻止德军向莫斯科突进，调用北方面军加强列宁格勒西南接近地的防御；以反突击抗击德军主力的突击，以顽强的防御制止德军快速推进，稳定战局。

至7月10日，苏军共有201个师，其中满员师只有90个。苏军最高统帅部鉴于技术兵器不足，许多预备队部队开始组建，以及军事行动要求部队高度机动和便于指挥等原因，决定逐步改革军队的组织结构。集团军向小型化体制过渡，编5个至多6个师，取消军一级指挥机关，各师直属集团军司令员；撤销庞大的机械化军的编制，组建坦克师（辖2个坦克团）和坦克旅（辖1个坦克团）以及独立坦克营；反坦克炮兵旅改为反坦克炮兵团；缩小航空兵师的编制，由4至5个航空兵团改编为2个，每团飞机由60架减至30架，随后又减至22架。

苏军最高统帅部为改善军队的物资保障，改组了后勤指挥机关。8月1日斯大林签署了组建苏军总后勤部和方面军、集团军后勤部的命令，8月19日又设立了苏军空军后勤部长的职务，并挑选了一大批国民经济部门的领导人和数十名经济工作者，到军队后勤部门工作。此外，前苏联国防委员会还决定加速后方建设，建立野战基地，调整陆海空运输网，修复和修建铁路，以保障后勤供应。

8月16日，联共（布）中央批准了由国家计划委员会制定的1941年第4季度和1942年度军事经济计划，规定将一些企业从受威胁地区迁到国家东部，并立即投入生产；在东部地区扩建军工基地，增加武器、弹药、金属、煤、汽油和其他重要产品的生产。联共（布）中央有步骤地采取措施扩大各种火炮的生产，战争开始后不久就大量生产了威力强大的"卡秋莎"火箭炮。9月11日，坦克制造从中型机器制造人民委员部领导下独立出来，成立坦克工业人民委员部。以后，军事工业所有主要部门（飞机、船舶、火炮和弹药）都建立了自己的专业领导机构。

工业企业的东迁是在极端复杂的情况下进行的；企业的拆卸、装运经常在德机轰炸下进行。成千上万满载人员和物资的孵，川流不息地驶向东方。从1941年7月至11月，前苏联从波罗的海沿岸、乌克兰等地，转运了150多万车厢的物资设备，共有1523个大型企业迁至伏尔加河流域、乌拉尔、哈萨克斯坦、中亚细亚和西伯利亚。仅用铁路就向东疏散了1000多万人。前苏联战前在东部建成的工业基地，加上疏散到这里的企业，很快就变成了国家的军工生产基地。到1942年3月，这些地区的军工产品的产量，已达到卫国战争开始前全国的生产水平，成为前苏联战时经济体系的重要基础。

前苏联共产党和前苏联政府在动员国内一切力量抗击德国法西斯的同时，还广泛开展外交活动，同一切反法西斯国家建立友好合作关系，争取国际援助。1941年7月中旬至8月，前苏联先后与英国、捷克斯洛伐克、波兰签订了在反法西斯战争中共同行动的协定。前苏联还和英国签订贸易协定，和美国签订军事经济互助协定，与挪威、比利时恢复了外交关系。9月29日至10月1日，苏、美、英3国政府高级代表在莫斯科举行会议，讨论美、英向前苏联提供武器装备和战略物资问题。这次会议签订了对苏供货第一号议定书，规定从1941年10月1日至1942年6月30日期间，美国和英国每月向前苏联提供400架飞机、500辆坦克以及其他种类的武器装备和军用物资，前苏联向美、英提供一定数量的军工生产原料。10月30日，美国总统罗斯福代表美国政府写信给斯大林，宣布给前苏联10亿美元的无息贷款，11月7日，罗斯福发表声明将武器和军用物资出借和租让法（即租借法案）扩大应用于前苏联。

至1941年年底，美国援助前苏联204架飞机、182辆坦克；英国供给前苏联669架飞机、487辆坦克、301支反坦克枪。

1941年7月中旬至12月，德军继续在西北、西方和西南3个方向展开疯狂的进攻。前苏联军民在前苏联共产党的领导下，为粉碎德军的进攻进行了艰苦卓绝的斗争。

列宁格勒保卫战

战争头18天，苏军在西北方向丧失了立陶宛、拉脱维亚和俄罗斯联邦的部分土地，从而使德军可以由卢加进逼列宁格勒。列宁格勒当时有300多万人口，是前苏联第二大城市，重要的文化和工业中心，重要的海港和铁路交通枢纽，又是前苏联波罗的海舰队的主要基地。希特勒在制定"巴巴罗萨"计划时，一再强调要攻占"布尔什维克主义的发祥地"——列宁格勒，并叫嚣一定要把这座城市"从地球上抹掉"。德军"北方"集团军群（司令莱布元帅）辖第十八、第十八集团军和坦克第四集群共 23 个师，以及芬兰东南集团军和卡累利阿集团军共 15 个师又 3 个旅，在德军第五航空队及芬兰空军共 1600 多架飞机的支援下，企图从南面和北面向列宁格勒进攻，迅速歼灭列宁格勒方向的苏军，攻占列宁格勒。希特勒准备在"中央"集团军群进到斯摩棱斯克以东地区时，将其坦克第三集群北调以加强"北方"集团军群。

德军士兵难以忍受苏联漫长而寒冷的冬季

在西北方向作战的苏军是：北方面军和西北方面军，辖 5 个集团军和 1 个战役集群，计 47 个师又 3 个旅。北方面军（司令员波波夫中将），辖第七、第二十三集团军（共 8 个师）和卢加战役集群（共 8 个师又 1 个旅），在列宁格勒北面和西南接近地沿卢加河担任防御。西北方面军（司令员索边尼科夫少将）辖第八、第十一、第二十七集团军（共 31 个师又 2 个旅，大部分师兵力缺额很大，满员师只有 7 个），在列宁格勒西南和南面担任防御。苏军决心坚守列宁格勒，牵制和消耗德军，稳定西北战场，以减轻对莫斯科方向苏军的压力，然后伺机转入反攻。

自 1941 年 7 月 10 日至 1944 年 8 月 10 日，苏军坚守列宁格勒达 3 年零 1 个月，其中城市被围时间为 900 天。1941 年 7 月 10 日至 12 月 31 日，为列宁格勒保卫战的第一阶段。

7 月 10 日，德军从列宁格勒西南，芬兰军队从北面对列宁格勒发起进攻，几乎同时在卢加、诺夫哥罗德、旧鲁萨、爱沙尼亚和彼得罗扎沃茨克以及奥洛涅茨方向实施了突击。

保卫列宁格勒的英勇的苏军战士

卢加、诺夫哥罗德方向　德军坦克第四集群以两个突击集群沿两条相互分隔的轴线继续北进：摩托化第四十一军向卢加进攻，摩托化第五十六军向诺夫哥罗德突击，企图从南面和东南突入列宁格勒。7 月中旬，德军摩托化第四十一军在卢加以南曹到苏军顽强抵抗，进攻受阻，于是转而向西北进攻，在金吉谢普东南前出到卢加河，又为苏军卢加战役集群所阻。德军摩托化第五十六军突至施姆斯克以西卢加河防御地带时，苏军西北方面军第十一集团军在索利齐地区以 4 个师实施了反突击，打击了德军坦克第八师、摩托化第三师和摩托化第五十六军的后方，7 月 18 日迫使德军后退了 40 公里。

苏军 7 月防御，虽然阻止了德军的进攻，但德军距离列宁格勒只有 100 公里，情况仍十分危急。苏军除加强列宁格勒近接近地的防御外，还加强了城市防御军队，7 月下旬将卢加战役集群扩编为 3 个独立战役军团。8 月初，预备队方面军第三十四集团军转隶给西北方面军。列宁格勒党组织紧急动员居民，组建了 3 个民兵师，另有 4 个民兵师在组建。

7月底至8月初德军调整部署，以第十六集团军从东南保障坦克第四集群的翼侧，以第十八集团军的大部兵力与坦克第四集群组成3个突击集团：左集团共5个师，经赤卫队城向列宁格勒进攻；中集团共3个师由卢加向列宁格勒进攻；右集团共7个师，准备向诺夫哥罗德、楚多沃进攻，从东南迂回列宁格勒，并企图与由北进攻的芬兰军队会合。进攻由第八航空兵军进行支援。

8月8日德军在赤卫队城方向，10日在卢加—列宁格勒和诺夫哥罗德—楚多沃方向先后展开进攻。苏军第八、第四十二集团军和卢加战役集群以及第四十八集团军，分别抗击德军各集团的突击。至8月21日左集团逼近赤卫队城，切断了列宁格勒—卢加铁路和公路。右集团于8月15日和20日先后攻占诺夫哥罗德和楚多沃，切断了莫斯科—列宁格勒的公路和铁路。形势十分严峻，苏军第三十四集团军和第十一集团军在旧鲁萨地区对德军实施了反突击，迫使德军从斯摩棱斯克方向将坦克第三集群所属第三十九摩托化军调至旧鲁萨地区。苏军抵挡不住德军新锐兵力的突击，于8月25日退至洛瓦特河对岸。

在列宁格勒面临被合围的情况下，苏军最高统帅部为加强列宁格勒南面和东南接近地的防御，于8月23日将北方面军分编为卡累利阿方面军（司令员弗罗洛夫中将）和列宁格勒方面军（司令员波波夫中将，9月5日起为前苏联元帅伏罗希洛夫，9月10日起为朱可夫大将，10月10日起为费久宁斯基少将，10月26日起为霍津中将），卡累利阿方面军辖第七、第十四集团军和北方舰队。列宁格勒方面军辖第二十三、第八、第四十八集团军，后又增加了第五十二、第五十四、第五十五集团军。8月29日，苏军最高统帅部撤销了西北方向指挥部，各方面军由最高统帅部直接指挥。

8月25日，德军"北方"集团军群得到"中央"集团军群坦克第三集群的加强，以9个师的兵力向列宁格勒再次发动进攻。8月底德军进抵涅瓦河，切断了列宁格勒通往各地的交通线。并进至距列宁格勒城南20公里的斯卢茨克—科尔平诺筑垒地域。苏军虽采取措施，改进军队的领导，组织对空、对坦克防御，组织方面军炮兵和波罗的海舰队的协同，但未能收到预期效果。德军快速兵团利用苏军防线已出现的缺口，于9月8日经姆加突入拉多加湖南岸的什利谢利堡，从陆上封锁了列宁格勒。列宁格勒保卫者的处境更加困难，只能经过拉多加湖和空中同外地保持联系。

苏军踏着白雪覆盖的战场发动猛烈反击

9月9日，德军集中11个师发起进攻，企图从南和东南突入列宁格勒。进攻前对市区进行了猛烈的炮击和轰炸。德军已突至城市近郊，情况异常紧急。9月10日，朱可夫大将被任命为列宁格勒方面军司令员，当日由莫斯科飞抵被围的列宁格勒。9月11日，列宁格勒方面军采取了紧急措施，加强城防：由于反坦克火炮严重缺乏，决定以部分高炮加强最危险地段的对坦克防御；全部舰炮集中火力支援从乌里茨克到普尔科沃高地地段的第四十二集团军；在重要方向建立纵深梯次的防御，埋设地雷，在部分地区设置电网；从卡累利阿地峡抽调第二十三集团军部分兵力到乌里茨克防御地域；以波罗的海舰队水兵、列宁格勒各军事院校和内务人民委员部人员组建 5 至 6 个独立步兵旅。

列宁格勒近接近地的战斗非常激烈。德军企图一两天内攻下列宁格勒，但是苏军第八、第四十二和第五十五集团军顽强抗击，终于粉碎了德军的进攻。至 9 月底，列宁格勒西南郊和南郊的战线趋于稳定，德军夺取列宁格勒的计划未能实现。

在坦克引导和掩护下，苏军向德军发起反攻

在德军向列宁格勒近郊猛攻的同时，其第十六集团军在坦克第三集群所属摩托化第五十七军的支援下，向伊尔门湖以南、旧鲁萨和霍尔姆之间的苏军第三十四、第二十七集团军发动进攻。9 月中旬，德军进抵杰米扬斯克和奥斯塔什科夫之间的湖滨地区，并攻占了杰米扬斯克。

爱沙尼亚方向

德军第十八集团军于 7 月 10 日向爱沙尼亚各港口，主要是向爱沙尼亚首都塔林发起进攻，遇到苏军第八集团军在皮亚尔努、塔尔图地区的顽强抵抗。8 月 7 日，德军在增援 3 个步兵师后突破了苏军防御，进至孔达地区的芬兰湾沿岸地带，将苏军第八集团军分割成两部分；步兵第十一军向纳尔瓦地区退去，步兵第十军退至塔林。此时防守塔林的苏军波罗的海舰队海军陆战队和步兵第十军共 2.7 万人，而德军集中了 4 个步兵师约 6 万人从陆上向塔林发动猛攻。8 月 27 日，德军突入塔林。苏军 100 余艘舰艇和 2 万余人退至列宁格勒和喀琅施塔得。9 月初，德军占领芬兰湾南岸。

彼得罗扎沃茨克、奥洛涅茨方向

芬兰卡累利阿集团军于 7 月 10 日在拉多加湖与奥涅加湖之间，从北向南发起进攻，苏军第七集团军未能阻止芬军优势兵力的突击，至 7 月底芬军南进 120 公里。8 月 10 日芬军补充 4 个师后继续进攻，苏军边战边退，至 10 月初撤至斯维里河地区。战线从此稳定下来。

列宁格勒苏联游击队抓获的德军俘虏

卡累利阿地峡

芬兰东南集团军于7月31日在卡累利阿地峡由北向南发动进攻。8月，芬军突破苏军第二十三集团军的防御，9月初苏军退至1939年旧国境线一带。9、10月间，美国和英国警告芬兰不要超过1939年边界线，芬兰公开宣称不理会这些警告，但此后芬军再没有采取积极行动。德军最高统帅部参谋长凯特尔，奉希特勒之命要芬军总司令曼纳海姆渡过斯维里河，与德军会合。但曼纳海姆认为芬军已收复了芬兰1939年以前的领土，不愿再承担任务，于是藉口气候恶劣，没有继续向南推进。这样就使苏军得以将第二十三集团军一部从卡累利阿地峡调出，以加强列宁格勒的防御。

苏军季赫温防御战役（1941年10月16—11月18日）

德军"北方"集团军群未能实现从南面夺取列宁格勒的计划，便决定以第十六集团军所属第三十九军和第一军（2个坦克师、2个摩托化师、4个步兵师）向季赫温和沃尔霍夫发动进攻，企图进至斯维里河与芬军会合，完全封锁列宁格勒。苏军列宁格勒方面军第五十四集团军、大本营第四、第五十二集团军和西北方面军一个战役集群，沿沃尔霍夫河向南直至伊尔门湖长经200公里的地区进行防御。10月16日德军转入进攻，20日突入第四、第五十二集团军接合部，主力向季赫温方向突进，23日向沃尔霍夫方向进攻，以保障季赫温集团的翼侧，苏军最高统帅部从列宁格勒方面军抽调4个师，从统帅部预备队抽调3个师，从西北方面军抽调1个师加强季赫温方向的防御和反击力量。德军进攻受阻后，从小维舍拉地段向季赫温方向调来1个坦克师和1个摩托化师加强突击集团。11月8日德军攻占季赫温，切断了从前苏联内地通往拉多加湖的唯一铁路干线。

苏军季赫温进攻战役（1941年11月10日—12月30日）

苏军进攻企图是，歼灭德军季赫温集团，缓和列宁格勒的严重局势，同时配合苏军在西部和西南战略方向的反攻，牵制德军主力于西北方向，阻止它调往莫斯科方向。苏军季赫温进攻战役的准备是在防御战役过程中进行的。最高统帅部给列宁格勒方面军增调了大本营预备队9个步兵师、1个坦克师和1个坦克旅。自11月10日起至12月初，苏军西北方面军诺夫哥罗德战役集群和列宁格勒方面军第五十四、第四、第五十二集团军，先后在诺夫哥罗德以北、小维舍拉以北及以南、季赫温东北和沃尔霍夫以西转入进攻。12月9日，苏军第四集团军解放季赫温，为了改进对部队的指挥，苏军最高统帅部于12月17日以第四、第五十二集团军编成沃尔霍夫方面军（司令员麦列茨科夫大将）。12月底，沃尔霍夫方面军进抵沃尔霍夫河，季赫温进攻战役，是苏军在卫国战争中发动的最初几个大规模战役之一。苏军这次进攻，重创了德军10个师，推进100至120公里，恢复了季赭温—沃尔霍夫铁路交通，改善了列宁格勒的防御态势，配合了苏军在莫斯科方向的反攻。

摩尔曼斯克和坎达拉克沙方向

在苏德战场北翼，苏军第十四集团军于 1941 年 7 月至 10 月先后以 5 个师和第二十三筑垒地域部队，在北方舰队支援下防守巴伦支海和白海沿岸。7 月，德军"挪威"集团军（辖 3 个军共 7 个师）在第五航空队部分飞机（160 架）支援下，分别向摩尔曼斯克和坎达拉克沙方向进攻，为苏军所阻。9 月，德军"挪威"山地步兵军在约 300 架飞机支援下，重新对摩尔曼斯克发动进攻，再次为苏军所阻，于 10 月转入防御。苏军保卫了前苏联北方港口和北部陆海交通线。前苏联在摩尔曼斯克—沃尔霍夫铁路被切断时，修建了一条铁路支线，把摩尔曼斯克、阿尔汉格尔斯克、莫斯科连结起来，这条铁路于 11 月通车。前苏联在卫国战争年代进口物资的 1/4，是经过北方港口运往国内的。

至 12 月底，苏军列宁格勒保卫战第一阶段结束，德军占领了波罗的海沿岸地区，以及诺夫哥罗德、旧鲁萨和彼得罗扎沃茨克等城市，由陆路封锁了列宁格勒。

早在 9 月上旬，当德军"北方"集团军群向列宁格勒近接近地进攻时，希特勒便改变了主意，决定集中兵力进攻莫斯科，他命令"北方"集团军群完成对列宁格勒封锁后，将机动部队及第八航空兵军调往莫斯科方向，对列宁格勒暂不强攻，而是围困和封锁，妄图以野蛮的轰炸和炮击切断城市与外界的联系，将全城困死。

德军从"北方"集团军群抽调兵力加强莫斯科方向后，即在列宁格勒附近和整个西北方向失去主动权，德军未能达成与芬军在斯维里河会师并攻占列宁格勒的企图。

1941 年 9、10 月份，德军对城市进行了猛烈的空袭，共投弹9.3116万枚。9 月下旬，德军连续空袭喀琅施塔得湾和列宁格勒港口，炸沉苏军战列舰"玛拉托"号。10 月 4 日这 1 天，德军空袭持续达 9 个多小时。列宁格勒被围期间，军民的粮食和燃料供应急剧恶化。9 至 11 月，居民面包定量先后降低 5 次，11 月 20 日降到最低限量：高温车间工人每人每天 375 克，一般工人和技术人员 250 克，职员和儿童 125 克。军队的面包定量也先后降低 3 次，饥饿和疾病威胁着列宁格勒人，死亡率直线上升，列宁格勒市委及时组织生产各种代用食品、人造蛋白，以缓解食品和医药的供应之急。

列宁格勒军民在被封锁中度过了严冬，忍受了一切艰难困苦，经受了最严峻的考验。他们顽强战斗，不怕牺牲，终于守住了城市。直到 1944 年 3 月初，苏军胜利结束对敌第一次突击，才彻底解除了德军对列宁格勒的封锁。

1941 年下半年，前苏联军民坚守列宁格勒，具有重大的政治和军事战略意义。列宁格勒保卫战坚定了前苏联人民抵抗德国法西斯的斗志，鼓舞了他们的胜利信心。苏军在这一方向上牵制了德军大量兵力和全部芬军，不但使希特勒"闪击战"计划的重要战略任务破产，而且对苏德战场它其方向的作战进程也产生了很大影响。当德军"中央"集团军群对莫斯科发动秋季攻势时，只能从"北方"集团军群调走 4 个坦克师和 2 个摩托化师。

列宁格勒保卫战，是苏军在被迫退却的过程中开始的，起初由于缺乏建立纵深防御的兵力兵器，因而在优势德军的进攻节节后退。但苏军在城市接近地的防御中陆续积聚了预备队，在防御的全纵深和城市周围建立了坚强的防御，实施了兵力兵器机动和反突击，终于将德军阻止在列宁格勒近郊。苏军组织了各方面军之间的战略和战役协同，以及各方面军与舰队、区舰队之间的协同。波罗的海舰队、拉多加湖区舰队和列宁格勒的防空兵力，在作战上隶属列宁格勒方面军，为合理地集中使用兵力兵器提供于条件。列宁格勒方面军和波罗的海舰队的炮兵对企图摧毁城市的德军炮兵进行了有效的斗争。波罗的海舰队破坏了德军的海上交通。各方面军航空兵、海军航空兵、国土防空军合编为航空兵战役集群，对德军实施了集中的轰炸和强击。所有航空兵和高射炮兵成功地进行了对空防御，保卫了城市和交通补给线。

列宁格勒军民在联共（布）的领导下团结奋战，是取得保卫战胜利的重要条件。居民和军队一起在城市周围建立了由数道环形地带组成的防御体系，在卢加、诺夫哥罗德、旧鲁萨附近和卡累利阿地峡宽 900 公里的地带构筑了坚固的防御工事。城市居民又是在被围条件下军队补充兵员的主要来源。在被围的第一个冬春，列宁格勒为部队输送了 10 万多名新兵。1941 年 7 月至 9 月，列宁格勒党组织在市内组建了 10 个民兵师，其中 7 个后来改编为正规师。

各方面的支援是列宁格勒保卫战胜利的重要原因。为了援助这座被围困的城市，前苏联政府从 9 月开始，连续不断地向列宁格勒调拨了大量生活和作战所需的各种物资，9 至 12 月共空运 6700 吨急需品。11 月下半月，德军加强炮击和轰炸，城市开始处于饥饿状态，燃料很快用尽，列宁格勒的处境非常危急。从 11 月 14 日至 28 日，苏军总后勤部向列宁格勒空投了 1200 吨高热量食品，苏军除组织空中运输外，还在拉多加湖开辟了一条联结列宁格勒和前苏联后方运输线，结冰期间则在冰上开辟军用汽车路，这条航线被前苏联称为 "生命之路"。列宁格勒通过水上和冰上交通线，运送战斗和生活必需品，撤走居民以及工业设备等。在列宁格勒封锁的第一个冬天，"生命之路" 具有特别重要的意义。沿该线给列宁格勒运来了 36 万余吨物资和 6 个步兵师、1 个坦克旅，运出约 55 万人、3700 节车皮的工厂设备、文化珍品及其资财。

希特勒攻占列宁格勒以及用封锁和饥饿来毁灭这座城市的企图，被列宁格勒的英勇保卫者粉碎了。

苏军的战略反攻

苏军于 1943 年在列宁格勒、斯大林格勒、北高加索、斯摩棱斯克、库尔斯克和第聂伯河左岸乌克兰地区进行的战斗，重创了德军的重要战略集团，歼灭了大量德军。夺取和巩固了战略主动权，战场形势发生了有利于苏军的根本变化。

苏军作战的胜利，使双方战线有了很大改变。在战线北段，苏军已突破了德军对列宁格勒的封锁，并在列宁格勒和诺夫哥罗德附近地区进攻德军北翼集团，同时牢固地坚守着卡累利阿地峡、南卡累利阿至北极圈内佩特萨莫地域的防线。在战线中段，苏军向西推进了 500 公里，前出到普斯托什卡、维捷布斯克和莫孜尔一线，严重地威胁着盘踞在白俄罗斯境内的德军集团。在战线南段，苏军西进了 1300 公里，前出到基辅以西地域，并开始越过第聂伯河，抢占了一些具有战略意义的登陆场，从北面深远地包围了德军整个南部集团。至此，苏军已解放了大约 2/3 的沦陷国土，极大地鼓舞了全体前苏联人民的反法西斯斗志。

苏军作战的胜利，使德军遭到严重损失，改变了双方的力量对比。1943 年内，德军损失人员近 400 万，同时由于战线过长，补充又十分困难，因此到 1944 年初德军投入苏德战场的兵力已大大少于苏军。苏军兵力 610 万人，而德军只有 490.6 万人，苏军兵力已超过德军近 25%。在武器装备方面，1943 年德军损失火炮和迫击炮 4 万多门、坦克和强击火炮 2500 多辆、飞机 1.4 万多架，而武器生产又远远落后于前苏联。1943 年，前苏联人民以极大的爱国热情大力发展生产，经济实力大大加强，伏尔加河沿岸地区、乌拉尔山区和西伯利亚西部等几个主要军工基地的武器产生都大幅度增长。全国生产火炮 13 万门、迫击炮 6.9 万门、坦克和自行火炮 2.4 万辆、飞机 3.5 万架。而在同期内，德国只生产火炮和迫击炮 7.35 万门、坦克和强击火炮 1.2 万辆、飞机 2.5 万架。到 1944 年 1 月 1 日，苏军有火炮和迫击炮 8.89 万门，德军

斯大林

有 5.4 万多门；苏军有坦克和自行火炮 4914 辆，德军有 5400 辆；苏军有飞机 8500 架，德军有 3073 架。到 1944 年初，除坦克和强击火炮德军还略占优势外，其他武器装备苏军在数量上都大大超过德军。苏军大批装备了 T—34 型坦克，其性能已优于德军坦克。飞机性能也逐渐赶了上来。部队已大量装备雅克—3、雅克—9 和拉—7 等新型歼击机，被称为"墨死神"的伊尔—2 强击机亦优于德国同类飞机，波—2 俯冲轰炸机和杜—2 大航速轰炸机也有很大改进。卡秋莎火箭炮对敌人构成了更大威胁。因此，如果说 1943 年初苏德双方兵力兵器是势均力敌的话，那么那 1944 年初，苏军已占有明显的优势。苏军已有足够的兵力兵器实施大规模的进攻。

苏作作战的胜利，使全国军民增强了把法西斯寇彻底赶出前苏联领土的信心。苏军在长期的作战实践中，积累了指挥和作战经验，掌握了防御和进攻作战的有效方法，特别是在突破德军防御、合围其重兵集团、夜间作战和强渡江河等方面，都有了成功的经验，为苏军在 1944 年实施大规模的战略进攻，把德军全部赶出前苏联领土，创造了有利条件。

1944 年初的国际形势对苏军进攻也十分有利。盟军已经肃清了北非的德、意军队，控制了地中海和大西洋的局势，又在意大利南部登陆成功，并正在集结力量准备在西欧登陆，开辟第二战场。中国的抗日战争牵制了大量日军，敌后战场已展开了局部反攻。美、英军在太平洋战场上也使日军受到严重损失，削弱了日本的军事、经济实力。因此，日本已失去了进

苏军用缴获的德军榴弹炮猛烈轰击德军

攻前苏联的可能性。苏军解除了两线作战的后顾之忧，可集中力量对德作战。

德军在形势不利的情况下，已被迫转入战略防御来稳定战局。到 1944 年初，德军及其仆从军除坚守卡累利阿地峡以北防线外，还占领着苏联的列宁格勒州、加里宁州、波罗的海沿岸的爱沙尼亚、拉脱维亚和立陶宛，以及白俄罗斯、第聂伯河右岸乌克兰、克里木和摩尔达维亚等广大地区。德军统帅部决定，在战场北翼和中段扼守所占地区，以掩护通往德国的接近地。在南翼力图恢复第聂伯河沿岸的防御，阻止苏军向克里木和罗马尼亚推进，把苏德战争拖延下去。同时，积极准备力量对付美、英军队可能在西线发起的进攻。为此，德军统帅部将 198 个师又 6 个旅和仆从国军队的 38 个师又 18 个旅部署在苏德战场，将 64 个师又 1 个旅用于防御美、英军队在西线的进攻，把 38 个师又 2 个旅部署在意大利。

苏军最高统帅部在 1943 年底曾多次召开会议，研究如何利用有利形势发展胜利的问题。苏军总的企图是，在 1944 年把德军全部赶出前苏联领土，把战争推到国外进行，并迫使德国的仆从国退出战争。为此，苏军制定了集中兵力连续实施数个高速度、大规模的战略性进攻战役计划。于是，苏军从 1944 年 1 月中旬开始，便从北起巴伦支海南到黑海大约 45000 公里的战线上，连续对德军及其仆从军实施了 10 次歼灭性打击。这就是前苏联卫国战争中著名的"十次突击"。

苏军的 10 次突击是在 2 个战局中实施的。在 1944 年 1 月至 5 月的第一个战局中，苏军在战场的两翼实施了 3 次突击，目的是削弱战场两翼的德军力量，为尔后在中部战场歼灭德军集团，顺利实施第二个战局创造有利条件。

斯大林的十大打击

经过 1943 年夏秋季的进攻性战役，苏军已收复沦陷领土的 2/3，取得对德国的战略优势。它的作战经验更加丰富，指挥艺术更为成熟，兵器装备威力更大，军队士气更为高涨。1944 年将是全线大规模追歼敌军，解放苏联全境的时候了。

凭着大大优势于敌的兵力，工业生产的恢复和英美援助物资源源不断的供应，1944 年苏军一改上一年间歇进攻状态，在从伦巴支海到黑海的几千公里战线上，集中兵力主动选择出击地点，从一个地区到另一个地区连续不断实施相互联系的大规模进攻，使德军难以辨认苏军主攻方向，顾此失彼，疲于奔命，无法喘息，惟有不断溃退。这一年苏军共实施了十次重大战略性进攻，史称斯大林式的"十大打击"。在这些攻击中，苏军的主要战术是采用钳形攻势，首先突破德军比较脆弱的两翼，然后包抄围歼中路主力，继而全线推进。

1944 年 1 月，苏军在战线北端实施第一次打击。德军在苏军南北夹击下全线后撤到波罗的海沿岸，希特勒的"北方堡垒"彻底崩溃。1 月 27 日，艰苦奋战 900 天的英雄之城列宁格勒在 20 响礼炮声中胜利解围。

第一次打击尚未结束，苏军又在第聂伯河发动规模更大的第二次打击，他们向西推进 400 公里，解放了第聂伯河西岸的乌克兰地区，进抵到苏联与罗马尼亚国境线普鲁特河。

紧接这次胜利的是苏军在克里米亚实施的第三次打击，苏军陆海空军协同作战，希特勒的不得后撤的命令只能给德军造成更大灾难。苏军相继解放敖德萨，收复塞瓦斯托波尔，终于在 5 月把敌人赶出克里米亚半岛。

斯大林

经过上述三大打击，苏军已解放了 3/4 以上的被占国土，有些地方甚至到达或越过边境。5 月 1 日最高统帅斯大林发布命令，指出苏军的任务不能只限于把敌军驱逐出苏联国境，"必须跟踪这支受了伤的德国野兽，并把它打死在自己的洞穴里"，同时要解放波兰、捷克斯洛伐克以及处于德国铁蹄之下的西欧人民。在这一命令指导下，苏军借助英美已在诺曼底登陆，希特勒终于完全陷入两线作战的有利时机，发动了新的攻势。

被称为第四次打击的是 6 月 10 日到 6 月底苏军对芬兰展开的强大攻势，将芬兰军队赶回 1940 年苏芬划定的边界以西，迫使芬兰当局停战求和。

在苏芬战役进行的过程中，苏军于 6 月 23 日发动最著名的第五次打击，即白俄罗斯战役。此时盟军不仅在诺曼底站稳了脚跟，在意大利战场也进展顺利，德军四面受敌，为苏军发动这场攻势提供了有利条件。苏军投入 140 万兵力和 14 万游击队配合作战，从几处同时发动进攻，德军统帅部在慌乱中判断错误，把预备队中的 80% 的坦克和机械化师集于苏联南部，造成中路空虚，使攻势凌厉的苏军得以于 7 月 3 日长驱直入明斯克，并乘胜向东普鲁士推进。与此同时苏军于 7 月 24 日攻入卢布林，26 日进抵维斯瓦河，第五次打击胜利结束。

为从战略上支援和配合白俄罗斯战役，7 月中旬苏军发动第六次打击，进击西乌克兰。27 日收复利沃夫和布列斯特—立托夫斯克，解放了西乌克兰，并强渡维斯瓦河，近逼喀尔巴阡山和捷克斯洛伐克边境。

8 月中旬开始了针对罗马尼亚战线的第七次打击。23 日罗马尼亚人民在罗共领导下武装起义，推翻安东尼斯库法西斯政权，建立新政府，立即宣布与同盟国媾和并向德国开战。30 日苏军占领重要石油工业城市普洛耶什蒂，切断了德军最重要的汽油的供应。31 日布加勒斯特获得解放。与此同时，苏军进逼保加利亚边境，迫使保加利亚退出战争。9 月底，保加利亚人民在苏军协助下解放全国。

苏军乘胜前进，于 9 月——12 月连续进行三次打击。第八次，把德军赶出整个爱沙尼亚和大部分拉脱维亚领土，并使芬兰对德宣战。第九次，苏军进入匈牙利大平原，包围首都布达佩斯，并进入捷克斯洛伐克和南斯拉夫，与铁托的游击队会师，11 月 10 日解放首都贝尔格莱德。第十次再击芬兰，并把德军打到挪威境内。

1944 年苏德战场的大反攻，共歼敌 138 个师 160 万人，击毁或缴获坦克 6700 辆，飞机 1.2 万架，大炮 2.8 万门，收复了几乎全部国土，并协同各国反法西斯武装力量，把德军驱出部分东欧国家，为最后打败纳粹德国奠定了坚实基础。

第一次突击

1944 年 1 月 14 日至 3 月 1 日，苏军在列宁格勒和诺夫哥罗德附近实施了第一次突击。这次突击也称列宁格勒—诺夫哥罗德战役。

苏军虽然在 1943 年突破了德军对列宁格勒的封锁，打开了一条通往内陆的通道，但是并没有完全解除德军对列宁格勒的威胁，城区和通往内地的狭窄通道仍遭德军炮击，这座前苏联的第二大城市仍然有被德军重新封锁围困的危险。

德军统帅部判断，苏军在 1943 年取得胜利的基础上，必将迅速在列宁格勒和诺夫哥罗德地区发动进攻，因此命令"北方"集团军群（司令屈希勒元帅）不惜任何代价坚守这一地区，以保障德国舰队在波罗的海自由行动，保证德国同瑞典与芬兰的联系畅通，保持德军对列宁格勒和整个苏军北翼的威胁。德军"北方"集团军群，辖第十八、第十六集团军，1944 年 1 月上半月兵力为 48 个师（含野战航空兵师、警卫师、教导师）又 5 个旅和 1 个集群（17 个营），共 74.1 万人，有火炮和迫击炮 1 万余门、坦克和强击火炮 385 辆、飞机 370 架。德军利用围困列宁格勒 27 个月的时间，构筑了大纵深配置的永备工事，企图长期坚守。

为了彻底解除德军对列宁格勒的威胁。歼战场北翼的法西斯行军集团，苏军最高统帅部决定以列宁格勒方面军（司令员戈沃罗夫大将）和沃尔霍夫方面军（司令员麦列茨科夫大将），与波罗的海沿岸第二方面军（司令员波波夫大将）协同，在波罗的海舰队（司令员特里布茨海军上将）和远程航空兵（司令员戈洛瓦诺夫空军元帅）的配合支援下，对德军"北方"集团军群展开强大进攻。苏军 3 个方面军辖 8 个集团军，步兵比敌人多 0.7 倍，火炮和迫击炮多 1 倍，坦克和自行火炮多 3.1 倍，作战飞机多 2.7 倍。在整个战役实施过程中，3 个方面军还可得到波罗的海舰队和远程航空兵的火力支援。此外，还有游击兵团 13 个旅共 3.5 万人也参加了这次战役。

1 月 14 日开始，列宁格勒方面军和沃尔霍夫方面军在波罗的海舰队和远程航空兵的支援下，首先在列宁格勒南、西南和诺夫哥罗德西、西南方对备第十八集团军实施翼侧突击，歼灭其翼侧集团，为尔后向纳尔瓦和卢加两个方向发展进攻，歼灭该集团军主力创造条件。由于波罗的海沿岸第二方面军在德第十六集团军当面实施了牵制性进攻，从而保障了列宁格勒方面军和沃尔霍夫方面军顺利地完成了预定的任务。1 月 20 日，列宁格勒方面军进至红村、罗普沙，沃尔霍夫方面军解放了诺夫哥罗德。至 1 月 30 日，列宁格勒方面军推进 60 至 100 公里，前出到卢加河地区。沃尔霍夫方面军推进 50 至 80 公里，肃清了诺夫哥罗德附近的德军。

从 1 月 31 日开始，列宁格勒方面军和沃尔霍夫方面军向纳尔瓦和卢加两个方向发展进攻。2 月 3 日，列宁格勒方面军前出到纳尔瓦河及楚德湖东岸，并在纳尔瓦河西岸夺取了登陆场，开始进入爱沙尼亚境内，2 月 13 日攻占卢加，向前推进 100 至 120 公里。德军第十八集团军的失败，使第十六集团军的翼侧和后方受到威胁而被迫向西撤退。这时，战线大大缩短，因此苏军撤销了沃尔霍夫方面军。2 月 16 日，列宁格勒方面军和波罗的海沿岸第二方面军开始追击退却的德军。到 2 月底，苏军前出到普斯科夫、新尔热夫和普斯托什卡一线。至此，第一次突击结束。

第一次突击的结果，全歼德军 3 个师，击溃 23 个师。苏军西进 220 至 280 公里，使列宁格勒从德军的长期围困中彻底解脱出来。苏军解放了列宁格勒州和加里宁州的部分土地，为尔后解放波罗的海沿地区创造了条件。

第二次突击

1944 年 1 月 24 日至 4 月 17 日，苏军在第聂伯河右岸乌克兰地区实施了第二次突击。这是苏军实施的一次大规模的战略进攻，被称为第聂伯河右岸乌克兰进攻战役。

第聂伯河右岸乌克兰既是重要的经济区，又是重要的战略区。这一地区不仅是巨大的粮食和工业原料基地，而且还掩护着克里木和巴尔干半岛的接近地。德军认为坚守这一地区对于阻止苏军继续推进，拖延苏德战争具有重要意义，甚至"将决定德军在整个东战场的命运"。因此，德军筑帅部决定建立强大预备队，以其"南方"集团军群（司令曼施泰因元帅）和"A"集团军群（司令克莱斯特元帅）的强大兵力，固守第聂伯河左岸某些地段和右岸广大地区。德军"南方"集团军群辖坦克第一、第四集团军和第六、第八野战集团军，部署在普里皮亚特河经科尔松——舍甫琴柯夫斯基至尼科波尔一带。"A"集团军群辖德独立第四十四军和罗马尼亚第三集团军，部署在第聂伯河口附近地区。德军第四航空队和罗马尼亚空军负责支援，另有 1 个集团军为预备队。这是德军两个庞大的战略集团，共有 96 个师，180 万人。其中坦克师占苏德战场德军坦克师总数的 70% 以上，摩托化师近半数。德军装备火炮和迫击炮 1.68 万门、坦克和强击火炮 2200 辆、飞机 1460 架。

苏军最高统帅部根据总的战略计划，决定在 2 月至 3 月在第聂伯河右岸地区实施一次战略性进攻战役，目的是彻底歼灭战场南翼的德军集团，解放整个第聂伯河右岸乌克兰地区，并为尔后向巴尔干进攻和从南面歼灭白俄罗斯境内的德"中央"集团军群创造条件。参加作战的苏军有乌克兰第一方面军（司令员瓦杜丁大将。瓦杜丁巡视部队负伤后，3 月 1 日由大本营代表朱可夫元帅接替指挥）、乌克兰第二方面军（司令员科涅夫大将）、乌克兰第三方面军（司令员马利诺夫斯基大将）和乌克兰第四方面军（司令员托尔布欣大将），兵力为 220 万人，有火炮和迫击炮 2.8654 万门、坦克和自行火炮 2015 辆、飞机 2600 架。大本营代表前苏联元帅朱可夫和华西列夫斯基分别负责协调乌克兰第一、第二方面军和乌克兰第三、第四方面军的行动。此外，白俄罗斯第二方面军也在北翼进行配合。

第二次突击是在北起萨尔内以西、南至第聂伯河河口 1300 多公里的宽大正面和东起第聂伯河、西至喀尔巴阡山山麓 500 公里的深远纵深内展开的，作战行动可分为两个阶段。

1. 第一阶段（1 月 24 日至 2 月 29 日）

在这一阶段，苏军沿进攻正面连续实施了 3 次进攻战役。

第一次战役是在 1 月 24 日至 2 月 17 日期间，首先在战线中央由乌克兰第一、第二方面军共同实施的科尔松——舍甫琴科夫斯基战役。1944 年初第聂伯河会战结束后，德军防线在科尔松——舍甫琴科夫斯基地域形成了一个底宽 130 公里，面积约 1 万平方公里的突出部，由德"南方"集团军群所属 9 个步兵师、1 个坦克师和 1 个摩托化旅在突出部内防守特诺夫卡、卡涅夫、卡尼日一线，威胁苏军乌克兰第一、第二方面军的翼侧。因此，苏军最高统帅部决定，以乌克兰第一、第二方面军的 5 个合成集团军（欠一部）、2 个坦克集团军、1 个空军集团军和 1 个航空兵军的优势兵力，合围并歼灭这一德军重兵集团。1 月 24 日和 26 日，乌克兰第二、第一方面军先后转入进攻，从突出部的根部急速对进，至 28 日完成了对科尔松—舍甫琴科夫斯基德军集团的合围，并及时建立了合围的对外正面。德军统帅部慌忙从其他地方调集约 8 个坦克师和 6 个步兵师来解围，被苏军击退。被围德军企图突围也未得逞。2 月 12 日，苏军开始围歼被围德军，至 17 日，该集团被歼灭。德军损失 7.3 万人，15 个师受重创，从而大大削弱了"南方"集团军群的战斗力。

第二次战役是乌克兰第一方面军右翼 2 个集团军于 1 月 27 日至 2 月 11 日实施的罗夫诺—卢茨克战役。目的是歼灭罗夫诺和卢茨克地域的德军，占领重要的交通枢纽和支撑点。1 月 27 日，苏军开始进攻，2 月 2 日解放了卢茨克和罗夫诺，至 2 月 11 日，攻占了舍佩托夫卡，达到了预期目的。苏军击溃了该地德军，在德"中央"集团军群和"南方"集团军群中间打开一个缺口，占据了对德"南方"集团军群深远纵深合围的有利态势。

第三次战役是 1 月 30 日至 2 月 29 日由乌克兰第三、第四方面军以 7 个合成集团军和 2 个空军集团军共同实施的尼科波尔—克里沃罗格战役。战役前，德军在尼科波尔附近第聂伯河左岸占据着一个较大的登陆场。实施这一战役的目的是清除德军占据的登陆场并全歼该敌，德军在这一地域进行坚固防御的是由第六集团军 20 个师编成的重兵集团。苏军参战兵力略多于德军，除坦克少于德军外，炮兵和航空兵均占 1 至 2 倍的优势。1 月 30 日，苏军开始进攻。2 月 8 日前，苏军清除德军占据的登陆场，并攻占了重要工业城市尼科波尔。2 月 17 日，乌克兰第三方面军向克里沃罗格方向突击，于 22 日攻占该城。乌克兰第四方面军于 2 月下半月发起进攻，29 日抵达新阿尔汉格尔斯克和杜德契诺地区。苏军进抵因古列茨河，切断了盘踞在克里木的德军集团同"A"集团军群的联系，为以后解放克里木创造了有利条件。

2. 第二阶段（3 月初至 3 月末基本结束，个别战斗持续到 4 月中）

德军在战役第一阶段遭到失败后，其 1000 多公里的防线发生了动摇。德军统帅部害怕苏军推进到喀尔巴阡山，切断"南方"和"A"集团军群同本土的联系，因此调集兵力企图在普罗斯库罗夫方向、乌曼方向和别列滋涅戈瓦托耶方向坚守。苏军为发展第一阶段的胜利，决定以得到补充的乌克兰第一、第二、第三方面军同时对德军防御全纵深实施强大突击，分割并全歼第聂伯河右岸乌克兰之敌。

乌克兰第一方面军以 5 个合成集团军、3 个坦克集团军和 1 个空军集团军，于 3 月 4 日至 4 月 17 日，实施了普罗斯库罗夫—切尔诺维策进攻战役。3 月 4 日乌克兰第一方面军主要集团发起进攻。从 3 月 12 日至 20 日，苏军暂时停止了主要方向上的进攻，以抗击德军反突击。在击退德军反突击后，方面军于 3 月 29 日攻占了切尔诺维策城。接着方面军继续向南和西南方向发展进攻，使德军在喀尔巴阡山山麓遭到惨败，但与乌克兰第二方面军协同合围德军的企图未能实现。至 3 月 31 日，该方面军解放了 4 万多平方公里的领土和 57 座城市，使德军 29 个师和一些其他部队遭到重大损伤。作战中,白俄罗斯第二方面军在北翼进行了支援。

4月8日,乌克兰第一方面军在宽200公里的正面上抵达前苏联与捷、波交界的国境线上(均指1940年以后的新国境线。后同),开始把德军整个防线分成两个部分。

乌克兰第二方面军以5个合成集团军和3个坦克集团军于3月5日至4月17日实施了乌曼—博托沙尼进攻战役。方面军从维诺格勒、兹韦尼戈罗德卡、什波拉一线向乌曼方向实施主要突击,3月10日攻占乌曼,并在南布格河抢占了登陆场,开始解放摩尔达维亚。方面军的这一进攻,使德"南方"集团军群被分割,德第八集团军失去了同集团军群的联系而转隶"A"集团军群。于是乌克兰第二方面军便以主力向"A"集团军群进攻。3月26日,方面军在温格内以北85公里正面上抵达边境线,27日夜强渡普鲁特河,把作战行动转移到罗马尼亚境内。4月中,该方面军攻占博托沙尼,其右翼进到喀尔巴阡山,中央前出到雅西接近地,左翼前出到基什尼奥夫接近地,为尔后实施第七次突击创造了条件。方面军的这一进攻,使德军10个师损失50—75%的人员和几乎全部重型装备。

乌克兰第三方面军以7个合成集团军和1个空军集团,于3月6日至18日实施了别列兹涅戈瓦托耶—斯尼吉廖夫卡进攻战役。其目的是歼灭因古列茨河和南布格河下游地域的德军。3月6日,方面军发起进攻,德军在强大的突击下开始退却。3月8日苏军到达新布格河,尔后向南突击,将别列兹涅戈瓦托耶和斯尼吉廖夫卡地域的德军击退到南布格河彼岸。这样,在尼科波尔和克里沃罗格遭到惨败的德第六集团军,又一次遭到沉重打击,有10个师被击溃。乌克兰第三方面军前出到南布格河下游,占据了向敖德萨实施突击的有利态势。

第二次突击是一次战略性进攻战役。苏军投入兵力兵器多,战果显著。粉碎德军66个师,其中全歼10个师又1个旅,解放了整个第聂伯河右岸乌克兰。苏军在400公里的正面上前出到国境线,战争已开始转移到敌占国领土上进行。德军遭到惨重失败后,"南方"集团军群司令曼施泰因和"A"集团军群司令克莱斯特先后被免职。

在这次战役中,苏军先采取合围作战样式,歼灭了浅近纵深内的敌军重兵集团,使敌人的防线发生动摇,尔后又以数个方面军同时对敌防御全纵深实施分割突击,迫使德军撤退,从而在整个德军防线上打开了一个宽650公里、纵深450公里的巨大突破口,实现了卫国战争以来的第一次战略突破。德军为了堵塞这个大缺口,恢复防线,慌忙从匈牙利、保加利亚、南斯拉夫、德国本土和预备队中调来40个师又2个旅,大大削弱了其他方向的防御力量,严重影响了尔后的全钱防御作战。

第三次突击

1944年3月26日至5月12日,苏军在敖德萨地域和克里木半岛实施了第三次突击。

敖德萨地域和克里木半岛的战略地位非常重要。德军在这里占据的海军基地和建立的机场网,对苏德战场南翼的苏军和黑海舰队的行动构成了很大威胁。这里掩护着罗马尼亚和整个巴尔干半岛的接近地。希特勒认为，如果丢掉了克里木和敖德萨，德国就将失去巴尔干这个重要的人员和石油、原料的补充供应基地，因此决心在这里固守。敖德萨地域守军是"A"集团军群（4月5日起称"南乌克兰"集团军群，司令克莱斯特元帅，后为舍尔内尔上将）所属的德第六集团军和罗马尼亚第三集团军，克里木守敌是德第十七集团军（司令埃仙凯上将）。

为了彻底解除德军对苏军整个南翼的威胁，苏军最高统帅部决定，以乌克兰第三、第四方面军和独立滨海集团军（司令员叶廖缅科大将）在黑海舰队（司令员奥克佳布里斯基海军中将）和亚速海区舰队的配合下，先后实施敖德萨战役和克里木战役，歼灭敖德萨地域和克里木半岛上的德军，为把德军彻底赶出苏联领土创造条件。

苏军从3月26日到4月14日实施了敖德萨战役。这次战役是在东起南布格河西至德涅斯特河，北起基什尼奥夫南到康斯坦丁诺夫卡大约2万平方公里的地域内进行的。战役企图是，乌克兰第三方面军利用第二次突击后所形成的有利态势，以4个合成集团军、1个骑兵机械化集群和1个坦克军的兵力从南布格河向拉兹杰利纳亚、季拉斯波尔总方向实施主要突击，从西北面包围德军，将德军向海边压缩，并在乌克兰第二方面军左翼军队协同下，围歼德第五集团军和罗第三集团军。另以3个集团军的兵力，在黑海舰队航空兵支援下，向尼古拉耶夫、敖德萨总方向进攻。3月26日，方面军发起进攻，于4月10日解放了敖德萨。11日至14日进抵德涅斯特河，解放了季拉斯波尔，夺占了登陆场。苏军推进180公里，重创了德军第六集团军和罗马尼亚第三集团军，解放了尼古拉耶夫州和敖德萨州，为完全解放摩尔达维亚，并向罗马尼亚和巴尔干推进创造了条件。

从4月8日开始，苏军实施克里木进攻战役。战役企图是，以乌克兰第四方面军和独立滨海集团军分别从彼列科普地域和刻赤登陆场发起进攻，共同向辛菲罗波尔和塞瓦斯托波尔总方向实施突击，在黑海舰队和亚速海区舰队的配合下合围德第十七集团军，尔后加以分割歼灭。参加这次作战的苏军共有3个集团军、1个坦克军和2个筑垒地域，并有2个空军集团军和黑海舰队航空兵支援，共47万人，有火炮和迫击炮5982门、坦克和自行火炮559辆、飞机1250架。德第十七集团军辖5个德国师和7个罗马尼亚师，近20万人，有火炮和迫击炮3600门、坦克和强击火炮215辆、飞机148架（另有从罗马尼亚机场起飞的飞机支援）。苏军兵力兵器均占优势。乌克兰第四方面军和独立滨海集团军分别于4月8日和10日夜转入进攻，4月12日突破敌军防御，迫使德军退守塞瓦斯托波尔筑垒地域。4月15日，苏军追至城下，各兵种密切协同，并采用小分队行动的攻城经验，于5月9日解放了该城。至5月12日，德第十七集团军被歼灭。德军陆上损失10万多人，在海上撤退时又损失4万多人，并且几乎损失了所有的装备。至此，第三次突击以克里木半岛全部解放而告结束。

第三次突击完成后，苏军进行休整，苏德战场出现了28天短暂的间歇。这一间歇标志着苏军1944年第一个进攻战局的结束。

苏军在1944年1至5月的战略进攻中实施了3次突击，取得了重大胜利，达到了预期目的。德军有 30 个师又 6 个旅被全歼，142 个师又 1 个旅损失过半，共损失 100 多万人和大批武器装备。苏军在战场北、南两翼前进 300 至 500 公里，严重削弱了德军两翼的防御力量，并且使在白俄罗斯境内的德"中央"集团军群翼侧暴露，处于不利的态势，这就为苏军在白俄罗斯发动进攻创造了有利条件。

第四次突击

苏军 1944 年夏季的进攻，是在美、英军队已在法国北部登陆开辟了第二战场之后开始的。第二战场的开辟，使希特勒德国处于东西两线夹击的不利地位，德国不得不抽调部分兵力去西线作战。这时，苏德战场上的德军兵力减少到 430 万人，兵力兵器只有苏军的 60%。1944 年上半年，前苏联工业迅速发展，军工生产大幅度增长，生产飞机 1.6 万架，坦克和自行火炮 1.4 万辆、76 毫米以上口径火炮（不含高射炮）2.6 万门、各种炮弹和炸弹 9000 多万发。由于经济迅速发展，前苏联已有强大的物质基础来保障大规模进攻战役的实施。与此同时，德国内部矛盾加剧，仆从国已在酝酿退出战争，美、英又对德国及其仆从国进行战略轰炸，德国经济更加困难。在这样有利的形势下，苏军开始了 1944 年夏季及尔后的进攻战役，连续实施了 7 次突击。

1944 年 6 月 10 日至 8 月 9 日，苏军列宁格勒方面军（司令员戈沃罗夫元帅）右翼军队和卡累利阿方面军（司令员麦列茨科夫大将）左翼军队，在卡累利阿地峡和南卡累利阿实施了第四次突击。

1940 年苏芬战争以后，前苏联在卡累利阿地峡和卡累利阿边界上，同芬兰有 1000 多公里的国境线。1941 年夏秋，德、芬军队越过这条国境线，与苏军在 1939 年以前的旧国境线上对峙了 3 年之久。1944 年 1 月苏军在列宁格勒和诺夫哥罗德附近实施了第一次突击后，迫使芬兰不得不考虑如何退出战争的问题。2 月中，芬兰政府曾通过驻斯德哥尔摩的代表，征询前苏联政府关于芬兰退出战争的条件，前苏联政府提出恢复 1940 年苏芬条约规定的国境线等条件，芬兰政府没有接受。因此，芬军仍继续坚守旧国境线。

为了坚守防线，芬兰几乎集中了所有的陆军，共 14 个步兵师、1 个坦克师、4 个步兵旅、1 个骑兵旅、2 个岸防旅和 1 个边防营，编成 2 个战役集群，有飞机 280 多架支援。芬军兵力虽然不多，但工事构筑得很坚固。他们在从 1941 年 9 月至 1944 年 6 月近 3 年的时间里，充分利用难以通行的地形，构筑了 3 至 6 道坚固的防御地带。

苏军最高统帅部为了迫使芬兰加速退出战争，瓦解德军北翼，解除西进的后顾之忧，决定在 1944 年进攻作战中在苏、芬边界实施突击。根据芬军的防御情况，苏军在第四次突击中实施了两个战役：一个是列宁格勒方面军右翼军队在波罗的海舰队配合下，在卡累利阿地峡实施的维堡战役；另一个是卡累利阿方面军左翼军队在拉多加湖区舰队和奥涅加湖区舰队配合下，在南卡累利阿实施的斯维里河—彼得罗扎沃茨克战役。

6 月 9 日晨，苏军开始以航空兵火力破坏维堡方向的芬军永备工事。6 月 10 日，列宁格勒方面军以 2 个集团军转入进攻，从芬兰湾东北部向维堡总方向实施主要突击。由于苏军兵力比芬军多 1 倍，炮兵和坦克多 5 倍，航空兵多 2 倍，所以进攻顺利。连续突破芬军 3 道防线，于 6 月 20 日晚即攻占维堡，肃清了维堡湾内 15 个岛屿上的芬军。苏军前进 110—130 公里，前出到沃克萨群湖一带。列宁格勒方面军的进攻，使芬兰军队惊恐万状，急忙从南卡累利阿调来 4 个步兵师又 1 个步兵旅，德军也增援 1 个步兵师和 1 个强击火炮旅。这亲，芬军有 2/3 的兵力集中在地峡方向，大大有利于卡累利阿方面军在南卡累利阿的进攻。

6 月 21 日，卡累利阿方面军左翼 2 个集团军转入进攻，开始实施斯维里河—彼得罗扎沃莎克战役。为了歼灭南卡累利阿境内奥涅加湖与拉多加湖之间的芬军集团，苏军沿两个方向发起进攻：第七集团由洛杰伊诺耶波列地域沿拉多加湖向奥洛涅茨、索尔塔瓦拉总方向进攻；第三十二集团军主力由梅德韦日耶戈尔斯克东北地域向苏奥耶尔维方向进攻，而以一部兵力向彼德罗扎沃茨克进攻。苏军进攻当日突破芬军防御，芬军惧歼，开始退却。6 月 25 日，沿拉多加湖进攻的苏军在由拉多加湖登陆的海军陆战队的配合下，解放了奥洛涅茨市。6 月 28 日，沿奥涅加湖进攻的苏军在奥涅加湖区舰队登陆兵的配合下，解放了卡累利阿苏维埃共和国首都彼得罗扎沃茨克。接着苏军胜利挺进，至 7 月底，全线进抵 1940 年苏、芬国境线。苏军从国内和战线其他地段调来大批增援部队，经过激烈交战，至 8 月 9 日，战线稳定在库达姆古巴、库奥利马斯、洛伊莫拉以东、皮特凯兰塔一线。在这次战役中，苏军向前推进 160 至 250 公里。

苏军第四次突击的胜利，进一步改变了苏德战场北翼的战略态势，迫使芬兰于 9 月初退出战争，从而减轻了对苏军北翼的威胁，同时也为苏军尔后在波罗的海沿岸作战创造了有利条件。

第五次突击

苏军实施的第五次突击，是著名的白俄罗斯战役，代号为"巴格拉季昂"。这次战役是 1944 年 6 月 23 日至 8 月 29 日，由波罗的海沿岸第一方面军（司令员巴格拉米扬大将）、白俄罗斯第三方面军（司令员切尔尼亚霍夫斯基上将）、白俄罗斯第二方面军（司令员扎哈罗夫上将）、白俄罗斯第一方面军（司令员波普拉夫斯基中将）在白俄罗斯境内实施的一次大规模战略性进攻战役。

对苏军来说，解放白俄罗斯对于迅速进入波兰、攻占东普鲁士和开辟通往德国本土的捷径有着十分重要的意义。对德军来讲，白俄罗斯是其在前苏联境内最重要的一块立足之地。保住白俄罗斯，德远程航空兵还可以对莫斯科地域构成威胁，并可保证全线德军的协同动作；失去白俄罗斯，不仅使华沙至柏林这个重要方向立即受到苏军的威胁，同时，整个战略正面要被苏军分割，这对尔后的作战行动大为不利。

鉴于白俄罗斯具有重要的战略地位，德军统帅部企图不惜任何代价，依托完备的防御工事和天然森林、沼泽地区，固守白俄罗斯。德军在这里配置了下辖 3 个野战集团军和 1 个坦克集团军的"中央"集团军群（司令布施元帅），以及"北方"集团军群和"北乌克兰"集团军群的部分兵团，共计66个师又3个旅（含统帅部3个直辖师），120万人、火炮和迫击炮近1万门、坦克和强击火炮1000辆、作战飞机近1400架。

为了粉碎白俄罗斯境内的强大德军集团，苏军最高统帅部从1944年春就开始制定战役计划，进行周密的战役准备。苏军成功地进行了战役伪装，使德军错误地判断了苏军的主突方向。德军统帅部判断：1944年夏秋季苏军主突方向在南翼，不会在白俄罗斯实施大规模进攻，因而没有在这一方向作好大规模作战的准备，反而把坦克兵团大部调到战场南翼。苏军由于前4次突击歼灭了德军两翼强大集团，波罗的海沿岸第一方面军和白俄罗斯第三、第二、第一方面军得以在西方向沿波洛茨克、维捷布斯克、奥尔沙、莫吉廖夫、博布鲁伊斯克直到科维尔一线大约980公里的大弧形，形成对德军集团半圆形包围的态势。苏军最高统帅部充分利用这一有利的战略态势，决定首先从6个地段同时实施突破，围歼当面德军翼侧集团，继之以主力实施向心突击，合围德"中央"集团军群基本兵力，尔后扩大进攻正面，连续进攻，前出到前苏联西部边境。苏军参战的4个方面军辖19个合成集团军、2个坦克集团军，计166个师、12坦克军和机械化军、21个步兵旅、坦克旅和机械旅及其他部队，共140万人，有火炮和迫击炮3.1万门，坦克和自行火炮5200辆，并有5个空军集团军的5000架飞机负责支援。新组建的波兰第一集团军在白俄罗斯第一方面军编成内参加这一战役。大本营代表朱可夫和华西列夫斯基协调各方面军行动。战役分两个阶段进行。

1. 第一阶段（6月23日—7月4日）

在这一阶段中，苏军实施了维捷布斯克—奥尔沙战役、莫吉廖夫战役、博布鲁伊斯克战役、波洛茨克战役和明斯克战役。波罗的海沿岸第一方面军协同白俄罗斯第三方面军首先在右翼发起进攻，于27日前合围并歼灭了维捷布斯克以西德军5个师，28日前出到明斯克以北的列佩利市。与此同时，白俄罗斯第一方面军在左翼发起进攻，于29日前合围并歼灭了博布鲁伊斯克地域德军6个多师，前出到明斯克方向上的奥西波维奇等地。在中央地段的白俄罗斯第三、第二方面军也进行了牵制性进攻，并分别解放了波里索夫和莫吉廖夫两市。接着，两翼苏军高速向明斯克发展进攻，于7月3日解放白俄罗斯首俯明斯克，德军第四、第九集团军各兵团10万余人被合围在明斯克以东地域。波罗的海沿岸第一方面军解放了波洛茨克，并向希奥利艾发展进攻。至7月5日，苏军推进225至280公里，解放了白俄罗斯大部分领土。

2. 第二阶段（7月5日—8月29日）

在第二阶段中，苏军首先利用6天时间歼灭了明斯克以东德军被围集团。7月11日，被俘的德军5.7万人，经莫斯科送往前苏联东部地区战俘营。这一胜利极大地鼓舞了前苏联军民的士气。尔后，苏军便在宽大正面上连续向西高速发展进攻，胜利地实施了希奥利艾战役、维尔纽斯战役、考纳斯战役、比亚威斯托克和卢布林—布列斯特战役，击溃了退却的德"中央"集团军群的军队，重创了从其他方向调来的部队，以及新建的兵团，解放了白俄罗斯全境和立陶宛、拉脱维亚的部分领土。

苏军于 7 月 18 日进入波兰境内。波兰第一集团军在解放祖国东部领土作战中，作出了贡献。特别是在维斯瓦河接近地和强渡该河的作战中，英勇地同苏军并肩作战，终于夺占了马格努舍夫和普瓦维登陆场，为尔后在华沙至柏林方向作战创造了条件。7 月底德军在东普鲁士接近地、那雷夫河和维斯瓦河一带建立了绵亘的防御正面，并不断对苏军实施强大的反突击。苏军由于经过前一阶段的作战，已相当疲惫，损失很大，因此在整个 8 月，进攻无在进展。至 8 月 29 日，苏军在多别列、苏瓦乌基、华沙以东近郊、维斯瓦河一线，暂时转入防御。

第五次突击中，苏军全歼德军 17 个师又 3 个旅，使其 50 个师损失过半，约 2000 架飞机被击毁。德军整个"中央"集团军群被击溃，从而引起了战局的新变化。苏军在这次突击中再次突破了德军的战略防线，打开了宽 500 多公里、深 550 至 600 公里的巨大突破口，把德军防线分割成两部分。德军了为堵塞这一突破口，先后从其他地方调来 30 多个师，其中从"北方"集团军群调来 5 个师，从"南方"集团军群调来 5 个坦克师和 1 个步兵师，这就进一步削弱了德军两翼，为苏军尔后在南北两翼对德军连续实施突击创造了有利条件。

白俄罗斯战役是一次大规模战略性进攻战役。苏军在实施战役过程中沿正面同时在 6 个地段上突破德军防御，向纵深连续实施数个一定规模的战役（每个方面军都连续实施了 2 至 4 个突击）；不仅在战术纵深内合围德军，而且在追击时在战役纵深内也僵围德军重兵集团；出敌意料地选择主突方向并集中兵力兵器于主要方向等，都是成功的作战经验，这些经验在以后作战中都得到了运用。

第六次突击

当白俄罗斯战役正在激烈进行时，乌克兰第一方面军于 1944 年 7 月 13 日至 8 月 29 日，在乌克兰西部和波兰东南部实施了第六次突击。这次突击是在利沃夫和桑多梅日两个方向上实施的，因此也称利沃夫—桑多梅日战役

由于第二次突击的结果，德军整个防线已在喀尔巴阡山前被分割。在喀尔巴阡山以北的德军防线，又被苏军在白俄罗斯突破。这样就造成了苏军在喀尔巴阡山至白俄罗斯一段西乌克兰地区进攻的有利条件。德军企图固守西乌克兰地区，阻止苏军向和早沃夫和西乌克兰重要工业和石油地域——德罗戈贝奇方向突进。为此，德军在这里修筑 3 道完备的防御地带，纵深为 40 至 50 公里。在西乌克兰防御的德军是"北乌克兰"集团军群（司令哈尔佩上将），约 40 个师另 2 个旅，除后勤部队外，共有官后 60 万人，配备火炮和迫击炮 6300 门、坦克和强击火炮 900 辆、飞机 700 架。

苏军最高统帅部决定，以乌克兰第一方面军实施一次进攻战役，歼灭乌克兰西部的德军，为尔后向波兰进攻创造条件。战役规定方面军应同时实施两个突击：右翼军队由卢茨克地域向俄罗斯拉瓦方向实施突击；中央集团由捷尔诺波尔地域向利沃夫总方向实施突击。为保障整个战役的胜利，方面军在左翼军队也同时向斯坦尼斯拉夫、德罗戈贝奇方向进攻。该方面军有 82 个师、10 个坦克军和机械化军、4 个独立坦克旅和机械化旅，共 120 万人，火炮和迫击炮 1.3 万门、坦克和自行火炮 2200 辆、飞机 3000 余架。战役分两个阶段进行。

1. 第一阶段（7月13日—27日）

在这一阶段中，乌克兰第一方面军右翼2个合成集团军于7月13日发起进攻。15至16日快速部队进入突破口。18日进攻军队在多布罗钦地域强渡了西布格河，并切断了德军布罗德集团的退路，为合围该集团创造了条件。在中央利沃夫方向，方面军投入了3个合成集团军、2个坦克集团和1个快速集群。14日，苏军发起进攻。15日，德军实施反突击。经过3天激战，苏军推进18公里，建立一条宽4到6公里的科尔托夫走廊。16日，主力冒着德军从翼侧射击的危险，沿这条走廊进入突破口。至18日，与另一路苏军在杰列夫利亚内会合，合围了德军布罗德集团近8个师。22日，布罗德集团被击溃。尔后，方面军的基本兵力向利沃夫挺进，在俄罗斯拉瓦地域强渡了桑河。27日，攻占了利沃夫。苏军向纵深推进200至220公里，占领了亚努夫以西、索科武夫、多布罗米利一线，迫使德军一部向维斯瓦河，一部向喀尔巴阡山败退。

2. 第二阶段（7月28日至8月29日）

方面军主力由利沃夫方向转到右翼桑多梅日方向，并与白俄罗斯第一方面军协同，全力向维斯瓦河推进。30日方面军一部渡过维斯瓦河，夺占了数个登陆场。至8月初，德军调来大量兵力对苏军实施反突击。苏军击退德军多次反突击，于8月18日攻占桑多梅日。战斗持续到8月末，苏军在维斯瓦河西岸建立了一个正面为75公里、纵深约55公里的桑多梅日登陆场。方面军左翼军队向喀尔巴阡山追击溃退之敌，于8月初攻占德罗戈贝奇后，于8月8日编入重新组建的乌克兰第四方面军（司令员彼得罗夫上将），继续攻占喀尔巴阡山各山口。

第六次突击取得了重大的战果：击溃德军23个师，全歼13个师；解放了西乌克兰和波兰东南部；强渡了维斯瓦河，建立了巨大的登陆场，为尔后在华沙至柏林方向进攻占据了有利地位。地德军为了稳定和加强维斯瓦河的防御，调来了1个集团军司令部和20个师的兵力，其中有13个师是从战略预备队中抽出的，一部分师是从"南乌克兰"集团军调来的，这就进一步加深了德军预备队不足的危机，也为尔后苏军在罗马尼亚实施第七次突击创造了有利条件。

这次突击是由1个方面军独立实施的一次战略性进攻战役，被苏军称为是作战指导上的一个新范例。突出的一个特点是，充分发挥快速部队在进攻中的作用。快速集群往往脱离步兵向德军防御纵深迅猛突进，抢先夺占德军预有准备的中间地区和后方目标，从而保障了战役的顺利实施。此外，在适时转用主力和从行进间的宽大正面上强渡江河等方面，都有成功的经验。

第七次突击

苏军第七次突击是1944年8月20日至9月末，在苏、罗边境地区和罗马尼亚、保加利亚境内进行的一次进攻战役。雅西—基什尼奥夫战役是这次突击的重要组成部分。

纳粹德国非常重视对苏、罗边境地防御。德军一旦在罗马尼亚失败，不仅会失去石油、粮食和供应基地，而且希特勒反动联盟也会很快瓦解。因此，德军统帅部在苏、罗边境的雅西一基什尼奥夫地域部署了实力强大的"南乌克兰"集团军群（司令弗里斯纳上将）。该集团军群辖德军第六、第八集团军、独立第七军和罗军第三、第四集团军，兵力为90万人，共50个师，其中25个德国师。有火炮和迫击炮7600门、坦克和强击火炮400余辆，由德、罗航空兵810架飞机支援。敌人利用山地与河流建立了3道防御地带，并以战斗力最强的德第六集团军坚守基什尼奥夫突出部，两翼侧由罗军掩护。

苏军在第二次突击中，追击德、罗军队已越过了苏、罗边境。苏军乌克兰第二方面军自北面，乌克兰第三方面军从东面，对在雅西和基什尼奥夫地域的德军"南乌克兰"集团军群的基本兵力形成了包围的有利态势。前苏联政府曾于1944年4月12日敦促罗马尼亚政府与纳粹德国断绝关系，参加"旨在恢复罗马尼亚独立和主权的抗德战争"，但前苏联的这一建议遭到安东尼斯库反动政府的拒绝。罗马尼亚和保加利亚反动政府仍然追随德国进行战争。苏军实施第七次突击的目的是，歼灭摩尔达维亚、罗马尼亚和保加利亚境内的德军集团，全部解放前苏联西南方国土，并迫使罗、保两国政府退出侵占战争。参加作战的苏军有乌克兰第二、第三方面军以及乌克兰第四方面军的部分兵力，黑海舰队和多瑙河区舰队进行支援。乌克兰第二、第三方面军的兵力为125万人，有火炮和迫击炮1.6万门、坦克和自行火炮1870辆、作战飞机2200架（含舰队航空兵飞机）。在苏军编成内还有罗马尼亚志愿步兵第一师。苏军在兵力兵器上比德、罗军队占有明显优势。

1944年8月20日，苏军利用有利态势，发起了强大进攻。整个战役分两个阶段进行。

1. 第一阶段（8月20日—27日）

苏军在这一阶段的企图是合围并歼灭基什尼奥夫地域内的德第六集团军。为此，乌克兰第二方面军突击集团从雅西以北、乌克兰第三方面军突击集团在宾杰里以南同时发起进攻，突破德军防御后向胡希、弗尔丘方向实施向心突击，围歼基什尼奥夫地域德军。乌克兰第二方面军进攻迅猛，打破了德军增援计划，连克3道防御地带，在第二日日终前攻占了雅西、特尔古—弗鲁莫斯市，于23日进至胡希地域。乌克兰第三方面军从德、罗军接合部发起进攻后，很快切断了德军第六集团军同罗军第三集团军的联系，于23日进至普鲁特河。至此，苏军完成了对基什尼奥夫德军集团18个师的合围，同时在多瑙河区舰队配合下对罗军经3集团军也达成了合围。这一天，罗马尼亚人民在共产党领导下举行了反法西斯起义，赶走了驻扎在布加勒斯特的德军，成立了新政府。24日，罗政府声明脱离德国，退出侵略战争。于是罗马尼亚第三集团军停止抵抗，并很快将枪口转向法西斯德军。希特勒为了拖住这个同盟者，于8月24日命令德军向布加勒斯特进攻，结果被罗军击退，德军被迫放弃夺取罗马尼亚首都的计划，撤出了布加勒斯特地域。在此期间，苏军解放摩尔达维亚首都基什尼奥夫。接着苏军以34个师的兵力歼灭被围的德军集团，于27日日终前，全歼该敌于普鲁特河以东地域。

2. 第二阶段（8月28日—9月30日）

苏军在这一阶段的任务是歼灭罗马尼亚和保加利亚境内的德军。为此，苏军在围歼基什尼奥夫地域德军集团的同时，即以 2 个方面军的基本兵力 50 多个师，在合围的对外正面上向罗马尼亚胜利地发展进攻。乌克兰第二方面军以一部兵力向喀尔巴阡山进攻，以主力迅速向西南方向挺进。至 30 日攻占了罗马尼亚巨大的石油工业中心——普洛耶什蒂。8 月 31 日，苏军进入罗马尼亚首都布加勒斯特。尔后，便向特兰西瓦尼亚进军。乌克兰第三方面军沿多瑙河向南疾进，9 月 5 日前到达罗、保边境。保加利亚政府虽宣布中立，但未同德国断绝联系。9 月 5 日，前苏联向保加利亚宣战。苏军从 9 月 8 日开始越过罗、保边境。这一天，保加利亚首都索非亚和其他一些城市爆发了武装起义，保军大部投诚到起义者一边。9 月 9 日，保加利亚建立了新政权，并对德宣战。15 日，苏军进入索非亚。尔后苏军与保加利亚军队联合行动，向西方和南方向挺进，21 日前出到保、南边境。至月底，保加利亚境内的法西斯德军即被全部清除出去。

苏军第七次突击的胜利，在军事和政治上产生了很大影响。在作战过程中，苏军击溃了 47 个德国和罗马尼亚师和旅，缴获了大量技术兵器，使德军整个"南乌克兰"集团军群几乎全部覆没。苏军推进 800 至 1000 公里，前出到南斯拉夫东部边界，不仅造成了对巴尔干半岛法西斯军队的威胁，而且打开了通向德国在欧洲最后一个盟国匈牙利的通道。

第七次突击是一次成功的战略性进攻战役，其特点是：1. 苏军选择对方防御的薄弱部位作为主要突击方向。乌克兰第二方面军把主突方向选在雅西以北，因为那里是由士气低落、战斗力不强的罗马尼亚军队防守。乌克兰第三方面军把主突方向选在宾杰里以南，因为那里是德、罗军队的接合部。2. 在主突方向上高度集中兵力兵器。各方面军在主突方向上集中了 67—72% 的步兵、约 61% 的炮兵、85% 的坦克和自行火炮和几乎 100% 的航空兵。这样，在选定的突破地段上形成了很大优势（人员 4：1 至 8：1；炮兵 6：1 至 11：1；坦克和自行火炮 6：1），保持了每昼夜 20 至 25 公里的高速度进攻。3. 采用了以钳形突击合围德军重兵集团的作战样式。在实施雅西—基什尼奥夫战役时，两个方面军在沿正面相隔 200 公里的地段上同时实施两个强大的向心突击，在纵深 100 至 120 公里的地方会合，达成对德军重兵集团合围。尔后，苏军只以一部兵力歼灭被围集团，主力则高速向纵深发展进攻。

第八次突击

苏军为解放西部最后一块沦陷的国土——波罗的海沿岸地区，实施了第八次突击。这次突击从 1944 年 9 月 14 日开始，主要作战行动到 10 月 22 日结束，但解放蒙海峡群岛的任务直到 11 月 24 日才最后完成。

波罗的海沿岸地区战略地位十分重要。对德国来说，它既掩护着东普鲁士，又保护着德国舰队在波罗的海行动的安全，同时德国还可以从这里与北欧各国保持联系。因此，德军统帅部决心不惜任何代价坚守这一地区。在这里组织防御的德军"北方"集团军群（司令舍尔内尔上将），在列宁格勒和诺夫哥罗德附近遭到苏军沉重打击后，进行了调整和补充，修筑了大量工事，企图依托预有准备的防线，阻止苏军进入波罗的海沿岸地区。德军采取从海、空军中抽调士兵、解散集团军中的后勤部队和机关、动员老年人和未成年人参战等办法，增加步兵兵力，同时还调来一些预备队和新组建的党卫军。到 9 月初，这个集团军群共有 59 个兵团（师、战斗群和旅），70 余万人，装备火炮和迫击炮约 7000 门、坦克和强击火炮 1200 辆、作战飞机近 400 架。

当时，国际形势对前苏联非常有利。意大利战场美、英军队已突破了哥特防线，正迅速向意大利北部推行。从法国南部登陆的盟军攻占了土伦和马赛。在西欧作战的盟军正在追击法国东北部和比利时境内的德军。芬兰和罗马尼亚已经正式退出侵略战争，德国处境更加困难。苏军最高统帅部为了尽快解放波罗的海沿岸地区沦陷的国土，决定利用有利的形势，对德军"北方"集团军群实施一次强大的突击。苏军总的企图是，切断波罗的海沿岸德军集团同东普鲁士的联系，并将其分割歼灭。参加作战的苏军有列宁格勒方面军（司令员戈沃罗夫元帅）、波罗的海沿岸第一方面军（司令员巴格拉米场大将）、波罗的海沿岸第二方面军（司令员叶廖缅科大将）和波罗的海沿岸第三方面军（司令员马斯连尼科夫大将）。4 个方面军共有 90 万人，约 1.75 万门火炮和迫击炮，3080 辆坦克和自行火炮，2640 架作战飞机。此外，白俄罗斯第三方面军的部队军队和波罗的海舰队也进行了配合作战。大本营代表华西列夫斯基元帅协调各方面军的行动（从 9 月 24 日起，波罗的海沿岸第二、第三方面军的行动，由列宁格勒方面军司令员戈沃罗夫元帅负责协调）。苏军与德军的兵力兵器对比是：人员 1.3∶1，炮兵和坦克 2.5∶1，飞机 6.5∶1。9 月 14 日，苏军在北起芬兰湾、经楚德湖、塔尔图、瓦尔加、米塔瓦、希奥利艾以西，南至涅曼河大约 1000 公里的战线上发起了进攻。这次突击分为两个阶段。

1. 第一阶段（9 月 14 日—9 月 27 日）

波罗的海沿岸第三、第二、第一方面军向里加地域实施向心突击，歼灭德军第十六、第十八集团军的基本兵力。当进攻的苏军进抵距里加 25 至 60 公里处时，德军依托早已构筑好的"锡古尔达"坚固防御地区进行顽强抵抗，并多次实施反突击突击，迟滞了苏军的进攻。但在苏军发起进攻的第二天，德军"北方"集团军群司令舍尔内尔便向陆军总参谋长请求批准实施所谓"翠菊"战役计划，以便把他的集团军群撤退到东普鲁士。德军统帅部于 16 日同意了他的撤退请求。苏军为了切断德军退路，于 9 月 24 日决定将波罗的海沿岸第一方面军调往梅梅尔方向，会同白俄罗斯第三方面军一部兵力向梅梅尔实施进攻。与此同时，列宁格勒方面军于 17 日至 26 日实施了塔林战役，重创了敌"纳尔瓦"战役集群，解放了爱沙尼亚首都塔林和爱沙尼亚整个陆地部分的领土。27 日，该方面军进抵滨海地带，其左翼进抵"锡古尔达"防御地区，牵制了这一地区的德军。但这时苏军并未能切断"北方"集团军群与东普鲁士的联系。

2. 第二阶段（9 月 28 日—11 月 24 日）

在这一阶段中，波罗的海沿岸第一方面军在白俄罗斯第三方面军配合下，实施了梅梅尔战役。10 月 5 日，方面军从希奥利艾地域出发，向梅梅尔方向突击。德军由于在这里的兵力薄弱，从北面调来 3 个坦克师，对进攻的苏军实施反突击，但未能阻止苏军的进攻。苏军顺利前出到波罗的海沿岸，楔入东普鲁士领土。虽然梅梅尔没有解放，但苏军已切断了整个德"北方"集团军群同东普鲁士的联系，打破了德军的撤退计划。波罗的海沿岸第三、第二方面军从 10 月 6 日开始继续实施里加战役，并利用梅梅尔方向的战果，于 10 月 13 日解放了里加。16 日，波罗的海沿岸第三方面军因战线缩短而被撤销，由波罗的海沿岸第二方面军继续追歼敌人，至 22 日，里加战役结束，德军"北方"集团军群余部被封锁在库尔兰半岛狭窄地域内，以后由波罗的海沿岸第二方面军负责将其最后歼灭。列宁格勒方面军在波罗的海舰队协同下，从 9 月 27 日开始实施蒙海峡群岛登陆战役，只用 11 天的时间就解放了穆胡岛（蒙岛）、达格岛（希乌马岛）、厄塞尔岛（萨列马岛），但在解放面积不大的谢尔维半岛时，由于守军构筑了纵深防御，加以敌海军舰炮火力支援，直到 11 月 24 日苏军才肃清了半岛上的德军。

苏军在第八次突击中，击溃了德军 29 个兵团，解放了波罗的海沿岸大部地区，战线由 1000 公里缩短到 250 公里，从而使苏军有可能腾出更多兵力用于东普鲁士和柏林方向上的进攻。但这次突击规模大，费时多，战果并不显著。苏军不但没能围歼大量德军，而且梅梅尔市和库尔兰半岛直到战役结束之后才获解放。

第九次突击

为了进一步粉碎苏德战场南翼的法西斯德军，苏军继第七次突击胜利之后，于 1944 年 9 月 28 日至翌年 2 月 13 日，在南斯拉夫、匈牙利、罗马尼亚北部和捷克斯洛伐克东部地区实施了第九次突击。

苏军在罗马尼亚、保加利亚胜利后，又成功地越过东喀尔巴阡山。这样，各乌克兰方面军就在战场南段前出到南斯拉夫、匈牙利和捷克斯洛伐克边境，并造成了对外喀尔巴阡乌克兰和北特兰西瓦尼亚德军集团的包围态势。

南斯拉夫和匈牙利是德国主要的粮食和航空工业原料供应基地，并且匈牙利西部多瑙河沿岸又是从未受到大规模轰炸的军事工业基地。因此，德国决心稳定战场南翼态势，保住这些重要的基地，并拖住欧洲最后一个盟友匈牙利。为此，德军不得不放弃阿尔巴尼亚和希腊，并把那里的军队大部撤到匈牙利，以建立强大预备防。德军还从法国、德国本土等地把大批军队调到匈牙利东部，并在匈牙利内地建立了 3 道防御地区。

德军统帅部根据在罗马尼亚和保加利亚失败后所形成的态势，企图在坚守林区喀尔巴阡山的同时，以"南方"集团军群和在南斯拉夫防御的军队共同向罗马尼亚西部反攻，把突入匈牙利的乌克兰第二方面军击退，将防御正面恢复到特兰西瓦尼亚阿尔卑斯山一线，并把林区喀尔巴阡山、特兰西瓦尼亚阿尔卑斯山和南斯拉夫防线连接起来，阻止苏军继续推进。

为了粉碎德军的防御计划，苏军最高统帅部决定在第七次突击胜利后，不给德军以喘息机会，迅速向布达佩斯实施主要突击，同时在右翼向乌日哥罗德，在左翼向贝尔格莱德进攻。参加作战的苏军有乌克兰第四、第二、第三方面军。罗马尼亚第一、第四集团军在乌克兰第二方面军编成内行动，南斯拉夫第三集团军和保加利亚第一集团军在乌克兰第三方面军编成内行动。作战开始前，乌克兰第四方面军配置在林区喀尔巴阡山地域，占有 3 个山口。在当面防守的是德军"A"集团军群所属的德、匈军队共 20 个师，配置在捷克斯洛伐克东部、外喀尔巴阡乌克兰和特兰西瓦尼亚北部地区。乌克兰第二方面军左翼和中路军队已前出到匈牙利，右翼军队正在特兰西瓦尼亚东部和南部作战。在乌克兰第二方面军当面防御的敌军是"南方"集团军群所属德军第六、第八集团军和匈牙利第三、第二集团军，共 36 个师。乌克兰第三方面军及其编成内的保加利亚、南斯拉夫军队主力配置在保加利亚和南斯拉夫边境内上，在巴尔干防守的是德军"F"集团军群共 26 个师，其中 13 个师配置在南斯拉夫境内。

9 月 28 日，苏军发起进攻。进攻分为两个阶段。

1. 第一阶段（9 月 29 日—10 月 28 日）

乌克幸第二方面军突入匈牙利后，其翼侧受到德重兵集团严重威胁。苏军认为在此情况下，不宜向布达佩斯进攻，因此，必须首先歼灭翼侧德军集团。这时，匈牙利和德国的关系恶化起来。匈牙利政府曾于 1944 年 10 月 5 日试图向反希特勒联盟各国提出缔结停战协定的建议，但第二天希特勒扶持的萨拉希集团攫取了匈牙利政权。这个傀儡集团向希特勒保证同德国一起继续进行战争，这给苏军进攻匈牙利带来了新的困难。

为了完成进攻第一阶段粉碎敌军翼侧集团的任务，苏军同时实施了两次大规模进攻战役：一次战役在捷克斯洛伐克东部、外喀尔巴阡山区和特兰西瓦尼亚北部实施；另一次战役在南斯拉夫东部多瑙河流域及贝尔格莱德地域实施。

第一次战役由乌克兰第四方面军在乌克兰第一方面军左翼和乌克兰第二方面军右翼军队协同下实施。乌克兰第四、第二方面军的进攻，使特兰西瓦尼亚突出部敌军集团的后方受到威胁而被迫撤退。至 10 月 25 日，乌克兰第二方面军攻占了卡雷伊和萨图马雷，特兰西瓦尼亚完全解放。乌克兰第四方面军在乌克兰第一方面军协同下越过了喀尔巴阡山，于 10 月 26 日和 27 日攻了穆卡切沃、乌日哥罗德，解放了外喀尔巴阡乌克兰，并于 10 月 28 日进入捷克斯洛伐克。与此同时，乌克兰第二方面军中路军队前出到匈牙利的蒂萨河一带。

另一次战役由乌克兰第三方面军和南斯拉夫人民解放军，在乌克兰第二方面军左翼军队协同下实施。经过 7 天战斗，突破了东谢尔比亚山的防御正面，并在发展进攻时很快切断了德军退路，于 10 月 14 日抵达贝尔格莱德南郊，展开了争夺城市的战斗。10 月 19 日，南、苏军队在城东南围歼敌军 2 万人，次日傍晚解放了贝尔格莱德。贝尔格莱德解放后，南斯拉夫军民在铁托的领导下继续为解放祖国全部领土而战斗，乌克兰第三方面军主力则转向多瑙河右岸进攻，并夺占了登陆场。至此，在匈牙利方向进攻的苏军翼侧已不受敌军威胁，战线由 1400 公里缩短到 700 公里，3 个乌克兰方面军前出到多瑙河中游平原，因此实施布达佩斯战役，解放整个匈牙利的条件已经成熟。

2. 第二阶段（1944 年 10 月 29 日—1945 年 2 月 13 日）

乌克兰第二方面军在中路向布达佩斯实施主攻，乌克兰第四方面军在右翼向昂达瓦河方向进攻，左翼乌克兰第三方面军在渡过多瑙河后向德拉瓦河至巴拉顿湖方向进攻。

　　乌克兰第四方面军的进攻开始时不大顺利，后来乌克兰第二方面军从南面夹攻，才迫使敌人仓促撤退。乌克兰第四方面军乘胜追击，于11月28日前出到昂达瓦河。乌克兰第二方面军10月29日转入进攻后，以一部兵力在右翼强渡蒂萨河后向西北发展进攻，切断了布拉佩斯敌军集团与撤退的特兰西瓦尼亚和林区喀尔巴阡山敌军的联系。方面军主力从正面进攻，于11月26日占领了哈特万城，从东面前出到布达佩斯的外围廊。为切断布达佩斯敌军集团的退路，方面军继续向黑沙方向进攻，于12月9日攻占黑沙城，并前出到多瑙河。与此同时，方面军以一部兵力从西南方向迂回布达佩斯。乌克兰第三方面军渡过多瑙河，于11月29日建立了宽180公里、纵深50公里的登陆场。12月1日方面军开始向西、北方向发展进攻，并根据统帅部的决定，参加解放布达佩斯的作战。12月26日，乌克兰第二、第三方面军在埃斯泰尔戈姆会师，完成了对德、匈布达佩斯集团18.8万人的合围。这时，匈牙利各民主团体在德布勒森召开临时国民会议，成立了临时政府，并于12月28日对德宣战。

　　苏军从1944年12月27日至1945年1月18日进行了攻占匈牙利首都东部佩斯的战斗，从1月22日至2月13日进行了攻占首都西部布达的战斗。1月，法西斯德军在布达佩斯以西向苏军实施了3次反突击，企图解救被围集团。乌克兰第三方面军巧妙地组织了防御，打破了德军的解围企图。苏军经过1个半月的激战，终于在1945年2月13日歼灭了德军集团，攻占了整个布达佩斯。

　　在第九次突击中，苏军共歼敌军50多个师，其中全歼20个师。德军为弥补损失，在作战过程中先后从其他方向调来36个师，其中从华沙至柏林方向调来11个坦克机械化师和16个步兵师，因此，第九次突击的胜利，不仅为苏军尔后在维也纳方向的进攻创造了前提，同时也为苏军尔后实施维斯瓦河—奥得河战役提供了条件。

第十次突击

　　从1944年10月7日开始至11月1日，苏军在北极圈内实施了1944年最后一次具有战略意义的进攻战役。这次战役是在前苏联的佩特萨莫和挪威的希尔克内斯北极地域实施的，因而也称佩特萨莫—希尔克内斯进攻战役。

　　苏军第四次突击和第八次突击的胜利，已使战场北翼的战略形势发生了有利于苏军的变化。芬兰不仅停止了对苏的军事行动，还承担了解除当时芬兰境内德军武装的义务。这样，德军从1944年9月开始便把军队撤向挪威北部。但德军为了利用佩特萨莫至希尔克内斯地域的重要矿藏和不冻港，仍以加强的山地第二十集团军第十九军防守该地域。德军在这里建立了完备的纵深梯次配置的防御，由3道防御地带组成，正面约60公里，纵深达150公里，左边临海，右翼暴露。

　　苏军最高统帅部根据战场上形成的有利形势，决定抓住战机实施一次进攻战役，歼灭这一德军集团。苏军企图是，在左翼由恰普尔湖以南向卢奥斯塔里、持萨莫总方向实施主要突击，前出到德军后方，并向挪威边界发展进攻；左右翼向北实施辅助突击，牵制德军，尔后会同2个海军陆战旅进攻佩特萨莫。参加作战的苏军是卡累利阿方面军右翼第十四集团军，由空军第七集团军支援和北方舰队（司令员戈洛夫科海军上将）配合。得到加强的第十四集团军，人员比德军多0.8倍、火炮多1.8倍、飞机多5.3倍、坦克多1.5倍。

10月7日苏军开始进攻，3天后德军被迫开始撤退。这时，北方舰队海军陆战旅从9日至12日在佩特萨莫以北海岸登陆并从北面进攻该城，15日解放了佩特萨莫。北方舰队陆战部队于10月18日至25日再次从瓦兰格尔湾登陆，配合陆上进攻军队于25日攻占了希尔克内斯市。至10月底，苏军完成了北极地区的进攻，推进150公里，前出到挪威北部沿海，第十次突击结束。

第十次突击是在江湖密布、山重林密难以通行的地形和风雪严寒的极区气候条件下实施的一次进攻战役。苏军部队顽强的战斗精神、灵活的机动能力以及陆海空密切的协同动作，是这次战役的突出特点。

苏军的10次突击，使德军遭到极其严重的损失。据前苏联统计，1944年上半年，德军就有30个师又6个旅被全歼，142个师又1个旅损失过半，共损失100多万人和大量武器装备。1944年夏秋，德军又有96个师又24个旅被歼俘，在219个师又22个旅损失50—70%。这一期间，德军又损失160万人、坦克6700辆、火炮和迫击炮2.8万门、飞机1.2万架。苏军通过10次歼灭性突击，取得了对德作战的决定性胜利。除拉脱维亚一小块土地外，前苏联几乎全部恢复了战前的国境线，并协同东欧一些国家的反法西斯武装力量，解放了他们的国家。苏德战线已由4450公里缩短到2250公里，苏军腾出了更多兵力集中到主要方向作战，为1945年最后战胜法西斯德国打下了可靠的基础。

莫斯科保卫战

1941年初秋，元首想当然地认为苏联已经完蛋了，因为它的两个最大的城市列宁格勒和莫斯科一个已成孤城一座，马上就能被从地球上消灭，另一个则只需刮起一股强劲"台风"就会被拿下。然而事与愿违。英雄的列宁格勒人民忍受着难以想象的艰难困苦，尤其是饥饿，抗住了德军的围攻，使这座孤城在长达900天的围困中保持着活力，直到1944年1月27日在苏军全线大反攻中胜利解围。莫斯科的保卫者们更是屹立不动，使侵略者只能在离该城20公里之处看到克里姆林宫顶端的红星，却从未能以一个征服者的姿态进入克里姆林宫。

不过到1941年9月底，苏军的确面临极其严峻的战斗形势。在苏德战线的北端是孤城列宁格勒，命运难测；南方的基辅已落入敌手；现在黑海港口敖德萨又危在旦夕。9月6日希特勒发布第三十五号指令，代号"台风"，向莫斯科发动进攻，企图实现"巴巴罗萨"的预定目标，但德军的处境也并非很妙。由于春天的巴尔干战役和苏德战争爆

斯大林像

发后为攻打乌克兰而要求中路暂停推进,使攻打莫斯科的战役推迟了至少一个月。它不仅给苏军以时间,在中部地区集结防守兵力,做好保卫首都的准备,而且俄罗斯的严寒冬季也将使战线已长到极点的德军尝到当年拿破仑的经历。

9月30日,中路德军以180万人,1700辆坦克和约1390架飞机的兵力实施进攻莫斯科的"台风"行动。苏军已有准备,用三个方面军保卫莫斯科,西方方面军准备阻止德军沿主要方向突入首都;预备方面军准备击退突破西方方面军的来犯之敌;布良斯克方面军的任务是阻止德军沿莫斯科外围防御阵地对布良斯克的突破。10月2日德军以闪击式炮击和轰炸拉开了莫斯科战役的序幕。由于苏军对形势估计错误,又未认真进行侦察防御和建立纵深防御地区,加上坦克的缺乏,因此初期再次失利,使古德里安的装甲先头部队轻易突破布良斯克的苏军阵地,迅即占领奥廖尔和布良斯克,60万苏军被合围于维亚兹马和布良斯克之间。13日莫斯科西南100英里的卡卢加失守,接着西北的加里宁陷落。10月中旬"台风"行动初战告捷,苏军的5000门大炮,1200辆坦克和上万红军落入敌手。莫斯科处于万分危机之中。

从10月15日开始,苏联政府的部分机构和外交使团撤往古比雪夫,但斯大林留在了莫斯科,这是对恐慌的居民的镇定剂。全市人民在斯大林和新任西方方面军(这时该军已与预备方面军合并)总司令的朱可夫的指挥下迅速动员,组织了3个工人师,10几万人的民兵师,几百个巷战小组和摧毁坦克班,全市约45万人修筑防御工事,其中3/4是妇女,她们在严寒的气候中建成了令德军吃惊的3道防御圈:上百公里长的防坦克障碍物和防步兵障碍物,几千个发射点和支撑点,增强了莫斯科的防守能力。同时来自全国的支援物资也源源不断。人民发誓决不能让纳粹玷污列宁的陵墓。

1944年2月5日至17日,第聂伯河被围歼德军战场一角

这时上苍似乎也要惩罚邪恶,这一年俄罗斯的冬天提前到来。10月6日冬雪初降,雪随降随融,不久地面和道路便成为深陷的泥潭,以后开始降大雨和零星雪花,并连绵不断,于是对大量没有履带的德国机动车辆和步兵来说,道路状况之糟已成为灾难性的。加上由于缺少御寒装备,使疾病和寒冷造成的减员已比作战伤亡还大,因此德军的推进速度被迫减低下来。到10月底11月初,德军终于在全线逐渐停止战斗,以待大地封冻再做打算。

然而在莫斯科城内,严寒似乎给人以更高的战斗激情。11月6日兵临城下的莫斯科人民在地铁马雅可夫斯基车站里举行了"十月革命"24周年庆祝大会,斯大林庄严宣布:我们的事业是正义的,胜利一定属于我们! 第二天,斯大林在红场检阅了直接开赴前线的红军队伍,大长了人民的志气,气壮山河。

经过半个月的整顿,11月15日德军在晴朗而寒冷的天气里重新开始了向莫斯科的进攻，他们打算用西、南、北三面钳形包围莫斯科，最后会师莫斯科以东的战略，一举占领苏联首都。但是，尽管德国的摩托化尖兵深入到离莫斯科仅 20 公里之处，但再想前进一步都已十分不易。这不仅由于苏军已有所准备，更由于无数军用列车已不分昼夜地把驻防西伯利亚的苏军调往西线保卫莫斯科，因为杰出的情报人员佐尔格已及时从东京发来日本已决定南进，不会攻打苏联的电报。另外，骤然下降的气温，使德军飞机、坦克、汽车、大炮难以发动，使冻残冻伤冻病的士兵激增。苏军得利于天时地利人民团结一心，乘德军不得不转入防御而又立足未稳，于 12 月 6 日开始快速大反击，迅速打退了从北、南及中路企图包抄莫斯科的德军。到 1941 年底，中路德军被击退 100—250 公里，收复克林、加里宁、卡卢加等城市，解除了德军对图拉的包围，德军损失惨重，终未能会师莫斯科以东。

在保卫莫斯科的激战之际，红军在北方解放了齐赫文等城市，在西南收复罗斯托夫，从而配合了保卫首都的战役。希特勒虽在一怒之下撤销了立下大功的古德里安和陆军总司令勃劳希契等人的职务，自己亲任陆军总司令，但最终不得不接受在莫斯科城下惨败的事实。

莫斯科保卫战是德国陆军在二战中遭到的第一次大失败，东线德军伤亡 75 万人，损失坦克 1000 多辆，大炮 2500 多门，"闪击战"终于破产。希特勒必须进行一场持久的两线作战。

斯大林格勒会战

斯大林格勒位于宽阔美丽的伏尔加河西岸，是苏联南方重要的铁路交通枢纽和工业中心，也是苏联内河航运干线即伏尔加河上的重要港口。在它以西和以南，是辽阔富饶的顿河与伏尔加河冲积平原。这里是苏联的粮食、石油和煤炭等多种工农业原料的主要产地。1941 年德军侵占乌克兰后，斯大林格勒还成了由苏联中央地区通往南方重要区域的唯一交通要道，战略位置十分重要。在第二次世界大战中，德军和苏军在这里进行了一次大决战，这次决战，决定了苏德战争，以及这次世界大战的胜败。此次战役以后，胜败已分，盟国走向胜利，法西斯走向灭亡，已是不争的事实了。

自从德国突袭波兰之后，希特勒又以闪电式速度从欧洲的西、北、东南几个方向发动大规模进攻，并取得了惊人的胜利。

1940 年 3 月，希特勒签署代号为"威悉河演习"的作战指令，决定占领丹麦和挪威。4 月 9 日，德国政府用 34 个小时占领了丹麦；5 月 10 日，只有 30 万人口的卢森堡政府不战而降；5 月 13 日，德军突破法国防线，进入法国领土；5 月 17 日，德国占领比利时首都布鲁塞尔；6 月 10 日，德军占领挪威全境；6 月 14 日，德军占领法国巴黎，并于 22

德军最新式的"豹"式坦克在库尔斯克战斗中

日迫使法国投降。

　　1940 年秋，德军开进匈牙利。罗马尼亚和保加利亚，迫使三国加入了德、意、日同盟。1941 年春，德军又征服了南斯拉夫和希腊。至此为止，欧洲大陆的 14 个国家全部成为希特勒的囊中之物。

　　1940 年 9 月，意大利占领了英属索马里、肯尼亚和埃及的部分地区，不过等意军入侵希腊时，受到很大挫折，英国乘机占领了埃塞俄比亚首都。希特勒对此非常不妥，派隆美尔在非洲重创英军，控制了整个北非。

　　法国投降后，希特勒签署了"海狮作战计划"，企图攻破英伦三岛。8 月 13 日开始，德军出动近 2000 架次飞机对英国海军和空军基地进行狂轰滥炸。9 月 15 日，德军对英国的轰炸达到了高潮，在这次轰炸中，德军损失了 290 架飞机，英同也损失惨重。但是德军始终不能夺得英国的制空权，因此希特勒无限期推迟了"海狮作战计划"，转而将攻击目标转向东边的苏联。

德军俘虏中通向集中营的路上看到腐烂不可辨认的尸骨

　　希特勒在东线聚集了 190 个师共 550 万人，近 5000 架飞机，4300 辆坦克。1941 年 6 月 22 日，德军在北起波罗的海、南至喀尔巴阡山的战线上开始突袭苏联，苏联被打得措手不及，德军迅速占领了拉脱维亚、立陶宛、白俄罗斯和乌克兰的大部分地区。到 12 月 1 日，苏联损失了 700 万军队，此后德军发起了莫斯科大会战。

　　但是在莫斯科会战中，德军遭到苏联红军的重创：苏联红军粉碎了包围莫斯科的德军突击集团，将德军向西击退 100—250 公里，使德军损失了将近 50 个师，约有 30 万人被击毙，并且还损失了 1100 架飞机和近 3000 辆坦克。应该说，莫斯科大会战是德军遭到的最大一次失败，使希特勒的"闪电战"计划彻底破产。

苏军庆祝斯大林格勒保卫战胜利

　　1942 年初，战争的规模空前扩大，东边的太平洋中部、西边的大西洋西部、北边的北极圈、南边的北非、新几内亚，都发生了战争。反法西斯国家节节败退，处于最艰苦的阶段。

　　1942 年 4 月 5 日，希特勒下达了第四十一号作战指令，决定发动夏季攻势，预谋攻克斯大林格勒，沿伏尔加河北上，西向迂回包围莫斯科，然后越过土耳其和伊朗，从印度洋上和日本的军队会合，最后回师进攻英、美，最终夺取世界霸权。

　　斯大林格勒原名察里津，1918 年后改称斯大林格勒。它位于伏尔加河下游西岸，是苏联内河航运干线伏尔加河的重要港口，又是苏联南方铁路交通的枢纽和重要工业城市，也是来自高加索的石油转运站和重要的军事工业基地。

　　为此，德军最高统帅部拟定了代号为"蓝色作战"的作战计划，改组了原南方集团军群，将其分为 A、B 两个集团军群。德军在苏德战场部署了 150 万以上的兵力，包括 60 个德国师，其中 10 个装甲师、6 个摩托化师，另外还有 43 个师的附庸国部队。希特勒还为围攻斯大林格勒的德军配备了 1640 架飞机、1200 辆坦克和几万门火炮。

斯大林及苏军最高统帅部判断德军在 1942 年夏季很可能会向莫斯科方向和南方发动大规模的进攻，并以莫斯科为主要突击目标。因此，苏军最高统帅部决定将苏军的大部分兵力集中在莫斯科方向。苏军希望在短期

在冰雪消溶中实施机动战术的德军

先进行积极的战略防御，同时在克里米亚、斯摩棱斯克方向，列宁格勒和杰米扬斯克地域实施一系列进攻战役。

1942 年 5 月 8 日，德国上将曼施泰因指挥第十一集团军首先在克里米亚发起了春季攻势，一周后占领了刻赤半岛，苏军被俘 17 万人。7 月 4 日，德军攻占了塞瓦斯托波尔要塞，再次俘虏苏军 10 万人，至此，整个克里米亚都被德军占领。

6 月 28 日，德军两个集团军群从库尔斯克东北到斯大林诺一带发动全面进攻，很快攻入了顿河河曲和高加索地区，苏军被迫后撤 100—300 公里。7 月，德军越过顿河，南面的德 A 集团军群继续向高加索油田区推进，北面的 B 集团军群则以斯大林格勒为目标。

此时苏军才意识到德军的真正意图，苏军最高统帅部决心在斯大林格勒组织会战。因此，苏军在西南方面军的基础上组建了斯大林格勒方面军，包括从苏军战略预备队调来的第六十二、第六十三、第六十四集团军和原西南方面军的第二十一、第二十八、第三十八、第五十七集团军及空军第八集团军，外加苏海军伏尔加河区舰队。斯大林格勒方面军包括 12 个师约 16 万人、近 400 辆坦克、2200 门火炮和迫击炮、454 架飞机。显然，苏军的力量大大低于德军。

7 月 17 日，德军和苏军在斯大林格勒远近地展开了激烈的交战，斯大林格勒战役正式开始，希特勒甚至定下了 7 月 25 日以前攻占斯大林格勒的计划。从此到 1943 年 2 月 2 日，斯大林格勒会战历时 6 个半月。

德军第六集团军分成南北两个突击集团，企图突破苏军防御，向卡拉奇总方向发展进攻，围歼顿河右岸的苏军，从西南方向对斯大林格勒发起进攻。第六集团军首先向苏军 62 集团军实施包围，同时为了吸引苏军注意力，以部分兵力向苏军第六十四集团军发起佯攻。7 月 23 日，德军突破苏军的 62 集团军右翼防线，形势告急。

斯大林对苏军的战绩非常失望，撤换了斯大林格勒集团军的原司令员，由第六十四集团军司令戈尔多夫中将接任，并派苏军总参谋长、素有"苏军智多星"的华西列夫斯基上将作为最高统帅部代表协助指挥战事。同时，斯大林将预备队的坦克第一、第四集团军和守卫远东的 10 个师调往斯大林格勒，以加强防御。随后，斯大林发布了第二二七号命令，严厉要求苏军"绝对不许后退一步"。

7月25日，德军两个步兵师和1个装甲师对由苏军第六十四集团军的右翼阵地发起攻击，企图在卡拉奇附近强渡顿河，从西面直扑斯大林格勒。苏军刚调来的坦克第一和第四集团军起到了很大的作用，德第六集团军由于装甲兵力不够强大而被迫转入防御态势。

　　7月30日，希特勒又决定从A集团军群抽调兵力以增强B集团军群。8月1日，装备得到了加强的B集团军群霍特部奉命沿科捷尔尼科沃——斯大林格勒铁路向东北方向出击，突破了苏第五一集团军的防线，在占领了列蒙特纳亚后，开始向科捷尔尼科沃逼近。

　　8月3日，苏军守卫的科捷尔尼科沃失陷。5日，苏第六十四集团军的防御被攻破，但在阿勒加涅罗沃地域遭到苏军顽强的抵抗和反击。不得已，霍特只好放弃了独立攻占斯大林格勒的想法，并随之转入守势。

　　8月19日，德军调整部署，准备从西北、南部两个方向对斯大林格勒发起"钳形攻势"。为此，德军准备以第六集团军和霍克的第四装甲集团军的21万人，600辆坦克和1000多架飞机向斯大林格勒发动攻势。

　　22日，德第六集团军突破苏第六十二集团军在韦尔加奇和彼斯科瓦特卡地段的防线，强渡顿河，占领了卡拉奇，从此苏军第六十二集团军和斯大林格勒集团军切断了联系。

　　23日，德军迅速推进到斯大林格勒北郊的叶尔佐夫卡，并马上推进到伏尔加河，霍特第四装甲集团军从南面向北进攻，突破了苏第六十四集团军的防御，29日进至加夫里洛夫卡地域，威胁到斯大林格勒正面防御的苏军后方。同日，德军第四航空队出动了2000多架次的飞机对斯大林格勒进行了有史以来最为强烈的狂轰滥炸，斯大林格勒陷入一片火海之中。

　　斯大林格勒军民对德军的进攻进行了顽强的抵抗，"市民们也拿起了武器，表现得非常英勇，在战场上可以看到被打死的身穿工作服的工人，他们那已僵硬的手还握着步枪和手枪，在被击毁的战车驾驶舱里，呆坐着被打死的工人"。

　　斯大林对斯大林格勒的严峻形势非常愤怒，决定将一切能够动员的兵员物资，都派往斯大林格勒地区，并任命朱可夫为最高副统帅坐镇斯大林格勒。

　　8月中旬，朱可夫飞到斯大林格勒，立即着手组织苏军从南北两面对德军发起几次反击。但是这些反击虽然减轻了斯大林格勒城区的压力，但还是没能歼灭伏尔加河的德军。而且苏军也损失惨重。

　　9月5日，朱可夫命令3个新锐集团军投入反击。但从早上到傍晚，苏第一集团军才向前推进了2—4公里。在斯大林强硬命令下，朱可夫命令苏军在次日再次发起冲击，但是这次冲击又一次被德军击退。10日，苏军试图通过突袭来恢复和第六十二集团军的联系，又遭到失败。到12日，苏军撤至城郭，外围防御地带已全部丧失，德军突击集团军从东北和西南方向直接指向斯大林格勒市区，斯大林格勒面临巨大威胁。

　　9月13日，部分德军进入市区，市区争夺战全面展开。德军首先向市中心和南部发起进攻，但是遭到守城部队的顽强抵抗。从14日开始，双方在马马耶夫岗和一号车站等城郊进行激烈的街巷战斗。苏军利用建筑物和各种路障对德军进行阻击，市区争夺战达到白热化程度。为了争夺火车站，德苏双方争夺激烈，一周内火车站13次易手。

参战的德国将军汉斯·德尔在其回忆录中写道："敌我双方为争夺每一座房屋、车间、水塔、铁路路基，甚至为争夺一堵墙、一个地下室和每一堆瓦砾都展开了激烈的战斗。其激烈程度是前所未有的，甚至第一次世界大战也不能相比。我们早晨攻占了20公尺，可是一到晚上，俄国人又夺了回去。"

从9月27日开始，德军开始往斯大林格勒增派军队，向苏联红军发起猛攻。11月初，苏联倒霉的冬天即将来临，但是德军始终未能完全占领斯大林格勒。由于没有多少越冬物资储备，希特勒命令德军在气候完全变冷之前发动最后一次大规模进攻。一天之内，双方为争夺每寸土地、每一座房屋，都进行了异常激烈的战斗。但是由于伤亡过于惨重，德军被迫于次日停止了进攻。

苏联最高统帅部决定发动全面反攻行动，围歼该地域的德国军队。最高统帅部也向战线两翼调集了西南方面军、顿河方面军和斯大林格勒方面军共110万兵力，准备从两翼向德军实施钳形突击，围歼斯大林格勒附近的德军主力。此后，苏联开始反攻。

11月19日早晨，苏军突破罗马尼亚军防线，并于次日和北翼苏军配合向卡拉奇发动钳形包围。23日，苏军包围了德军第六集团军和第四坦克集团军，把33万德军困在了包围圈中。

德军司令鲍罗斯向希特勒发出冲围撤退的请求。但是刚从阿尔卑斯山赏雪归来的希特勒给鲍罗斯的回复却是：第六军团必须死守阵地，直至一兵一卒一枪一弹。

到1943年1月初，德第六集团军的阵地被压缩得越来越小，此外还要受到苏军的空中封锁，德军濒于弹尽粮绝的地步。

1月8日，苏军向被围的德军发出最后通牒，敦促其投降。德军司令鲍罗斯要求希特勒准予他见机行事的权力，但希特勒再次驳回了他的请求。23日，苏军向被围德军发起攻击行动，并占领了马马耶夫岗。此后，斯大林格勒方面军和守城的第六十二集团军胜利会师。

1月31日，包括鲍罗斯在内的德军高级将领被迫投降。两天后，斯大林格勒附近的所有德军全部投降，包括9万名士兵和几千名军官。至此，历时6个半月的斯大林格勒会战结束。

斯大林格勒战役经过苏联军民艰苦的战斗，终于获得了胜利。此次战役是苏德战场的转折点，也是整个第二次世界大战的转折点。此后，反法西斯国家开始进入大反攻，而德国、日本等国家则开始步步败退。苏联红军在获得斯大林格勒会战的胜利之后，陆续收复了原先失去的苏联领土，并攻入德国本土。正如德国陆军总参谋长蔡茨勒将军所说的："我们在斯大林格勒损失25万官兵，那就等于打断了我们在整个东线的脊梁骨。"

1942年7月7日，希特勒先后动用150万人以上的兵力，对斯大林格勒发动了进攻。希特勒的目的是打算切断伏尔加河，控制高加索，为北上莫斯科打开一条通路。苏联红军在顽强的防御中消灭了入侵的德军，结束了苏德战争中苏军的被动局面，成为第二次世界大战的一个转折点。

1942年4月下旬，苏德军经过10个月的激战，德军已在莫斯科城下受挫。至此，希特勒打算一鼓作气攻占莫斯科的希望化为泡影。

苏军完成了保卫莫斯科的伟大使命，但是，由于兵力、兵器上的不足，没有能够实现在各个战略方向上的预定反攻。到1942年5月，德军仍然占据着波罗的海沿岸地区、白俄罗斯、乌克兰、摩尔达维亚以及俄罗斯联邦的许多州。苏联失去了乌克兰的农业区、顿巴斯的煤和南方的巨大企业区。列宁格勒仍然没有打破德军的包围，德军距离莫斯科也只有150公里。

然而，整个国际政治军事形势却发生了很大的变化。1941年12月2日，日本军国主义发动了太平洋战争，美国等一系列国家开始了对德、日宣战。1942年1月1日，美、英，苏、中等26个国家在华盛顿签署了联合国家宣告，宣告参加联盟的国家与"柏林条约"成员德、意、日及其仆从国处于战争状态，在反对"柏林条约"成员国的战争中承担提供军事和经济资源的义务，不得单独与敌人缔结停战协定和条约。1942年5月26日，苏、英签订了对德作战的同盟条约。6月11日，苏、美缔结了在反法西斯斗争中的互助协定。至此，国际力量对比的变化已使法西斯德国处于不利的地位。

1942年5月，德军开始调兵遣将。他们在苏德战场上投入了620万人的兵力，坦克和强击火炮及迫击火炮3229辆，火炮和迫击炮约57000门，作战飞机3395架。他们准备对苏联发动新的攻势。

德军在莫斯科的失利，是自苏德战争爆发以来第一次受到的不可逾越的阻挡。无奈，希特勒只好放弃全面进攻的计划，而改为重点进攻。

希特勒认为，这个重点要放在能给苏联的战争经济以最严重的破坏，同时又能给德国的战争经济开辟新的原料来源的那条战线上发动。最重要的目标是高加索的油田，夺取高加索的油田可以减轻德国过度紧张的燃料补给。为此，希特勒决定进攻斯大林格勒。

面对德军即将发动的大规模进攻，苏军最高统帅部于7月12日成立了斯大林格勒方面军，这个方面军由预备队的第六十二、第六十三、第六十四集团军，原西南方面军的第二十一、第二十八、第三十八、第五十七集团军和空军第八集团军及伏尔加河航队编成。开始由铁木辛哥任方面军司令员，后改为戈尔道夫中将任司令员。斯大林格勒方面军中38个师中只有18个师为满员师，因为原西南方面军在战斗中损失较大。

苏军和当地居民还从顿河到伏尔加河一线，修建了工程浩大的防御工事。在斯大林格勒外围，从北、西、南三个方面构筑了四道防御线，但这四条防御线均为野战线，并不十分坚固。

会战开始时，德军兵力是苏军的1.3倍，坦克是苏军的2倍，飞机是苏军的3.6倍。

德军最高统帅部预定在7月25日占领斯大林格勒。

1942 年 7 月 17 日，德军第六集团军主力分为两个突击集团，开始发动钳形攻势。北路突击集团以 8 个师的兵力从彼弄列拉佐夫斯基地域，分别向卡拉奇实施向心突击，企图围歼在顿河大弯曲部的苏军，尔后从西南一举攻占斯大林格勒。

　　德军第六集团军先头部队首先在顿河的切尔河和齐姆良河地区对苏军的第六十二、第六十四集团军的前沿阵地发动了猛烈地进攻。苏军进行顽强地抵抗，数天后，苏军边打边退，到了 22 日各支队已退守到主要防御地带。

　　7 月 23 日，希特勒命令德军在加强顿河一线防御的基础上，猛攻斯大林格勒，迅速消灭那里的苏军，占领该城，封锁顿河至伏尔加河之间的陆上交通和顿河上的航运。

　　紧接着，德军以 5 个师的兵力对苏军第六十二集团军的阵地发动了进攻，并进至苏军主要防御地带前。

　　情况非常危急，7 月 28 日，斯大林发布第二二七号令，指出苏德战场南部的危险，要求苏军坚决进行抵抗，寸土不让，直至最后一滴血……并提出了"绝不后退一步"的口号。

　　德军为了迅速地拿下斯大林格勒，重新部署了战局。7 月 30 日，德军又将第四坦克集团军调到了斯大林格勒西南方向，沿科捷尔尼沃一斯大林格勒铁路线发动了新的进攻。与此同时，希特勒还向德军下达了命令：从行进间实施突击，从南面攻入斯大林格勒，造成对斯大林格勒方面军两面夹击之势。

　　苏军第五十七集团军的防御战线长达 200 公里，而且兵员不足，只能一面阻击一面后撤。

　　8 月中旬，德军又加强了南北两个突击集团。8 月 19 日。德军从北路和南路同时对斯大林格勒进行向心突击。德军动用了 21 万人，2700 门大炮，百辆坦克，千架飞机，经过 3 天的艰苦作战，德军北路终于突破了苏军的防御强渡顿河，于 8 月 23 日进至斯大林格勒市区以北的伏尔加河畔，对市区造成了严重的威胁。从南路进攻的德军也于 8 月 29 日前出到加夫里洛卡地域，威胁着斯大林格勒正面担任防御的苏军后方。9 月 13 日，德军两路人马开始对城市南部和中部发起进攻。

　　苏军最高统帅部也下达命令，要求斯大林格勒地区的苏军采取一切措施守住阵地，消灭步步逼近的德军。于是苏军从南北两个方向对德军侧翼实施了强大的反击，削弱了德军的力量。8 月 23 日，为了消灭伏尔加河畔的德军，斯大林格勒方面军曾一度进到伏尔加河畔，将德军切为两段。但第二天，德军就以其强大的反突击又恢复了他们的联系。8 月 25 日，斯大林格勒方面军司令部宣布全城处于戒严状态，并号召全市居民保卫自己的城市，苏联国防委员会还向斯大林格勒地区补充了兵力、弹药，并以物资进行支援。

　　8 月 26 日，苏联国防委员会任命朱可夫为最高副统帅。

　　8 月 29 日，朱可夫飞抵斯大林格勒前线卡拉奇以北约 3 公里的卡梅申—斯大林格勒方面军野战指挥所，与总参谋长华西列夫斯基和司令员戈尔道夫等高级指挥官共同研究战局后，决定 9 月 3 日从北面由近卫第一集团军发动攻势，但进展不大。

　　9 月 3 日，苏军第二十四、第六十六集团军和近卫第一集团军，于 9 月 5 日拂晓对德军进行了空袭和轰炸，随后又进行了冲击，但由于德军的顽强抵抗，苏军只前进了2—4公里。

同天中午12时，德军出动飞机大炮，开始了全线进攻。100辆坦克排成方队，向北面方向进攻，最后距苏军指挥所只有2公里之遥，苏第六十二、第六十四集团军在强大的德军压力下，不得不向后撤退，一直退到了斯大林格勒城下的最后阵地。

此时，斯大林格勒的苏军防御前沿，距市区只有2—10公里。德军的突击集团已从东北和西南直接指向斯大林格勒市区。

在经过连续13天的战斗后，德军终于于9月25日占领了市南和市中心的部分地区，并前进到伏尔加河河面，所有渡口都处在了德军的枪炮火力控制之下。斯大林格勒，几乎没有一座建筑物、工厂、住宅保持完整。

9月28日，苏军最高统帅部将斯大林格勒方面军改为顿河方面军，命罗科索夫斯基中将为司令员；东南方面军改称斯大林格勒方面军，命叶廖缅科上将为司令员。两个方面军直接由苏联最高统帅部指挥。

10月5日，斯大林命令叶廖缅科在任何情况下都要坚守城市，把每幢楼帚，每条街道作为堡垒，抗击德军的进攻。每一座房屋，只要有苏联的军人，哪怕只有一个人，也要成为敌人攻不破的堡垒。于是，苏军在连营里，除了已有的班之外，又组织了新的战术单位——突击小组。

尽管炮火连天，弹片横飞，炮击和轰炸的喧嚣声此起彼伏，震耳欲聋，被炸毁的工厂成了苏联人的抵抗中心。一些工厂就是在炮火纷飞中修理坦克和其他武器的。如果工厂被炸得无法生产，工人们便拿起武器与正规部队一样，投入战斗。

10月14日，希特勒向德军下达了命令：除斯大林格勒外，整个苏德战场转入战略防御。在斯大林格勒方面，德军又开始了第三次进攻，企图通过这次攻击来夺取决定性的胜利。德军的进攻，最后进至伏尔加河，在约5公里宽的地段上，集中了2个坦克师、3个步兵师，出动了2000架次飞机作为支援轰炸市区。战斗空前激烈，仅朱可夫元帅的司令部里就有61人牺牲。

10月15日，德军突破防线攻占了拖拉机厂，冲到了伏尔加河边。17日，苏军第一三八师赶来增援工厂区的战斗。苏军的顽强抵抗，大量的杀伤了德军，终于迫使德军减弱了进攻的势头。

1942年11月19日，苏联红军完成了集结，开始了战略大反攻。

参加反攻的苏军有110万人，15000余门大炮，1400余辆坦克和1400架飞机，共编成3个方面军：顿河方面军、斯大林格勒方面军和西南方面军。

此时，在斯大林格勒方面作战的德国军队共计80个师计101万人，1万余门大炮，600余辆坦克和1200架飞机。

苏德两军的军力对比发生了变化。苏军在坦克和火炮上已有优势。双方的航空兵几乎是拥有同等数量的飞机，但此时德军的燃料基本上已消耗殆尽，而且苏军飞机发动机在性能上也较德军优良。

苏最高统帅部考虑到交通线的重要，首先恢复已被德军破坏的铁路、桥梁、车站，并修建了新的交通线。从1942年10月到1943年2月共修建了1160公里长的铁路支线,恢复了 1958 公里的路线和 293 座铁路桥,保证了斯大林格勒地区的交通运输。

1942 年 11 月 19 日 7 时 30 分,苏最高统帅部下达了进攻命令。按照这一命令,集结在 3 个狭长突击地带上(总长度 28 公里)的大炮和迫击炮向预先侦察到的目标一齐开火。在实施了一个小时的破坏性射击和 20 分钟的压制性射击后,8 时 50 分,支援步兵的坦克群首先发起进攻。苏军在斯大林格勒的大反攻正式开始了。

22 日夜间,苏军占领了顿河桥,并分批强渡顿河。

为了迅速断敌退路,防止德军龟缩,苏军第二十六坦克军军长罗金少将决定利用夜晚,先夺取敌纵深卡拉奇附近顿河上唯一剩下的一座桥梁。22 日凌晨 3 时,他命先头部队的上百辆坦克全部打开车灯,成纵队沿着从奥斯特罗夫到卡拉奇的公路,穿过德军数十公里的防御阵地向大桥开进。

苏军的先头部队迅速控制了左右河岸,并发出信号弹,通知后续部队加速前进。德军发现中计,但为时已晚,苏军坦克里应外合,迫使德军向两翼败退。苏军第二十六坦克军固守在桥梁附近,切断了敌军的退路,粉碎了敌人向西面德军靠拢的企图。4 天之后,苏军两支先头部队在斯大林格勒的正西面、德军第六集团军背后 20 公里的地方会师,这一会师不仅决定了斯大林格勒城内 25 万德军士兵的命运,而且标志着第二次世界大战在苏联战场上的转折。

斯大林格勒方面军于 11 月 20 日拂晓从城南发起反攻,突破了罗马尼亚第四集团军的防线后,向西北推进。

伏尔加河东岸的苏军也开始了反击。他们向城内的德军阵地发起了猛烈地炮击。斯大林格勒正北面的顿河方面军也发动了攻势。自 11 月 22 日起,他们与斯大林格勒方面军一起对德军进行压缩。至 11 月 30 日,苏军已完成了对德军共 22 个师 33 万人合围,将其压缩在 1500 平方公里的地域之内。

希特勒在苏军的强大攻势面前,并没有认清形势。他一再命令被围的德第六集团军守住斯大林格勒和伏尔加前线,第六集团军的处境已是非常艰难,甚至可以说是毫无希望。他们天天盼望的是希特勒大发慈悲,对他们采取援救行动。

为了稳住战局,希特勒又在高加索、沃罗涅什、奥廖尔和法国等各战场搜罗了 10 个师的兵力,拼成"顿河集团军群",委派列宁格勒前线的曼施泰因指挥,前去解救斯大林格勒的第六集团军。希特勒向"顿河集团军群"下达的命令是坚守斯大林格勒。

12 月 12 日,援军沿着铁路线北上,不顾一切伤亡地向斯大林格勒方向猛冲。

12 月 19 日,援军同苏军在卡尔穆克草原与苏军展开了激战。21 日打到了米什科沃地区。这时,德援军同第六集团军防守的外围只有 40 公里。精疲力竭的德军、人员与技术兵器受到了重大损失。苏军发动了新的攻势,紧追退却之敌。12 月 20 日苏军占领了科捷利尼科夫斯基,把德军其他部队从斯大林格勒推出 200 至 250 公里以外,德军的阵地被压缩得越来越小,空运补给几乎中断,已是弹尽粮绝。

德第六集团军对于他们的处境非常清楚,他们一再请求希特勒准许他们突围。但希特勒却要求他们"死守斯大林格勒"。

气温下降到零下 30 度，德军大批官兵被冻伤。另有数千人患有伤寒痢疾。由于苏军的空中封锁，靠空运维持供给日甚艰难。德军每日所需的作战物资最少为 750 吨，但实际上运到的每天还不足 100 吨。1943 年 1 月 6 日只运到了 45 吨，1 月 21 日起空运则停止。

1 月 8 日，苏军指挥部向被围德军发出了最后通牒，命令他们停止抵抗，缴械投降。但德第六集团军拒绝了苏军的要求。

1 月 10 日，苏军围歼德军的代号为"指环"的作战计划开始实施。5000 门大炮一齐射向包围圈内的德军。在炮兵强大火力掩护下，苏军的坦克和步兵发起冲击，德军全线溃退。仅 6 天的时间，德军的阵地就缩小了一半。苏军再次敦促德军投降，德军再次拒绝。1 月 16 日晨，苏军占领了皮托姆尼克机场。22 日苏军发起全线总攻，切断了古姆拉克的铁路线，占领了斯大林格勒南部，夺取了古姆拉克机场，激战 4 天后，德军只剩下南北长 20 公里，东西长 3.5 公里地带。

1 月 26 日晨，苏军实施了决定性的突击。当天傍晚，苏第二十一集团军由西向东进攻，驻守市区的第六十二集团军由东向西进攻，在"红十月"工厂住宅区和马马耶夫高地胜利会师，将德第六集团军切割成南北两部分。1 月 27 日起，苏军开始缩小包围圈。1 月 29 日，苏军前出到市中心。三天的时间里，德军 15000 人放下武器。一支罗马尼亚部队带着全部武器和装备集体向苏军投降。

1 月 30 日，苏军直逼市中心。1 月 31 日中午 12 时，刚被希特勒擢升为陆军元帅的德第六集团军司令保卢斯和他的助手们向苏军宣布投降，他们先被送往苏第六十四集团军司令部，然后又从那里出发送往顿河方面军司令部。

但德军北部集群拒绝投降。在苏军的突击下，他们企图向城北逃窜。苏军决定用炮兵猛烈轰击德军。2 月 1 日，全部炮火轰鸣起来，空军也实施了轰炸。2 月 2 日，德军残部集群终于投降了，伏尔加河岸的战斗停止了。

至此，被围德军全部投降。1 名陆军元帅，24 名将军以及大约 9 万名官兵成为苏军的俘虏。

苏军胜利了，经过 200 个昼夜的激战，苏军总共消灭德军 66 个师，约 150 万人，占其苏德战场总兵力的 1/4，击毁和缴获德军坦克及强击大炮 3500 多辆，火炮和迫击炮 12000 多门，飞机 3000 架。从此，苏军掌握了苏德战场的战略主动权，为第二次世界大战中反法西斯力量走向胜利奠定了基础。

希特勒为了挽回颓势，实行全国总动员。他乘西线还没有开辟第二战场，调集东线的精锐部队，配备了新型武器、大量弹药和装备，并委任了经验丰富的优秀指挥官（曼斯坦因等），于 1943 年 7 月在苏德战场上发动了第三次夏季攻势。德军在库尔斯克 100 多公里长的狭窄地段，以 90 万兵力，配备了包括新式的"虎型"、"豹型"坦克和"裴迪南"自行火炮在内的近 2700 辆坦克，上万门火炮和 2000 多架飞机，实行重点进攻，从南北夹击在库尔斯克突出部的苏联两个方面军，企图来一个"德国的斯大林格勒"，再次夺回战场主动权。由于 1943 年夏季苏军在兵员和装备的数量和质量上已占优势，事前又获悉了德军的意图和可能进攻的具体时间，所以不像在莫斯科和斯大林格勒那样被迫应战，而是先敌行动，调集了约 133 万兵力，

3400 多辆坦克，近 2 万门火炮和 2100 多架飞机，还在后方集中了大量预备队待命。这是苏军预先计划好的一次以逸待劳后发制人的防守反击战。

战役从 7 月 5 日开始到 8 月 23 日结束，大体分为两个阶段。7 月 5 日至 11 日是苏军防御阶段，7 月 12 至 8 月 23 日是反攻阶段。7 月 12 日在普罗霍罗夫卡发生了二战中最大的坦克战，双方投入了约 1200 辆坦克。德军损失惨重，战役由此转折，苏军经过 50 天浴血奋战，歼灭德军约 12 万，坦克师和机械化师约 1/3 经过莫斯科、斯大林格勒和库尔斯克三次鏖战，德军一蹶不振。第三次夏季攻势也是它在苏德战场上最后一次攻势。库尔斯克战役标志苏德战场转折的完成。从此，苏军完全掌握了战略主动权，并展开全线反攻。

地中海与非洲的较量

法国崩溃前，地中海由英法舰队共同控制，意大利对法宣战后，墨索里尼便算计着把地中海拿到手里，以圆其地中海作为意大利内湖的迷梦。为此意大利必须从英国人手中夺取马耳他岛，这不仅可以切断英国直布罗陀分舰队和亚历山大分舰队的联络，还能排除意大利到北非的障碍。于是意大利海军开始进行潜艇战并在西西里海峡布雷，还用了几个夜晚切断了马耳他岛上的英国人对外联络的海底电缆。这使英国不能容忍，立即加强了他们在地中海的舰队和马耳他的防御。法国败降后，盟国在地中海的力量遭到削弱，英国便决定先发制人，采取主动出击的方式打击意大利舰队。

6 月 28 日，英空军发现从意大利向北非运送军火的三艘驱逐舰，立即引导英舰队前来实施打击，击沉一艘。7 月 9 日英意海军在卡拉布里亚进行遭遇战，这是意大利海军对英国的第一次战斗，双方各有 2 艘舰只受伤。但这一战发生在离意大利海岸不远之处，明显暴露了意大利海军侦察工作和海空合作之落后。7 月 19 日双方又在克里特岛的斯巴达角发生冲突，一艘意大利巡洋舰被击沉。

意大利侵略军队庆祝胜利

为保住马耳他和东地中海，驻亚历山大港的英海军上将坎宁安认为必须重创意大利海军，丘吉尔表示支持，并不顾不列颠之战尚未结束和大西洋运输的需要，给坎宁安派去增援部队。11 月 11 日英"光辉"号航空母舰载着携带鱼雷、炸弹或照明弹的轰炸机从马耳他出发直向意海军基地塔兰托驶去。夜幕降临后不久，这些飞机即对塔兰托港进行轰炸，意大利舰队在一片火光和爆炸声中损失惨重：3 艘战列舰被击中，其中一艘完全失去战斗力，另 2 艘也要在 4~6 个月后才能修好，而英军只有 2 架飞机被击落。对塔兰托港的攻击，使意大利暂时只剩 2 艘战列舰能够服役，而且为保护其他船只免遭同样命运，意大利不得不把它们转移到那不勒斯港去。英国人得力于这大胆的一击，终于使意大利舰队在东一中地中海失去了立足之地。

在地中海战场上，德国最初并没有向它的老朋友伸出援助之手，从而丧失了在地中海给英国以致命打击的机会。那么这段时间内希特勒在干些什么？原来希特勒始终在盘算进攻俄国的计划，并已在东方集结部队。虽然他在雷德尔的劝说下开始考虑在地中海和北非采取一些行动，但他缺少洲际战略的宏大眼光，并不真正理解地中海的重要性，也不想把地中海作为德军的主战场，他只想在那儿封锁英国，增加英国的困难以逼它屈服；同时在西北非和大西洋诸岛采取防御战略，以防英国或许还有美国人从大西洋通过非洲进攻他的"欧洲堡垒"。因此希特勒的目的十分有限，他不打算在南方有太大动作，而是指望他的拉丁语系的朋友们为他做这件事，即让西班牙承担保卫西地中海的主要责任，靠维希法国防御西北非，让意大利自己照看东地中海。所以当意大利与英国频频交锋时，希特勒正在对佛朗哥和贝当展开外交攻势。但是出乎他的意料，前者不肯承担任何义务，后者也是推诿回避，使希特勒大为光火。这样一来，不仅元首想建立一个拉丁语系法西斯集团以封锁地中海的计划告吹，而且白白坐失了在地中海的机会。然而当墨索里尼在北非遭到巨大失败时，希特勒却不能无动于衷了。

北非始终是墨索里尼的觊觎之地，当英国困守本土面临入侵之际，墨索里尼以为建立他的非洲帝国的时机已到，现在在利比亚和意属东非的意军和其殖民部队约50万人，难道还打不败仅5万人的英军吗？他下了决心：这次要用自己的胜利向希特勒证明他作为一个平等伙伴的价值。不过他对意军的估计是太高了。

英意双方在北非的前线是埃及境内的西沙漠。7月英新任中东总司令、陆军上将韦维尔尽管被丘吉尔认为进取心不强，但不愿被动挨打，便先发制人，派第七装甲师的部分兵力直入沙漠并不断越过边境到利比亚进行一系列袭击，皇家"马蒂尔达"坦克起了决定性作用，因此该师不久就以"沙漠之鼠"而闻名。直到9月中旬，意军才集结6个师的兵力小心进入西沙漠，但迟迟不予出击，而韦维尔得到丘吉尔的增援部队再次出击，竟产生惊人效果，不仅使意军全军覆灭，而且使他们在北非固守的阵地也差点儿崩溃。遗憾的是，在取得压倒优势的胜利后，英军没有做好充分准备乘胜追击，致使入侵意军得以逃脱。直到1941年初，英军才对巴尔迪亚发动进攻，意军防线迅速崩溃，守军全部投降；1月21日托卜鲁克也告陷落，英军进入昔兰尼加。

但是部分是由于英军进展太快，后勤供给不上，部分是由于丘吉尔突发奇想，要在巴尔干建立抗德同盟，要求韦维尔派出部分坦克部队和炮兵增援希腊，尽管当时由于希腊的反对而暂未实行这个计划，但也使英军一时止步不前。直到2月3日英军才再次推进，7日便取得贝达富姆大捷，以3千人和38辆坦克的兵力俘虏意军2万，缴获坦克100多辆。

但胜利的光辉不久便暗淡下来。希腊首相梅塔克塞斯于1月29日突然去世，新首相不像他的前任那样难以对付。丘吉尔看到他念念不忘的巴尔干反德同盟又有了希望，便立即说服希腊新首相接受他的建议，于是5万英军分遣队于3月从北非开往希腊登陆。但这一计划的不现实性我们在后面很快就会谈到。由于力量的削弱，英军攻下的黎波里的计划成了泡影，但无论如何，墨索里尼在北非是大栽跟头。

在东非意大利的日子也不好过。到 1940 年底英军在东非展开反击，意军接连败北，1941 年埃塞俄比亚在赶跑意军后光荣复国，意大利在东非的势力被肃清。

非洲的失利给了墨索里尼当头一棒，只好求助于希特勒。元首这次决定援助"领袖"了，不仅为了轴心国的威信，也为了保持北非这块战略要地。1941 年 2 月希特勒派出年轻将军、在法国战役中立下殊功的隆美尔率领一小支德国机械化部队去北非援救意军并统一指挥北非的德意军队。他一到北非，便打起进攻战，德军部队虽少，但隆美尔用汽车在沙漠上奔跑卷起的漫天尘埃以掩盖坦克的缺乏，并利用德军的机动性于 3 月 31 日发动迅雷不及掩耳的突击，到 4 月中旬就把英军逐出了昔兰尼加。这一次就如同英军先前占领昔兰尼加一样，而出手之快甚至有过之而无不及，英国只在托卜鲁克港保留了一个据点。看来英国在非洲还要付出加倍的代价，因为他们现在面对的是被丘吉尔称为"伟大将领"的"沙漠之狐"隆美尔。

沙漠之狐

为保持英国在埃及的地位并力图取得在非洲的胜利，丘吉尔要求英军死守托卜鲁克，于是被德军包围的托卜鲁克成为双方争夺的中心。尽管隆美尔曾于 4 月中旬和 4 月底两次进攻该港，但都因实力不足和英军防守严密而未得手；而韦维尔虽在 5 月中旬和 6 月中旬冒险分别实施解救该港英军的"短促作战计划"和"战斧作战计划"，也都遭失败。失败的重要原因之一是隆美尔机动地把 88 毫米高射炮极有成效地改为反坦克炮使用，从而使英军坦克在他们自己称为的"鬼门关"之地受到几乎全部毁灭的重创。

"战斧"不利，丘吉尔临阵换将，由驻印度总司令奥金莱克将军接替韦维尔。随后双方经过 5 个月的休整，在此期间苏德战争已在激烈进行。北非英军得到较多援助，隆美尔则受援较少。11 月中旬英军实施"十字军作战计划"，对德军发动大规模攻势。但隆美尔利用较少兵力，先诱使英军坦克似公牛般向前直冲，待落入德军反坦克炮火网中实施打击，然后反守为攻，使英军顿陷混乱，双方在利埃边境进行了一个月的拉锯战，随后战线才稳定下来。

"火炬"作战计划

英军在阿拉曼发动进攻两星期以后，美英联军在法属北非登陆，实行"火炬"作战计划。

1942 年 6 月，丘吉尔提出实行由美英联军在北非登陆的"体育家"计划。对英国来说，把作战的重点放在北非，既可以避开德国的主力，减少损失，又可以确保英国在中近东和非洲的战略地位。6 月 17 日，丘吉尔偕同英国三军参谋长飞往华盛顿。丘吉尔在罗斯福面前强调在法国过早登陆的缺点和危险，力主暂时放弃在法国登陆、开辟第二战场的计划，而执行"体育家"计划。

罗斯福考虑到，如果轴心国在北非取得胜利，立即会危及苏伊士运河和中东油田的安全，敌人还可能占领法属北非和西非，使南大西洋航线、甚至南美洲西海岸都面临危险。此外，德军有可能利用西班牙、葡萄牙及它们的属地。罗斯福排除了美国三军参谋长的反对，于 7 月 25 日同意实行"体育家"计划，其条件是不放弃 1943 年春天在欧洲登陆的计划。在丘吉尔的建议下，这一计划的代号改名"火炬"。双方同意由美国人担任司令官。

7 月 26 日，马歇尔通知艾森豪威尔出任这次战役的总司令。登陆时间定在 11 月 8 日。登陆地点选在卡萨布兰卡、奥兰和阿尔及尔。罗斯福提出，为了减少和避免北非法军的抵抗，应使这次登陆部队保持纯美军的外表。因为英军曾在奥兰、达喀尔和叙利亚同法军发生过武装冲突，法国人敌视英国。丘吉尔同意了罗斯福的意见。

8 月 12 日，丘吉尔飞往莫斯科，向斯大林通报了"火炬"作战计划，并说这就是准备在 1942 年开辟的第二战场。他解释了 1942 年不能在法国登陆的原因，企图取得苏联方面的谅解和支持。

法国在北非拥有 20 万人的兵力，能否把这支部队争取到盟国方面来或使法军的抵抗减弱到最低限度，这是盟军能否顺利登陆作战的关键。为争取法军的合作，美国驻北非的首席外交代表罗伯特·墨菲展开了积极的外交活动。他说服法国驻阿尔及尔防区部队司令马斯特将军、卡萨布兰卡防区司令贝图阿尔将军与盟军合作。应马斯特的请求，艾森豪威尔的副手马克·克拉克将军秘密潜入阿尔及尔以西约 60 英里的一所别墅与法国代表会晤，商讨策应办法。这次秘密会议决定让吉罗出面号召法军停止抵抗并与盟军合作。吉罗在 1940 年 5 月任陆军司令官，曾被德军俘虏，越狱逃跑到法国南部。11 月 7 日，美国人设法把吉罗从法国南海岸的一个地方接到直布罗陀艾森豪威尔的临时司令部。盟军许诺让他作北非法国军政首脑。

11 月 8 日凌晨，由 650 多艘船舰组成的三支特混舰队，浩浩荡荡分别开到卡萨布兰卡、奥兰和阿尔及尔。三路盟军在预定的地点登陆。由于得到马斯特、贝图阿尔等法国将军的策应，登陆比较顺利。

巴顿指挥的 24500 人的美国部队在卡萨布兰卡附近几个地点同时登陆。由于法国驻摩洛哥总督诺盖将军和实际负责卡萨布兰卡地区防务的米歇勒海军上将开始不愿合作，对登陆作了一番抵抗。法军的火力很快被压下去。11 月 10 日，诺盖收到达尔朗发布的停火令，遂命令法军停止抵抗。

一支 18500 名的美军在奥兰东西几个地方登陆，分东、西、南三路向奥兰城进军，在前进过程中遭到不同程度的抵抗。11 月 10 日上午，美军两支轻装甲纵队从南面攻进奥兰城内，法军宣布投降。在三天战斗中，美军伤亡不到 400 人。

9000 人组成的英美联军在阿尔及尔的登陆得到马斯特及其同僚的策应，更为顺利。英美军队在阿尔及尔东西两侧多处海滩同时登陆，法军只在几个地点作了一番抵抗，未能阻止盟军顺利推进。

11 月 9 日早晨，克拉克和吉罗飞到阿尔及尔。在此以前，暗通盟军的法国人曾以吉罗的名义，作了一次广播讲话，宣布他将领导法属北非，并命令法军停止抵抗。但北非军政当局不愿接受吉罗的领导，他们要根据达尔朗的指示行事。盟军别无他法，求助于达尔朗。达尔朗是法国战斗部队的总司令，贝当的继承人。他正在阿尔及尔探望得了小儿麻痹症的儿子。在墨菲的周旋下，达尔朗于8日晨向贝当发出电报，说"局势日益恶化，守军将无法支持"，要求贝当授权他便宜行事。贝当复电授予他所要求的全权。8日下午6时45分，达尔朗向阿尔及尔地区的法军和舰只发布停火令。当天下午7时，阿尔及尔投降，达尔朗也落入盟军手中。

10日晨，克拉克要求达尔朗命令法属北非各地立即停火，否则就要扣留他。达尔朗被迫于10日上午10时20分发出停火令，他宣布"以贝当元帅的名义"，掌握法属北非的全部权力。

盟军在北非登陆以后，德国立即向维希政权施加压力，要后者接受德国的"军事援助"。没有等到维希当局正式答复，希特勒就撕毁1940年的停火协定，于11月10日命令他的部队同意大利军队一道在午夜开进未被占领的法国地区。意军占领了科西嘉岛。

德意军侵占法国南部反而有利于盟军稳定北非法国人的情绪。当这一消息于11日传到北非时，达尔朗说，由于德国人破坏了停战协定，他可以毫无拘束地与美国人合作了。

鉴于停泊在土伦的法国舰队有落入敌手的危险，达尔朗应克拉克的要求，打电报给土伦舰队司令，要他把法国舰队开到北非港口。达尔朗还命令突尼斯的法军参加盟军一方作战。

13日，达尔朗与艾森豪威尔达成协议。根据协议，达尔朗任法属北非高级专员兼海军总司令，吉罗任地面部队和空军部队总司令。盟军得到了利用港口、铁路和其他设备的保证，并得到了在法属北非调度军队所需要的法律权利和特权。盟军为了把法国人拉到自己一边作战，小心翼翼地避免军事占领的作法。

达尔朗是一个声名狼藉的附敌分子。同达尔朗达成的协议一经传开，立即在英、美两国引起抗议的浪潮。舆论谴责这是一桩卑鄙龌龊的勾当。12月24日，一名法国青年开枪打死达尔朗。这一事件使罗斯福和丘吉尔摆脱了窘境，也为戴高乐的自由法国运动与法属北非的法军合作扫清了道路。达尔朗死后，吉罗继任高级专员。

法国在土伦的主力舰队司令拉博德海军上将，既不愿把舰队交给盟军，也不愿交给德军。11月26日，当德军企图夺取舰队时，法国海军按计划凿沉了军舰，这支被凿沉的舰队有各类舰艇51艘，计22万吨。盟军没有得到这支庞大的舰队非常惋惜，但它没有被德军夺到手却可聊以自慰。

轴心国不肯轻易放弃在北非的阵地，从11月9日开始，通过海运和空运，大举向突尼斯运兵。到11月底，突尼斯的德军增至15000人，还有9000名意军由陆路从的黎波里开来。

盟军在阿尔及尔登陆以后，英国将军安德森按计划接过这支盟军的指挥权。他指挥新建的第一集团军向东推进，去抢占突尼斯。11月17日，安德森命令部队在边境集结完毕后再向突尼斯进军。盟军兵力本来占压倒优势，因过于小心谨慎，行动太慢，未能在轴心国军队主力开到以前一举消灭它的先遣队，占领突尼斯，因此坐失良机。

　　12月9日，于尔根·阿尼姆元帅奉希特勒之命接替内林，任当时已称为第五装甲集团军的轴心国部队的最高司令官。他着手把德军占领的突尼斯和比塞大两个环形阵地扩大为一个总桥头堡，用绵亘100英里长的一连串哨所联结起来，分北、中、南三区防守。

　　盟军在11月下旬和12月发动的一系列进攻进展不顺利，不得不放弃立即攻占突尼斯的计划。而希特勒和墨索里尼受到初步胜利的鼓舞，源源不断地向突尼斯增派兵力，使轴心国的总兵力增至25万人以上。这为盟国大量消灭轴心国的有生力量提供了一个机会。

　　为了讨论结束突尼斯战争后盟国的战略计划，罗斯福总统和丘吉尔首相于1943年1月14日至24日在卡萨布兰卡举行重要会议。会议决定，盟军面临的任务是肃清北非的轴心国军队，并为攻占西西里岛、扩大地中海战场作准备。同盟国要在1943年动用一切力量打击法西斯国家，并支援苏联作战。会议决定

盟军3000只舰船在西西里岛登陆

任命艾森豪威尔为盟军总司令，英国亚历山大将军为副总司令，负责指挥突尼斯战线的盟军；在突尼斯战役结束以后，负责指挥西西里战役。

　　这次会议还促成了吉罗和戴高乐的合作。戴高乐应罗斯福总统的邀请，并在英国政府的催促下，于1月22日来到卡萨布兰卡，与吉罗商讨联合法兰西力量，争取法国解放的事宜，并于1月26日发表联合公报。

　　1943年1月15日，蒙哥马利向防守布埃拉特阵地的隆美尔残部发起进攻。隆美尔被迫退到突尼斯的马雷特防线。1月23日，英军在没有抵抗的情况下进入的黎波里。的黎波里港口和机场的开辟，为盟军提供了极为重要的供应基地，也为盟军加强空中攻击提供了条件。第八集团军加快了向西推进到突尼斯的速度。2月16日，蒙哥马利的先头师越过突尼斯边境，迫近有坚固设防阵地的马雷特防线。

　　2月23日，罗马发布命令，把轴心国在突尼斯的两个集团军组成集团军群，交给隆美尔指挥。两个集团军共有兵力约30万人，其中有德军116000人。时过不久，隆美尔见轴心国在北非的败局已定，便于3月9日请病假，把德军交给阿尼拇指挥，飞回了欧洲。

　　3月20日，蒙哥马利以两倍于敌人的兵力（共约16万人）向梅塞指挥的第一集团军发起进攻，迫使轴心国部队放弃马雷特防线，于4月11日撤退到昂菲达维尔阵地。马雷特战役的胜利使第八集团军与从西向东推进的英美军队会合。盟军

美英联军登陆船在北非港口准备前往西西里

的兵力达 20 个师，30 多万人，拥有 1400 辆坦克，以优势兵力向敌人发起总进攻。

这时，轴心国军队的地位已完全动摇。盟军海、空军的拦截活动几乎完全切断了敌人的补给线。到 5 月初，敌人的空军已撤到西西里，其地面部队失去空中掩护，燃料和弹药也快耗光，完全陷于绝望的境地。敌人的抵抗崩溃了。5 月 7 日，盟军分别攻下突尼斯和比塞大两个城市。5 月 9 日，防守北部地区的轴心国部队指挥官韦尔斯特率其残部正式投降。盟军在这一地区俘获近四万人。

5 月 13 日，继隆美尔负责指挥轴心国部队的梅塞陆军元帅向第八集团军投降。冯·阿尼姆也带领德军向盟军投降。除了大约 100 人渡海或乘飞机逃到西西里岛以外，余下的轴心国部队全部被俘，总数达 25 万人。

盟军在北非战场的胜利，肃清了北非的轴心国军队。这一重大胜利同苏联军队在斯大林格勒战役所取得的伟大胜利以及美军在太平洋战场取得的重大胜利一起，使第二次世界大战发生了有利于反法西斯国家的根本转折。轴心国在北非的失败使意大利丧失了多年经营的海外帝国，动摇了意大利法西斯政权

英军坦克从一辆被击毁的德军坦克旁急驰而过

的基础，为最后把意大利从法西斯阵营中分离出来创造了条件。

盟军在北非战场消灭了轴心国部队大量的有生力量。在整个北非战场，轴心国军队被毙伤和俘虏 90 余万人，损失飞机 8000 架，船舰 240 万吨。这一重大胜利挫伤了敌军的锐气，鼓舞了反法西斯国家军队和人民的胜利信心，也在一定程度上减轻了德军对苏联的压力。

北非的轴心国军队被肃清以后，同盟国就可以比较安全地使用地中海航线了。北非的机场为地中海的航行提供了空中保护，北非的一系列港口可资利用。盟国在中东和印度的护航队不必再绕道好望角。这一胜利还确保了中东石油基地的安全，粉碎了纳粹军队通过中东与日本会师印度的狂妄计划。

盟军在北非的胜利使意大利本土和附近的岛屿都暴露在盟军的轰炸机火力之下，为盟军进攻西西里岛和意大利本土，为最后打回欧洲大陆铺平了道路。

"火炬"战役显示了同盟国联合作战的可能性。盟军在这一战役中形成了比较完整的指挥系统，为英美联军 1944 年 6 月在诺曼底登陆作战提供了经验。

鏖战大西洋

大西洋是第二次世界大战的又一重要战场，在它浩瀚的洋面上忽起忽落的战事几乎与 6 年的大战同时并进，因为德国人明白，只要切断这条大英帝国的海上命脉，帝国的大厦就会倾覆，英国的抵抗就难以支撑。因此德国在发动大战前便已做了与英国争夺大西洋制海权的准备。然而由于德国在大型水面舰只方面无法与英国抗衡，

仅在潜艇方面与后者相差无几，所以在大西洋海战中，德国除了以分散使用大型水面舰只，以1—2艘战列舰或巡洋舰组成小编队，把商船改装成袭击舰与盟军正面交火实行破袭战之外，还展开潜艇战，在广阔的大西洋海域对英国航运实行"打了就跑"的战术。

1939年9月3日，英法对德宣战。当天德国的早已进入大西洋的潜艇U—30号便初战告捷，击沉英邮轮"雅典娜"号，由此大西洋海战拉开序幕。9月19日德潜艇U—29号又击沉英航空母舰"勇敢"号，使英国朝野震惊；10月中旬德潜艇U—47号单艇驶入英海军斯卡帕湾基地，击沉战列舰"皇家橡树"号，而U—47号却安然无恙。除袭击战舰外，德国潜艇更攻击商船，仅9月一个月，被德潜艇击沉的盟国和中立国船只就有41艘，达15.4万吨。尽管英国于9月5日便建立起护航制度，但损失仍然惨重。大西洋海战之初，英国就尝到了当年绥靖德国、愚蠢地允许纳粹发展潜艇的苦果。

为了更好地封锁破坏盟国交通线，德国还利用水面军舰不断骚扰攻击盟国运输船队，一度牵制了盟国海军很大一部分力量。从1939年10月起，盟国不得不派出大批战列舰、巡洋舰和航空母舰在辽阔的海面上搜索德舰，予以打击。这种打击取得的第一个重大成果便是英国攻击在南大西洋的德国袖珍战列舰"格拉夫·施佩海军上将"号，该舰受伤后被困于乌拉圭蒙得维的亚港。由于乌拉圭政府不允许它在港内维修并限期令其离港，该舰走投无路，被迫于12月自行凿沉。

1940年德国在欧陆的胜利使它的海上形势也为之一新：希特勒获得了离大西洋更近的大陆西海岸的海港和潜艇基地，英国则失去了法国这一保卫大西洋航道的得力伙伴。一时间英国的护航力量薄弱得不堪一击，而德国海军却咄咄逼人，准备控制大西洋航线。仅战略形势骤变的第一个月6月份，德国潜艇便击沉英船58艘，计28.4万吨。丘吉尔急呼罗斯福援助驱逐舰，直到达成"战舰换基地"的协定后，英国在大西洋的护航形势才得以改观。

但是1940年9月德国开始使用一种潜艇战新战术——"狼群战术"，即多艘潜艇结群协同作战，一旦发现盟国护航队，便由一艘搜索追击，并用无线电引导其余潜艇到场集合，抢占护航队上风，然后在水上连续数日夜袭，直到歼灭猎物为止。这种新战术初试锋芒便显示威力。9月21—22日夜，德5艘潜艇首次结群在北海攻击从加拿大驶往英国的HX—72护航运输队，击沉12艘货船；10月17—20日夜，8艘潜艇在同一水域再次袭击盟国护航队，击沉货船31艘；12月1—2日夜，又有10艘货船和1艘护航巡洋舰葬于7艘德国潜艇之手，而在这些攻击中德艇无一损失。只是冬季到来大西洋风大浪险，加上英国护航力量的增强，以及美国扩大泛美安全巡逻区并把获悉的德国舰只的地点通报英国，使英国多次击沉德王牌潜艇，才使"狼群"受到限制而一度收敛。

1941年春天，随着气候的回温，不仅"狼群"再度出现，而且德国大型水面舰只也再次活跃起来。刚过5月中旬，德国新造的航速最快的巨型战列舰"俾斯麦"号便随带新巡洋舰"欧根亲王"号驶入大西洋，以图扩大战果。5月24日晨光初现之时，即与出击拦截的英舰"胡德"号和"威尔士亲王"号遭遇，于是在间距仅14

英里之处四舰同时开火。德国两舰集中对付虽为最大但最不堪一击的"胡德"号，使其爆炸起火，几分钟内便沉入海底，"威尔士亲王"号也重弹撤离战场。随后英国派出多艘舰只和飞机搜索追击已受伤的"俾斯麦"号，终于在 5 月 26 日使其受到致命伤害，27 日这艘坚固的钢铁之躯终于在鱼雷、重炮、炸弹的轰击下成为一团火焰，缓缓沉入波涛之中。"俾斯麦"号的沉没，标志着德国计划并努力用大型水面舰只赢得大西洋之战的战略的失败，从此潜艇成为盟国航运的主要威胁。

1941 年 12 月美国参战后，德国即开始实行全面无限制潜艇战，在大西洋活动的潜艇平均每天 75 艘。1942 年，盟国船只被击沉 1160 艘，总吨位达 769.9 万吨，超过了英美建造的新舰吨位。1943 年 3 月，上百艘德潜艇集中于北大西洋中部盟国护航兵力薄弱环节，其中 40 多艘集中攻击 2 支盟国运输队，击沉 21 艘盟国船只，而德方只损失 1 艘潜艇，这是"狼群战术"最成功的运用。从英国参战到 1943 年 4 月，盟国共损失约 1000 万吨船舰，其中 80% 为潜艇击沉，德国则损失 155 艘潜艇。

"狼群"的肆虐，不仅影响到 1942 年同盟国的一切战略计划，也影响到对 1943 年的战略安排。为确保大西洋航路安全，1942 年夏天盟国调整了大西洋护航体系，英国成立了以丘吉尔为首的反潜艇战委员会，调集和投入 1000 多艘舰艇和 2000 多架飞机进行反潜艇作战，并广泛使用护航航空母舰、新式雷达、高频投影仪及深水炸弹，将护航由消极防御转为积极进攻。

盟国的战略调整在 1943 年 5 月终见成效。当月盟国以牺牲 5 艘船只的代价，击沉 31 艘德国潜艇，使大西洋潜艇战出现了根本转折，"狼群"不得不暂停在北大西洋的活动。9 月—10 月，"狼群"虽再度出现但又遭惨败。至此潜艇战实际已降帷幕。直到大战胜利，继续在大西洋上忽隐忽现的德国潜艇不过是为牵制盟军而进行的垂死挣扎罢了。

1943 年 5 月大西洋战局的根本转折，与中途岛之战、阿拉曼之战和斯大林格勒战役一起，使战争局势更为明朗，盟国在全球各条战线已掌握了战略主动权。在做出新的战略决定之后，盟国将开始 1944 年的大反攻。

诺曼底登陆

苏德战争爆发后，苏、美、英 3 国曾多次商讨在西欧开辟第二战场，共同打击希特勒德国的问题。几经周折，直到 1943 年 11 月苏、美、英 3 国首脑在德黑兰会议上，才最后达成协议，确定开辟第二战场的日期不迟于 1944 年 5 月 1 日，届时苏军将发动大规模进攻相配合。1943 年 12 月 7 日，艾森豪威尔被任命为盟军最高司令，统一指挥盟军在西欧的登陆作战，并在伦敦市郊的布歇公园区设立盟国远征军最高统帅部。1944 年初，盟军开始进行登陆作战的准备工作。

1944 年上半年的世界形势，对盟军在西欧登陆开辟战场极为有利。在亚洲太平洋战场，日本陆军深陷中国大陆，海、空军也在太平洋上连遭失败，日本政府自顾不暇，无力与德国进行战略配合。在意大利战场，由于意大利政府投降，德国不得不把大批兵力部署在那里，以对付美、英军队的进攻。在苏德战场，苏军已经发动了大规模的战略进攻，法西斯德军一再溃退，希特勒不得不把大量预备队的西线兵力调去阻止苏军的推进。在西欧各国，大规模的反法西斯运动正蓬勃发展，各国人民展开了反对占领制度的武装斗争，德军在各占领国已立脚不稳。6月底以前，仅在法国就有近50万人在进行反对法西斯占领军的战斗，有的城市正在酝酿起义。在地中海和大西洋，盟军已控制了那里的海上通道。所有这些，都为盟军在西欧登陆开辟第二战场提供了最有利的条件。

艾森豪威尔将军像

盟军开辟第二战场总的企图是，在法国西北部登陆，夺占登陆场和港口，保障主力上陆和后勤供应，然后发动攻势占领整个法国西北部地区，并与在法国南部登陆的部队配合，向德国内地

在一些地段上，登陆部队必须在敌人设置水中障碍前下船，涉水登陆

进攻，协同苏军最后战胜法西斯德国。盟军认为，在法国西北部有三处比较合适的登陆地区，即康坦丁半岛、诺曼底地区和加来地区。从康斯坦丁半岛登陆虽易成功，但该半岛地形狭窄，登陆后不易展开兵力向纵深发展进攻。加来地区距英国海岸最近点只有33公里，有其登陆的有利条件，但该地区距英国海港较远，运送人员和物资不便，同时又是德军重点设防地区，登陆必遭激烈抵抗。加之这一地区缺乏内陆通道，即使登陆成功，也不易向纵深发展。诺曼底地区与胶两个地区相比，登陆条件优越得多。这里沿海地势开阔，可同时展开26至30个师，距英国西南海岸的各大港口较近，便于输送部队和运送物资，德军在这里兵力薄弱，登陆容易成功。这里虽然缺乏良港，但可用人造港补救。因此，盟军在权衡利弊后决定把在法国西北部登陆地区选在诺曼底，规定登陆作战的代号为"霸王"（登陆阶段代号为"海王"）。

为了确保在诺曼底登陆成功，盟军进行了周密的准备工作。参加战役的盟军共36个师，总兵力约288万人，其中陆军为153万人；空军飞机1.37万余架，其中轰炸机5800架、战斗机4900架、运输机（包括滑翔机）300架；海军各型舰艇9000余艘，其中登陆艇4000艘。地面部队编为4个集团军。美第一集团军、英第二集团军和加拿大第一集团军组成第二十一集团军群，由英军蒙哥马利将军指挥，美第三集团军直属远征军总部。登陆前对诺曼底地区进行了长期空中侦察，查明了德军海岸防御配系、预备队集结地域、弹药和补给品贮存位置，以及纵深内交通枢纽、桥梁、机场和军工生产基地的位置，并于登陆前50天就开始轰炸上述目标，摧毁德军海岸防御配系，削弱德军空军力量，破坏德国军工生产能力。为了在登陆地点和时机上迷惑德军，盟军进行了一系列战役伪装。例如，在加来地区所投炸弹吨数比在诺曼底地区所投炸弹超过2倍；登陆前对加来地区德军海岸炮兵阵地、防御支撑点及其他防御设施进行了集中轰炸，在加来海峡的英国海港设置了大量假登陆艇和假的物资器材堆积场，并以一部兵力在加来当面运动。

德军摧毁了莱茵河上的桥梁阻止盟军行动，英军部队乘水陆两用装甲车过河

这些伪装措施给德军造成了错觉，以为盟军要在加来地区登陆，从而忽视了对诺曼底地区的防御。盟军还对天气、水文进行了周密的调查，并进行了大规模的登陆预演，以保障登陆成功。

夏尔·戴高乐像

希特勒为了预防盟军在西欧登陆，曾下令从挪威到西班牙修筑一道由坚固支撑点构成的"大西洋壁垒"。但由于工程量过大，到1943年末还远远没有完成。德军统帅部判断，盟军可能在1944年进攻西欧，并认为盟军在西欧登陆可能会带来两种后果：一是造成德军的总崩溃；二是成为德军扭转败局的好时机。如果不能击退盟军的登陆部队，就可能导致前一种结果。但倘若能一举歼灭盟军的登陆部队，就会使盟军与苏军两面夹击的企图破产，德军就可腾出50个师的兵力加强东线，从而阻止住苏军的进攻。为争取达成后一种结果，德军研究制定了抗登陆的方针，即集中大部兵力、兵器于敌人可能登陆的主要方向上，对已登陆的敌军实施决定性的反突击，一举歼灭登陆之敌。为此，德军必须在漫长的海岸线上确定一个盟军可能突击登陆的主要方向。希特勒本人和德军总参谋部都认为，盟军将横渡加来海峡在加来地区登陆，向法国东北沿海地区实施主要突击。德军根据这一判断进行了部署。这时，德军在法、比、荷的兵力有"B"集团军群（司令隆美尔元帅）、"G"集团军群和独立第八十八军，共60个师（含统帅部预备队4个师），飞机450架、舰艇301艘，统由龙德斯泰特元帅指挥。"B"集团军群辖第十五、第七集团军共39个师，其中十五集团军23个师（14个海防师、4个步兵师、5个装甲师）配置在加来地区900公里的海岸线上。其余部队都分散地配置在荷兰、诺曼底地区、康坦丁半岛和布列塔尼半岛沿海地区。诺曼底地区只部署了第七集团军的6个师又3个团，地面部队兵力不超过9万人，"G"集团军群共17个师，防守法国南部和西南部海岸。在加来地区，德军沿海岸修筑了一道纵深5—6公里的防御地带，设有岸炮阵地以及由坦克陷阱、防坦克壕、钢筋混凝土隐蔽部构成的坚固支撑点，各支撑点之间敷设有大量地雷和障碍物。水中设置了障碍物和水雷区。诺曼底地区的海防工事远不如加来地区。这里只构筑了若干个独立支撑点，且大部是野战工事，纵深内只设置了防空降障碍物。

1944年6月6日晨，盟军利用涨潮时机和刚刚出现的短暂的好天气，开始在诺曼底地区登陆。在登陆兵登陆前 4 至 5 小时，美空降第八十二师、第一零一师和英第六师在登陆地域两翼距海岸 10 至 15 公里的纵深处实施了空降，占领登陆地域内的交通枢纽、渡口、桥梁和其他设施，配合了登陆兵登陆。美第一集团军所属第七军步兵第四师、第五军步兵第一师（配属 1 个团）和英第二集团军所属第三十军步兵第五十师（加强 1 个装甲旅和 1 个突击营、第一军步兵第三师及加拿大步兵第三师其他部队）参加了登陆作战。6 日 5 时，盟军开始火力准备。1 个半小时之后，美、英军第一批登陆部队陆续登陆。由于盟军掌握着制空权，德军抗登陆的准备又不足，所以登陆部队未遇德军强大的反击，日终前已夺占了数个纵深 8 至 10 公里的登陆场。但各登

一名阿登战役中的德国士兵

陆场未建立起联系。有的地段，登陆兵上陆的速度非常缓慢，有的师在 6 日日终只前进了 1.6 公里。从 6 月 7 日起，登陆部队开始建立统一登陆场。经过激战后，于 6 月 12 日各登陆场连成一片，正面宽约 80 公里，纵深 12—18 公里。

这时，德国为了干扰和阻止盟军大批上陆，迫使美、英妥协，使用了所谓"新式秘密武器"V—1 型飞弹。（这是一种小型火箭，总重量 2300 公斤，弹头炸药量为 850 至 1000 公斤，最大时速 240 公里，最大射程 280 公里，可由地面发射架或由飞机载运发射，由于飞行中发出可怕的声响，因而也叫"嗡嗡飞弹"。8 月初，德国还使用

美军 B—17 重型轰炸机

了射程为 350 公里，时速 5800 公里的 V—2 型火箭。）6 月 12 日，第一枚飞弹落入伦敦。同时，德军统帅部还调来 4 个师先后投入战斗。但德军采取的这些措施，对盟军登陆没有产生多大影响。从 6 月中起，盟军开始扩大登陆场。盟军在扩大登陆场的战斗中，于 6 月 21 日包围了瑟堡，并于 26 日攻占了该港城，从而使登陆部队的物资供应有了保障。6 月底，盟军占领了正面 100 公里、纵深 50 公里的登陆场。7 月底，盟军已有 13 个美国师、11 个英国师和 1 个加拿大师，100 万人在诺曼底登陆场登陆，有近 56.7 万吨物资和 17.2 万辆车辆被运送上岸，而这时在那里抵抗的德军只有 13 个师。7 月 9 日，英军攻占了卡昂西北部，至 7 月 18 日完全占领该城。与此同时，向圣洛方向进攻的盟军占领圣洛，从而在西欧大陆上建立起从卡昂，经科蒙、圣洛，一直延伸到来赛的稳固战线。至此，盟军已具备了收复西欧大陆的条件。从 6 月 6 日到 7 月 18 日，德军伤亡 11.7 万人，盟军伤亡 12.2 万人。

艾森豪威尔的副手蒙哥马利，在诺曼底举行第一次战地会议

诺曼底登陆战役，是第二次世界大战中规模最大的一次登陆战役。这次登陆作战历时43天，主要特点是：第一，战前进行了长期周密的准备。战役准备时间长在半年之久。兵力与物资器材准备充足，对登陆地区的天气、水文、地形调查清楚，战役伪装成功，为保障登陆提供了必要的条件。第二，登陆是在掌握绝对制空制海权的条件下实施的。在整个登陆战役过程中，盟军可能使用的各型飞机1万余架，而德军不超过500架，盟军空军超过德军空军实力20倍。因而盟军能在登陆前和登陆过程中以强大的航空兵进行猛烈的轰炸。仅在航空火力准备阶段，就在整个登陆正面上投下了1万吨炸弹，平均

诺曼底滩头阵地一片繁忙

1944年，美步兵乘步兵登陆艇冲向诺曼底登陆

每公里正面达100吨，这对于摧毁德军海岸防御，掩护登陆兵上陆起了重要作用。第三，有大规模空降相配合。登陆前在德军防御战术纵深内同时空降了3个师，支援了登陆兵上陆和扩大登陆场的战斗。第四，采取了严密的伪装措施。盟军出敌不意地选定登陆地区，荫蔽地进行战役准备，以及在加来地区当面进行佯动等措施，使德军错误地判断了主要登陆方向。德军把大量兵力配置在加来地区，而在诺曼底地区部署兵力较少，使盟军登陆得以成功。

收复西欧大陆

正当西线盟军即将转入大规模陆上进攻、东线苏军胜利推进的时候，法西斯德国内部矛盾进一步激化。暗杀希特勒事件随之发生。1944年7月20日，德军国内驻防军总司令弗洛姆将军的参谋长施道芬堡上校，借开最高军事会议之机，在会议室桌下旋转定时炸弹，企图炸死希特勒，同一些高级将领发动政变。但希特勒侥幸活命，政变未成。暗杀希特勒虽未成功，但这一事件本身证明法西斯集团内部已经出现了较大的裂痕。德国内部这种分裂状况，有利于盟军在西欧的进攻。

盟军登陆成功，使欧洲战局对德国更加不利。希特勒撤换了龙德斯泰特的指挥，代之以克卢格，并把法国西北部的兵力增至26个师，企图阻止已登陆盟军向内陆推进。但德军的26个师缺额较大，装备不齐，坦克和强击火炮只有900辆，飞机不超过500架。德军以14个师防守塞纳河口到科蒙一线，10个师防守科蒙到德律特海

峡沿岸，另外 2 个师驻守布列塔尼半岛。

7 月 25 日，盟军转入进攻，盟军统帅部的企图是，美军从圣洛以西地段上向南实施主要突击，经咽喉要地阿弗朗什，占领布列塔尼半岛及其各重要港口；尔后，以其基本兵力挥师东进，向过时纳河进攻，占领法国西北部。英、加军队则在圣洛以东实施牵制性进攻。盟军集中了 4 个集团军（美国第一、第三集团军、英国第二集团军和加拿大第一集团军），共 39 个师（20 个美国

决定欧洲的未来：斯大林、罗斯福、丘吉尔

师、14 个英国师、3 个加拿大师、1 个法国师和 1 个波兰师），其中有 24 个步兵师、11 个装甲师和 4 个空降师，共有坦克 4000 辆、飞机 6500 多架。盟军同德军实力对比为人员 2.5：1，坦克（强击火炮）4.2：1，飞机 13：1，盟军占有很大的优势。

7 月 25 日晨，美第一集团军部队发起攻击。部队发起攻击前，没有实施炮火准备，有 2000 架重轰炸机进行了航空火力准备。但由于判断目标出现错误，进攻的美军遭到了自己飞机的轰炸，造成伤亡，因而进攻进展缓慢。7月 27 日美军突破德防御战术纵深 15 至 20 公里，德军开始撤退。到 7 月 31 日，美第一集团军向南推进 60 公里，前出到塞楞河地区。翌日，美第三集团军在这一地区进入交战，在法国游击队配合

艾森豪威尔对美伞兵下达最后指示

下，向布列塔尼半岛推进。由于布列塔尼半岛上的德军抵抗微弱，盟军统帅部改变了原来计划，命令美第三集团军留下一部兵力继续作战，主力回师东进，向塞纳河进攻。

根据作战需要，盟军统帅部于 8 月 1 日把整个远征军编成两个集团军群：美第一、第三集团军编成为第十二集团军群，由布莱德雷指挥，美第九航空队负责支援；英第二集团军和加拿大第一集团军编成第二十一集团军群，由蒙哥马利统率，英国空军负责支援。8 月 6 日，盟军挥师东进，第十二集团军群在南、第二十一集团军群在北，展开了大规模的陆上进攻。

盟军东进，立即使德军第七集团军受到严重威胁。德军统帅部为改变不利态势，决定在莫当地区向西实施反突击，经过阿弗朗什前出到海岸，以分割当面盟军，并切断美第三集团军的后方供应线，阻止其继续推进。但德军的反突击遭到了失败，盟军在两翼继续推进，企图把当面德军围歼在法来兹地区。8 月 13 日，艾森豪威尔命令所有的步兵应坚决而迅速地向指定目标前进，不让一个德国人逃跑。但由于北翼军队推进缓慢，全歼德军的企图未能实现。德军利用其控制的一条走廊，从法来兹地区撤出了大约 1/3 的部队。德军有 8 个步兵师和 2 个装甲师几乎全部被俘。至8 月 25 日，盟军全线前出到塞纳河，并在河东岸默伦、埃夫勒以东夺占了登陆场。至此，除布列塔尼半岛的几个港口外（这几个港口的守军分别在 9 月和战后投降），盟军已经占领了整个法国西北部。

8月25日，是法国人民为之庆贺的1天。这一天，盟军与法国爱国者密切配合，未经大规模战斗，即攻占了法国首都巴黎。当日下午，法国第二师师长勒克来尔将军接受了巴黎德国守军的投降。戴高乐将军作为法国抵抗力量的领导人立即进入巴黎。8月27日，艾森豪威尔进城对戴高乐进行了正式访问。9月9日，在巴黎成立了以戴高乐为首的法国临时政府。

在雅尔塔会议上的丘吉尔、罗斯福、斯大林

盟军攻占法国西北部和首都巴黎的重大胜利，极大地鼓舞了盟军士气，沉重地打击了德军。从6月6日盟军开始登陆到8月底，德军有3个元帅和1个集团军司令被撤职或离职，有1个集团军司令、3个军长和15个师长被打死或被俘。德军损失人员40万、坦克1300辆、车辆2万辆、强击火炮500门、火炮1500门、飞机3500余架。德军受到东西两线夹击，已预感到末日来临，士气更加低落。

正当美、英军队在法国西北部节节胜利的时候，美、英军队于1944年8月15日又在法国南部夏纳市以西实施了登陆，开始执行"龙骑兵"行动计划，由美军德弗斯将军指挥。登陆军队共有10个师和1个空降群，其中7个步兵师、2个装甲师、1个摩托化师，合编为美国第七集团军，装备坦克1000辆，调用各型飞机4700余架，出动战斗舰船850艘。这时，在法国南部驻守的德军第十九集团军，共有9个师，其中8个步兵师、1个坦克师。但在美、法军队登陆的80公里地段上，只有5个营的兵力防守，飞机、坦克和舰船数量都极为有限，对美、法军队的登陆作战很有利。

8月15日晨，美、法军队首先实施了空降，当日下午登陆兵开始登陆，德军抵抗微弱。强大的火力支援使登陆进展顺利，日终前登陆兵即占领了3个登陆场。至19日，美、法军队建立起正面90公里，纵深50至60公里的统一登陆场，已登陆的部队达7个师，16万人，并把2500门火炮和迫击炮、600辆坦克、2.1万辆汽车运上了岸。8月28日，美、法军攻占了法国重要海港马赛和土伦，并向北推进到蒙太利马尔。8月31日逼近里昂。这时里昂的爱国力量已控制了整个城市，9月3日，美、法军队开进里昂。之后，在美、法军队追击德军中，法军于9月10日进入第戎地域，次日与从巴黎向东南推进的美第三集团军先头部队在第戎以西会师。盟军会师后，留在法国西南部的德军很快投降，德军第十九和第一集团军被迫向东北方向溃逃，退守齐格菲防线。

从9月15日起，由法国南部登陆的美、法军编成第六集团军群（司令美军德弗斯将军，辖法国第一集团军和美国第七集团军），归由艾森豪威尔统一指挥，盟军在西欧的整个战线已由法国西北部扩大到南起地中海北至莱茵河口广大地区，盟军前出至贝尔福、南锡、梅斯、卢森堡、列日、安特卫普、根特一线，在部分地段已逼近或楔入齐格菲防线，至此，盟军不仅攻占了法国，还几乎占领了比利时全境，进逼荷兰边界。

这时，在荷、比边境防守的德军是德"B"集团军群（司令莫德尔元帅）的第十五集团军和伞兵第一集团军，共9个师和2个战斗集群，盟军统帅部认为，为了从北面迂回齐格菲防线和尔后向鲁尔工业区进攻，必须首先歼灭荷兰境内的德军。因此盟军决定从9月17日开始，由英军第二集团军和加拿大第一集团军组成的第二十一集团军群的兵力（共16个师，其中5个装甲师）实施荷兰战役。英第二集团军的任务是，突破敌人防御，向阿纳姆发展进攻，在下莱茵河彼岸夺取登陆场，为尔后强渡莱茵河创造条件。加拿大第一集团军的任务是，歼灭被围在布伦、加来、敦刻尔克的德军集团，肃清埃斯考河口的敌人，尔后向鹿特丹和阿姆斯特丹发展进攻。

　　9月17日，英第二集团得到盟军空降兵第一军（含美空降第一零一、第八十二师、英空降第一师和波兰伞兵旅）的加强后，以所属第三十军的兵力（辖2个步兵师和1个装甲师），在空降兵的配合下，向埃因侯曼、格拉费、奈梅根、阿纳姆一线实施主要突击，并以第八、第十二军在其两翼行动相配合。进攻前一个半小时，美空降兵第一零一、第八十二师实施了空降。第三十军进攻顺利，到日终前进6至8公里。9月18日，该军进抵埃因侯温，与空降第一零一师会合。9月20日又与空降第八十二师在奈梅会合。但由于法西斯德军集中兵力对盟军翼侧和空降兵实施反突击，致使在两翼行动的第八、第十二军受阻，配合其作战的英空降第一师和波兰空降第一旅遭到很大损失。因此，进攻军队作战态势发生逆转，第三十军有被合围的危险。9月27日，英军被迫在莱茵河南岸阿纳姆以西转入防御，没有完成在河彼岸夺取登陆场和分割德军的任务。但英军通过10天的进攻作战，在20至40公里宽的正面上突破了德军防御，向纵深推进80公里。

　　在英第二集团军发起进攻的同时，加拿大第一集团军对残存在沿海港口的德国发起攻击，于9月22日和30日先后攻占了布伦和加来，并于9月底进至埃斯考河口。

　　10月和11月，盟军在德国边境地区展开了"秋季战斗"。在战线北段，第二十一集团军群为确保使用安特卫普港，进行了目标有限的进攻，结果在200公里宽的正面上，向纵深推进45至90公里；在战线中段，第十二集团军群试图突破齐格菲防线，但未获成功；在战线南段，第六集团军群在许多地方进行了一些规模不大的战斗，攻占了贝尔福山峡，先头部队进抵莱茵河。至12月上旬，盟军全线停止了进攻，着手进行突破齐格菲防线的作战准备。

盟军在意大利的胜利

　　1944年1月初，德军在意大利南部失败后，被迫退守古斯塔夫防线。这条防线从那不勒斯以北地中海沿岸起，经加埃塔、卡西诺直到亚得利亚海滨的奥尔托纳，横贯意大利中部全境。该防线由大量的钢筋混凝土工事和雷区构成，被德军称作"坚不可摧"的防线。德军企图依托这条防线，阻止盟军占领意大利北部，保障整个欧洲战场南翼的安全。这时在意大利北部驻守的德军是凯塞林元帅指挥的"C"集团军群，下辖第十、第十四集团军，约21个师，370架飞机。第十集团军防守古斯塔夫防线；第十四集团军驻守在意大利北部地区，与当地的游击队作斗争。

1944 年初，在意大利南部的盟军处于有利的作战态势。盟军企图迅速突破古斯塔夫防线，攻占罗马，尔后向意大利北部推进，歼灭意大利境内的德军，以配合西线盟军开辟第二战场的作战，这时，在意大利作战的盟军为美国第五集团军、英第八集团军和英独立第五军。这些军队合编为第十五集团军群，由哈罗德，亚历山大指挥，共有 19 个师又 4 个旅，支援飞机约 4000 架，在地中海的舰船 3000 余艘。

为了突破古斯塔夫的防线，丘吉尔坚决主张在防线北面地中海海岸的安齐奥组织一次登陆作战，以配合正面军队的进攻。他把这一登陆比作是将一只"野猫"投入古斯塔夫防线北面的海岸，去"抓碎德国佬的心脏"。安齐奥位于罗马以南 45 公里，是一个滨海港口小镇。英、美首脑认为，在这里登陆取得胜利后，即可直取罗马，对于加速盟军在意大利的胜利有重要意义。

按照丘吉尔的意图，盟军很快制订了一个代号为"鹅卵石"的登陆作战计划。计划规定，登陆部队在距前线 100 公里远的安齐奥登陆，从后方突击防御之敌，切断其退路，并配合美第五集团军从正面突破古斯塔夫防线，尔后攻占罗马，登陆前要对附近机场和交通线进行航空兵火力袭击，同时地面部队从防线正面实施牵制性进攻。为此，抽调美第五集团军所属第六军为登陆部队，该军下辖 2 个加强师（美、英各 1 个）、1 个伞兵团、5 个海军陆战营及专业部队，共 5 万人，并调集 126 艘战舰、250 艘运输舰和大约 700 架飞机参加这次登陆作战。

1 月 12 日，美第五集团军队从卡西诺地区发起了进攻，虽未突破德军防御，但却牵制了德军的预备队，为在安齐奥登陆创造了条件。

1 月 21 日晨，集结在那波利湾的登陆部队开始出发，当日午夜抵达安齐奥，并于次日凌晨 2 时即开始登陆。在这里防御的德军只有 2 个营和数个岸防连，而且未进入戒备状态，登陆部队几乎未遇抵抗就很快占领了安齐奥港，并把 3.6 万人和 3000 多辆车辆运送上岸。但是，登陆部队没有利用这一有利形势迅速推进，却奉命把固守滩头阵地作为首要任务。由于登陆部队裹足不前，使德军得到喘息机会，乘机从第十四集团军调来部队加强了防御。以后，登陆部队虽然增加到 4 个师，但德军却把防御部队增加到 6 个师，并占据了有利地势，对登陆部队进行反击，丘吉尔首相的这只"野猫"一直未能伸出利爪施展威风，反被紧紧压缩在一个狭窄的登陆场上，盟军依靠绝对的空中优势，才勉强守住登陆场。这种局面一直持续到 5 月中旬。

在登陆部队毫无进展的情况下，美、英军队在 2 月中旬和 3 月中旬曾两次试图突破卡西诺曼底登陆，在意大利的美、英军队必须加强攻势，牵制更多的德军，以配合即将开始的诺曼底登陆。于是，经过休整和补充的美、英军队，决定在卡西诺至第勒尼安海滨发起新的进攻。拟以英第八集团军 12 个师向卡西诺至罗马方向推进，美第五集团军在滨海地带进攻，尔后与安齐奥登陆部队会合。

5 月 11 日深夜，盟军转入进攻，3 天后在许多地段突破了德军古斯塔夫防线。迫使德军退守从台伯河口至东海岸佩斯卡拉的凯撒防线。这一胜利为在安齐奥登陆的部队从滩头阵地向外扩展提供了有利条件。5 月 22 日夜晚登陆部队发起进攻，并于 25 日与正面进攻部队会师。德军态势更加不利，只好继续向意大利北部撤退，占领从圣马力诺到卡拉拉的哥特防线。6 月 4 日，美、英军队开进罗马城。此后，美、英军队缓慢地向北推进，于8月月中进逼哥特防线。8月中旬，盟军突破该防线。10月，盟军前出到腊万纳、法南查、维尔加托一线后，便停止了进攻。这时，希腊人民武装斗争风起云涌，英国为了扶持希腊地主资产阶级的统治，维持其势力范围，急忙从意大利抽调大批英军去镇压希腊民族解放运动。自此直到1945年春，意大利战场一片沉寂。

1945年4月初，东线苏军和西线盟军同时对德国实施连续的大规模进攻，德国已面临全面崩溃的危险。在意大利南部的美、英军队乘机发起了最后的进攻，企图一举歼灭意大利北部的德军，结束在意大利的作战行动，前出到南斯拉夫边境。这时，驻守北意大利的德军"C"集团军群已由21个师增至26个师，但大部分师都不满员，装备不齐，缺少技术兵器，坦克不超过200辆，飞机只有130架。德军用20个师在前线防御。盟军第十五集团军群共有21个师又9个旅，部队齐装满员，有坦克2100辆、飞机5000架，还有海军配合。

4月9日，盟军全线发起进攻。德军无法阻止盟军的进攻，一再败退。至4月23日，盟军全线进抵波河，俘德军3万人，并于次日强渡了波河。这时，在意大利北部爆发了共产党领导的人民起义，起义者解放了许多城市。意大利法西斯头子墨索里尼在逃往德国的途中被游击队截获，于4月28日被处决，并暴尸在米兰市广场示众，受到应得的惩罚。当日，盟军进入米兰和帕多瓦。29日，德军代表在卡塞塔签署了无条件投降书。30日，盟军发表了胜利公报。5月2日12时，双方停止了在意大利的一切军事行动。

盟军在意大利连同西西里岛共歼灭德、意军队65.8万人，并一直牵制着德军1个集团军群的兵力，这对于其他战场的盟军作战，起到了重要的配合作用。

解放法兰西

7月25日登陆盟军开始大规模进攻。布莱德雷从圣洛对德军发起攻势，不到一周时间便占领了阿佛郎什，迫使德军向东南方向退缩。希特勒急调驻加来地区的德军驰援诺曼底战线，但为时已晚。8月1日勇敢的坦克司令美将巴顿率领的第三集团军从阿佛朗什出击，德军阻拦失利，巴顿的坦克兵分三路在开阔地驰骋：一路向西，切断布列塔尼半岛的德军防线；一路东南，于8月8日攻下勒芒然后驱车北上；一路东进，于8月17日攻下奥尔良，18日进入夏特勒。与此同时，美加波联军从冈城南下，8月16日占领法莱斯，与进抵阿尔让唐的由勒克莱尔将军指挥的法

1944年部署在法国东部的盟军炮兵阵地

军第二装甲师形成阿尔让唐——法莱斯口袋，包围德军8个步兵师和2个装甲师，毙敌1万，俘虏5万。德军向塞纳河方向狼狈溃逃，盟军则乘胜追击，进逼法国首都巴黎。

8月15日"龙骑兵计划"终于得以实施。美法军队从法国南部的土伦和夏纳之间登陆成功，并继续向北推进。盟军形成南北呼应之势，战局已经确定。

8月19日盟军占领了塞纳河西岸的芒特，当天巴黎人民举行武装起义，与德国占领军进行了一周巷战，最后由勒克莱尔的坦克解决了问题。8月25日勒克莱尔的第二装甲师进入巴黎，奉艾森豪威尔之命接受了德军的投降。面对重获自由的巴黎，凯旋的勒克莱尔夫是感慨万端。当天法国抵抗运动的领袖戴高乐驱车进入巴黎，房屋上下飘扬着欢迎的旗帜，大街小巷成了一片欢腾的海洋。30日戴高乐宣布法兰西共和国临时政府开始施政。10月下旬，盟国相继承认戴高乐政府。

戴高乐走到凯旋门下

法国首都巴黎的光复标志着整个诺曼底战役的结束。盟军以伤亡21万人的代价使德军折损兵力近40万（其中一半是战俘），坦克1300辆，火炮2000门。这次前所未有的伟大战役不仅使德军遭受了决定性的打击，而且与东线苏军的反击相呼应，把欧洲的抵抗运动推向了最后的高潮。

德国投降

德国在1944年受到苏军和西线盟军沉重打击后，处境更加艰难。到1945年初，希特勒德国在国际上更加孤立，在国内更加不得人心。内部矛盾加剧，军工生产下降，畜牧业减产，经济和军事力量都大大地削弱了。更为严重的是兵员缺乏。1944年德军人数减少了26%，德国已无力补充这样大的损失。但是，希特勒德国并不甘心失败，这妄图在东西两线同时做垂死挣扎。在东线，希特勒决心依靠经营多年的东普鲁士强大筑垒地域和新建的那雷夫河、维斯瓦河防御地区，以及难以通行的喀尔巴阡山，阻止苏军继续向波兰和奥地利推进。在西线，则坚守齐格菲防线和莱茵河，阻止美、英军队向德国腹地推进，并试图单独和美、英媾和。同时严密控制荷兰、丹麦、挪威，企图把战争无限期地拖延下去。这时，德军共有313师又32个旅，其中185个师又21个旅用于苏德战场，其余部队用于西线和控制占领区。

前苏联在取得1944年决定性胜利之后，军民士气高涨，经济、军事实力大幅度增长，武器装备大大加强。到1945年初，苏军距柏林只有600公里。苏军的任务是，在最短时间内彻底粉碎法西斯德军，攻克柏林，胜利结束对德战争。这时，苏军已有640万人、火炮和迫击炮10万多门、坦克和自行火炮1.18万辆、作战飞机1.27万架。而德军这时在苏德战场只有370万人，火炮和迫击炮5.6万门，坦克和强击火炮8000辆，作战飞机4100架。苏军人员是德军人员的1.7倍，炮兵为1.8倍，坦克和自行火炮为1.5倍，飞机为3倍以上。苏军在作战指挥方面又有了新的提高，取得了连续实施大规模战略性进攻战役、围歼德军重兵集团的经验，战斗力大大加强，具备了彻底战胜德军的条件。

西线盟军到 1945 年初不仅收复了西欧一些国家的领土，而且还挫败了德军在阿登地区的反扑，消耗了大量德军，迫使德军撤回原出发地域。同时，盟军兵源充足，兵力补给源源不断地运上欧洲大陆，战场形势对盟军十分有利。盟军企图利用对德作战的有利态势，迅速突破齐格菲防线，强渡莱茵河，向德国腹地推进，协同苏军共同击败法西斯德国。

希特勒像

1945 年是最后战胜法西斯德国的 1 年。1 月中旬，苏军以 5 个方面军的兵力在波罗的海至喀尔巴阡山 1200 公里宽的战线上，发起强大的进攻，同时在波兰和东普鲁士实施两个相互联系的战役，即维斯瓦河—奥得河战役和东普鲁士战役。尔后，苏军为了歼灭两翼德军，解除两翼威胁，又于 2 月至 4 月上半月在东波美拉尼亚（现波兰西北部）和奥地利实施了两个大规模进攻战役，即东波美拉尼亚战役和维也纳战役。这些战略性进攻战役的胜利实施，对于最后战胜法西斯德国具有重要意义。

维斯瓦河—奥得河战役

苏军 1945 年的进攻，首先是在华沙至柏林这个主要战略方面上发起的，作战地域在波兰境内的维斯瓦河至奥得河之间，因此称维斯瓦河—奥得河战役。

苏军的这次进攻，本来计划在 1945 年 1 月 20 日开始，但 1 月 6 日丘吉尔给斯大林打电报说，德军在阿登地区疯狂反扑，盟军期望苏军及早在维斯瓦河发起攻势。因此，苏军于 1 月 16 日提前发起进攻。

战役开始前，德军统帅部没有发现苏军在这一方向的进攻企图，错误地认为苏军将首先在南北两翼实施重要战役，尔后才可能在柏林方向上进攻，因而把配置在这里的许多兵团调往匈牙利和波美拉尼亚。到战役开始时，德军"A"集团军群（1 月 26 日改称"中央"集团军群，司令哈尔佩上将），辖 2 个合成集团军和 1 个坦克集团军，共有 56 万人、火炮和迫击炮约 5000 门、坦克和强击火炮 1200 余辆、飞机 600 余架。尽管德军为了削弱和阻止苏军而预先在维斯瓦河至奥得河之间建立了横贯整个波兰、纵深达 500 多公里的 7 道防御地区，但因兵力不足，防御仍很薄弱。

为了歼灭掩护德国边境的德军"A"集团军群，为攻克柏林创造条件，苏军最高统帅部决定，以乌克兰第一方面军和白俄罗斯第一方面军利用在维斯瓦河两岸已经夺占的登陆场发起进攻，实施维斯瓦河—奥得河战役。战役企图是，两个方面军从各登陆场同时实施分割突击，突破德军防御后，迅速向纵深发展进攻，并在德军退却或预备队固守之前夺取中间防御地带，规定乌克兰方面军的战役纵深为 280 至 300 公里，白俄罗斯方面军为 300 至 350 公里。为此，乌克兰第一方面军应先从桑多梅日登陆场向拉多姆斯科方向发起进攻，继而向布雷斯劳方向发展进攻。白俄罗斯第一方面军应实施 3 个突击：主要突击从马格努舍夫登陆场向波兹南方向实施；第二个突击从普瓦维登陆场向罗兹方向实施，尔后再向波兹南发展进攻；第三个突击从华沙以北向西方向实施，迂回并解放华沙。2 个方面军编成内共有 16 个合成集团军、4 个坦克集团军、2 个空军集团军和若干个独立军及其他部队，共 220 万人，有火炮和迫击炮 3.3 万多门、坦克和自行火炮 7000 辆、飞机 5000 架。波兰第一集团军在白俄罗斯第一方面军编成内参加了解放自己国土的作战。进攻前 2 个方面军建立了强大突击集团。乌克兰第一方面军在桑多梅日登陆场集中了 8 个合成集团军、2 个坦克集团军、3 个独立坦克军的兵力，火炮和迫击炮 1.19 万多门、坦克和自行火炮 1434 辆，白俄罗斯第一方面军在马格努舍夫登陆场和普瓦维登陆场集中了火炮和迫击炮 1.3792 万门、坦克和自行火炮 768 辆。苏军对德军的火力优势超过几倍到十几倍。

1 月 12 日，乌克兰第一方面军发起进攻。两天后，白俄罗斯第一方面军也发起进攻。苏军很快突破了德国防御。从 1 月 14 日和 15 日起，德军开始撤退。至 1 月 17 日，苏军突破了德军防御正面 500 公里、纵深达 100 至 150 公里，德"A"集团军群主力被击溃，波兰第一集团军进入华沙，波兰首都获得解放。17 日日终苏军前出到赫林、罗兹、拉多姆斯科、琴斯托霍瓦、梅胡夫一线，完成了大本营赋予的当前任务，苏军的迅猛进攻，使德军统帅部慌了手脚，急忙从预备队、西战场和苏德战场其他方向调来 40 个师，仓促组织防御，但未能阻止苏军进攻。苏军 2 个方面军在乌克兰第四方面军和白俄罗斯第二方面军于两翼的配合下，高速向纵深追击敌人。乌克兰第一方面军左翼军队先于 1 月 19 日攻占克拉科夫，尔后又开始争夺西里西亚工业区，并迫使德军撤退。方面军主力则向布雷斯劳方向进攻，1 月 22 至 23 日前出至奥得河，并在许多地段强渡了该河。白俄罗斯第一方面军完成当前任务后，向波兹南方向挺进。1 月 25 日强渡了瓦尔塔河，突破了波兹南防御地区，合围了德军 6 万人。至此，大本营赋予的整个战役任务已经完成。但各方面军并没有停止进攻。乌克兰第一方面军解放了西里西亚工业区，巩固了奥得河西岸布雷斯劳、奥珀伦以南各登陆场。白俄罗斯第一方面军于 1 月 26 日开始，继续向纵深推进，克服了德军筑垒防御，至 2 月 3 日前出到奥得河，并在河西岸屈斯特林（科斯钦）地区夺取了登陆场。至此，2 个方面军停止了进攻。

苏军在维斯瓦河—奥得河战役中，全歼德军 35 个师，击溃 25 个师，波军同苏军一起作战，收复了波兰的大部领土。这次战役打开了通向柏林的大门，苏军向西推进 570 公里，到战役结束时，距柏林只有 60 公里了。

维斯瓦河—奥得河战役有几个特点：一是进攻的速度高、规模大。苏军在这次战役中的进攻速度是战争以来最高的一次，平均每昼夜达 25 公里，步兵有些天进攻速度每昼夜为 45 公里，快速兵团达 70 公里。进攻规模之大也是以前少有的。两个方面军的进攻正面开始为 500 公里，到战役结束已扩大到 1000 公里。大本营原规定战役纵深为 280 至 350 公里，但实际上达到了 570 公里。二是在主要突击方向上高度集中兵力兵器。据统计，在各方面军的主要方向上，集中了 75% 以上的合成军团和兵团，90% 左右的坦克军团和兵团，75—90% 的炮兵和 100% 的航空兵。三是两个方面军相互协同，采取对敌防御全纵深实施正面突击的方法，分割德军战略防线，歼灭其各个孤立的集团。苏军的这次进攻，先是以优势兵力在 4 个方向同时实施迅猛突击，使德军失去相互间联系而变成孤立集团，然后以部分兵力加以围歼，主力（特别是坦克军团）则继续高速度向大纵深发展进攻。因此，苏军以较小的代价取得了重大胜利。

东普鲁士战役

东普鲁士（今分别属于立陶宛共和国和波兰）是纳粹德国东方重要的战略区和经济区。东普鲁士失守，既影响到柏林方向的安全，也将使德国经济实力受到严重削弱。因此，德军统帅部非常重视东普鲁士防御，多年来一直在那里构筑工事，企图依托经营多年的东普鲁士强大防御体系，阻止苏军推进，不让战火转移到德国本土。在苏军进攻前，德军在东普鲁士建成的防御体系，包括 7 道防御地区和 6 个筑垒地域，其中尤以马祖里湖附近和柯尼斯堡（今前苏联加里宁格勒）地区最为强固。德军以"中央"集团军群（司令莱因哈特上将，从 1 月 26 日起改称"北方"集团军群，司令伦杜利奇上将）在东普鲁士防守。该群辖 2 个野战集团军、1 个坦克集团军和 1 个航空队，及其他部队共计 78 万人，有火炮和迫击炮 8200 门坦克和强击火炮 700 辆、飞机 775 架。

为了歼灭东普鲁士德军集团，保障在华沙至柏林方向进攻苏军的翼侧安全，苏军最高统帅部决心在实施维斯瓦河—奥得河战役的同时，以白俄罗斯第三、第二方面军在波罗的海沿岸第一方面军一部和波罗的海舰队的配合下，实施东普鲁士战役。战役企图是，以白俄罗斯第二方面军（司令员罗科索夫斯基元帅）向马林堡、埃尔宾方向实施突击，以白俄罗斯第三方面军（司令员切尔尼亚霍夫斯基大将，1945 年 1 月 18 日切尔尼亚霍夫斯基在巡视前线时阵亡，从 2 月 20 日起由华西列夫斯基元帅接替指挥）由马祖里湖以北向柯尼斯堡实施突击，切断东普鲁士集团与其他德军的联系，并将其逼到海边后分割歼灭。参加进攻的苏军共有 14 个合成集团军、1 个坦克集团军、5 个坦克军和机械化军、2 个空军集团军，共计 167 万人，火炮和迫击炮 2.5 万多门、坦克和自行火炮 3859 辆、飞机 3097 架。

1945 年 1 月中旬，东普鲁士地区天气恶劣，航空兵不能出动。但为了保持同在华沙至柏林方向进攻的苏军的战略协同，白俄罗斯第三、第二方面军分别于 1 月 13 日和 14 日及时转入进攻。经过 5 至 6 天激战，至 1 月 18 日日终，2 个方面军均已突破德军防御战术地幅，为向柯尼斯堡和马林堡发展胜利、合围德"中央"集团军群主力创造了条件。德军在防御战术地幅被突破后开始撤退，苏军立即转入追击。1 月 26 日，白俄罗斯第二方面军在埃尔宾以北前出到波罗的海沿岸，切断了东普鲁士德军向西的退路。1 月 29 日，白俄罗斯第三方面军与波罗的海沿岸第一方面军一部也进抵波罗的海沿岸，包围了柯尼斯堡。这样，到 1 月底 2 个方面军把东普鲁士德军集团约 32 个师的基本兵力分割成 3 个孤立的集团，其中最大的集团约 20 个师被合围在柯尼斯堡以南和西南地域，约有 4 个师被压缩到泽姆兰德半岛上，其余被围困在柯尼斯堡，各集团之间已失去了联系。

东普鲁士德军被分割以后，白俄罗斯第二方面军主力被调去实施东波美拉尼亚战役，歼灭东普鲁士德军的任务由白俄罗斯第三方面军完成。该方面军得到白俄罗斯第二方面军留下来的 4 个集团军的加强，同时波罗的海沿岸第一方面军从 2 月 24 日起改成泽姆兰德集群后也编入了白俄罗斯第三方面军。白俄罗斯第三方面军得到加强后，于 3 月 13 日重新发起进攻，至 3 月 29 日，歼灭了柯尼斯堡以南和西南地域的德军主力。尔后，方面军开始集中力量歼灭被围困在柯尼斯堡的德军。至 4 月 9 日，苏军攻占柯尼斯堡市及其要塞，歼灭了被围德军。从 4 月 13 日起，方面军在波罗的海舰队配合下开始进攻德军泽姆兰德集团，至 4 月 25 日歼灭了该集团。至此，整个东普鲁士德军集团被歼灭，白俄罗斯第三方面军转入大本营预备队。

在东普鲁士战役中，苏军歼灭德军 25 个师，重创 12 个师，攻占了整个东普鲁士，使法西斯德国失掉了一个重要的战略基地。这次战役虽然到 4 月下旬才结束，但牵制了德军大量兵力，使之不能向柏林方向机动，大大有利于苏军在柏林方向的作战。

东波美拉尼亚战役

1945 年 2 月初，在华沙至柏林方向上行动的苏军已前出至奥得河，而在东普鲁士进攻的苏军仍在东普鲁士作战。这样就在进至奥得河的白俄罗斯第一方面军和仍在东普鲁士作战的白俄罗斯第二方面军之间的东波美拉尼亚地区，形成了一个大约 150 公里宽的间隙地带。苏军在这里兵力空虚，白俄罗斯第一方面军的右翼暴露，后方受到威胁。德军统帅部为了改善柏林方向上不利的态势，决定以 1 月 26 日新组建的"维斯瓦"集团军群（司令希姆莱）的一部兵力对白俄罗斯第一方面军右翼实施反突击，妄图歼灭进至奥得河的苏军，尔后在东波美拉尼亚固守，以稳定柏林方向上的防御，德"维斯瓦"集团军群编有 2 个野战集团军和 1 个坦克集团军。德军统帅部拟以 1 个野战集团军阻止可能从东普鲁士调来的苏军，以另 1 个野战集团军对白俄罗斯第一方面军右翼实施反突击，坦克集团军作为预备队。

苏军最高统帅部鉴于进攻柏林的苏军翼侧受到严重威胁，决定推迟实施进攻柏林的计划，先抽调兵力在东波美拉尼亚实施一次进攻战役，以消除这一威胁。2 月 9 日，苏军最高统帅部发布训令，命令正在东普鲁士作战的白俄罗斯第二方面军将其右翼军队转隶白俄罗斯第三方面军，继续歼灭东普鲁士德军，而以中路和左翼军队去围歼东波美拉尼亚的德军集团，占领从但泽至斯德丁之间的东波美拉尼亚，并前出到波罗的海沿岸。

2 月 10 日晨，白俄罗斯第二方面军按照大本营的指令，从布罗姆贝格（比得哥什）以北维斯瓦河各登陆场发起了进攻。德军于 2 月 16 日用 6 个师的兵力在施塔尔加德以南开始对白俄罗斯第一方面军在施塔尔加德以南开始对白俄罗斯第一方面军右翼实施反突击，并向西南方面压挤苏军，前进了 8 至 12 公里。白俄罗斯第二方面军前进 70 公里后，进攻受阻。苏军最高统帅部认为，在这种情况下，白俄罗斯第二方面军已不可能单独完成歼灭东波美拉尼亚德军集团的任务，因此，于 2 月 17 日决定，白俄罗斯第一方面军编组强大的突击集团（辖 4 个合成集团军，2 个坦克集团军，其中包括波兰第一集团军）参加这一战役，苏军企图是，以白俄罗斯第二方面军左翼军队由采姆佩尔堡（森普尔诺）以北地区向克兹林（科沙林）方向实施主要突击，以白俄罗斯第一方面军突击集团从阿恩斯瓦尔德（霍什奇诺）地区向科尔贝格（科沃布热克）实施突击，并前出到波罗的海沿岸，把德军东波美拉尼亚集团分割成两个部分。尔后，白俄罗斯第一方面军突击集团向西北、白俄罗斯第二方面军向东北发展进攻，在波罗的海舰队配合下，各个歼灭被分割之敌。

这时，东波美拉尼亚德军集团已得到加强。在白俄罗斯第二方面军当面，德军部署了23个师，在白俄罗斯第一方面军突击集团当面部署了19个师。德军统帅部拟以42个师在东波美拉尼亚组织预有准备的防御，除了有效利用1933年构筑起来的所谓"波美拉尼亚壁垒"外，还在2至3月新构筑了许多永备工事和大量的野战防御工事。

2月23日，苏军发出进攻命令。白俄罗斯第二方面军突击集团调整部署后于24日晨重新发起了进攻。3月1日，白俄罗斯第一方面军突击集团也转入进攻。2个方面军的部队对德军防御纵深实施深远突击，于3月5日前就突击到波罗的海沿岸克兹林和科尔贝格地区，将敌军分割成两个部分。尔后，白俄罗斯第一方面军突击集团把歼灭科尔贝格地区德军的任务交给波兰第一集团军，主力迅速向西北挺进，至3月10日前出至奥得河。白俄罗斯第二方面军则挥戈东进，向但泽方向进攻，于3月28日攻占格丁尼亚，3月30日占领但泽。整个战役击溃德军21个师又8个旅，其中全歼6个师又3个旅，使柏林方向上苏军的右翼安全得到了可靠的保障。战役结束后，苏军抽调10个集团军加强柏林方向，从而大大增强了进攻柏林的力量。

在维也纳方向的进攻

正当白俄罗斯第二、第一方面军在东波美拉尼亚节节胜利的时候，乌克兰第三、第二方面军于1945年3月又在匈牙利西部向奥地利首都维也纳方向发起了进攻。

苏军1944年第九次突击结束后，乌克兰第三、第二方面军前出到匈牙利西部地区德拉瓦河、巴拉顿湖、埃斯泰尔戈姆一线。希特勒为了确保匈牙利西部石油产地和维也纳方向的安全，决定把反党卫坦克第六集团军从西线调到匈牙利西部，企图在巴拉顿湖附近地区对苏军实施一次大规模反攻，迫使苏军退至多瑙河东岸，同时依托在沿匈牙利山林、奥匈国境线和维也纳接近地构筑的3道防御地带，阻止苏军向维也纳方向突进。

配置在维也纳方向的德军是"南方"集团军群（司令韦勒将军），辖第八、第六集团军、党卫坦克第六集团军和坦克第二集团军以及匈牙利第三集团军。德军这1兵力集团，连同与保加利亚、南斯拉夫军队对峙的德军，总共约有40万人，装备火炮和迫击炮6000门、坦克和强击火炮1600辆、装甲输送车800余辆，由第四航空队700架飞机支援。

苏军最高统帅部总的意图是，首先击退德军的反突击，尔后向维也纳方向进攻，攻占维也纳。为此，苏军拟以乌克兰第三方面军在巴拉顿湖附近地区组织防御，消耗和疲惫德军，然后以乌克兰第二、第三方面军在其相邻翼侧实施两个强大的突击：一个向肖普朗方向实施，目的是迅速歼灭德军党卫坦克第六集团军的基本兵力；另一个向杰尔方向实施，目的是歼灭埃斯泰尔戈姆德军集团。尔后，两个突击均应沿多瑙河南向维也纳方向发展。为保障这一主要突击，乌克兰第三方面军中路和左翼军队向西南方向、乌克兰第二方面军中路军队在多瑙河北岸配合进攻。苏军参加作战的乌克兰第三方面军和第二方面军左翼军队共有 7 个合成集团军（含保加利亚第一集团军）、1 个坦克集团军、2 个空军集团军、4 个坦克机械化军、1 个骑兵军和多瑙河区舰队。

3 月 6 日，德军在巴拉顿湖附近地区实施了反突击。乌克兰第三方面军凭借预先构筑的工事进行了顽强防御，德军前进 7—12 公里，但未能突破苏军防御。至 3 月 16 日，苏军击溃了德军的反突击，使德军损失 4 万人和许多装备，为在维也纳方向进攻创造了条件。

3 月 16 日，乌克兰第三方面军突击集团（由 18 个师编成）出敌意外地发起猛烈进攻。德军开始未能进行有效的抵抗，一时陷于混乱。但苏军由于指挥不力、步炮协同不好和使用坦克不当等问题，也未能扩大战果，致使德军得以利用有利地形阻止了苏军前进。根据这一情况，苏军最高统帅部决定将在布达佩斯以西集结待命的近卫坦克第六集团军转隶乌克兰第三方面军。该坦克集团军于 3 月 9 日进入交战，很快击溃了顽抗之敌，德军党卫坦克第六集团军陷入半合围的不利态势，于 3 月 21 日日终开始退却。3 月 25 日，苏军越过了匈牙利西部巴空尼林山进行追击，3 月 30 日进入奥地利，并于 4 月 4 日日终前进抵维也纳接近地。乌克兰第三方面军左翼集团于 3 月 29 日在巴拉顿湖以南转入进攻，至 4 月 2 日攻占了匈牙利石油中心瑙杰考尼饶市，尔后向西北方向发展进攻。

乌克兰第二方面军以 12 个师编成的突击集团于 3 月 17 日发起攻击，在多瑙河以南突破德军防御后，开始向杰尔方向发展进攻。方面军中路和右翼军队于 25 日突破防御后向布拉格方向突击。方面军左翼突击集团在中路部分部队和多瑙河区舰队协同下，于 3 月 28 日歼灭了多瑙河南岸埃斯泰尔戈姆—托瓦罗什德军集团，并攻占了杰尔等地。4 月 2 日，进攻军队进抵奥、匈边境。尔后，突击集团主力第四十六集团军北渡多瑙河，开始从北面迂回维也纳，切断德军退路。

4 月 5 日乌克兰第三方面军开始了进攻维也纳的战斗。第二天苏军突入市郊。守城德军 8 个坦克师、1 个机械化师和 15 个独立步兵营充分利用外围工事和市内建筑物进行坚守。苏军昼夜不停地进攻，经过激烈争夺，于 4 月 13 日攻占了维也纳。尔后开始追歼逃敌。乌克兰第二方面军在此期间强渡了多瑙河和摩拉瓦河，并向维也纳以北进攻。但德军抽调 8 个师加强对乌克兰第二方面军进攻地段的防御，使其进攻速度缓慢下来。因而维也纳守军得以从城北和西北方向撤退。4 月 15 日，2 个方面军前出到摩拉瓦河、施托克劳、圣珀尔滕、马里博尔以东及德拉瓦河北岸一线。

苏军在向维也纳的进攻中，击溃德军 32 个师，俘 13 万人，并缴获大量武器装备。这一进攻肃清了匈牙利全境和奥地利东部及首都维也纳的德军集团，同时造成了对布拉格进攻的有利态势。

在这次进攻作战中，苏军先以 1 个方面军进行防御作战，消耗德军，然后再周密地组织 2 个方面军的协同动作，成功地歼灭了当面之敌。

易北河会师

1945 年 2 月初，西线盟军已击退德军在阿登地区的反扑，进逼齐格菲防线。东线苏军已完成维斯瓦河至奥得河的进攻，进至奥得河。在苏军对柏林已构成严重威胁的情况下，德军不得不把西战场半数以上的装甲师和大批的坦克、火炮调到苏德战场对付苏军的进攻，在西战场则企图以剩下的大约 59 个师，依托沿莱茵河西岸构筑的齐格菲防线，阻止美、英、法、加拿大联军的推进。德军 59 个师分别为"H"集团军群（司令施图登上将）、"B"集团军群（司令莫德尔元帅）和"G"集团军群（司令勃拉斯科维次）所属，分散部署在整个防线上，战斗力已大大削弱。这时，希特勒虽然还用欺骗和强迫手段驱使德国人为法西斯卖命，但两线夹击的不利形势和盟军大规模持续的战略轰炸，已使德国军民丧失了信心。因此，联军统帅艾森豪威尔当时预言，如果再发动一次大规模的进攻，就可以使希特勒统治下的德国受到致命的打击。

为了组织一次大规模的进攻，盟军一面以每周 1 个师的速度向西欧增调部队，增强对德作战力量，弥补在阿登地区受到的损失；一面制定尔后总的军事行动计划。盟军总的企图是，首先歼灭莱茵河以西的德军，尔后强渡莱茵河攻占鲁尔区，继而发动最后的进攻，进抵易北河与苏军会师。

为了摧毁莱茵河以西的德军力量，盟军在全线展开了大约 85 个师的兵力，预定实施 3 个突击：在莱茵河下游地区，德军防御薄弱，由英军第二十一集团军群（辖加拿大第一集团军、英第二集团军和美第九集团军）在这里实施主要突击，首先渡过莱茵河；莱茵河中游地区，是德军齐格菲防线最坚固的部分，由美军第十二集团军群（辖美第一、第三集团军）在这里发起进攻。迫使德军撤至莱茵河东岸，并夺占登陆场，为强渡莱茵河作准备；在南部的萨尔盆地，由美军第六集团军群（辖法第一集团军和美第七集团军）与第十二集团军群一部共同实施向心突击，歼灭那里的德军，前出至莱茵河。

在下莱茵河以西地区，盟军决定：以加拿大第一集团军渡过马斯河向南和东南、美第九集团军渡过鲁尔河向东北同时实施向心突击，歼灭当面之敌，前出至莱茵河。美第一集团军一部负责掩护其右翼安全。2 月 8 日，加拿大第一集团军在进行 5 个半小时炮火准备后发起进攻，2 月 13 日突破德军主要防御地带后向东南推进，2 月17 日在戈赫一带受阻。美第九集团军原计划于 2 月 10 日发起进攻，但由于德军在 2 月 9 日炸毁了鲁尔河水闸使河水泛滥，美军进攻受阻达 2 个星期。2 月 23 日，美第九集团军和第二集团军一部开始强渡鲁尔河，由于加拿大第一集团军的进攻吸引了当面德军的大量兵力，因此美军进展顺利。至 3 月 2 日，美军抵达靠近杜塞尔多夫的莱茵河，次日与加军在格尔登地域会师，使德军 15 个师陷入被围歼的威胁之中。在这种情况下，希特勒仍严令德军不准撤退，但这时候德军已处于崩溃状态，希特勒的命令已无济于事。德军在遭到损失之后慌忙撤退到莱茵河东岸。

在莱茵河中游以西地区，担负掩护美第九集团军右翼任务的美第一集团军一部于 3 月 5 日抵达科隆，并于 3 月 7 日攻占该市。与此同时，美第一集团军其他部队也向莱茵河迅速推进，3 月 7 日在雷马根抵达莱茵河，并夺取了河上德军未及炸毁的"鲁登道夫"铁路大桥。美军利用这座桥通过了 5 个师的部队，很快在河对岸建立起一个宽 40 公里、纵深 15 公里的登陆场。美第三集团军一部于 2 月 23 日发起进攻后，在特里尔附近首先突入齐格菲防线。3月初，该集团军发动进攻，于3月9日至10日抵达莱茵河，其左翼与第一集团军部队会合。

这时，在莱茵河以西就只剩萨尔盆地的德军还在抵抗。守军部署在一个以莱茵河为底边、以摩泽尔河和齐格菲防线为另外两边的大三角形地域内。3月15日，盟军第六集团军群从齐格菲防线的南面发起进攻。与此同时，第十二集团军群一部也从北边的摩泽尔河发起攻击。两军同时实施强大的向心突击，于3月23日前出至莱茵河，并在奥彭海姆夺占了登陆场。至3月25日全部肃清了萨尔盆地的敌人。

在莱茵河以西的作战中，德军损失约20个师，被俘27.5万人，死伤在6万人以上。盟军进抵莱茵河后，德军就被压缩在莱茵河至奥得河这两条大河之间的地带内。这时，德军士气更加低落，军心更加动摇。

3月23日，盟军开始强渡莱茵河，并对河东鲁尔工业区实施突击。在鲁尔工业区防守的是西线德军最强大的集团——"B"集团军群。该集团军群辖29个师又1个旅，占西线德军总数的一半，由1704架飞机支援。参加作战的盟军是第二一、第十二集团军群和独立空降第十八军，共51个师又12个旅，支援飞机9000架。盟军企图以第二十一集团军群由威赛尔地域向鲁尔以北实施主要突击，以第十二集团军群从已取得的莱茵河登陆场向卡塞尔实施辅助突击，围歼德军鲁尔集团，尔后向易北河总方向发展进攻。

3月23日夜，第二十一集团军群主要突击集团发起进攻。1夜之间，英第二集团军和美第九集团军强渡了莱茵河，在东岸夺取了登陆场。第二天上午，空降第十八军在敌后实施空降，并很快与正面进攻的英军会合。至28日，登陆场已扩大到正面60公里、纵深35公里。第十二集团军群在辅助方向的进攻也很顺利，4月1日即与第二十一集团军群的部队在利普施塔特地域会合，从而对鲁尔工业区的法西斯德军18个师，32.5万人（含将官30人）达成合围。这时，艾森豪威尔发表了告德国军民书，敦促德国投降，但被围德军没有立即投降。

鲁尔集团被合围后，德军西部防线已基本瓦解，于是盟军统帅部决定以一部兵力歼灭被围德军（德军抵抗18天后，于4月18日投降），将主要力量转移到中央方向，立即在全线发起最后的进攻。盟军的企图是，以第十二集团军群在中央方向实施主要突击，直接向易北河中游推进；以第二十一集团军群在北翼向易北河下游进攻；南翼由第六集团军群攻入奥地利。

为了加强中央方向的突击力量，美第九集团军于4月4日由第二十一集团军群转隶第十二集团军群。第十二集团军群在鲁尔合围德军后，继续由卡塞尔地域向东推进，几乎未遇德军抵抗，于4月16日在维滕贝格和马格德堡地域进抵易北河，19日攻占莱比锡，尔后进入捷克斯洛伐克国境。25日，美第一集团军的部队在托尔高地域的易北河上与苏军乌克兰第一方面军会师，德国即被分割成南北两部分。在北翼，第二十一集团军群向东北迅速推进，于4月19日至月底在许多地段前出到易北河。尔后，英军强渡易北河继续向东推进，汉堡守军不战而降。5月初，英军在易北河以东与苏军会师。在南翼，第六集团军群利用3月底夺占的奥彭海姆登陆场发起进攻后，迅速向东推进，于4月月中占领纽伦堡地域，至5月初攻入奥地利西部。

与此同时，第十二集团军群的部队也进入奥地利的林茨地域。这时，盟军已经肃清了荷兰、挪威和意大利境内的法西斯军队，残余德军被压缩在柏林附近地域做垂死挣扎。

柏林战役

柏林是德国的政治、经济、军事中心和重要的交通枢纽，也是德国纳粹分子的最后巢穴。攻克柏林将意味着法西斯德国的灭亡和欧洲战争的结束。苏军根据苏、英、美等国关于把柏林划为苏军战区的协议，负责攻打柏林。

希特勒不惜将儿童驱赶上战场

1945 年 1 月至 4 月中旬，苏军在东战场和盟军在西战场的进攻都取得了一系列胜利。

在东战场，苏军歼灭了柏林方向的德军重兵集团，在宽大正面上前出至奥得河和尼斯河，并占领了维也纳，从东面和南面包围了柏林，距柏林最近距离只有 60 公里。在西战场，盟军合围了鲁尔德军集团，进抵易北河，向汉堡、莱比锡和布拉格方向发展进攻，距柏林 100 至 120 公里。

德国丧失了鲁尔、西里西亚煤、钢产区和匈牙利、奥地利石油产地，军用物资的产量急剧下降。1945 年 3 月，德国钢产量只达 1944 年平均月产量的 15%，采煤量只达 16%；1944 年平均每月生产坦克 705 辆，而 1945 年第一季度平均每月生产坦克 333 辆。至 1945 年 4 月初，技术装备、武器和弹药生产量更加降低。由于油料供应严重短缺，使很大一部分飞机和坦克不能参加战斗。

1945 年 5 月德国纳粹终于在投降书上签字

苏军进攻柏林之前，德国在欧洲已失去了所有的盟国，政治上空前孤立，内部矛盾加剧，众叛亲离，分崩离析，国家经济崩溃，人心浮动。军事上不仅兵员缺乏，不得不把 16 至 17 岁甚至年龄更小的少年拉去打仗，而且装备不足，补充困难，士气低落。法西斯德国已处于四面楚歌、土崩瓦解的境地，灭亡之日已屈指可数。

在希特勒的末日即将来临之时，1945 年 4 月 12 日下午美国总统罗斯福在美国佐治亚州温泉病逝。消息传到柏林，希特勒和他的宣传部长戈培尔等人一时欣喜若狂。纳粹头子们幻想历史的转折点已经到来，认为这是上帝要拯救第三帝国。他们曾设想派代表去和美国新任总统杜鲁门谈判并幻想能单独和美、英媾和，可是这类念头很快被无情的现实所粉碎。

但是，希特勒仍然力图拖延战争。他把 59 个师兵力，用于西线同盟军作战，而把 214 个师又 14 个旅的兵力用于苏德战场，竭尽全力固守柏林，妄图以此达到拖延战争的目的。德军统帅部在柏林方向部署了"维斯瓦"集团军群（司令海恩里齐上将）的全部和"中央"集团军群的大部兵力，共 100 万人，火炮和迫击炮 1 万多门、坦克和强击火炮1500辆、作战飞机3300架。德陆军总部预备队8个师。此外，柏林市内还有守备部队20多万人。为便于坚守，德军在奥得河、尼斯河地区构筑了3道防御地带，在柏林防御地域构筑了3道环形防御围廊。

苏军最高统帅部为了迫使德国无条件投降，尽快结束欧洲战争，决定从4月中旬，开始实施柏林战役。苏军的企图是，以3个方面军的强大兵力，在远程航空兵和部分海军的协同下，在宽大正面上实施数个猛烈突击，迅速突破奥得河、尼斯河防御，合围德军柏林集团，同时予以分割歼灭，攻占柏林，并于战役结束前在易北河与美、英军会师。

遭到轰炸的德国总理府

参加柏林战役的苏军是白俄罗斯第一方面军、乌克兰第一方面军和白俄罗斯第二方面军，波兰第一、第二集团军、波罗的海舰队以及远程航空兵的部分兵力也参加了作战。该集团共有162个步兵师和骑兵师、21个坦克军和机械化军、4个空军集团军，约250万人，配备火炮和迫击炮约4,2万门、坦克和自行火炮6250辆、作战飞机7500架。苏军人员为敌人的2.5倍、炮兵为4倍、坦克和自行火炮为4.1倍、飞机约为2.3倍。

苏军最高统帅斯大林指令朱可夫元帅指挥白俄罗斯第一方面军攻占柏林。该方面军的任务是，从屈斯特林登陆场实施主要突击，攻占柏林，尔后前出到柏林以西，战役结束时前出到易北河。为保障主要突击的实施，方面军在屈斯特林（科斯钦）以南、以北同时实施两个辅助突击。乌克兰第一方面军的任务是，突破尼斯河防御后，向贝尔齐希总方向实施主要突击，歼灭科特布斯和柏林以南地域的德军，攻占别力茨、维滕堡、德累斯顿地区，同时以一部兵力向包岑、德累斯顿方向实施辅助突击。白俄罗斯第二方面军的任务是，强渡奥得河后，在斯德丁（什切青）、施韦特地段突破敌防御，歼灭这里的德军，尔后攻占安克拉姆、德明、瓦伦、维滕贝格。

德军军官普拉斯到达苏军指挥部谈判投降事项

为了集中优势兵力实施突击，各方面军编组了强大的突击集团，3个方面军共编6个突击集团，其中3个主要突击集团：白俄罗斯第一方面军的主要突击集团由5个合成集团军、2个坦克集团军、2个空军集团军和2个独立坦克军编成，共有43个步兵师、火炮和迫击炮9000门、坦克和自行火炮2347辆、飞机3988架；乌克兰第一方面军的主要突击集团由4个合成集团军、2个坦克集团军、1个空军集团军和2个独立坦克军编成，共有35个步兵师、火炮和迫击炮7400门、坦克和自行火炮1300辆、飞机2148架；白俄罗斯第二方面军主要突击集团由3个合成集团军、1个空军集团军、2个独立坦克军、1个机械化军和1个骑兵军编成，共有27个步兵师、火炮和迫击炮5744门、坦克和自行火炮976辆、飞机1360架。

在战役准备过程中，各方面军进行了大规模的变更部署；进行了周密的侦察，出动侦察机对柏林及3道防御地带进行了6次空中照相；在出发地域进行了大量的工程构筑，仅在奥得河上架设通向登陆场的桥梁就达25座；还周密地进行了战役伪装。例如在白俄罗斯第二方面军第二突击集团军地带内，设置了350个坦克模型和500个火炮模型，前面用垂直遮障遮挡，使德军误认为

正在欢呼庆祝胜利的苏军士兵

苏军将在斯德丁（什切青）以北地区实施主要突击，从而保障了苏军在柏林以东主要方向上的突击达成了突然性。

柏林战役从1945年4月16日开始，至5月8日结束，为期23天。战役分为3个阶段。

1. 第一阶段，苏军突破德军奥得河—尼斯河地区（4月16日—19日）

白俄罗斯第一方面军和乌克兰第一方面军于4月16日转入进攻。白俄罗斯第一方面军主要突击集团于拂晓前在140具探照灯的照射下，从屈斯特林登陆场发起进攻，很快突破了德军第一道阵地，但随即遭到顽强抵抗，进攻速度缓慢下来。苏军不断增加突击力量，并于进攻当日下午将2个坦克集团军投入交战。各坦克集团军均参加了对战术防御地幅的突破，从而提高了进攻速度，至19日日终，方面军在70公里正面上突破整个3道防御地带，突破纵深约30公里。同时，方面军辅助集团顺利开进，在左翼创造了从北面迂回德军法兰克福—古本集团的条件。乌克兰第一方面军强渡尼斯河后，于4月18日日终前突破了德军尼斯河3道防御地带，尔后强渡了斯普里河，3天前进30公里，歼灭德军14个师，创造了从南面包围柏林的条件。这时，由于白俄罗斯第一方面军进展缓慢，苏军最高统帅部决定以乌克兰第一方面军各坦克集团军从南面突击柏林，白俄罗斯第二方面军于4月18日发起进攻，至19日强渡了东奥得河，占领了强渡西奥得河的出发地位。

就在苏军开始进攻柏林的前一天，希特勒发布了最后一道命令，警告官兵说"后撤便当场格杀勿论"，并欺骗官兵说，如果让苏军"蹂躏"了德国，老人和孩子将被残杀，妇女和姑娘将成为军妓，其余所有的人将被驱往西伯利亚。因此，苏军在通往柏林的道路上，仍然遇到了顽强的抵抗。

2. 第二阶段，苏军合围分割德军集团（4月19日—25日）

4月20日，白俄罗斯第一方面军继续发展进攻，经激战后，突破了柏林远郊防御围廊。1天以后，进攻部队突入城郊，开始了市区交战。乌克兰第一方面军突破敌防御后，快速军团至20日前进95公里，从南面前出到柏林接近地。21日，近卫坦克第三集团军突入柏林南郊，近卫坦克第四集团军进抵波茨坦市南郊。向德累斯顿方向进攻的方面军部队（包括波兰第二集团军）击退了敌人的反突击，保障了柏

林方向上主要突击集团的进攻。

4月24日，白俄罗斯第一方面军近卫第八集团军和近卫坦克第一集团军、乌克兰第一方面军近卫坦克第三集团军和第二十八集团军在柏林东南会合，完成了对德军法兰克福—古本集团的合围，切断了该集团与柏林集团的联系。

遭苏军突然袭击后的德军机场飞机残骸

4月25日，乌克兰第一方面军近卫坦克第四集团军同白俄罗斯第一方面军第四十七集团军、近卫第二集团军在波茨坦以西会合，从而最后完成了对德军柏林集团的合围。同日，乌克兰第一方面军所属近卫第五集团军前出到托尔高地区，同西线美军第一集团军所属部队会师。

3. 第三阶段，苏军歼灭德军被围集团，攻克柏林（4月26日—5月8日）

当苏军兵临柏林城下时，希特勒慌了手脚。4月19日，他曾令海恩里齐的"维斯瓦"集团军群负责保卫柏林。3天以后，他又接管了柏林防御的指挥权。又过了2天，他又想重新任命柏林地区的军事指挥官。希特勒在4月20日他生日的时候曾想离开柏林，而且他的侍从和统帅部人员在10天前已去巴伐利亚建立了大本营，但他对是否要离开柏林一直犹豫不决。在大势已去的情况下，希特勒仍然幻想能继续拖延战争，因此他最后决定留在柏林，并命令将他继续留在柏林的消息通过无线电台广播出去，妄图以此鼓舞士气。

红军指挥官在研究作战计划

但是，希特勒的任何行动已不可能使德国逃脱彻底灭亡的命运。4月26日至5月1日，前出到柏林东南的苏军沿向心方向实施突击，分割歼灭了德军法兰克福—古本集团。与此同时，合围柏林的苏军展开了强攻城市的激烈战斗。4月29日，被围德军被分割成3个孤立的部分。按照希特勒的命令，德军放水淹没了柏林市的地下铁道，淹死了在地下铁道内避难的成千上万的妇女、儿童和负伤的德军官兵。这一天，白俄罗斯第一方面军第三突击集团军步兵第七十九军打响了夺取国会大厦的战斗，经过逐层逐房间的争夺之后，于4月30日下午苏军2个军士把红旗插上了大厦屋顶。5月2日，德军完全停止了抵抗，柏林城防司令魏德林将军率残部投降。

在苏军开始夺占国会大厦的当天，希特勒已决定结束自己的生命。但他还念念不忘安排后事。他在遗嘱里，指定海军元帅邓尼茨继任政府首脑兼任武装部队总司令，同时还指定了戈培尔、博尔曼等一些人为新政府成员。4月30日下午，希特勒在总理府的地下室自杀身死。骄横狂妄、凶残暴戾、恶贯满盈、妄图称霸欧洲和世界的法西斯元凶，终于结束了可耻的一生而遗臭万年。他的情妇爱娃·勃劳恩服毒死在他的身边。戈培尔命令纳粹党先锋队警卫员把他自己和妻子开枪打死。5月1

日，汉堡广播电台广播了希特勒丧命和邓尼茨继任的消息。

5月3日至8日，白俄罗斯第一方面军向易北河推进，白俄罗斯第二方面军也在5月3日至4日前出到易北河和波罗的海海岸，并与英军取得了联系。苏军在这次战役中共歼灭德军93个师，俘48万人，缴获坦克和强击火炮1500余辆、飞机4500架。

1945年5月8日午夜，德军最高统帅部派出了以凯特尔元帅为首的代表，在柏林近郊卡尔斯霍斯特签署了无条件投降书。前苏联政府委派朱可夫元帅同盟军代表英国空军上将泰德等一起接受了德军投降。

二战后的德国首都柏林

柏林战役是第二次世界大战中欧洲战场的最后一次重大战役。尽管法西斯德国妄图阻止苏军的进攻，但已是垂死挣扎力不从心了。德军遭到最后一次歼灭性打击，德国最后败降。

斯大林在纪念前苏联十月社会主义革命27周年大会上（1944年11月6日）指出，苏军最后一个使命就是同我们盟国的军队一起完成粉碎德国法西斯军队的事业，在柏林城上升起胜利的旗帜。苏军攻克柏林，完成了这一历史性任务。

在柏林战役中，苏军进攻正面约400公里，战役纵深白俄罗斯第一方面军和乌克兰第一方面军为160公里，白俄罗斯第二方面军为200公里。苏军进攻柏林的特点是：集中兵力兵器，编组强大的突击集团，连续突破德军防御。方面军集中步兵师60—80%，火炮和迫击炮60—905%，坦克和自行火炮80—95%，航空兵100%，从而在突破地段上形成对德军的绝对优势：步兵3至5倍，火炮和迫击炮5至10倍，坦克和自行火炮7至9倍，飞机2至4倍。由于苏军在决定性方向上集中优势兵力兵器，保证了连续突破德军奥得河——尼斯河防御地区；诸军兵种协同作战，迅猛的突击与分割、合围以及各个歼灭德军基本兵力相结合。柏林战役是苏军在卫国战争中进行的一次规模最大的城市进攻战役，在对柏林达成合围的同时，数个集团军从四面对城市发起强击，突破德军防御围廊，不断压缩被围之敌，对其实施分割歼灭。对德军法兰克福—古本集团的歼灭，不是在被围地域进行的，而是在其向西突围过程中，各方面军以预备队拦击，对敌翼侧实施猛烈突击，然后分割歼灭。对柏林集团的歼灭，是在对城市实施强攻过程中进行的；坦克军团用于外围机动作战，也用于城市市区作战。战役中，各坦克集团军对分割与合围德军集团起了重要作用，但白俄罗斯第一方面军的快速集团，在战役第一阶段一直协同步兵逐次突破德军防御，未能发挥坦克兵的机动能力，在对柏林攻坚过程中，坦克集团军受领了单独进攻地带，因其本身缺少步兵，独立作战遭到很大损失。乌克兰第一方面军，不得不以1个诸兵种合成集团军的步兵加强坦克第三集团军；苏军在市区进攻时，各师都派出了强击群（兵力1个班至1个排）和强击队（兵力1个连至1个营），加强火炮、坦克和工兵，对目标实施冲击。

布拉格战役

苏军攻克柏林后，在战场南部还剩下最后一个德军重兵集团盘踞在捷克斯洛伐克境内。德军的这一集团包括"中央"集团军群（司令舍尔内尔元帅）和新拼凑起来的"奥地利"集团军群（司令伦杜利奇上将）所属军队共2个野战集团军和3个坦克集团军，总兵力90余万人，法西斯德国曾企图利用这一集团在捷克斯洛伐克、奥地利和德国南部地区继续进行战争。苏军最高统帅部根据上述情况决定在最短时间内向布拉格进军，消灭德军最后一个重兵集团，结束欧洲战争。于是，在柏林战役末期，苏军最高统帅部即命乌克兰第一方面军调主力南下，会同乌克兰第二、第四方面军实施布拉格战役。

苏军布拉格战役的企图是，切断德军西退的道路，并利用对德军形成包围的有利态势，同时从数个方向向布拉格实施向心突击，合围并分割歼灭德军主力，解放布拉格和全部捷克斯洛伐克领土。参加作战的3个乌克兰方面军共有20个合成集团军、3个坦克集团军、3个空军集团军和其他部队，其中包括波兰第二集团军、罗马尼亚第一、第四集团和捷克斯洛伐克第一军，总共200余万人。

5月6日，乌克兰第一方面军右翼军队，在部分德军已经开始撤退的情况下，从德累斯顿以北直接转入追击。乌克兰第二、第四方面军于5月7日、8日相继发起进攻，9日苏军进入布拉格。同布拉格起义人民一起肃清了市内的德军。至5月11日，捷克斯洛伐克境内的德军已被完全歼灭，德军被俘86万人，其中有60名将军。1945年5月11日，苏、美军队在卡罗维发利和克拉托维地域会合，苏军与盟军在欧洲同法西斯德军的作战至此结束。法西斯德国被彻底打败，各国人民和反法西斯武装力量取得了历史性的胜利。

日本偷袭珍珠港

1941年12月7日，日本对美国太平洋军事基地珍珠港发动了突然袭击，从而揭开了太平洋战争的序幕。

1940年7月22日，日本更换内阁，侵华战争的罪魁之一近卫文磨二次组阁。近卫将英、法、荷、葡在东南亚的殖民地都划入了日本的"大东亚新秩序之内"。近卫抛出的"适应世界形势处理时局纲要"，就是要抓住有利的"形势变化"，实施其"南进"的侵略方针。日本外相松冈，极力鼓吹近卫的侵略计划，并称其为"大东亚共荣圈"。划人这个圈内的有中国、朝鲜、印度支那、印度、马来亚、缅甸、菲律宾、泰国、澳大利亚、新西兰以及西南太平洋上的所有岛屿。

1940年，美国宣布原驻美国西海岸的太平洋舰队将不定期留驻夏威夷。同年冬，日本舰队开进金兰湾示威，英国为了防止发生意外事件，立

美军驱逐舰爆炸时的情景

即宣布马来亚、新加坡处于紧急状态。

太平洋形势一触即发，但日本并不急于马上动手。日本还有许多的准备工作要做，如三国条约签订后，美国对日本实行石油禁运，日本得重新寻找油源，以保障每年180万吨的石油供应。日本为争取时间，在与德意签订同盟条约后，故意散布缓和的空气，制造错觉。日本外务省还通过新闻媒介声称：日美关系仍和往常一样，不会因三国同盟而恶化。

就在日本高唱缓和的时候，日本联合舰队长官山本五十六已把他的偷袭美国太平洋舰队的"关于战略意见"的报告书上交给了海军大臣及川古志郎，并得到了日本军令部的批准。

为了袭击珍珠港，日本在进行海上战斗训练之前，首先将原"赤诚"号航空母舰的飞行队长，现任第三航空舰队参谋渊田美津雄海军少佐调回"赤诚"号，担任空袭珍珠港飞行队的总指挥。

如何空袭珍珠港？在"赤诚"号航空母舰第一航空队的参谋室里，第一航空舰队司令官南云忠一海军中将、参谋长草鹿龙之介海军少将、渊田美津雄海军少佐以及有关人士，围着珍珠港沙盘模型进行了长时间的策划。最后，决定实施鱼雷攻击的同时，还要实施水平轰炸。

在未经宣战的情况下袭击了美海军基地珍珠港

当时，在第一航空舰队里，能担负珍珠港作战任务的水平轰炸机和鱼雷机共有90架。从命中率来看，要算鱼雷攻击最好。由于珍珠港的美国太平洋舰队的舰只，是两艘军舰并排停靠在码头上的可能性很大，如果这样，停靠在内侧的军舰，鱼雷就攻击不到，而必须实施水平轰炸。于是，渊田开始进行海上战斗的基本训练再进行浅海鱼雷攻击的应用训练和袭击停泊舰船的训练。为此日本联合舰队特意选中了四面环山、港口狭隘、地势与珍珠港相似的鹿儿岛湾，由渊田率领进行训练和超低空俯冲飞行。

美国总统罗斯请求国会对日宣战

与此同时，袖珍潜艇在四国的中诚湾进行夜袭训练、海上加油等科目训练。

日本军令部还通过日本驻檀香山总领事详细地了解了珍珠港的航空母舰停泊情况、码头、船坞和船舶系缆情况并把珍珠港分为5个区，其他军事情报也一一搞到。

为了掩盖直接的军事企图，山本五十六还精心策划了一系列伪装措施和极其严格的保密措施。在很长一段时间里，山本坚持只让几个少数军官知道攻击计划的细节。至于舰队一般军官，那是在舰队开往珍珠港途中才知道珍珠港作战这一军事行动。

　　然而，此时的美国却对日本仍抱有幻想。美国认定，希特勒德国是美国最危险的敌人，美国应集中力量对付德国法西斯，"同样也要保卫太平洋"，但首要的应放在大西洋。"在太平洋上的行动要推迟下去"。

　　美国还确定了对日的四点原则：（1）避免和日本发生冲突；（2）改变以前不与日本对话的态度；（3）保留使用经济压力的权力，以使日本恢复理智；（4）敞开谈判的大门，在远东保持美国现有地位与格局，力求美日协调。

　　1940年11月12日，美国海军作战部长斯塔克建议采取"大西洋攻势，太平洋守势"的战略方针。这个方针经陆军参谋长马歇尔会同签署，罗斯福总统批准，成为美国在第二次世界大战中的基本作战方针。

　　尽管如此，美国还是意识到了对日战争已是不可避免，但美国仍希望通过谈判赢得时间。

　　1941年1月7日，山本正式提出了偷袭珍珠港的设想。日本以惯用的假谈真打的手法与美国进行周旋。日本在拔剑出鞘之前，先用外交手段——和平方式对付美国，使美国人不在太平洋采取行动。

班提大君

　　日本看出了美国极力想避免战争，认为有机可乘。5月12日日本抛出了一个以"以意德不失信义"和"不违背大东亚共荣圈"为前提条件的《松冈修正案》。该修正案认为：（1）关于三国同盟问题。"信守把三个轴心国家（日、德、意）看作为一整体"。（2）关于中国问题，"美国只能全盘接受汪精卫政权和日本之间的既成事实，而对蒋介石则劝其实现和平，并在和平条件上一概不加干涉"。（3）关于东南亚问题删去了"不诉诸武力"这一条。根据这三条，日本可以独占中国，吞并东南亚，而且还不背弃三国同盟。

　　美国看出了日本决意成为亚洲及太平洋地区霸主的野心，但仍同意以日本方案为基础，继续谈判。

　　5月16日和5月31日，美国政府提出了自己的"对案"。

　　6月21日，美国提出最后一个试案，坚持"三国同盟不适用于自卫行动"的原则。日本代表拒绝了美国的要求。

　　日本利用美国的绥靖政策，一步步地谋划着它的侵略图谋。1941年8月初，美国对日实行石油禁运后，日本慌了手脚。现在唯一能够取得石油补给和来源只剩下荷属东印度群岛的油田了。日本想依靠爪哇、苏门答腊的石油供应来挽救美国石油禁运造成的困难局面。统治集团打算以速决的方法夺取荷属东印度群岛，摆脱困境。

　　为了掩饰侵略企图，日本政府于8月7日提出日美首脑在火奴鲁鲁直接会谈。以解决两国的争端。8月26日，在日本军部的同意下，近卫内阁写信给罗斯福总统，表示"日本渴望维持太平洋的和平"，为清除"相互猜疑和误会"，希望亲自会见美国总统，以便"阐明双方见解"。

9月3日，罗斯福总统亲手将致近卫的复信交给野村大使，提出在举行首脑会谈前，有必要先进行预备会议。

就在近卫向美国总统提出日美首脑举行会谈的时候，9月3日，日本正在召开会议，讨论日本国策实施问题。9月6日御前会议，日本通过了决心对美开战的方案，并决定10月15日结束日美谈判。

莫卧儿王朝的最后一个皇帝巴哈都尔沙二世吸着水烟筒斜倚在长椅上

10月12日，近卫内阁就日美和战问题进行最后抉择。会上，由于内阁意见分歧严重，近卫被迫提出辞职。10月17日，日本天皇下达谕旨，授命东条英机组阁。

东条内阁是一个地地道道的战争内阁。他上台后，连续召开9天的政府和大本营联络会议，最后确定了新的《帝国国策实施要点》草案。

和平烟幕笼罩下的东京，11月5日的御前会议，决定了开战的时间。同日，日本军令部下达了："大海令第一号"，预计在12月上旬对英、美、荷开战；命令舰队司令官完成各项作战准备；命令攻击珍珠港的机动部队按所指定的地点及时进入作战开始前的待命区——择捉岛的单冠湾待命。以先遣部队、机动部队、南洋部队、北方部队、主力部队对美国舰队进行作战。

陆军也下达了"大陆令第五五六号"。命令南方军进入战斗序列，协同海军准备进攻南方重要地区，同时下令侵华日军作好进攻香港的准备。但陆军的一切行动，都是配合海军作战，即一切为了偷袭珍珠港。

11月7日，联合舰队发布第二号令，要求完成开战准备，开战日期预定为12月8日。

11月13日，联合舰队举行最后一次碰头会。山本五十六以最高指挥官身份命令"全军将士与本人同生共死"。

12月6日是夏威夷的周末。晚8时，日本海军特遣舰队在南云忠一的率领下正在全速前进。他们将到达瓦胡岛的正北方，从这里开始转入正南方，驶到瓦胡岛以北230海里处的偷袭起点。

机动部队距离夏威夷已经很近，几乎能听到那里的广播。瓦胡岛上平静，未实行灯火管制，珍珠港美军没有特殊警戒，一切照常。这时，美军太平洋舰队司令金梅尔和陆军司令肖特都去出席各自友人举行的周末晚宴。

午夜过后，南云忠一率领的特遣舰队已经由转折点处向正南行驶，起飞点就在眼前了。6艘航空母舰的甲板上，排列着一架一架的飞机，正做好起飞前的最后检查。……

"虎！虎！虎！"

12月7日早上6时，担任主攻任务的南云机动部队接到了进攻命令，各航空母舰的飞行甲板上的绿灯亮了，飞机一架接一架飞离航母，不到 15 分钟，担任第一波攻击任务的 183 架飞机就全部飞离甲板，其中战斗机 43 架、水平轰炸机 49 架、鱼雷机 40 架、俯冲轰炸机 51 架，在领航机信号灯导引下，迅速编好队形，绕舰飞行一周，然后在渊田美津雄海军中校的率领下扑向珍珠港。

日本航母被美军军潜艇击沉

此时美军太平洋舰队停泊在珍珠港内的舰船计有战列舰 8 艘、重巡洋舰 2 艘、轻巡洋舰 6 艘、驱逐舰 29 艘、潜艇 5 艘、辅助舰船 30 艘。岸上机场停有飞机 262 架，其余的 2 艘航空母舰、8 艘重巡洋舰和 14 艘驱逐舰分别在威克岛、中途岛运送飞机，以及在约翰斯顿岛演习。

7 时 57 分，日本鱼雷机从几个方向突入珍珠港，在仅仅掠过水面 12 米的高度上，向福特岛东西两侧的美国军舰发射鱼雷。8 时 05 分，日本水平轰炸机从正西方向进入，再次轰炸了福特岛东侧停泊的战列舰，同时轰炸了高炮火力集中的依瓦机场。大火和爆炸引起的烟雾，顿时遮蔽了整个珍珠港，不少美国军舰来不及作战斗准备就沉入海底。8 时 40 分，第一攻击波攻击结束，日机顺利完成首次空袭任务后安然返航。

8 时 40 分，由 78 架俯冲轰炸机、54 架水平轰炸机和 35 架战斗机组成的第二波攻击波已在瓦胡岛上空展开完毕。8 时 42 分，167 架飞机冒着越来越猛的炮火开始了进攻。水平轰炸机队负责攻击瓦胡岛的机场，俯冲轰炸机继续攻击舰只。两次空袭之间美军只有少数陆军的飞机得以起飞，又全部被零式战斗机击落，继第一波攻击之后，日军继续保持着制空权。

这时珍珠港已经浓烟滚滚，严重妨碍了俯冲轰炸机寻找下面的舰只。99 式俯冲轰炸机都采取了根据弹幕轰炸的方式，就是哪里高炮最猛烈，飞机向哪里俯冲。有一架飞机俯冲下去后才发现目标是一座陆上炮塔，又连忙拉起。港内，停在战列舰队末尾的内华达号战列舰离开了泊位，它也是整个袭击过程中唯一开动的战列舰，但也因此多吃了不少炸弹。在第二次袭击的末尾，轰炸机队炸掉了靶船犹他号和其他几艘辅助舰只。

9 时 40 分，第二攻击波大摇大摆地撤离后，渊田又在珍珠港上空盘旋，拍摄着他的胜利成果。而后飞往集结地率领机队返航。渊田的飞机最后一批降落。他强烈要求实施第三次空袭，轰炸油罐场和修理设施。南云认为基本任务已超额完成，不愿再冒更大的风险，10 时整，日本舰队迅速地、静悄悄地溜走了。

这是一场海上、水下、空中闪电式的立体袭击战，在短短的 1 个多小时里，日军共投掷鱼雷 40 枚，各型炸弹 556 枚，共计 144 吨。击沉、击伤美军各型舰船总计 40 余艘，其中击沉战列舰 4 艘、重巡洋舰 2 艘、轻巡洋舰 2 艘、驱逐舰 2 艘和油船 1 艘；重创战列舰 3 艘、巡洋舰 2 艘和驱逐舰 2 艘；击伤重巡洋舰 1 艘、轻巡洋舰 4 艘、驱逐舰 1 艘和辅助船 5 艘。击毁飞机 265 架。美军伤亡惨重，总计 2403 人阵亡，1778 人受伤。日军只有 29 架飞机被击毁，70 架被击伤，55 名飞行员死亡，5 艘袖珍潜艇被击毁，1 艘袖珍潜艇被俘。日本联合舰队司令官山本五十六赢得了这场赌博，这是他最为冒险、收益最大的一次赌博，这一赌使他名震世界海战史。

日本偷袭珍珠港，前后历时 110 分钟，击沉美国太平洋舰队的主力舰 4 艘、重创 1 艘、炸伤 3 艘，此外还炸沉炸伤巡洋舰、驱逐舰和各类辅助舰艇 10 多艘。空军损失也很大。陆军夏威夷航空部队的 243 架飞机中有 128 架被炸毁。海军基地的航空部队也有 103 架飞机被炸毁，剩下的飞机只有 9 架。美国陆海军官兵死伤 4500 多名（死亡 3300 多名）。美国太平洋舰队元气大伤，几乎全军覆没，太平洋舰队的战斗力下降了 80%—90%，超过了美国海军的第一次世界大战中所受损失的总和。

太平洋舰队幸运的是，3 艘航空母舰由于偶然的原因全部安然无损地保存下来了。"企业"号在从威克岛返回珍珠港的途中，迟到了 10 几个小时，从而躲过了这场灾难。傍晚，"企业"号驶入珍珠港。在它经常停靠的泊位上，靶舰"犹他"号被炸沉，无声地沉没在碧波中。"列克星顿"号离开珍珠港去中途岛运送飞机，"萨拉多加"号则在美国的西海岸进行检修。除此之外，还有部分巡洋舰，由于出去护卫舰队和海上运输队，或出外演习及执行特殊任务等，轰炸时不在港内，因此逃脱了这场葬身海底的灾难。

1941 年 12 月 7 日，美国总统罗斯福签署了对日宣战书，随后，英国等也相继宣布对日作战。

珍珠港事件是日本军国主义策划已久的一个阴谋。美国想通过秘密交易，取得日美两国暂时的妥协。然而珍珠港事件引发了太平洋战争，打破了美国"先欧后亚"、"孤立主义"、绥靖政策等等不切实际的幻想，从而深刻地影响了第二次世界大战的进程。

珊瑚海、中途岛和瓜岛之战

日军偷袭珍珠港的当天，同时对中太平洋和东南亚发起进攻，在不到 4 个月的时间里，先后占领了关岛、威克岛、吉尔伯特群岛、泰国（以所谓"同盟条约"的形式）、香港、马来西亚、菲律宾、荷属东印度群岛、缅甸，以及太平洋中的一些小岛，达到了日军计划中的全部目的，即建立所谓的"大东亚共荣圈"。

日军在南方战场上的进军如此势如破竹轻易取胜，盟军在战斗中如此连遭败绩威信扫地，这不得不归咎于英美长期以来对日本的绥靖政策。然而当穷兵黩武的日本军队让太阳旗在如此广大的地区处处飘扬之时，也正是日军战线拉得太长就快要断裂之时，但骄狂的胜利者却看不到这一点，他们还要继续扩大战果，只是为"如何扩大"争论不休。4月18日美军16架B25型轰炸机对东京、横滨、名古屋和神户等城市的轰炸，使日本举国震惊，军方的争论也有了结果：要向西南太平洋和中太平洋两个方向同时推进，摧毁美国舰队，扩大日本本土的"防御圈"，使轰炸日本本土之事不再发生。为此必须占领萨摩亚、斐济、新喀里多尼亚以及莫尔兹比港。

美军向所罗群岛中最大的布根维尔岛运送物资

但是日本打算进一步夺取的地区正是美国要极力保护的地区。太平洋战场初期的失利，使美国在"先欧后亚"的战略总原则下重新部署太平洋上的军队。3月17日原美远东陆军总司令麦克阿瑟上将被任命为西南太子洋地区盟军总司令，统帅该地区的陆海空三军；4月，美太平洋舰队司令尼米兹海军上将被任命为太平洋地区总司令（不包括西南太平洋）。尼米兹的任务虽是牵制性的，但他要守住阿留申群岛——夏威夷——中途岛——萨摩亚——斐济——新喀里多尼亚——莫尔兹比港——新几内亚一线，确保美国与澳大利亚的交通线。日美两国的战略如此针锋相对，冲突自然不可避免，而两国在西南太平洋的第一仗就发生在珊瑚海。

美军巡逻队在瓜岛滩头阵地外围的丛林中侦察

珊瑚海海战的直接起因是日军企图夺取新几内亚东南部的澳大利亚海空军基地莫尔兹比港，其目的在于确保已在日军之手的新不列颠岛的良港腊包尔的安全，并为以后进攻新喀里多尼亚、斐济和萨摩亚打下基础，珊瑚海则是从腊包尔到莫尔兹比的必经之路。

1942年4月18日，日军大本营决定于5月10日前后坚决攻占莫尔兹比。5月4日运输船队满载准备登陆的士兵，在轻航空母舰"祥凤"号和巡洋舰队护送下从腊包尔向珊瑚海驶去。为保证船队在盟国空军威力圈之内安全横穿3昼夜，日军还以最新航空母舰"瑞鹤"号和"翔鹤号"为主力的特遣舰队紧随其后担任掩护。但日军的行动计划已为美军知晓，尼米兹立即把航空母舰"列克星敦"号和"约克敦"号派往该水域，搜索日舰以便进攻。5月6日敌对舰群曾一度仅相距70英里，却戏剧性的擦肩而过，互未接触。

在塞班海岸遭到拼死抵抗

5月7日日本搜索飞机报称发现美军航空母舰和巡洋舰各一艘，日机立即从舰上起飞全力轰炸，但当战斗轻松结束时，才发现不过是一艘油船和一艘驱逐舰。与此同时，美机也出现同样侦察错误，但在阴错阳差之中却击沉日军"祥凤"号航空母舰，从而使日军不得不推迟对莫尔兹比的登陆。第二天，双方的索敌机几乎同时发现了对方的目标，于是战争史上第一次完全由舰载机攻击对方船只的海战拉开战幕。双方大致出动数目相同的舰载飞机（日方121架，美方122架），在两支舰队未曾相见之前开始了空中交锋，互炸对方战舰。其结果是美舰"列克星敦"号中弹爆炸葬身海底，"约克敦"号仅中一弹立即撤出战斗。日方"翔鹤"号亦遭重创。

珊瑚海之战，双方损失相当，但美国从此挫败日军占领莫尔兹比港的战略目标，阻止了日军对澳大利亚的进攻。日军虽出师不利，却并未罢手，它还要在中途岛再来一次规模更大的海空大战。

进攻美海空军基地中途岛的计划是在日美珊瑚海交火之前的5月5日决定的，因为气焰嚣张、踌躇满志的山本五十六决心消灭美国舰队。山本手中的王牌是他的数量上占优势的海军，他要把整个联合舰队，包括8艘航空母舰的总计约200艘军舰全部投入战斗，外加600多架飞机助战。与此相

太平洋舰队司令尼米兹

比，尼米兹当时只能凑集包括3艘航空母舰在内的76艘军舰。看来山本是胜券在握了。

然而美军情报部门已破译了山本的五位数密码，使尼米兹了解了日本的全部计划，于是他决定暂时放弃日本佯攻目标阿留申群岛，把3艘航母和223架飞机停泊于日军准备偷袭的中途岛东北，这样既不易被日军发现，又可以在侧翼攻击日本舰队。

5月27日——为纪念日本海军在日俄战争中大败沙俄海军而定下的海军纪念日，进攻中途岛的作战开始实施，南云中将麾下的4艘航空母舰从濑户内海起航，向中途岛方向驶去。6月3日到达距该岛以西600英里处。山本和南云根本没有想到，在中途岛东北350英里处美舰已进入阵地。

参加瓜岛海战的日本主力航母"翔鹤"号

6月4日凌晨，南云派出108架飞机去轰炸中途岛，企图一举把美军飞机全炸毁于地。然而在日机接近目标30英里之处，岛上的119架飞机已腾空而起，去迎击敌机和逃避轰炸，于是日机偷袭不成。但前去轰炸日舰的美军飞机亦未命中目标，并被日机击沉多架。

美机对日舰的轰炸，使南云认为还需进一步摧毁中途岛的机场，加上返航回来的日机指挥官也认为对该岛要进行第二次轰炸，因此南云命令已装上鱼雷准备攻击美舰的第二批飞机卸下鱼雷改装重磅炸弹。正当舰上人员又装又卸一片忙乱之时，

南云又接到发现美舰的报告，于是又是一阵手忙脚乱：卸下炸弹装上鱼雷。当人们还未来得及把卸下的炸弹送走，飞机尚未起飞之时，美军轰炸机已呼啸而来，从天而降，俯冲而下，对准南云的旗舰"赤城"号首先开火，霎时火舌四处蔓延，爆炸声震耳欲聋，舰身被炸得东倒西歪，舰上飞机不是烧毁就是落入大海……呆若木鸡的南云不得不离开他心爱的旗舰。"加驾"号和"苍龙"号航母也遭同样命运。不久这三个煊赫一时的庞然大物便缓缓沉入太平洋之中，只有"飞龙"号因距离较远才免遭此难。它立即实施报复性进攻，派出飞机对"约克敦"号狂轰滥炸，使这艘在珊瑚海战中负伤而尚未完全复元、又在炸毁"苍龙"号中立下大功的航母遍体鳞伤，于7日早晨消失在大洋深处。但"飞龙"号的死期也将来临，在美机轮番轰炸下很快变成一片火海。6月5日凌晨该舰指挥官同"飞龙"号一同沉入海底。山本见败局已定，只得于5日清晨取消了占领中途岛的行动。

6月4日的中途岛之战是海军史上成败瞬息万变的一战，是美国海军以少胜多的一个战例。美军以1艘航母，1艘巡洋舰，140多架飞机的代价，换来日军损失了4艘航母，1艘巡洋舰，400多架飞机和大批一流飞行员的巨大胜利，使日军从此失去了在太平洋的战略主动权。中途岛之战成为太平洋战场上的战略转折点。

岸边沙地上到处都是被击毙的日军尸体

中途岛的惨败，并未制止日本在西南太平洋的进攻，他们仍然要占领莫尔兹比港，并要在所罗门群岛南部的瓜达尔卡纳尔岛修建基地，以阻碍美澳交通线。但瓜岛也是美国为遏制日军南下而必须控制的地方，因此当日军先发制人于7月初登上瓜岛并着手修建机场时，争夺该岛的战斗便不可避免了。

瓜岛，长约90英里，宽25英里，北离腊包尔550英里，岛上是树木茂密的山岭，雨量极大，气候恶劣，有着五花八门的热带昆虫，不是个适宜打仗的地方。8月7日美军在南太平洋司令、海军中将罗伯特·戈姆利的指挥下，对瓜岛进行猛烈轰炸，然后海军陆战队开始登陆，8日即占领该岛。日军以为美军的行动不过是一次侦察性进攻，并不是反攻的开始，因此回击虽很迅速，但派来增援的部队并不多，

以为夺回瓜岛轻而易举。但是没有想到一次次少量增援的部队又一次次被岛上的美军击败，使这场双方原来都想象的快速战争变成了一场真正的持久战，几乎与斯大林格勒保卫战同步进行。

日军在瓜岛一再受挫之后，才认识到美军并非侦察，而是要永占瓜岛。他们自然不肯罢休，遂开始用驱逐舰把陆军一批批运到岛上，这种运输被日军称为"鼠式运输"，因为主要是趁黑夜像老鼠那样行动，而美军则称之为"东京特快"。美军虽已准备在北非登陆，但仍尽最大可能增援该岛，于是

被击沉前2小时的美国"约克敦"号航母

从 10 月起，两国在岛上的兵力都保持在 2—3 万左右，然而美军士兵在给养的不断供应下，一直坚守阵地，而日本经济此时已每况愈下，侵略战线的过长使他们无法维持对瓜岛日军的及时后勤供应，加上热带丛林病毒流行，日军死于疾病与饥饿者数以千计，因此终使夺回瓜岛的努力化为泡影。

瓜岛之战并非只是岛上争夺。由于两国的增兵和供给全要靠海上运输，因此海战时有发生。在持续半年的交战中，较大规模的海战有 6 次，其中既有双方以空战为主的战斗，又有巨大战舰之间的直接交锋。在海战中，日美各有一艘航空母舰被击沉，日本联合舰队总损失一半以上，飞机损失约 900 架。瓜岛一战，打断了日本联合舰队的脊梁骨。

美军舰载轰炸机开始俯冲轰炸日军舰队

1943 年 1 月 4 日，日军大本营不得不下达了从瓜岛撤退的"K 号作战"命令，但双方战斗并未停止，直到 2 月 1 日，日军败将残兵才开始在 300 架飞机掩护下由 20 艘驱逐舰运送撤离该岛，在 7 天的撤退中共撤出约 1 万人。

历时半年的瓜岛争夺战，在日美双方各付出上万人的生命之后，日军终因力竭而败退。这是日本陆海军协同作战的第一次大败北，也是盟军在西南太平洋诸岛登陆作战的首次告捷。从此盟军在西南太平洋也掌握了战略主动权，盟军手握制空权和制海权，在太平洋上的反攻只是时间问题了。不过山本五十六并未看到他的联合舰队的彻底失败，4 月 13 日他因其座机遭到美军伏击而身亡。

中途岛大战

1942 年 4 月 18 日，美国太平洋舰队总司令尼米兹组织轰炸日本本土的计划付诸实施。这之前的 4 月 2 号，美国特混舰队航空母舰"企业"号、"大黄蜂"号在 6 艘战列舰的护航下，经 15 天到达日本海军远程警戒区，在离日本本土只有 700 海里的海域，被日本伪装成渔船的"东丸"号发现。美军为避免日本特混舰队的飞机赶来作战，不等舰队进入预定位置，就命令轰炸机起飞。4 月 18 日，杜利特中校率领的 16 架 B—25 轰炸机快速低空飞行 600 多海里，进入东京、名古屋、神户和横须贺军港上空投弹轰炸。然后又在向东飞行后绕道到中国南昌机场和丽水机场着陆，以防日战斗机追踪发生空战。这次空袭震动了日本朝野，从居民到天皇都惊恐不已。日本联合舰队总司令山本五十六为此三次向天皇请罪，同时暗下决心要歼灭美国太平洋舰队中的航空母舰，以杜绝舰载飞机飞临日本本土。为此，山本制定了发动中途岛海战的计划。

1942 年 5 月 5 日，日本大本营决定组织海空军攻取中途岛和阿留申群岛。此战由山本作总指挥。进攻中途岛的军队由"赤诚号"、"加贺号"、"飞龙号"、"苍龙"号 4 艘航空母舰、297 架舰载飞机及其他一些舰艇组成，总兵力 5800 余人。山本的作战意图，包括夺取战略要地中途岛，但主要之点，是以优势兵力诱歼美国的 3 艘航空母舰。按山本掌握的情报，中途岛海域当时没有美国的航空母舰。因此计划日本航空母舰在中途岛附近海域隐蔽，待美国航空母舰赶来支援中途岛作战时，日本处于主动的地位，预计可以取胜。另一支军队

山本五十六

进攻阿留申群岛，作战意图之一是使美国分散兵力，二是使尼米兹难以分析判断日军的攻击方向和实际目的。然而，由于美军事先截获、破译出了日本海军的大批电报密码，因而已基本掌握了日军进攻中途岛的作战计划和具体部署。原来，早在 1942 年 3 月，日本海军电报密码中就出现过"AF"这一地名的代词。到 5 月份，日军电报中反映出将有一次大规模军事行动的迹象，这一行动与一再出现的"AF"一词有关。美军情报人员为分析"AF"所代表的地名，查阅了原来集存的日军堆积如山的电报。后来查到一份电报，电文写的是一架飞机通过"AF"附近的空域到中途岛以东弗伦奇弗里格特礁由潜艇为其加油。据此，已可初步判断"AF"代表的正是中途岛，并由此可见日军计划中的大规模军事行动与中途岛有关。为了进一步弄清"AF"的含义，在尼米兹总司令的特许下，情报人员从中途岛故意发出一份低级密码电报，称"本地淡水蒸馏设备发生故障"。这里说的"低级"，是指用英语以一般密码发出的。当时美国军用通讯电报，是以印第安人的语言组成的文字，用复杂的密码构成的。这种高级军情电报密码，日本情报人员虽挖空心思，也是无法破译的。此后不多久，日军果然在电报中提到了"AF"可能缺乏淡水的内容。这样，美海军情报机构经过破译电报和大力侦察，已相当细致地弄清了日本将进攻中途岛，以及舰队、兵员数量、番号、进攻航线和时间、舰长姓名等具体情况。

1942 年 6 月 3 日前，美国第十六、十七两支特混舰队离开珍珠港到中途岛东北 200 海里处隐蔽。同一天，日本南云忠一中将率 4 艘航空母舰及整个编队到中途岛西北 240 海里处准备进攻。也在这一天，日本担负在中途岛周围侦察巡逻任务的第五潜艇队，比原定计划迟到两天才到达中途岛附近阵位，错过了发现美特混舰队越过西经 167°西去行踪的机会。山本亲自率领的舰队在中途岛以北 500 海里处等待，预期美特混舰队在中途岛附近出现，即南下和南云舰队合击而歼灭之。6 月 4 日凌晨 4 时 30 分，日军从航空母舰上出动 108 架轰炸机袭击中途岛，意图摧毁岛上的防御体系。岛上美军因原已有所准备，由陆基派出 119 架飞机起飞迎击。这场空战美空军损失过半，但日军的轰炸收效甚微。7 时许，日第一批飞机飞回航空母舰加油，第二批轰炸机等待起飞。这时，日侦察机发现东北方向 200 海里处有美国舰队，报告

中途岛海战中被击沉的日本航母"加贺"号

给南云中将。南云为攻击美国舰队，立即命令航母上的飞机卸下炸弹，改挂鱼雷。在10时5分，即在日本这批飞机起飞前的5分钟，美空军37架无畏式俯冲轰炸机从"企业"号上起飞到达日航空母舰上空。这时，日航空母舰正处于毫无空中掩护的状态。霎时间，美俯冲轰炸机把一枚枚重磅炸弹投落在日航空母舰"加贺"号、"赤诚"号上，两舰立即火热熊熊，浓烟滚滚。"加贺"号舰长冈田次作大佐当即被炸身亡。16时40分，全体舰员被迫转上两艘驱逐舰，3.85万吨的"加贺"号沉没。"赤诚"号是南云的旗舰，当日"赤诚"破损严重，南云和舰长青木及舰员转上两艘驱逐舰，6月5日晨，由山本五十六批准以鱼雷70多枚将这一3.65万吨的"赤诚"号击沉。"苍龙"号于6月4日10时30分许中弹，10分钟后主机停车，10时50分舰长柳本柳作大佐下令弃舰。19时13分，舰长拒绝离舰，

与1.59万吨的"苍龙"号一起沉没。同日10时许，"飞龙"号派出18架俯冲轰炸机并由6架"零"式战斗机掩护，在搜索中发现并轰炸了美航母"约克城"号。"约克城"号中了3枚重磅炸弹和多枚鱼雷，延至6月7日沉没。当日，在从"企业"、"大黄蜂"、"约克城"号起飞的79架飞机的轰炸和鱼雷的攻击下，"飞龙"号在火海、爆炸中破损不堪。6月5日5时10分，舰长山口多闻与这艘1.73万吨的航母一起沉没。6月5日晨，日本尚存的一些将校就下一步行动展开争论，有的主张调集当时所有

日本航母特遣队
司令南云忠一

力量攻占中途岛，山本五十六在沉默了许久之后，宣布"取消占领中途岛的行动"并发布了命令。

中途岛大海战以美国的胜利告终。在这次海战中，日军损失航母4艘，重巡洋舰1艘，飞机400多架，兵员3500人。美军损失航母1艘，巡洋舰1艘，飞机147架，兵员307人。这次海战日本失败的主要原因，一是美军截获破译了日军的情报，基本达到了知彼知己，而日军带有很大的盲目性，以致计谋落空；二是日军潜艇侦察、巡逻活动未能按计划完成任务，贻误军机。日本雷达技术落后，航空母舰到敌机飞临上空，才发现危急，为时已晚；三是尼米兹指挥有方，对策得力。他越级提拔斯普鲁恩斯少将为美特混舰队司令，重点攻击日航空母舰稳准及时，起了关键作用。中途岛海战是美日太平洋战争的转折点，此后，海战的优势、主动权已开始向美方倾斜。

日本在中途岛战败后，一边决定把重兵转向中国战场，妄图尽快结束中国的战争，以争主动；一边在太平洋中争夺战略要地，把目标放在莫尔兹比港和瓜达尔卡纳尔岛（瓜岛）上。日美间的瓜岛争夺战十分激烈，从1942年8月一直打到1943年2月，日军战败撤出。此后，美国开始组织攻势作战，1943年4月17日，美海军情报机构"2246室"破译日本"五码乱数密码"绝密电报一

太平洋中途岛海战前的备战情景

则成功，得知山本五十六 4 月 18 日将视察前线布干维尔岛。经海军部长诺克斯和罗斯福总统研究，决定截击山本座机，并将命令下达给尼米兹。命令末尾规定"此电报不得转抄和保存。战斗结束后立即销毁。"尼米兹为考虑美国此后敌手的才能，以对国家高度负责的精神向海军部提出，如山本被击毙，联合舰队司令一职会不会有更好的人选，海军部回答看不出有更好人选。9 月 18 日 9 时 45 分，美机截击成功，山本机毁人亡。事后，美国派多架战斗机在布干维尔岛一带活动，以制造截击山本座机是偶然事件的假象。结果，日本海军军令部对山本座机失事一案得出了是偶然事件的结论。这样，才使美、英破译日本密码以打击日军的做法，一直使用到二战结束。

日本帝国海军总司令山本五十六

1943 年 8 月以后，美国对攻占日军所占太平洋岛屿采取跳岛战术，以达到强占一岛数岛后，使被美军跳过的日占岛屿失去后勤支援，从而在缺乏弹药和饥饿中自败。瓜岛之战后，美又对日海军和商船扩大了潜艇战，切断了日一些海、空基地的物资联系。1944 年 6 月，美军攻占关岛，海军进入菲律宾以西海域。7 月 6 日，日本中太平洋舰队司令南云忠一自杀身亡。

太平洋战争进行到 1944 年底，日本的败局已定。日本的海空军装备、兵员损失后，虽竭尽全力也已难以充分补充。而美国海军力量不但损失能充分补充，而且增长迅速。从 1941 年底到 1944 年，舰艇增长巨大，大体情况如下表：

美国海军舰艇增长表

舰　种	1941	1944
航空母舰（包括轻型护航母舰）	7	25
战列舰	16	23
巡洋舰	36	67
驱逐舰、护卫舰	180	879
潜艇	112	351
猎潜艇	—	900

日军在明显劣势、节节败退的形势下，为了和美军的海空优势相抗衡，把法西斯主义的疯狂和封建的武士道精神结合起来，以亡命自杀来换取美军的军舰。早在 1944 年 4 月 21 日菲律宾海战激烈的时候，日本就曾以飞机驾驶员驾机撞击军舰的所谓"海空神风队"作第一次出击，6 架"神风队"径直撞向美"澳大利亚"号航空母舰，使该舰被重创。1944 年 10 月，日本第二十一航空队 201 飞行中队正式组

织"海空神风队"（又称"敢死队"、"特攻队"），将航空学校学员中狂热性强、学业成绩差的16——20岁学员编入该队，给予一周到几周的集中训练。出发前穿上礼服，佩带上荣誉徽章，然后去参加一去不复返的攻击。在准备出发的日子里，这些青年都既很疯狂，又极度恐惧、苦闷。而空军当局还大力组织这样的行动，其用心之残忍，面目之狰狞，是不难想象的。这种"神风队"在1945年初曾发展到数千

日本航空母舰在中途岛战中葬身大海

人，在美国进攻冲绳岛时曾大量使用，也曾使美国海军带来不小的损失。后来美海军加强警戒，装置远程警戒雷达，及时派战斗机迎击"神风队"，在航空母舰前沿、周围配置驱逐舰和护卫舰，"神风"机得逞的机会就减少了。1945年4月7日这一天，美舰载机和舰上炮火就击落"神风"机93架。此后直到5月28日，又组织一次自杀飞机的大规模进攻，但大批队员死于炮火，而效果甚微。此后，就不再见"神风队"的大规模活动了。

美军与日军在太平洋地区展开了规模空前的海空大战

　　1945年2月，美军攻击菲律宾。同月，美军攻占硫磺岛。6月21日，美军攻占冲绳岛。两战都十分激烈。冲绳岛一战，日军被歼灭9万人。日本残留的战列舰10艘也被全歼，其中包括日联合舰队司令的旗舰、6.4万吨的"大和"号。冲绳战役是太平洋战争中最后一次海空大战；整个太平洋战争，终于以猖獗一时的日本的彻底失败而告终。8月6日和9日，美国以舰载飞机向日本广岛、长崎各投下一颗原子弹。8月10日，日本天皇宣布向反法西斯盟国无条件投降。8月14日，日本政府宣布无条件投降。9月2日，受降仪式在泊于东京湾的美国"密苏里"号战列舰上举行。至此，二战全部结束。